伊勢路に道しるべを訪ねて

武藤善一郎

奈良市追分　暗越奈良街道追分の旧本陣

天理市櫟本　上街道

桜井市初瀬　初瀬街道伊勢辻

奈良県榛原町萩原　伊勢本街道・表街道の分岐点

奈良市上ノ町　伊賀古道の辻堂跡

奈良県東吉野村　伊勢南街道木津峠より高見山遠望

三重県飯高町波瀬　和歌山街道旧宿場

伊勢参宮名所図会（寛政９年刊）
　津　江戸橋

現在の津市上浜町　江戸橋西詰

伊勢参宮名所図会
大津の追分

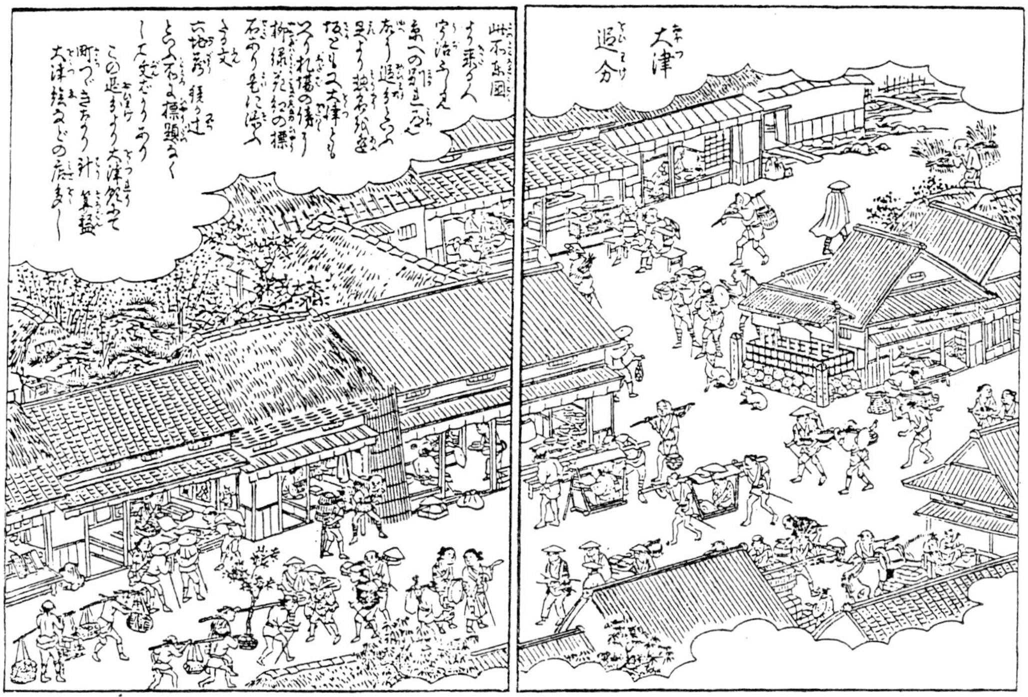

現在の大津市追分町高札場跡

はじめに

伊勢参宮が最も普及した江戸時代には、庶民が中心になって展開され、かつては、御師などにより広められた伊勢信仰は、後に民衆運動とも言える「おかげ参り」や「ええじゃないか」にみられるような、爆発的な参拝風景をつくりだしている。しかしその後、世相の変化で大きな変遷があり、こんにちに至っている。

参詣の道筋も、全国的な規模で行われてきたので、色々なルートがとられていて、伊勢参宮に関連する伊勢周辺の主要な街道は、巻末219頁に掲げてある。

大阪から、最も一般的であるといわれる伊勢本街道の経路は、暗峠越奈良街道を奈良に出て、上街道を南下して初瀬街道に入り、榛原を経て奥津・飼坂峠・相可・田丸を通り、伊勢に達する道があげられる。

また、大阪以外の地からも盛んに参宮しているし、その経路も時代により変遷があり、互いに交錯する部分もあるのが実態である。

徒歩で旅をした昔は、途中で宿泊の必要もあり、各地に構成された講中によって定宿が設定されていた。講のメンバーとして、旅が円滑に運ばれるように、制度化されていたのである。

現在、それらの道をそのまま利用して旅する人はいないし、道路の変化もあり、交通機関の発達した今では、取り残されてしまった道筋も多い。

元来、信仰としての参宮が基本であるが、後世には参宮に名を借りて、物見遊山的な旅をして、日数を加えていたことも多かったようである。

足だけが頼りの昔の旅では、体調の狂うこともあったりして、医療や医薬の不十分な時代には、旅することそのものも難しく、こんにちのように気軽に出掛けるわけにいかず、途中の安全には最も懸念されたことと考えられる。

そうした中で、旅の途中で倒れてしまうこともあり、供養碑などが街道脇に多く見られる。

また道不案内者にとって、分かれ道や街道途中にある道標(みちしるべ)は、大きな助けになっていたのである。

道標類も、歩行者の減少や道路の整備によって、消失したり損傷したものも多く、歴史的な意味をもつだけでなく、今でも十分その役目を果たしているものもあり、是非道標の保存に格別の配慮がほしいものである。

これらの背景のもとに、歩きつがれてきた古道を中心にして、伊勢街道と名のつく道筋と道標の存在をまとめたのである。

付図に記した道標は、大阪府内については「いせ」を示したものを抜粋し、他府県については、できるだけ記載することとした。

大阪府内にある街道沿い、またはその近くにある道標の内で「いせ」を示しているものを調べた結果は、次のようである。

街道名	基数	所在地の内訳		
暗峠越奈良街道	7	大阪市　2	東大阪市　5	
古堤街道	5	大阪市　3	大東市　2	
和泉街道	5	堺市　3	美原町　1	太子町　1
長尾街道	4	堺市　1	松原市　2	藤井寺市1
竹内街道	4	羽曳野市　3	太子町　1	
東高野街道	4	寝屋川市　1	羽曳野市　1	四條畷市2
古市街道	3	藤井寺市　3		
守口街道	2	寝屋川市　1	四條畷市　1	
梅田街道	2	大阪市　2		
鶴橋街道	1	大阪市　1		
八尾街道	1	八尾市　1		
枝切街道	1	守口市　1		
富田林街道	1	堺市　1		
河泉街道	1	河内長野市1		
牛滝街道	1	岸和田市　1		
水間街道	1	貝塚市　1		
熊野街道	1	大阪市　1		
傍示越街道	1	交野市　1		
合　計	４５			

街道により、その距離にも長短があり、保存の良いところとそうでない所の差もあり、道標の多少だけで交通量を判断することはできない。

なお、大阪で「いせ」を示しているといっても、色々な地名を示す中に「いせ」も入っているのであって、伊勢周辺で見られるように、単一で「いせ」を示しているものではない。要は大阪府内に広く分布していることと、上位六つの街道に比較的に多く「いせ」を示す道標のあることがわかる。

上記の道標中年代の明らかなものは２５基あり、その内訳は次ぎの通りである。

宝永	寛政	文化	文政	天保	弘化	嘉永	安政	文久	慶応	明治
1	2	2	2	7	1	3	1	1	3	2

伊勢路に道しるべを訪ねて

目　次

1　大阪より伊勢へのメーン　ルート

1－1　暗越奈良街道　大阪市中央区上町より奈良市登大路まで　……… 1
1－2　上街道　奈良市登大路より桜井市慈恩寺まで　……… 5
1－3　初瀬街道　桜井市より榛原町まで　……… 8
1－4　伊勢本街道　榛原町より伊勢市まで　………11
1－5　竹内街道・横大路・初瀬街道　堺市より桜井市まで　………23

2　河内からは伊賀を経て伊勢へ

2－1　守口街道・清滝街道　守口市より京都府山城町まで　………29
2－2　伊賀街道　山城町より津市阿漕まで　………31
2－3　伊賀街道古道　奈良市奈良坂より京都府加茂町まで　………40

3　紀伊より伊勢へ内陸の道

3－1　大和街道　和歌山市より奈良県東吉野村鷲家まで　………42
3－2　和歌山街道　松坂市日野町より飯南町粥見まで　………51
3－3　伊勢街道湯浅道　和歌山県湯浅町より岩出町まで　………54

4　大和より伊勢へは山深い道をたどる

4－1　伊勢北街道　奈良県榛原町より三重県松坂市六軒町まで　………59
4－2　名張街道（都祁～笠間越）　奈良市より三重県名張市まで………70
4－3　都祁山の古道　天理市櫟本より室生村多田まで　………74
4－4　吉野路の伊勢街道　吉野町上市より東吉野村鷲家まで　………76
4－5　伊勢南街道　東吉野村鷲家より高見越三重県玉城町田丸まで……78
4－6　松山街道　桜井市忍阪より大宇陀経由東吉野村鷲家まで　………86
4－7　倭笠縫邑伝承地の小夫を通る小夫街道　………90
4－8　古刹と古社を結ぶ古市街道　奈良市古市町より天理市入田まで……92
4－9　水間街道　奈良市須山より山添村経由名張市新田まで　………94
4－10　新田道伊勢街道　都祁村小倉より山添村経由名張市新田まで……98

5　京都より伊勢参宮にかかわる街道
5－1　東海道　京都市三条より三重県関町まで　……100
5－2　伏見街道　京都市五条より伏見まで　……116
5－3　大和街道　京都市伏見より奈良市登大路まで　……118
5－4　渋谷街道・滑石街道　京都市東山より山科への道　……124
5－5　奈良街道（大津道）　東海道大津市追分より宇治市六地蔵まで　‥128
5－6　伊賀街道古道　山城町平尾より桜峠を越える加茂町までの近道　‥130

6　近江より伊勢への道（多賀大社参詣道を含む）
6－1　御代参街道　滋賀県五個荘町より土山町土山まで　……132
6－2　杣街道・加太越大和街道　滋賀県甲西町より三重県関町まで　‥‥139
6－3　中山道・多賀道（高宮道）草津市より多賀町まで　……144
6－4　近江から御斎峠を越える伊勢への道　信楽街道　……150
6－5　信楽街道和束道　滋賀県信楽町より京都府和束経由加茂町まで　‥156

7　東国より伊勢参宮の道は海寄りをたどる
7－1　東海道　桑名市七里の渡跡より四日市市追分まで　……160
7－2　参宮街道　四日市市追分より伊勢市まで　……163
7－3　香良洲道　津市藤方町より三雲町曽原まで　……175

8　伊勢周辺の道は神宮につながる
8－1　伊勢別街道　三重県関町より津市江戸橋まで　……177
8－2　新初瀬街道　三重県一志町大迎より美杉村奥津まで　……181
8－3　多気道　美杉村竹原より上多気まで　……184
8－4　多気街道　一志町井関より美杉村山口まで　……186
8－5　伊勢北街道関連　久居道　白山町二本木より津市阿漕まで……188
8－6　伊賀越奈良街道・久居道　久居市より三雲町中林まで　……190
8－7　清流と峠地蔵をつなぐ八知街道　青山町より美杉村まで　……192
8－8　古代斎王群行の伊勢路　青山町阿保より嬉野町権現前まで……196
8－9　室生火山群を分ける太郎生街道　名張市より御杖村敷津まで……202
8－10　古代の東海道は平成によみがえる　名張市美旗より上野市佐那具へ204
8－11　朝熊岳の岳道・磯部道　伊勢内宮・朝熊岳・伊雑ノ宮を結ぶ道‥‥208

1　大阪より伊勢へのメーンルート

1－1　暗峠越奈良街道　大阪市中央区上町より奈良市登大路まで

伊勢講の伝統菅笠づくりを引きつぐ深江

大阪より伊勢に通ずる道として、最も良く利用されたという暗峠越奈良街道は、生駒山系の峠の中でも、比較的に標高の高い暗峠(455メートル)を越えていて、その主な理由は、距離的に近いということであると考えられる。

1－1－1　中央区上町より東大阪市暗峠まで

暗越奈良街道の道筋は現在でも、ほぼたどることができ、起点に近い中央区上町にあった文政４年の道標に「伊勢」を示している。これは以前、内安堂寺町にあったもので、今は更に玉造稲荷神社分社の東雲稲荷神社内に移されてある。

ＪＲ玉造駅の東に、二軒茶屋跡の石柱が立っていて、伊勢参りのための茶屋跡を記念して建てられたものである。

東大阪市の暗峠までに残っている道標は、大阪府内の他の街道に比し、最も多く伊勢を示していて、この道が伊勢街道と呼ばれていたことを裏づけている。

このほか、伊勢参宮にかかわることで、伊勢参りの道中で欠かせなかった菅笠の産地は、東成区の深江で今も地元婦人会により受け継がれている。稲荷神社入口の鳥居横に「深江菅笠ゆかりの地」の石柱が大阪市史跡として立てられている。

菅製品は伊勢参りの他、伊勢神宮式年遷宮などにもここで調達され、「史跡摂津笠縫邑遺跡」の碑もある。古代大和笠縫邑より笠縫氏が、すげの生えていたこの深江に移住し、菅製品を作っていたとされている。

大阪市内はもとより、市周辺でも旧家の建物が次第に姿を消していっているが、東大阪市御厨の植田家の母屋は、市の文化財に指定され、江戸時代に街道を往来した大名や役人が本陣として利用した所で、本陣札も残されている。

東大阪市松原は、明暦年間に開かれた街道の宿場で、旧道はカギ状に曲がって通り、伊勢を示す道標が集落内に二基残っている。

箱殿の東高野街道と交差する地蔵堂横に「いせ」を示している道標がある。

街道から少しそれるが、豊浦に徳川家康本陣跡として中村代官屋敷跡があり、今は枚岡中央公園となっている。公園の150メートル西に権現塚の碑があり、権現とは家康のことで、旧豊浦村は幕府の天領で、中村四良右衛門は中村代官と呼ばれ、村の庄屋としてこの地を支配し、慶長の冬の陣には秀忠に、元和の夏の陣には家康の本陣として、屋敷を提供したと伝えられている。

暗峠には明治のはじめには20戸近くあったという家も、今は10戸以下に減ったが、石畳道だけは古いたたずまいで残っている。

図1　暗越奈良街道—1

図2　暗越奈良街道—2

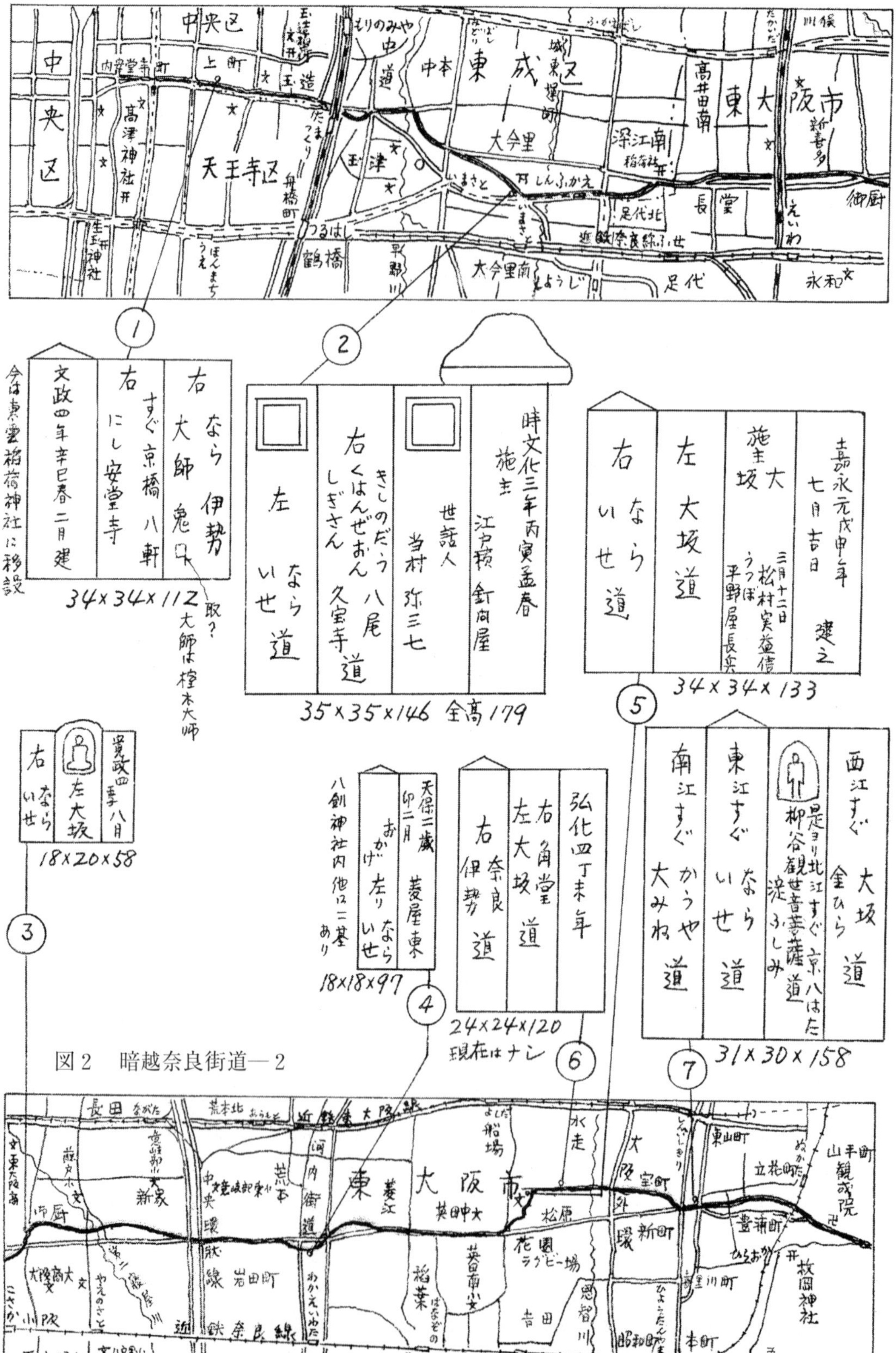

1－1－2　東大阪市暗峠より奈良市登大路まで

東大阪市の暗峠から、信貴生駒スカイラインをくぐって、奈良県生駒市に入る街道は、かなり急な下りの道であるが、県道から国道308号に昇格してから、整備が進められて良くなっている。狭い谷間にも畑が開かれ、西畑・藤尾などを通る途中には、石仏や板碑などが見受けられる。

萩原で平地となって南生駒小学校前を過ぎ、生駒川下流にあたる竜田川を渡り、近鉄線の踏切を通っていくと、小瀬から坂道となり、住宅街を抜けると新設の大瀬中学の前に出る。その南から榁木《むろのき》峠まで約１キロの雑木林の坂を登りきると、峠の大きな地蔵につづき数軒の家の間に、榁木の大師堂と呼ぶ賢聖寺がある。

榁木より南の矢田寺・松尾山にかけて、生駒市・大和郡山市と奈良市にわたり県立矢田自然公園となり、街道に近い北部の「子どもの森」には大阪方面からも訪れる家族連れや、遠足にくる学校の団体が多い。

峠を下り、奈良市との界にある道の分岐点の道標から左に、ゆるい坂をくだっていくと追分となる。右は郡山左は奈良に向かう岐路で、その角の追分本陣であった村井家の前にある二基の道標は、奈良市の文化財に指定されている。

道路の改修で辺りの様子は変わったが、大和棟の村井家の建物は特に大きいとは言えないが、風格のある姿を残している。追分の東面には梅林が広がり、初春には梅の花見に訪れる人が多く、近くに新阪奈道路が通っている。

郡山道に分かれ左に下っていくと、山ノ上を経て砂茶屋に出る。

かつては、宿場であった砂茶屋の辺りも変化し、以前にあった道標は折損し折れた根元の部分だけが、商店の前に残っている。

五条山の丘陵地も住宅が広がっている中に、東阪の赤膚焼窯場は古い起源があり、天正年間に始まり一時は衰退したが、宝暦年間に再興されて現在に至っていて、街道より南に入った所に窯元がある。

旧平城京の西端にあたる菅原には、垂仁天皇御陵があり、近くに喜光寺や菅原神社がある。尼ケ辻交差点で南北に通ずる道は郡山街道で、東に直進するのが三条通りである。積水化学工場の東端辺りを南北に通ずる道は、旧平城京の中央道であった朱雀大路で、道幅は90メートルもあったということである。

左京二条二坊には、左大臣長屋王の邸があったとされ、近年その発掘調査で、多くの埋蔵品や遺構が発見され、話題を呼んでいた。

ＪＲ奈良駅北側の踏切を通って駅前に出ると、少し年代の異なる二基の大型の常夜燈が並んで立っている。

これより東は、奈良市の繁華街となり、銀行や商店が軒をつらね、土産店も多い通りとなる。

猿沢池の畔で南に向きを変え、上街道に入って進む。

図３　暗越奈良街道―３

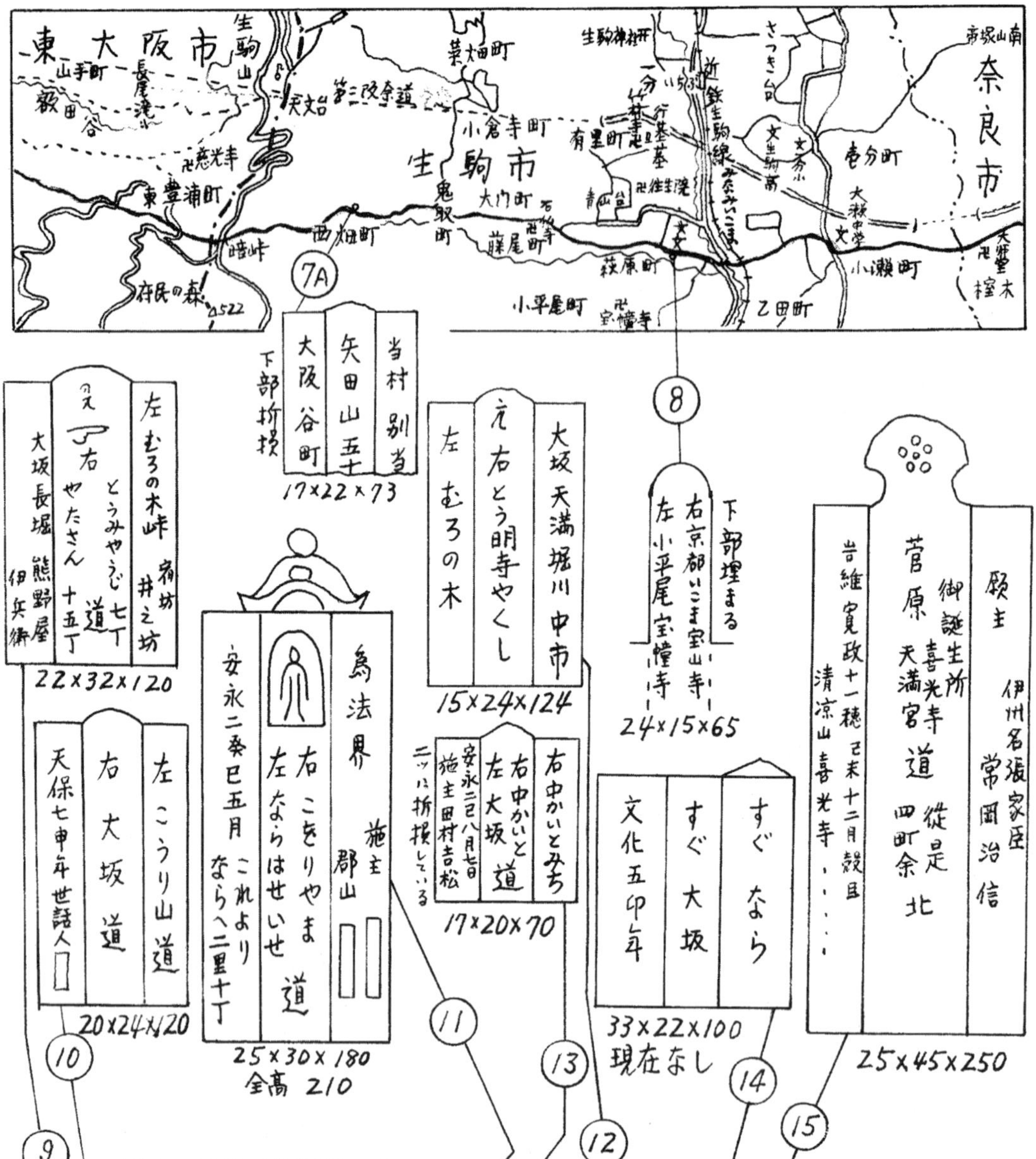

図４　暗越奈良街道―４

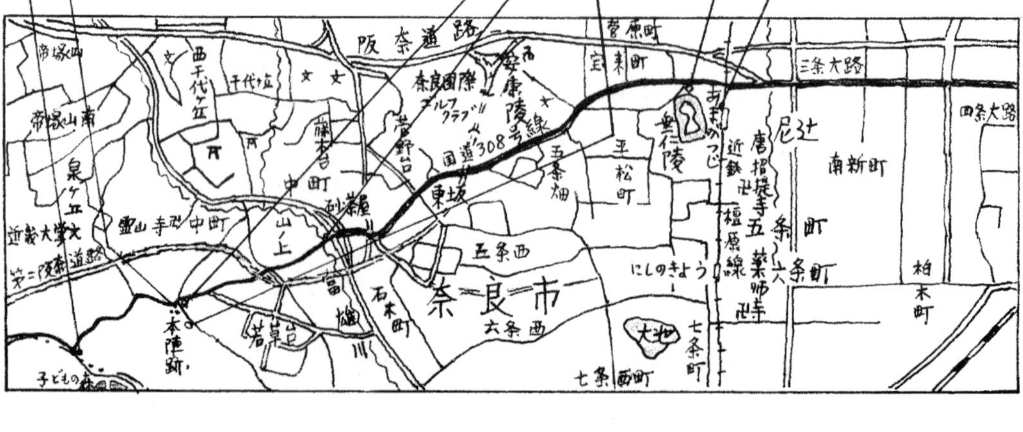

1－2　上街道　奈良市登大路より桜井市慈恩寺まで

邪馬台国論争に関わりのある箸墓

奈良市登大路の猿沢池東より南に進む上街道は、元興寺の前を通り奈良の旧町、奈良町を横切り、京終よりＪＲ桜井線の近くに沿って通じている。

県道がその東側に少し離れて通っているので、旧道は比較的に交通量は少なく、古い町並が残っている。

帯解寺は帯解地蔵と呼ばれ、平安時代から安産子安地蔵として、安産を願っての参詣人が多く、本尊の木造地蔵菩薩は重要文化財に指定されている。

天理市に入ると、街道に沿って在原神社・石上市神社や祝田神社などがある。

ＪＲと近鉄の天理駅東の、川原城町にある川原城会館の敷地内に、道標が集められ保存されている。

天理は天理教の町で、駅前から周辺にかけて天理教関係の施設が多く、町を行く人々も教衣を着た人の往来が目立ち、地方から来た人は夫々の地域の宿所について、本部その他に日のきしんなどを務めているのである。

道は南に市街地を通り抜け、丹波市より長柄に進むと、大和《おおやまと》神社の周辺から長岳寺入口まで道標がつづく。釜口大師で知られ、弘法大師の開基と伝えられる重文の本尊や建物のある長岳寺は、街道から１キロほど東に入る。街道入口には、鎌倉時代の建築とされる五智堂、または真面堂と呼ばれる傘堂がある。

傘堂は、一本の太い中心柱の上に、屋根を乗せた建物で、ここの他には、当麻町の岩屋峠を河内側より越えてきた所に、典型的な傘堂がある。

柳本町から纏向《まきむく》に入ると桜井市となり、県道とＪＲ線を横切り、箸墓とも倭《やまと》迹々日百襲姫命《とといももそひめ》(孝元天皇々女）の墓と称せられ、あるいは邪馬台《やまたい》国の女王の墓とも言われる古墳の東側を通る。

三輪には、三輪明神で知られる三輪山を御神体とする、大和一の宮、大神《おおみわ》神社があり、長い参道の奥の春日造りの拝殿は、明治年間に新築されている。

古い町並の残る三輪の町筋を通っていくと、恵比須神社の境内や町角に道標がある。

三輪の南部で大和川（初瀬川）を渡って南に進むと、ＪＲ線と近鉄大阪線を横切り、初瀬街道（横大路）につきあたるが、この道は明治初年にできたもので、今はさらに西側に県道10号天理桜井線が通じている。

三輪南部で大和川を渡らず､川に沿ってＪＲ路線を横切り、金屋への旧道に入ると、つば市跡がある。旧道途中で山辺の道に入ると、すぐ右手に金屋の石仏がある。この石仏は、鉄筋コンクリート建てのお堂の中におさめられ、釈迦と弥勒の像二体が浮彫されてある。

金屋から慈恩寺の追分に出て、街道から北に入ると400メートル程に玉列《たまつら》神社と阿弥陀堂があり､二カ所に道標が保存されている。

図5　上街道—1

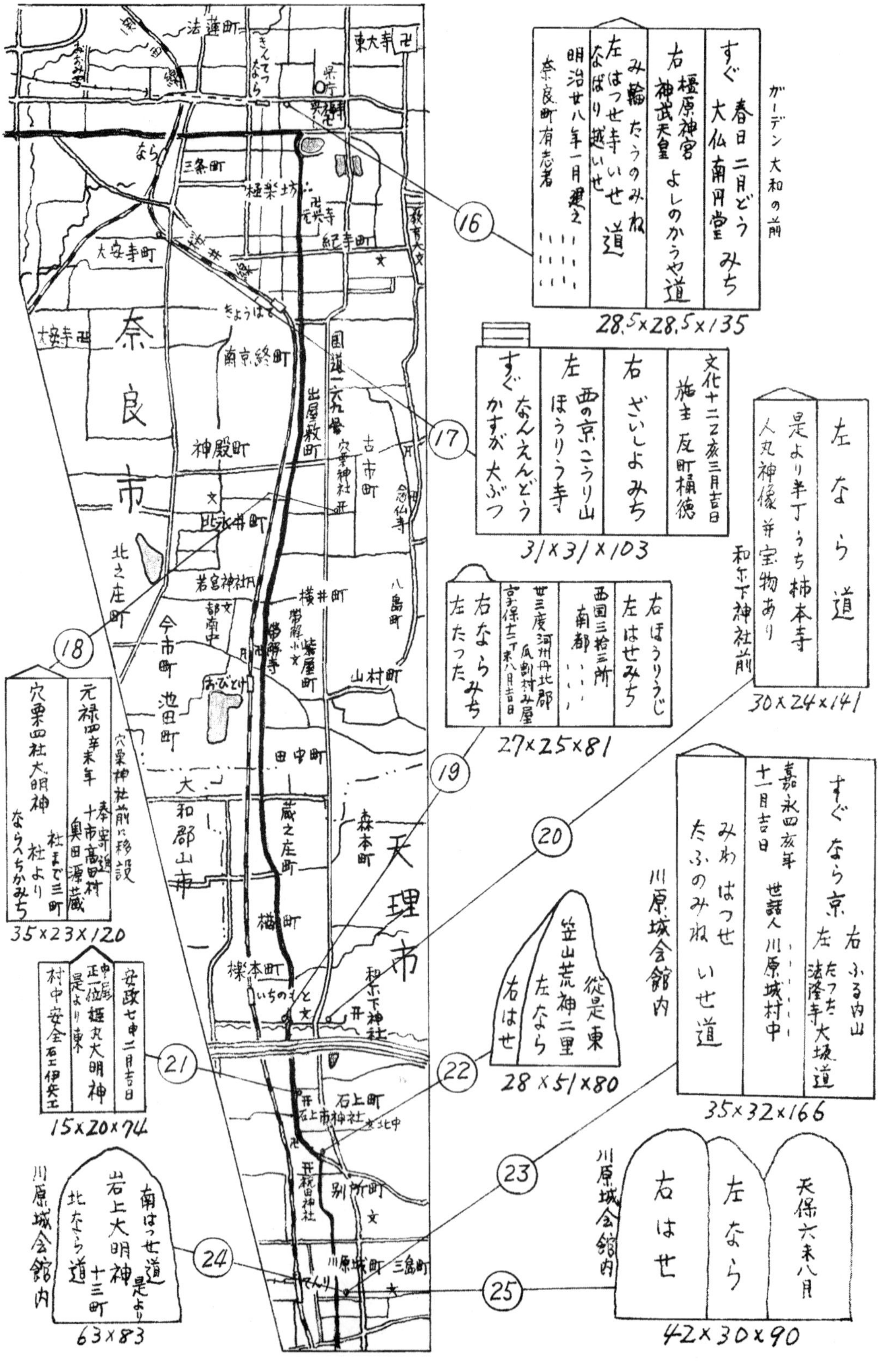
法蓮町
東大寺
県庁
近鉄奈良
なら
三条町
極楽坊
元興寺
紀寺町
大安寺町
桜井線
きょうばて
大安寺
奈良市
南京終町
国道一六九号
出屋敷町
神殿町
古市町
穴栗神社
念仏寺
北永井町
北之庄町
若宮神社
横井町
八島町
今市町
帯解寺
柴屋町
山村町
池田町
田中町
大和郡山市
蔵之庄町
森本町
天理市
櫟本町
いちのもと
和爾下神社
石上町
石上市神社
別所町
川原城町
三島町
てんり
ガーデン大和の前
すぐ 春日 二月どう 大仏 南円堂 みち
右 橿原神宮 神武天皇 よしのかうや道
左 み輪 たうのみね はつせ寺 いせ 道 なばり越いせ
明治廿八年一月建之
奈良町有志者
28.5×28.5×135
文化十二乙亥三月吉日 施主 庄町 楠徳
右 ざいしよ みち
左 西の京 こうり山 ほうりう寺
すぐ なんえんどう かすが 大ぶつ
31×31×103
左 なら 道
是より半丁うち 柿本寺 人丸神像并宝物あり
和爾下神社前
30×24×141
右 ほうりうじ 左 はせみち
西国三拾三所 南都
廿三度 河州丹北郡 瓜割村 み屋
享保十二丁未八月吉日
右なら 左たつた みち
27×25×81
元禄四辛未年 奉寄進 十市高田村 奥田源蔵
穴栗四社大明神 ならへちかみち 社より 社まで三町
穴栗神社前に移設
35×23×120
すぐ なら 京
右 ふる内山 左 たつた 法隆寺 大坂道
嘉永四亥年 十一月吉日
世話人 川原城村中
みわ はつせ たふのみね いせ道
川原城会館内
35×32×166
従是東 笠山荒神二里
左なら
右はせ
28×51×80
安政七申二月吉日
正一位 姫丸大明神 是より東
村中安全 石工伊兵工
15×20×74
川原城会館内
南はつせ道 是より
岩上大明神 十三町
北なら道
63×83
川原城会館内
天保六未八月
左なら
右はせ
42×30×90

図６　上街道―２

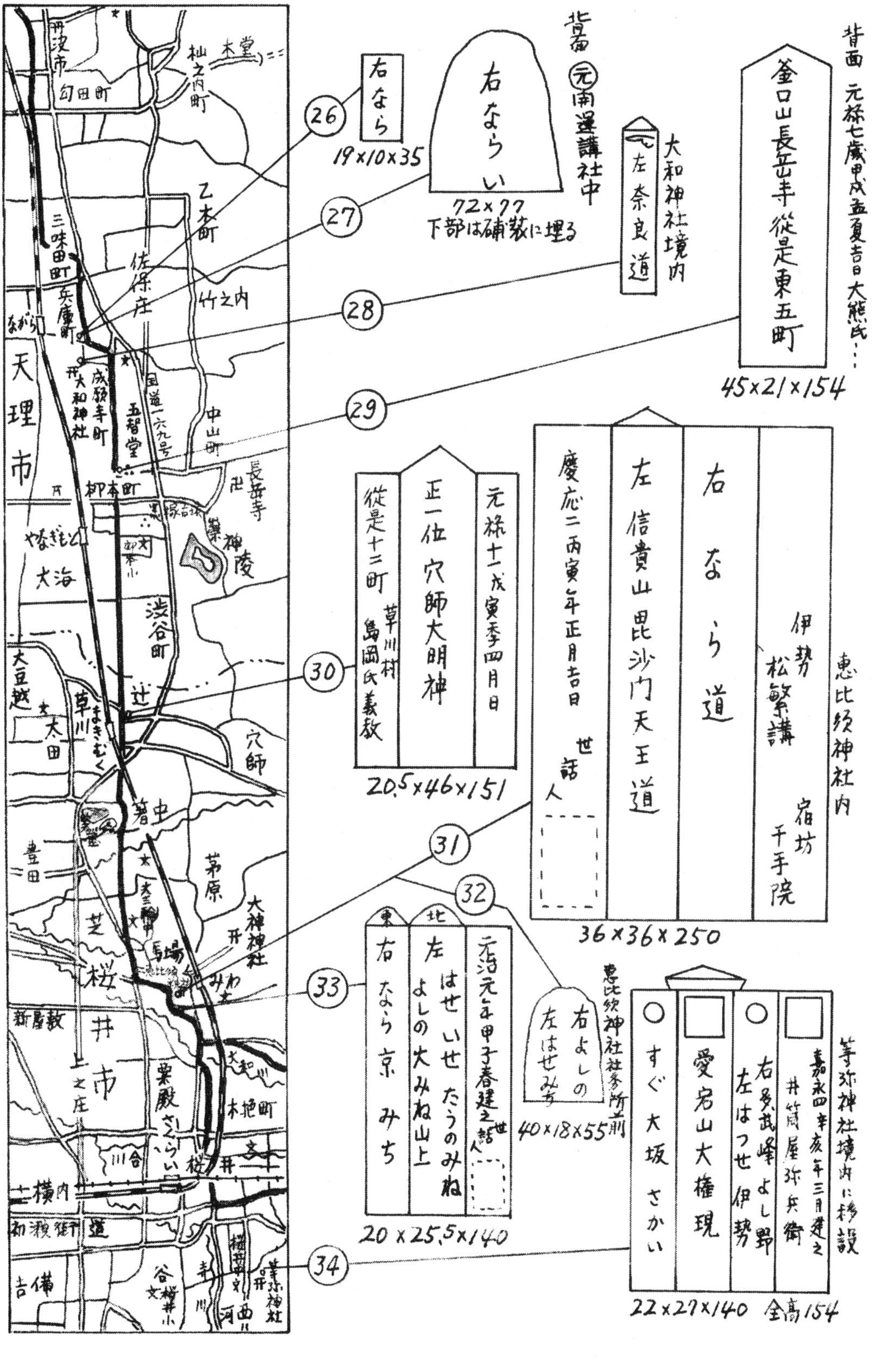

26
右なら
19×10×35
27
右ならい
72×77
下部は舗装に埋る
背面 元 南遥講社中
28
大和神社境内
左奈良道
29
釜口山長岳寺従是東五町
背面 元禄七歳甲戌孟夏吉日 大熊氏…
45×21×154
30
元禄十一戊寅季四月日
正一位穴師大明神
従是十二町
草川村 島岡氏義敬
20.5×46×151
31
恵比須神社内
伊勢 松繁講 宿坊 千手院
右なら道
左信貴山毘沙門天王道
慶応二丙寅年正月吉日
世話人
36×36×250
32
恵比須神社社務所前
右よしの
左はせみち
40×18×55
33
東 右なら京みち
北 左はせいせ たうのみね よしの大みね山上
元治元年甲子春建之
世話人
20×25.5×140
34
等弥神社境内に移設
嘉永四辛亥年三月建之 井筒屋弥兵衛
右多武峰よし野 左はつせ伊勢
愛宕山大権現
すぐ大坂 さかい
22×27×140 全高154
丹波市
勾田町
杣之内町
木堂
乙木町
三昧田町
佐保庄
竹之内
兵庫町
ながら
天理市
大和神社
成願寺町
五智堂
国道一六九号
中山町
長岳寺
柳本町
崇神陵
やなぎもと
大海
渋谷町
大豆越
草川
まきむく
辻
太田
穴師
箸中
豊田
茅原
芝
大神神社
馬場
みわ
桜井市
新屋敷
上之庄
粟殿
大和川
さくらい
川合
横内
初瀬街道
吉備
谷
桜井小
寺川
河西
等弥神社

1－3　初瀬街道　桜井市より榛原町まで

伊勢街道に本地仏の長谷観音は外せない

近鉄大阪線朝倉駅の北を、国道165号線の南側に平行して、初瀬街道が通っていて、東へ1、3キロの黒崎で国道に合流する。古道の多くは路線などで消滅している。

初瀬川に沿っていくと出雲で、一時旧道が離れるが、すぐ国道にもどり初瀬に至り、その西口で初瀬川を渡る。旧道は左に分かれ、大きな常夜燈のある参道入口(一の鳥居跡) から川の北側を進み、長谷寺の門前町となる。

両側に食堂や旅館・土産物店が軒をつらね、参道入口より0、8キロの伊勢辻と称される草餅店の角に、年号はないが古い大型の道標が立っている。

ここは街道の分岐点で、長谷寺は直進し道が左に曲がる所の手前に、西国番外札所の法起院《ほっきいん》があり、このお寺には長谷寺の開山、徳道上人をまつる開山堂がある。

長谷寺はなお少し北西にはいると石段上にあり、西国霊場第８番札所で、牡丹の名所であり、伊勢参りの人達がここに立ち寄るのは、長谷観音が天照大神の本地仏とされていることにもよると言われている。

長谷寺の魅力は、斜面を登る回廊と、豪壮な舞台造りの本堂(重文)のほか、朱塗りの五重の塔などの建物であるが、何れも何度も再建されたものである。

境内の宝蔵庫前に、願主 行悦による「いせ」を示す道標があり、他にある行悦による道標には年号がないが、ここのには延享丁卯(延享４年・1747)と彫られてある唯一のものである。

初瀬の道は初瀬川を対岸に渡ると寺垣内の集落があり、素盞雄神社や少し天神山に登ると天満宮下で天神橋から登ってきた道に合し、自然石の道標がある。

やがて長谷寺が眺められる地点を経て坂を登りきり、伊勢辻から登ってきた道に合流する所は与喜浦で、国道に合して吉隠川に沿って進む。

国道は桜井市浄水場の前を通るが、その西角で北に県道が分かれ、そこに多羅尾滝への道標がある。滝は県道を400メートル上がって小道を入った所にあるが、水の流れがなくなり滝の趣は感じられない。

国道は近鉄線に近づき、吉隠《よなばり》の集落を通る道が分かれ、ふたたび合流する手前に道標がある。ここは桜井市と榛原町の界で、榛原町角柄《つのがら》には、１キロ余り北へ登った所にある光仁天皇母、春日宮天皇妃墓の案内がある。

上り坂となった国道は、西峠で新道が斜めに交差し、国道北側から南側にかけて「あかね台住宅地」が広がっている。その中央部に古くからある西峠の集落が集会所を中にして残り、集会所下に道標が保存されている。

峠から下りとなり、榛原町の中心地に進むと萩原で、古い町並の終わり近くに、建物の壁に「あぶらや」と書かれた旧旅館「あぶらや」がある。ここは札の辻で青山道（伊勢表街道）と伊勢本街道の岐路で、文政11年の補修された道標がある。

本街道は国道165号に分かれ、近鉄線をくぐり国道369号を進む。

図7　初瀬街道—1

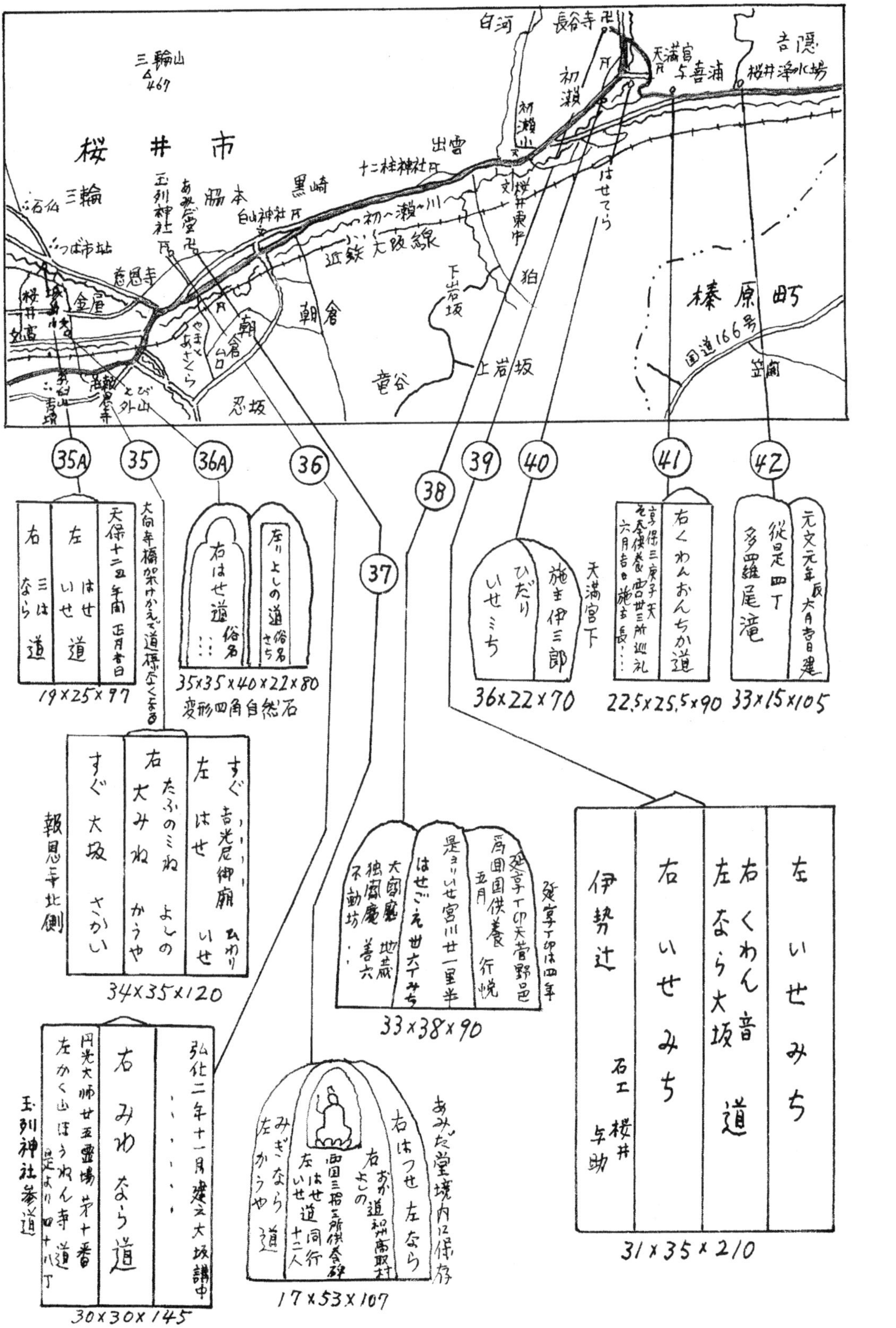

三輪山 467
桜井市
三輪
黒崎
出雲
白河
長谷寺
初瀬
天満宮
与喜浦
吉隠
桜井浄水場
十二柱神社
白山神社
初瀬川
近鉄大阪線
玉列神社
あみだ堂
狛
下岩坂
上岩坂
朝倉
忍坂
榛原町
国道166号
35A
35
36A
36
37
38
39
40
41
42
右 ならの道
左 はせ いせ道
天保十二年寅 正月吉日
19×25×97
右はせ道
左りよしの道
35×35×40×22×80
変形四角自然石
ひだり いせミち
施主伊三郎
天満宮下
36×22×70
右くわんおんちか道
22.5×25.5×90
従是四丁 多羅尾滝
元文元年辰 六月吉日建
33×15×105
すぐ 大坂 さかい
右 たふのミね 大みね よしの かうや
左 すぐ 吉光尼御廟 はせ いせ
報恩寺北側
34×35×120
33×38×90
伊勢辻
右 いせみち
右 くわん音 左 なら大坂 道
左 いせみち
石工 桜井 与助
31×35×210
右 みわ なら道
玉列神社参道
30×30×145
右はつせ 左なら
左かうや
あみだ堂境内に保存
17×53×107

図８　初瀬街道―２　伊勢本街道―１

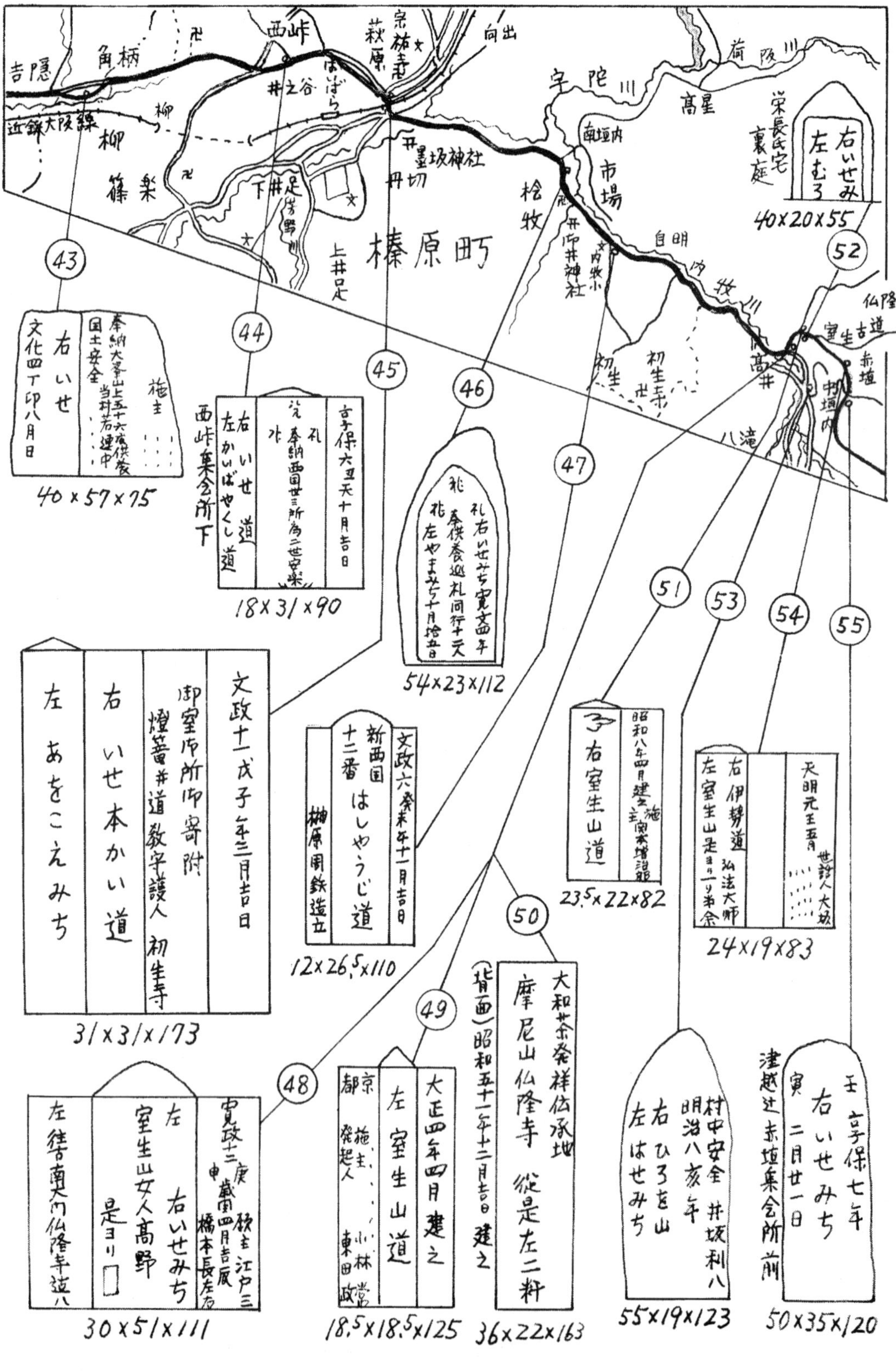

1－4　伊勢本街道　榛原町より伊勢市まで

山側に張りついた集落を結ぶ

榛原には各街道の分岐が多く、初瀬街道・笠置街道・笠間街道・青山越伊勢街道（伊勢表街道）と、ここに述べる伊勢本街道などである。本街道は、現在の国道369号線の原型となっているものの、かなりの部分は古道と異なっている。

1－4－1　榛原町より御杖村まで

榛原町萩原の追分を南に、宇陀川畔の墨坂神社の森を右に見て、桧牧から内牧川に沿って国道369号線を進む。桧牧バス停横に、奈良県内では最古の年号、寛文4年（1664）と刻まれた巡礼供養碑の道標がある。

真光寺の下を通り、御井《みい》神社の参道を過ぎ、初生寺《はしょうじ》の道標を右に見て進む。初生寺は、ここより1キロ余り南にあたる初生にある古刹である。

高井の西で新しくなった国道が内牧川の対岸に通じているが、バスは高井集落内の旧道を通っている。その集落の中央で、室生への道が山手方向に分かれ、その角に新旧3基の室生や仏隆寺の道標が並んでいる。

中垣内の新道と交差するバス停赤埴口《あかばねぐち》のそばに、石垣にもたれるように、ボールト止めをした道標が立っている。

本街道はここより左に急坂を上り、左手に千本杉の古木を見て、間もなく赤埴集会所の前に出る。その横に道標と万葉歌碑があり、ここから下志明への道が分かれる。

植林の中の上り下りする旧道を、中垣内を経て大久保に達すると、街道に6基見られる菅野の行悦の願主になる道標の一つがある。

整った旧家がつづき、間伐材などが道端に積まれた道をたどると、やや開けた諸木野の集落に出る。諸木野川沿いの新道もここで合流し、集落東部で右に登った所に愛宕神社がある。ここは諸木野城跡で遺構はないが、城地をうかがえる地形が認められ、中世の北畠氏家臣諸木野氏の城で、諸木野の集落が一望できる。

集落のはずれで、舗装はなくなるが良い道がつづき、貞享3年の道標がある辺りから、道は細く険しくなるものの、峠道としては歩きやすい道である。

樹林の中の石割峠は見晴しがなく、大阪ＹＨ協会の立てた峠の表示があるだけである。石割峠は榛原町と室生村の界で、下るのは室生村側でやや水分の多い山道である。

やがて原山への岐路に、宝暦5年の道標があり、次第に道は広くなり、上田口の集落近くなると舗装されていて、上田口の東部に専明寺がある。

室生川の血原橋で大野から来た道に合流し、南へ室生川に沿ってさかのぼる。

バスの通れる良い道で、そのまま通り過ぎ易いが、0､5キロ程いくと不動堂から山道が左に登っている。これをたどると黒岩川に沿う舗装道となり、北側に点々と黒岩の集落があり、集落入口に道標がある。杉山を下っていくと川沿いに水田がつづき、黒岩川の南岸に移ると、宮城への岐路に願主行悦の道標がある。

道は細くなり、やがて植林の中に入り山粕峠への登りとなるが、少し湿気が多く次第に峠道の様子となり、途中に、奈良大学宝来講による道しるべが二カ所の岐路に立っている。

山粕峠には以前に茶屋があったそうであるが、今は大阪ＹＨ協会の峠の立札があるだけで、杉山の中で見晴らしもない。

峠からは曽爾村で、下り一方の道を南に進むと気持ちの良い道がつづき、途中で左から下ってくる林道に合流し、右に下ると国道３６９号に出る。

東に山粕川に沿っていくと、山粕の集落であるが、国道に離れて集落中の旧道を進むと、西山氏宅の庭に行悦の道標がある。

山粕の東端で川を渡り国道に合流し、バス停山粕東口の少し東の山道入口に、南無阿弥陀仏の題目石の側面に「いせみち」と刻まれてある。ここが、本街道の古道である鞍取峠への登り口である。

道は始めは急な登りであるが、植林手入れの道となり、一部崩れた所がある他は比較的に歩きやすくなっている。

約２０分も登れば、杉の植林の下に熊笹が茂り、峠に上りつめると歴跡会と記された小さい木札に「鞍取峠　伊勢本街道」と書かれてあったが、その後この峠に数々の表示板が立ち並ぶようになっている。

峠から御杖村となり、東に下って行くと、植林の道があちこちに交錯している昼なお暗い、湿気の多い道である。ひたすら下っていくとやっと明るくなり、桃俣の集落と桃俣川が眺められるようになる。白鬚稲荷神社の前を通り川に沿い、青蓮寺川との合流点のバス停桃俣に出て、国道３６９号に合流することとなる。

鞍取峠を越えない回り道は、山粕より山粕川に沿って下り、掛で名張道に分かれ、山粕川の愛宕橋を渡って青蓮寺川に沿って溯る。掛の国道と名張道の分岐点に道標がある。掛西口のバス停は榛原から来たバスが、名張または神末敷津あるいは奥津行きのバスの、乗継所となっている。

国道は細井を経て土屋原を通るが、土屋原中央の堂前に「いせみち」の道標がある。ここは、青蓮寺川を溯り請取峠を越えて、和歌山街道の三重県飯高町波瀬に至る道が分かれている所である。

青蓮寺川の支流、笹及川に沿って笹及を経て、桜峠を越えて菅野に至るが、菅野の西川は標高５２０メートルあり、ここの一帯は街道中標高の高い位置にある。

御杖村役場東の旧道駒繋橋の北詰に、太神宮常夜燈と並んで道標がある。

この辺りも新しい道造りが進められ、道も良くなっているが、同時に旧道の方の保全にも心掛けてほしいものである。

図９　伊勢本街道―２

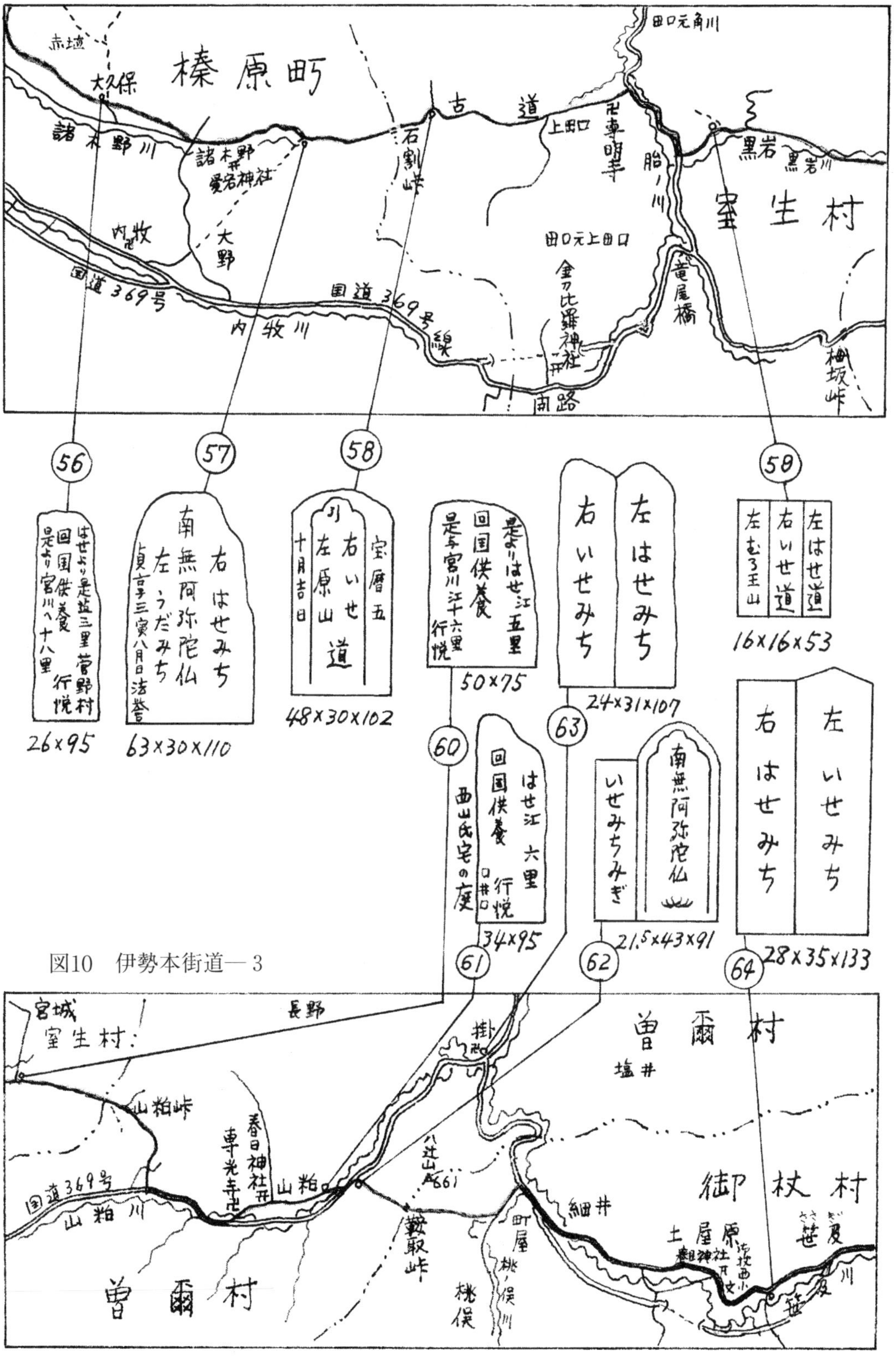

図10　伊勢本街道―３

図11　伊勢本街道―4

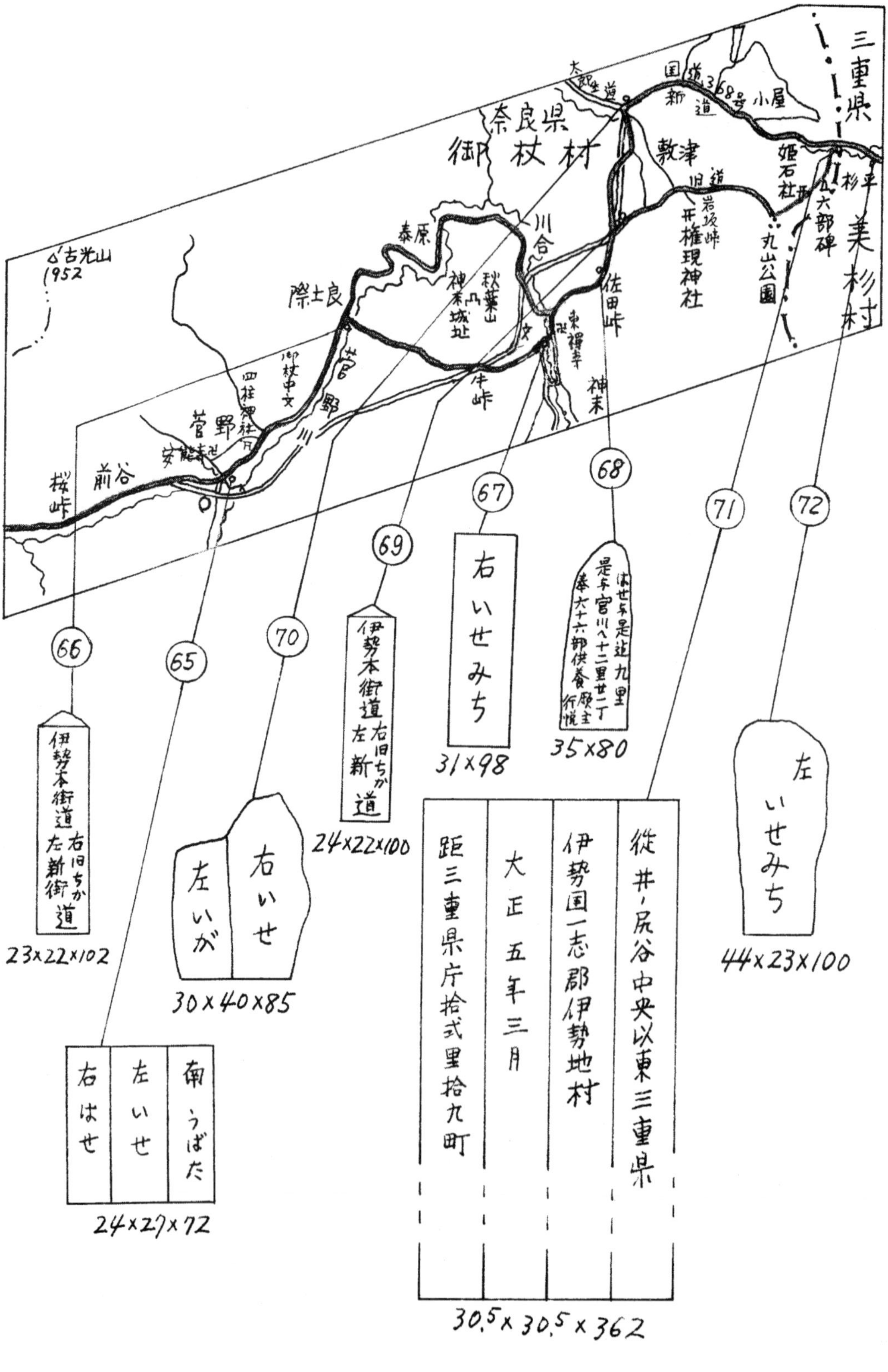
三重県
奈良県
御杖村
美杉村
小屋
国道368号新道
太郎生道
敷津
旧道
岩坂峠
姫石社
六部碑
杉平
丸山公園
牛峠
権現神社
佐田峠
神末
東禅寺
川合
秋葉山
神末城址
奥津
菅野
菅野川
安能寺
前谷
桜峠
際土良
古光山
1952
四桂神社
御杖中文
66
伊勢本街道
右旧ちか
左新街道
23×22×102
65
右はせ
左いせ
南うばた
24×27×72
70
右いせ
左いが
30×40×85
69
伊勢本街道
右旧ちか
左新道
24×22×100
67
右いせみち
31×98
68
はせ与是迄九里
是与宮川へ十二里廿一丁
奉六十六部供養
願主
行悦
35×80
71
従井ノ尻谷中央以東三重県
伊勢国一志郡伊勢地村
大正五年三月
距三重県庁拾弐里拾九町
30.5×30.5×362
72
左いせみち
44×23×100

1－4－2　御杖村より三重県美杉村まで

御杖村庄谷に平安時代創建とされる安能寺や、中村の四社《ししゃ》神社などが街道より少し離れた所にあり、新道が山手を通っている。際土良《きわどら》の伊勢街道新旧を示す道標の北で、国道から右に旧道が分かれる。

牛峠への登りは1キロで峠に達し、ここでも交差する新道が出来ている。

峠を下りた神末《こうずえ》の西町に、常夜燈に並んで「いせみち」の道標がある。

東町を経て北に進み、川合で国道に合流するが、神末のはづれ 佐田峠の地蔵の横に道標がある。ここのは彫りが浅く風化していて、拓本をとってようやく「宮川迄十二里二十一丁」と判り、願主菅野村行悦となっている。

国道369号線、敷津の南の道標に示されている通り、新旧道があるが、更に新道が通じている。

旧道の敷津の中心地を東に進むと、南の山麓に権現神社があり、舗装道は敷津東部で小丘につきあたり、以前ゴミの捨て場となっていた所は整備され、丸山公園となっていて、ここを通り抜ける道が再現している。

公園を抜けて階段を下ると旧道に出て、道は杉林の中に入り、姫石神社の小祠の辺りから道幅はやや広くなり、下りの坂道をたどる。やがて大きな六部碑が石の屋形の中におさめられてある前を通り、坂も緩やかとなり国道368号線に出る。

奈良と三重の県界、勢和橋を渡った所に、三重県の建てた県界の石柱がある。

なお、敷津の新旧道の道標からまっすぐに新道を進むと、約1キロで国道が分かれ、369号は北に、368号は東に県界の勢和橋に出ることになる。

バス停敷津のそばに、自然石の道標がある。

国道368号線を三重県美杉村に入ると、バス停杉平の手前にも自然石の道標があり、つづいて立つ「名勝三多気の桜」を示す石柱の所から、北の山手に入ると三多気で、さらに2キロ余り登ると大洞山《おおほら》に達する。山麓に真福院があり、参道には千年以上の歴史を誇るという三多気《みたけ》の桜並木があり、その数二千本以上といわれる。

バス停上払戸の横に変形の道標があり、払戸の東部で国道に離れて南側の石名原の集落を通る。

杉平より石名原の間はどっしりした家々がつづき、多くの家の敷地内の池では、鯉をたくさん飼っているのが見られる。

石名原の東で国道に合流するが、新旧の道がしばらく錯綜している中を、伊勢地川に沿っていくと、西広に川上への分岐点がある。その角に若宮八幡宮参道を示す道標があり、この川上八幡神社は古くより知られて、参詣に来る人が多い。

ＪＲ名松線の終点、奥津《おきつ》駅の南に出ると、美杉村八幡出張所の前に、三重県独特の木製標柱と、明治26年の道路改修を記念した道標がある。

奥津駅は標高267メートルで、三重県下では一番高い位置にある駅である。

図12　伊勢本街道—5

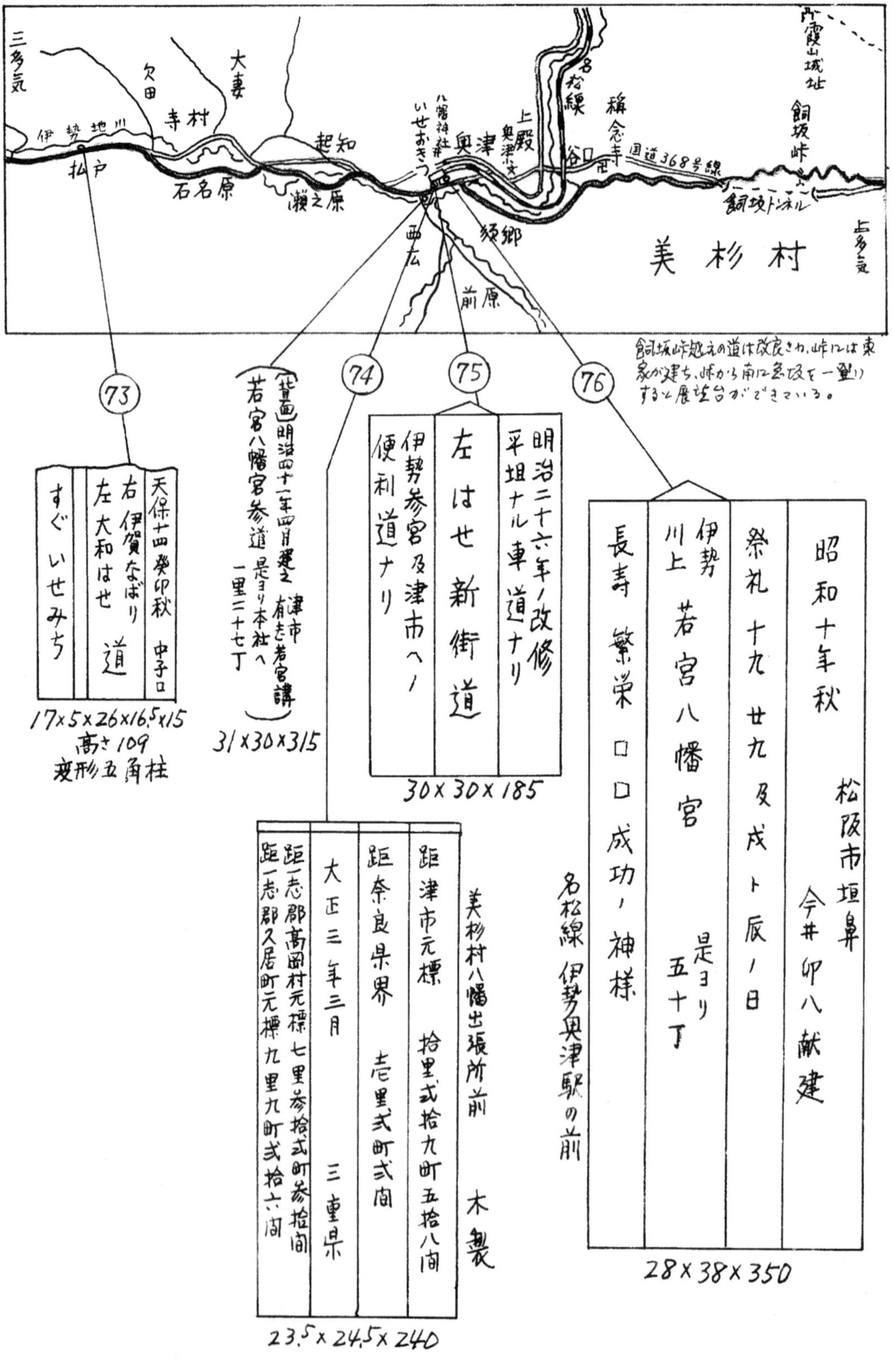

三多気
伊勢地川
払戸
欠田
寺村
大妻
石名原
起知
瀬之原
八幡神社
いせおきつ
奥津
上殿
奥津小
名松線
稲念寺
谷口
国道368号線
霧山城址
飼坂峠
飼坂トンネル
西広
須郷
前原
美杉村
上多気
飼坂峠越えの道は改良され、峠には東屋が建ち、峠から南に急坂を一登りすると展望台ができている。
73
天保十四癸卯秋 中子ロ
右 伊賀なばり
左 大和はせ 道
すぐ いせみち
17×5×26×16.5×15
高さ109
変形五角柱
（背面）明治四十一年四月建之 津市 有志若宮講
若宮八幡宮参道 是ヨリ本社へ 一里二十七丁
31×30×315
74
美杉村八幡出張所前 木製
距津市元標 拾里弐拾九町五拾八間
距奈良県界 壱里弐町弐間
大正三年三月 三重県
距一志郡高岡村元標 七里参拾弐町参拾間
距一志郡久居町元標 九里九町弐拾六間
23.5×24.5×240
75
明治二十六年ノ改修 平坦ナル車道ナリ
左はせ新街道
伊勢参宮及津市ヘノ便利道ナリ
30×30×185
76
昭和十年秋 松阪市垣鼻 今井卯八献建
祭礼 十九 廿九 及 戊ト辰ノ日
伊勢川上 若宮八幡宮 是ヨリ 五十丁
長寿 繁栄 □□ 成功ノ 神様
名松線 伊勢奥津駅の前
28×38×350

1－4－3　美杉村奥津より飯南町下仁柿まで

美杉村奥津《おきつ》のＪＲ奥津駅の南から、東へ宮城橋を渡り、雲出川右岸に沿い須郷より谷口に至る。

谷口には念称寺があり、その北側に新国道368号線が通り、旧道はその工事の時に使われ途中まで広げられ、今はきれいに舗装されてある。

平成２年に開通した新国道は、飼坂峠の南下をトンネルで抜けている。

旧道は新国道トンネル入口手前から山道となって、植林の中を登っていく。この山道は元は国道で、人がやっと通れる程の道で、所々崩れた部分もあるが、途中の岐路には奈良大学や、大阪ＹＨ(ユースホステル)協会が立てた表示がある。

ジグザグの道を経て峠に登りつめると、木立の中の狭い平地に、大阪ＹＨ協会の飼坂峠の表示板があり、峠は明るいが見晴らしはきかない。

東への下りも急なジグザグを繰り返し、やがて谷まで下りて丸太橋を渡ると、川沿いの道は広く緩やかとなる。その途中から下方に新国道が現れ、一時これに合流し、上多気集落の手前で分かれ、集落内を通り、県道に出合う所がバス停上多気で、角に大きな道標があり、横に元治２年の常夜燈もある。

上多気より県道を北に0、7キロ行くと、北畠神社と北畠館跡があり、さらに北西方向に１キロ余り登ると、北畠氏が伊勢国司として200年以上にわたり、居城していた国の史跡、霧山城跡がある。標高500メートルあり眺望は良く、城域と土塁を残すだけであるが、中世の山城の形をよく残している。

上多気にもどり、国道368号の八手俣川に架かる大橋を渡り、町家に入ると、どっしりした建物に旅館結城屋の看板が目につく。ここ上多気《かみたげ》には往時伊勢参りの盛んな時は、旅館20軒を数えたそうであるが、今は結城屋の他に一軒が看板を掲げているだけで、集落内に旅館であったらしい建物が見られる。

東へ八手俣川支流の立川に沿って進むと、立川集落より奥には所々に製材所があり、奥立川に道標がある。美杉村と飯南町との境界、すなわち一志郡と飯南郡の界となる不動橋を渡ると、飯南町峠の集落である。しかし居住中の家はなく、数戸ある家は閉ざされ、時たま持主が手入れに来ているとのことである。

集落はずれの谷に下る案内のある古道は、櫃《ひつ》坂と呼ばれる急坂で、途中に山崩れの所が二カ所あるが、気をつけて通れる植林の中の道である。

仁柿川の出合いの坂ノ下で、北に迂回してきた国道に合流し、ここに若宮八幡宮の大きい石柱がある。吹ケ野の高福寺の下に、宮川へ九里を示す道標があるほか、中出の神名原川と仁柿川の合流点に、折れた道標が横たわっている。

下仁柿の旧道の常夜燈そばに、宮川へ八里の道標があり、仁柿川近くにも宮川へ八里半の道標があるが、距離の点で移設されたもののようである。

さらに国道に合流する所にも道標がある。

図13　伊勢本街道—6

図14　伊勢本街道—7

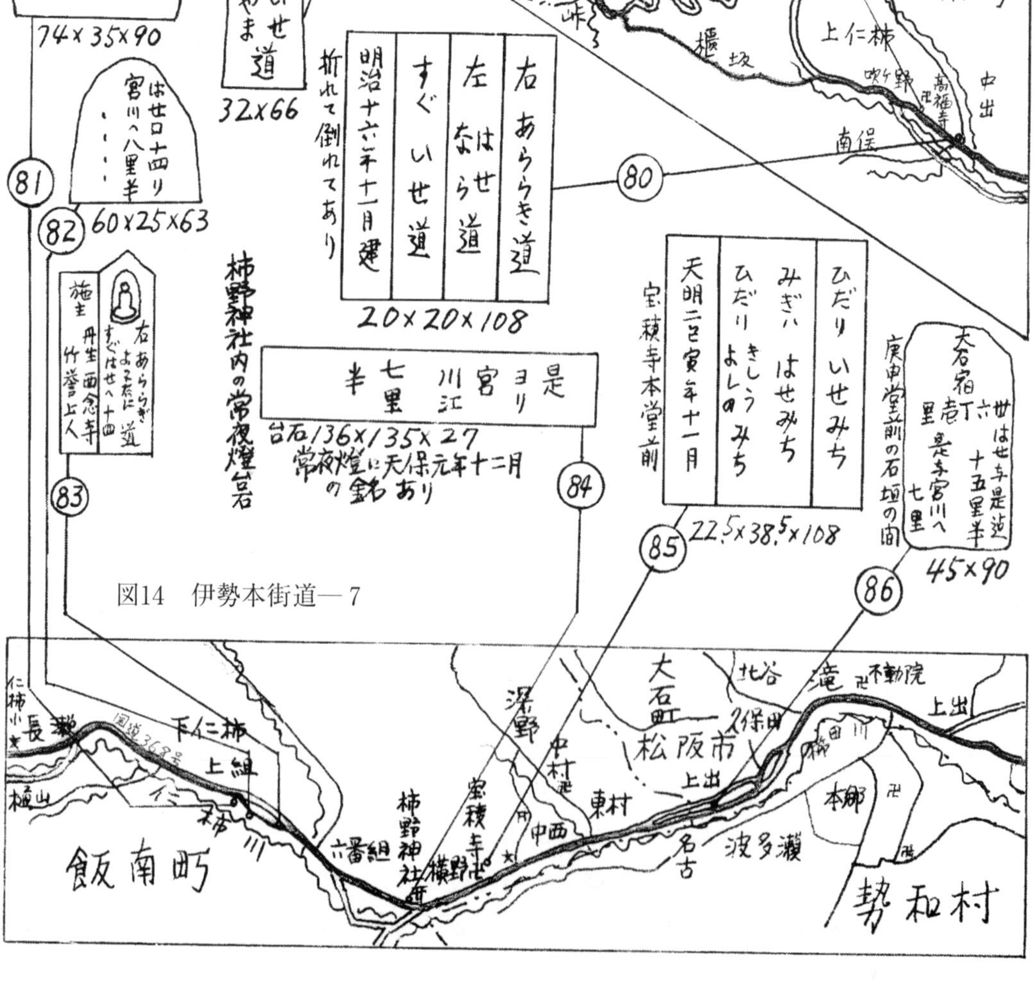

1－4－4　飯南《いいなん》町下仁柿《しもにがき》より玉城《たまき》町田丸まで

飯南町下仁柿より、1キロ東にあたる横野の柿野神社境内に、太神宮常夜燈があり、その台石に「宮川へ七里半」と示されている。この常夜燈は下の街道にあったが、道路工事に際してここに移されたそうである。

また、横野の和歌山街道の分岐点にあった道標は、横野東部の宝積寺境内の本堂前に移されていて、この道標は、本居宣長の筆になるものと伝えられている。

東村では川沿いの集落内に旧道が通じ、松坂市域の大石町は旧宿場であった。旧道の庚申堂石垣の間に「大石宿」が示され、初瀬や宮川への里程が刻まれ、特に36丁を1里としていることを併記し、このような表示は珍しいものである。

旧道は国道につきつ離れずして小片野町を通り、その東部で、和歌山街道である国道166号線に分かれ、東に進む。旧道岐路の二カ所に、道標および地蔵道標がある。

道は上り下りを繰り返し、茅野町を経て櫛田川を渡ると、多気町津留《たきつる》で、集落入り口に「いせ道」の自然石の道標がある。櫛田川南岸に沿って上牧・下牧を通っていくと、井内林《いのうちばやし》の西に丹生峠を越えて行く山道が上っていて、その岐路に丹生大師への道標がある。

多気町北部を三匹田・四匹田を経て、相可高校前を通り相可に達する。

松坂市射和《いざわ》町より櫛田川を渡った旧道の、相可町側の四つ角にあたる札の辻に二基の道標があり、年号のない折れた方は、ここより30メートル東の元舟渡し降り口にあったのを、ここに移したのだそうである。

国道42号線を東に横切り、静かな町並のつづく通りを荒蒔で右に分かれ、JR線の南に出る。しばらく田畑のつづく中を、佐奈川を渡り池上に入ると、西池上の元三大師前に、下部を欠いた道標が置かれてある。これはどこかで掘り出された様子で、これに示される「いわち」とは、ここより東北の玉城町岩内《いわち》である。東池上のJR線踏切近くの分岐点にも道標があり、道を左にとってJR線を横切り、工場の南側に沿い新道と交差し、雑木林の中を通り抜け玉城町に入る。

上田辺の茶屋を経て、やや細い県道に沿う旧道は、家が点在する所から山手を通り、グラウンドなど、公共施設の続く辺りから田丸の町に入る。

田丸城跡の東側に出ると大手口で、街道は東に伊勢本街道、南に伊勢南街道・熊野街道脇往還が分かれる。大手口を西に城跡の中に入ると、南に町役場、北に田丸小学校や玉城中学があり、その奥が本丸跡で田丸神社がある。

玉城中学の玄関わきには、大手口にあったという道標が保存されている。

田丸城は、はじめ北畠氏の築城になるが、のちに織田信雄《のぶかつ》が修築し、平山城型の初期のものであったが、火災で焼失し、城主も相次いで代わり、明治4年入札解体され、城の遺構は石垣だけで、玉城中学の下に富士見門だけ復元されてある。

図15　伊勢本街道— 8

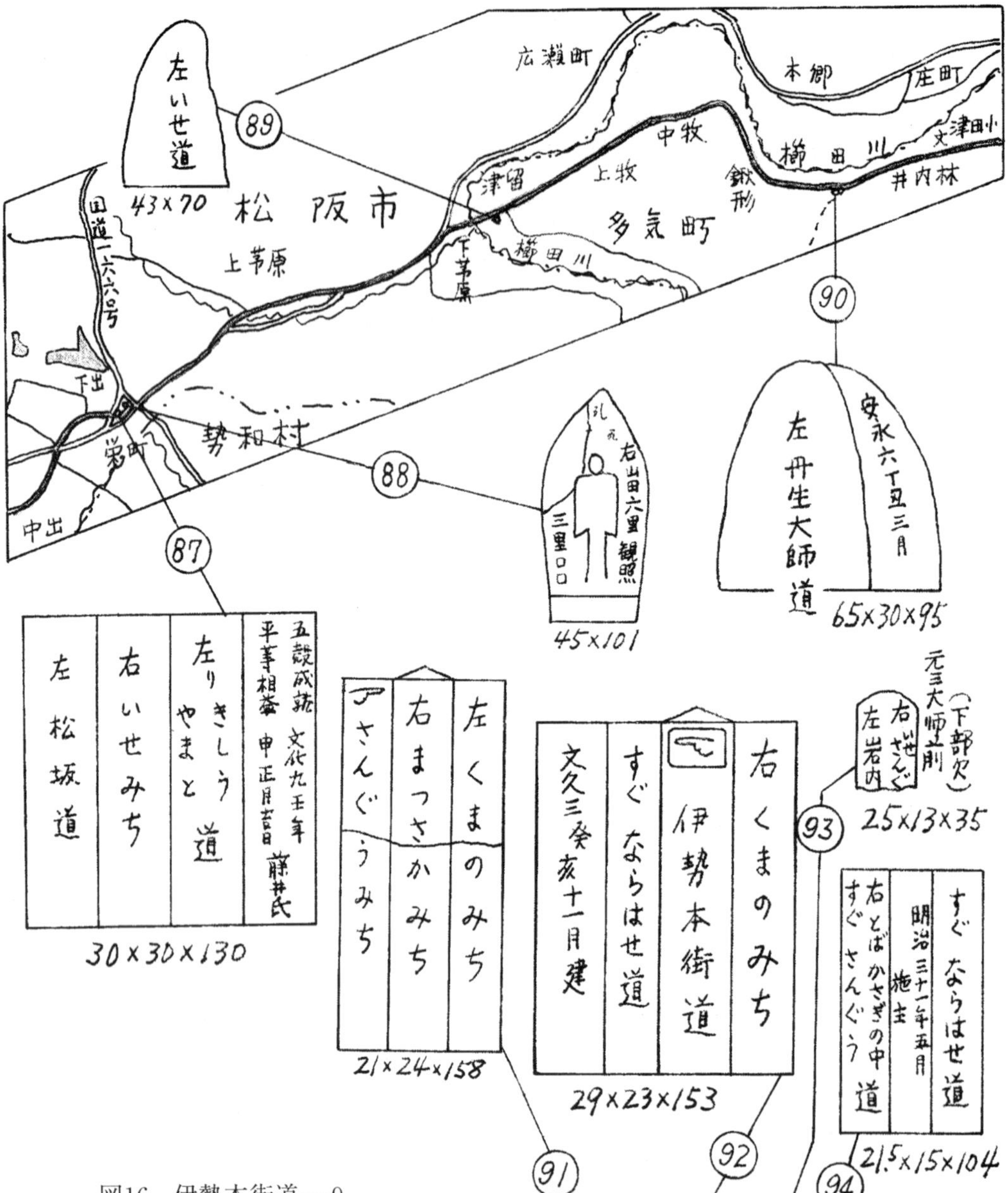

図16　伊勢本街道— 9

1－4－5　玉城《たまき》町田丸より伊勢市まで

玉城町田丸城跡の大手から東に進む通りは、城下町の町筋である。外城田《ときた》川を渡り佐田を抜けると、伊勢市湯田野で、ＪＲ線を横切ると上地町にいたる。

上地町は明野ケ原台地群の南東部を占め、東部に汁田川が流れ、農耕地の広がる中を進んでいくと川端町に入る。古い家も残る通りを北に向かうと、地蔵院の北で、街道と宮川堤との間に、当地出身の尾崎咢堂《がくどう》翁の記念館がある。

小俣町をかすめて東西に通る御幸道路(県道松阪伊勢線)に合流し、渡会《わたらい》橋で宮川を渡る。

宮川の東岸中島町の堤一帯は、県の名勝宮川公園となり、特に桜の名所となっている。

伊勢市は、明治22年に宇治山田町として発足し、近辺町村を合併して明治39年に宇治山田市となり、昭和39年に伊勢市と改称されている。

常盤二丁目に、筋向橋の標柱と欄干が、埋め立てられた道の途中に保存されている。これは、参宮街道と伊勢街道の合流点にあった橋を記念したものである。

八日市場にある坂神社の境内に、道標が保存されている。

豊川町の豊受大神宮(外宮)に参り、その北側を通り宮後一丁目に出ると、月夜見宮への道標がある。そこより300メートル北に、その月夜見宮がある。

岡本町一丁目から近鉄線をくぐり、勢田川を渡り、尾上町のやや登りになる古市街道を進むと、倭町南部の通りに古さをとどめる商家が見られる。

古市町は往時、伊勢参宮の人達で賑わった町で、芝居跡や近鉄線を越す手前にひっそりと大林寺があり、その境内に「油屋おこん」の墓があるが、その舞台になった油屋などの建物は、戦災で焼けて残っていない。

中之町には嘉永４年より旅館をつづけ、今も営業中の麻吉旅館があり、その前に天保年間の道標がある。

麻吉旅館のそばにある寂照寺は、月僊上人ゆかりの寺で、天寿院(徳川秀忠の息女千姫）位牌が安置されている。

中之町の辺りから桜木町にかけては住宅地が広がり、伊勢自動車道が横切っている。坂道を下ると宇治浦田町で、道の交差する北側に猿田彦神社があり、国道23号線に離れ、おはらい町を通って皇大神宮(内宮)前に達する。

古市を通る旧道に対し、御幸道または御成街道と呼ばれる道が、少し東に迂回して通じ、途中に倭神社・徴古館・農業館・皇学館大学・神宮文庫などがある。

神宮文庫の門は、元の御師 福島みゆき太夫家の門を移設したものだそうで、その前の道を挟んだ古市への岐路に、大型の道標がある。

近鉄五十鈴川駅の東で、近鉄線をくぐっていくと、東側に月読宮がある。中村町南部で国道23号に合流し、内宮前に至ることもできる。

図17　伊勢本街道—10

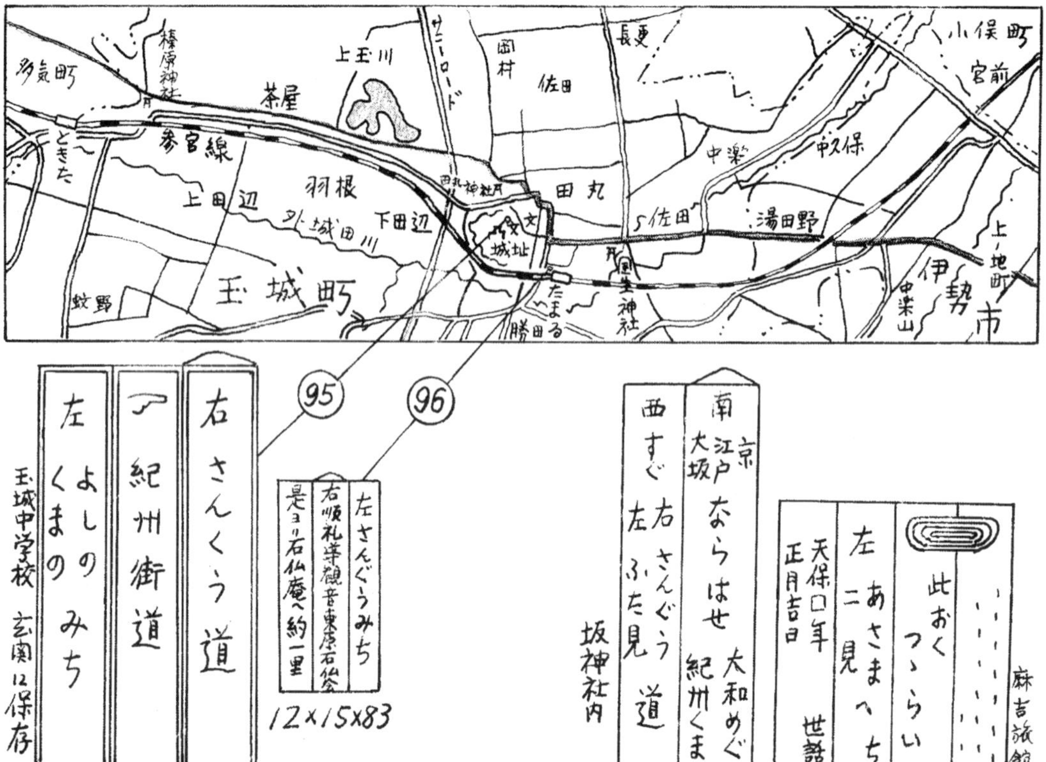

図18　伊勢本街道—11

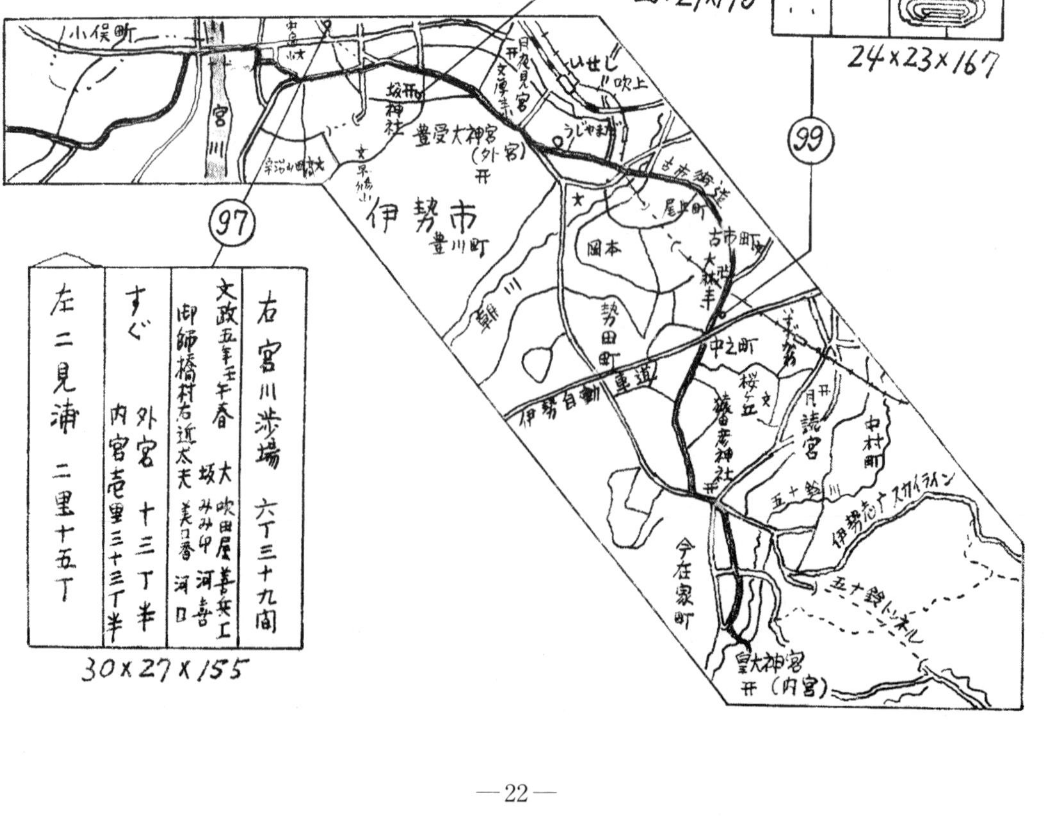

1－5　竹内街道・横大路　堺市より桜井市まで

街道の山場 竹内峠は道路の改修で変貌

大阪南部や堺地区から伊勢への道は、竹内街道や長尾街道を東に、横大路・初瀬街道を経て榛原に至り、榛原より本街道または青山越で伊勢に達していた。

ここには、竹内街道から桜井市に至る間について述べることとする。

1－5－1　竹内街道　堺市より奈良県当麻町まで

堺市の大小路を発し、榎元町で西高野街道に分かれ、左に進むと黒土町に「はせ　大みね道」を示す道標がある。この辺りから長岡町を過ぎる道筋には、部分的に古い家並が残っているが、新しく建て替わった家も多い。

大阪中央環状線にからんで、松原市を経て羽曳野市を通り、埴生野《はにうの》とよぶ丘陵地に広がる「はびきの住宅地」を南に見て進む途中に、東除川に伊勢橋が架かり、伊勢参りとのかかわりを思わせる名である。この伊勢橋東の旧道に「いせ」を示す道標がある。

羽曳野市の東部は古市古墳群と称せられ、藤井寺市にかけて特に御陵や古墳の多い地域である。

野々上に中の太子 野中寺《やちゅうじ》があり、八尾市勝軍寺の下の太子、太子町の叡福寺の上の太子とともに、聖徳太子に縁の深い古刹である。

街道の要地であった古市には、見事な旧家の屋敷があり、次第に建て替えられている中にも、江戸時代の両替商 銀屋の清水家は代表的な建物である。

蓑の辻の北に、大阪の四天王寺より古い創建とされる西琳寺があり、多くの礎石を残し、小さいお堂が建てられてあるが、仏像は延命寺などに移されてある。

国道166号線で石川を渡ると近鉄線に沿い、飛鳥川を右に左にして葡萄畑の広がる駒ケ谷から飛鳥に至る。上ノ太子駅東で近鉄線から離れ、飛鳥川沿いに太子町に入る。

太子町春日地区の旧道には、大和棟の重厚な家が多く見られ、道標も幾つかあるが、どれも近辺の地名を示し、伊勢を指しているのは案外少ない。

六枚橋の北で国道を横切り、山側の旧道をしばらく進み、大道の東で国道に合流する。

竹内街道の道は、改修されたので様子がかわっいしまったが、わずかに峠の府県界標や行者堂・宝篋印塔などは擁壁上に残されてあり、今は二上山へのハイキングコースの一つとして、この竹内街道が利用されている。

峠から東は当麻町となり、これを下っていくと、竹内の古い集落の続く旧道を通る。竹内は松尾芭蕉の「野ざらし紀行」に同伴した千里(糟屋甚五郎)の出身地で、芭蕉も当麻地方を訪れていて、綿弓塚の史跡も近年きれいに整備されてある。

近鉄磐城駅西の長尾で長尾街道に合して、長尾神社横を経て国道に合流する。

図19　竹内街道—1

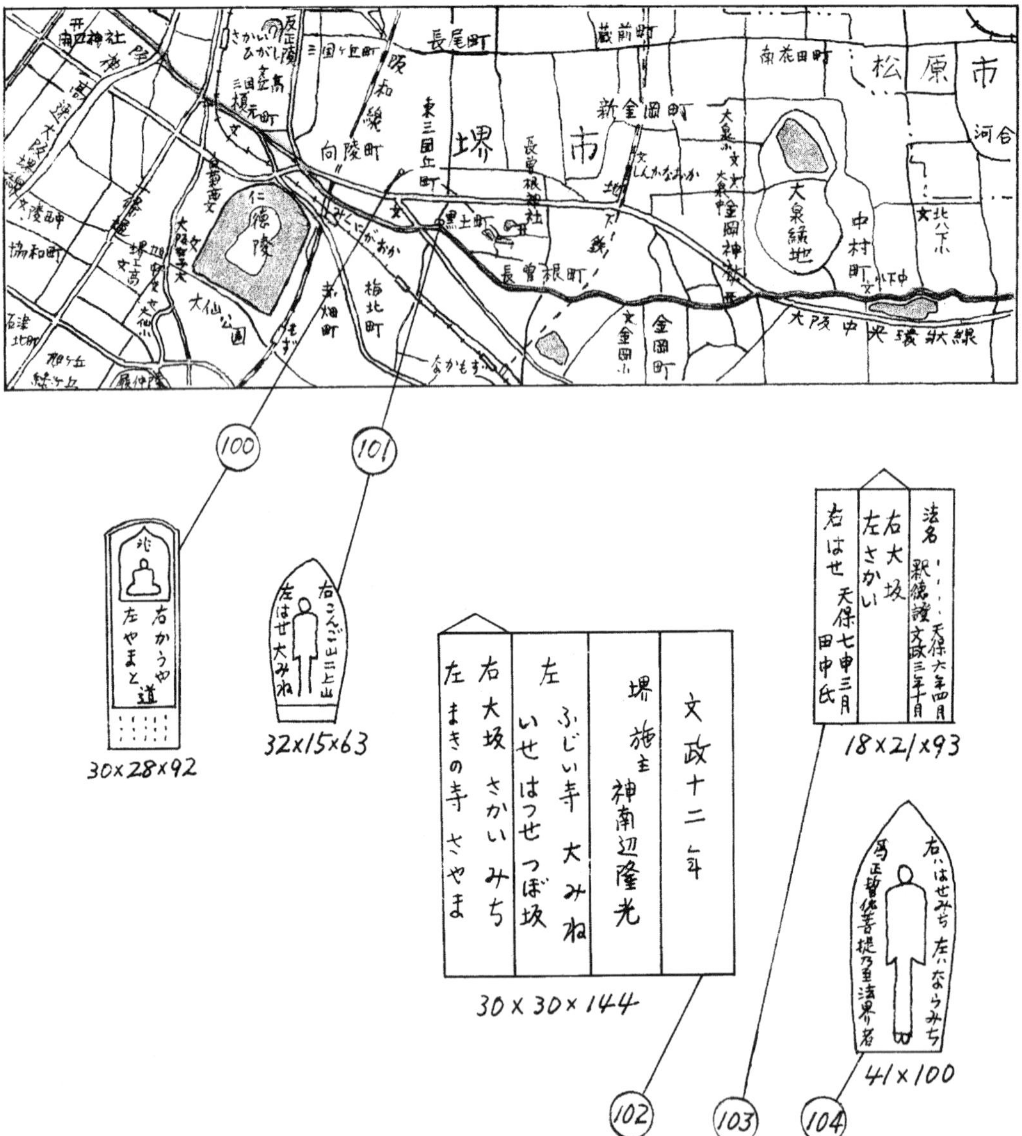
長尾町
蔵前町
南花田町
松原市
堺市
新金岡町
向陵町
東三国丘町
阪和線
長曽根町
仁徳陵
大仙公園
大泉緑地
中村町
河合
大阪中央環状線
100
右かうや
左やまと道
30×28×92
101
右こんごう山二上山
左はせ大みね
32×15×63
文政十二年
堺
施主
神南辺隆光
左
ふじい寺 大みね
いせ はつせ つぼ坂
右
大坂 さかい みち
左
まきの寺 さやま
30×30×144
法名
天保六年四月
文政三年十月
右大坂
左さかい
右はせ
天保七申三月
田中氏
18×21×93
右ハはせみち 左ハならみち
41×100
102
103
104

図20　竹内街道—2

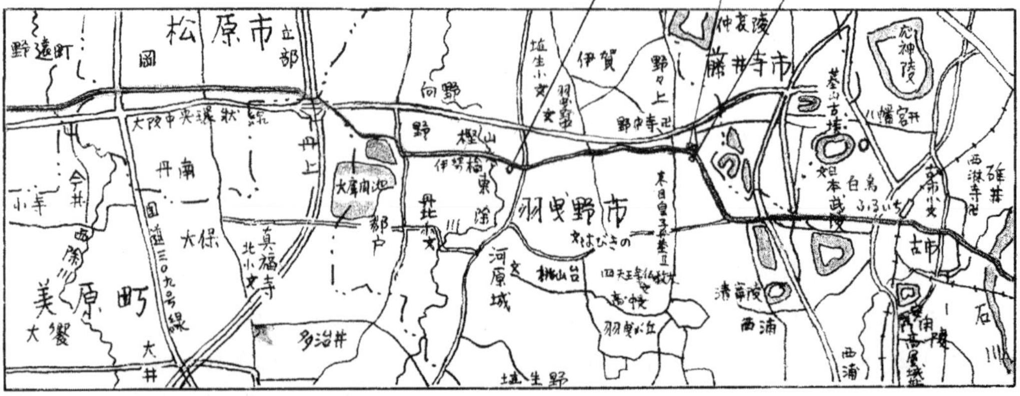
松原市
藤井寺市
羽曳野市
美原町
丹南
大保
多治井
河原城
野中寺
伊賀
野々上
応神陵
仲哀陵
白鳥
古市
清寧陵
西浦
大阪中央環状線

図21　竹内街道―3

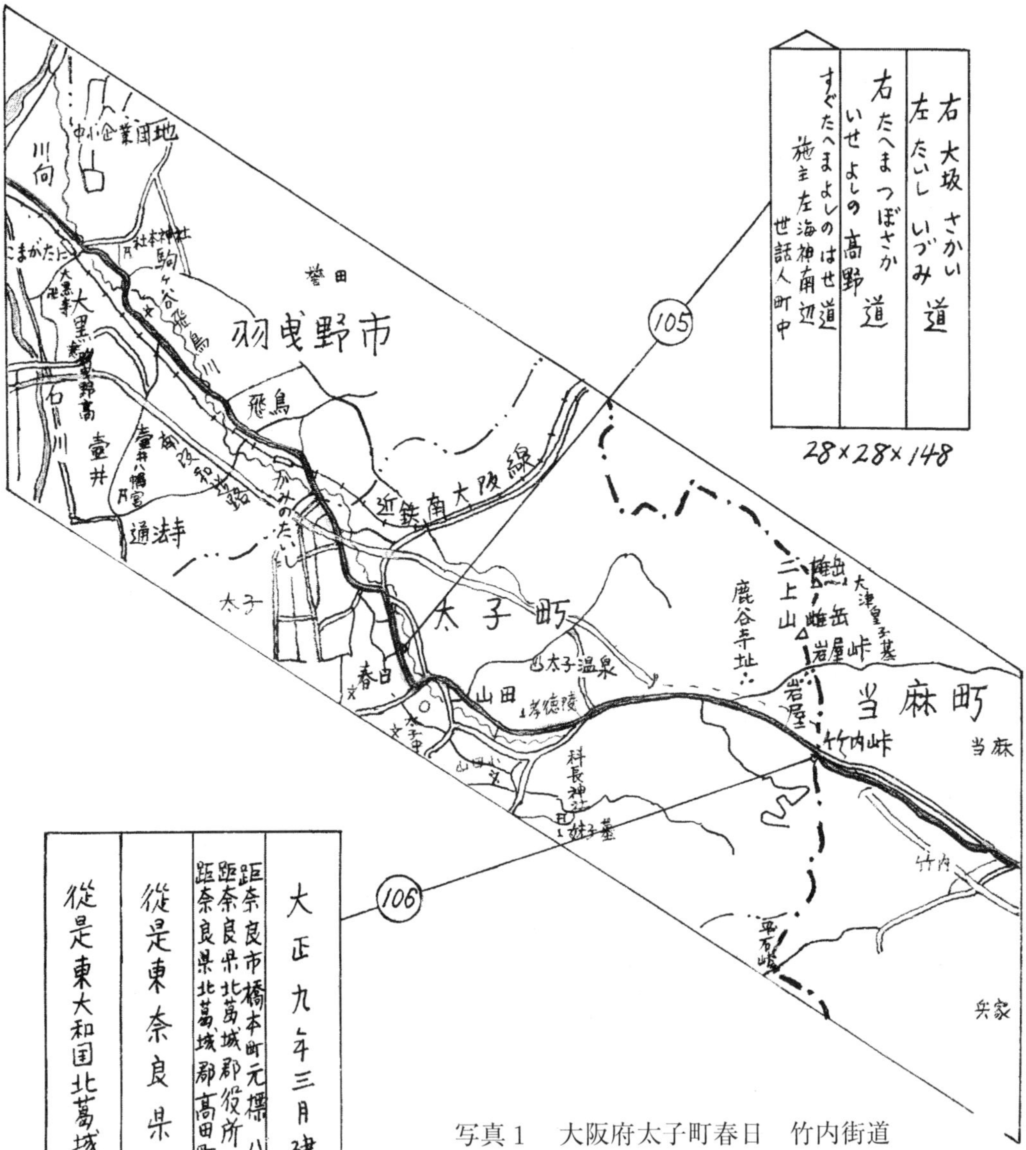

羽曳野市
太子町
当麻町
近鉄南大阪線
中小企業団地
駒ヶ谷
飛鳥川
飛鳥
誉田
通法寺
壺井
石川
太子
春日
山田
太子温泉
孝徳陵
科長神社
妹子墓
二上山
雄岳
雌岳
岩屋峠
大津皇子墓
鹿谷寺址
岩屋
竹内峠
当麻
竹内
平石峠
兵家
105
右 大坂 さかい 道
左 たいし いづみ 道
右 たへま つぼさか いせ よしの 高野 道
すぐ たへま よしの はせ 道
施主 左海神南辺
世話人 町中
28×28×148

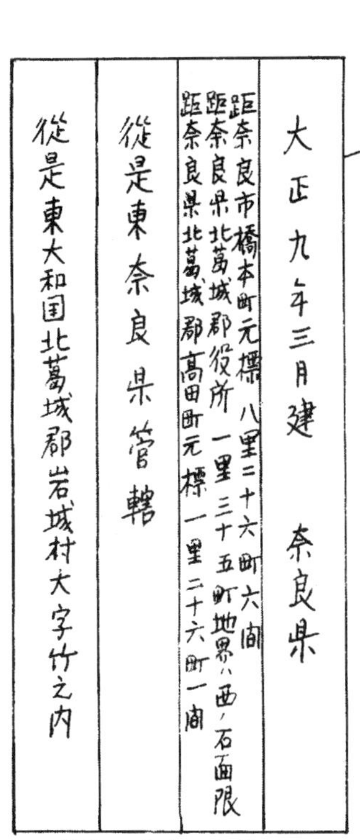

106
大正九年三月建 奈良県
距奈良市橋本町元標 八里二十六町六間
距奈良県北葛城郡役所 一里三十五町 地界ハ西ノ石面限
距奈良県北葛城郡高田町元標 一里二十六町一間
従是東奈良県管轄
従是東大和国北葛城郡岩城村大字竹之内
32×31×280

写真１　大阪府太子町春日　竹内街道

１－５－２　横大路　北葛城郡当麻町より桜井市まで

竹内街道の当麻町長尾の長尾神社参道を経て、近鉄南大阪線の北側に出て、尺土で国道１６６号に合流して東に進む。

道は大和高田市に入り、高田川を渡り南本町の古い町並の中の長谷本寺の前に道標がある。また、街道から北に立ち寄った内本町の商店街の中にも、文久元年(1861)の道標があったが、折られてしまってなくなっている。

ＪＲ和歌山線を横切ると旭北町で、北側の常光寺池公園や片塩小学校の地は、当麻氏の高田城址で、常光寺の北側に城跡の大きな碑が立っている。

城は永享４年(1432)に築かれ、松永方で活躍した当麻氏は、後に織田信長の支援を受けた筒井氏に大和を支配され、天正８年(1580)城と共に消滅している。

当麻氏ゆかりの施設は、北西５００メートル本郷町の馬冷池畔の不動院（大日堂）本堂で、文明１５年(1483)に高田城主の当麻為長が建立していて、高田市内ではこれだけが国の重要文化財に指定されている。

橿原市に入る手前でＪＲ桜井線の北側に出て、ＪＲ線に平行して進むと、曽我川を渡った所に風化して縦に割れた道標がある。

近鉄線を横切り、八木の古い町並の中の札の辻で中街道に交差し、耳成山の南側を経て米川に沿っていくと、近鉄耳成駅の南に、飛鳥地区に幾つかある法念寺への道標がある。その法念寺は、ここより木乃本街道を南に約２キロの明日香村小山にある。

ＪＲ香具山駅の北で桜井市に入り、古い町並のつづく横内の集落を通り、桜井市の中心地に進む。

もともと桜井の地は、伊勢参りのみならず、吉野・大峰のほか西国巡礼の長谷寺や、三輪神社・多武峯・安倍文珠院などの参詣のために多くの人達が通行した所である。

近世には交通機関の充実で、単なる通過地点となる場合が多いが、吉野・高野を控えて木材の集散地として、輸入材に押されながらも活況を呈している。

ＪＲ・近鉄両線の桜井駅の南を東に進むと、外山の旧道と国道に挟まれた樹叢は桜井茶臼山古墳で、国の史跡となっている。古墳時代前期のものとされ、調査の結果では盗掘されていたものの、竪穴式石室内に木棺のほか副装品が発見されている。

外山の報恩寺北側と、近くの集落内の玉井氏宅の北門前に道標がある。

忍坂で旧道と国道は合流し、初瀬川を渡ると慈恩寺で上街道に合するが、ここにあった道標は、北へ４００メートルにある玉列神社横の、阿弥陀堂境内に移されてあり、神社の入口にも道標がある。

図22　横大路—１

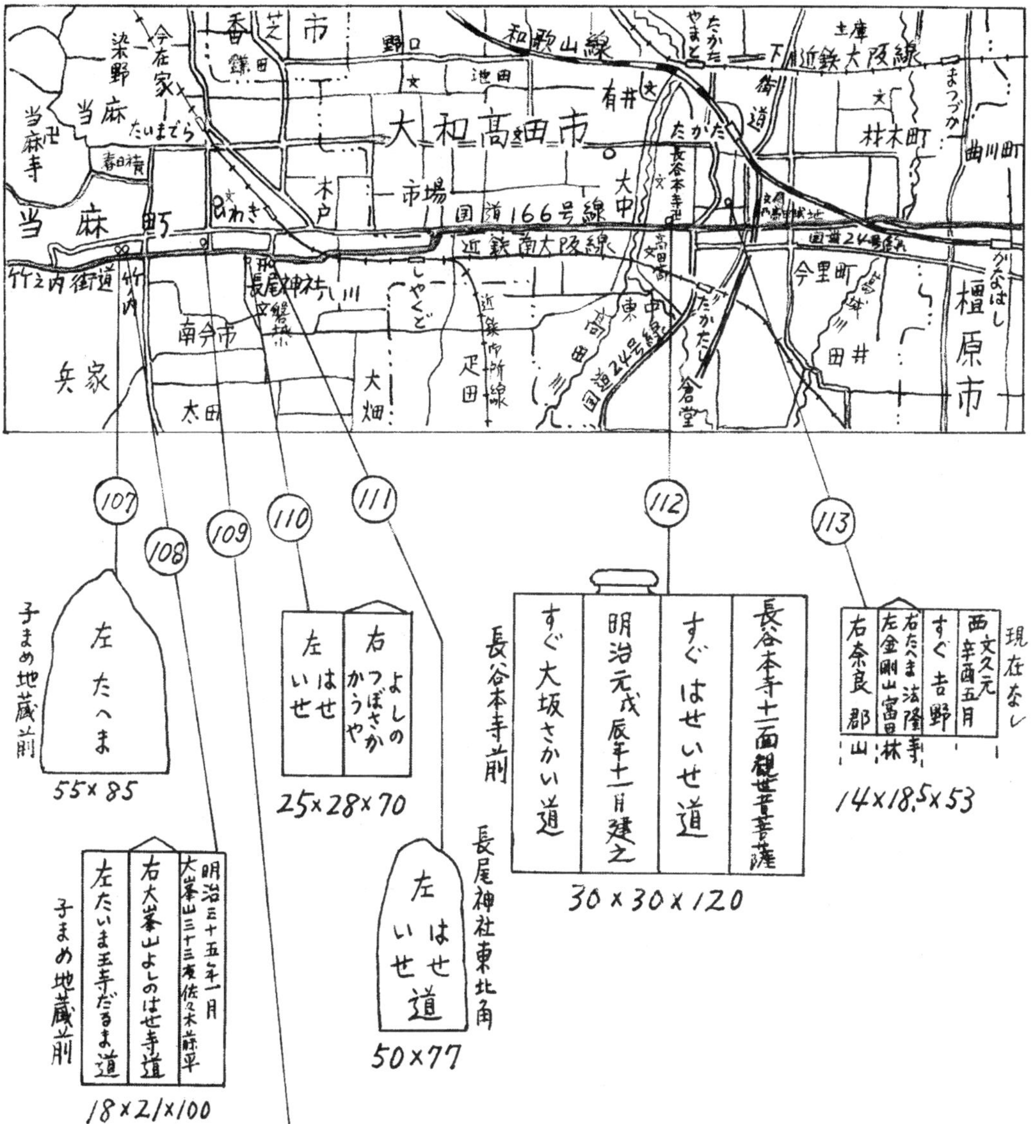
香芝市
大和高田市
当麻町
橿原市
国道166号線
近鉄南大阪線
和歌山線
近鉄大阪線
竹之内街道
長尾神社
南今市
兵家
太田
大畑
疋田
今里町
田井
曲川町
有井
大中
市場
木戸
当麻寺
染野
今在家
たいまでら
107
108
109
110
111
112
113
左 たへま
子まめ地蔵前
55×85
右 よしの つぼさか かうや
左 いせ はせ
25×28×70
明治三十五年一月 大峯山三十三度佐々木蔀平
右大峯山よしのはせ寺道
左たいま玉寺だるま道
子まめ地蔵前
18×21×100
左 はせ いせ 道
長尾神社東北角
50×77
長谷本寺十一面観世音菩薩
すぐ はせ いせ 道
明治元戊辰年十一月建之
すぐ大坂さかい道
長谷本寺前
30×30×120
西 文久元 辛酉五月
すぐ 吉野
右たへま 法隆寺 左金剛山 富田林
右奈良 郡山
現在なし
14×18.5×53

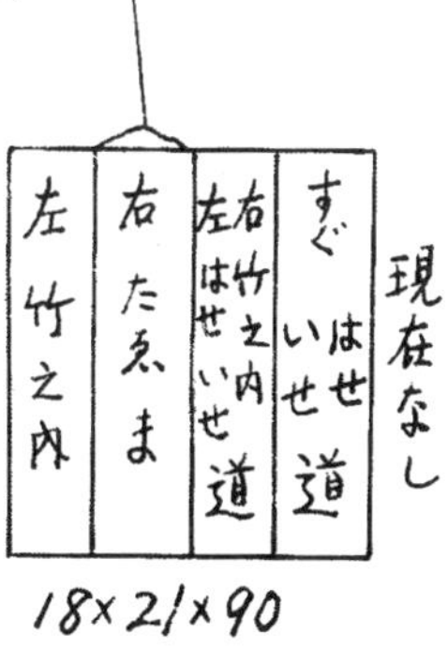
すぐ はせ いせ 道
右竹之内 左はせいせ道
右 たゑま
左 竹之内
現在なし
18×21×90

写真２　大和高田市南本町　横大路

図23　横大路—2

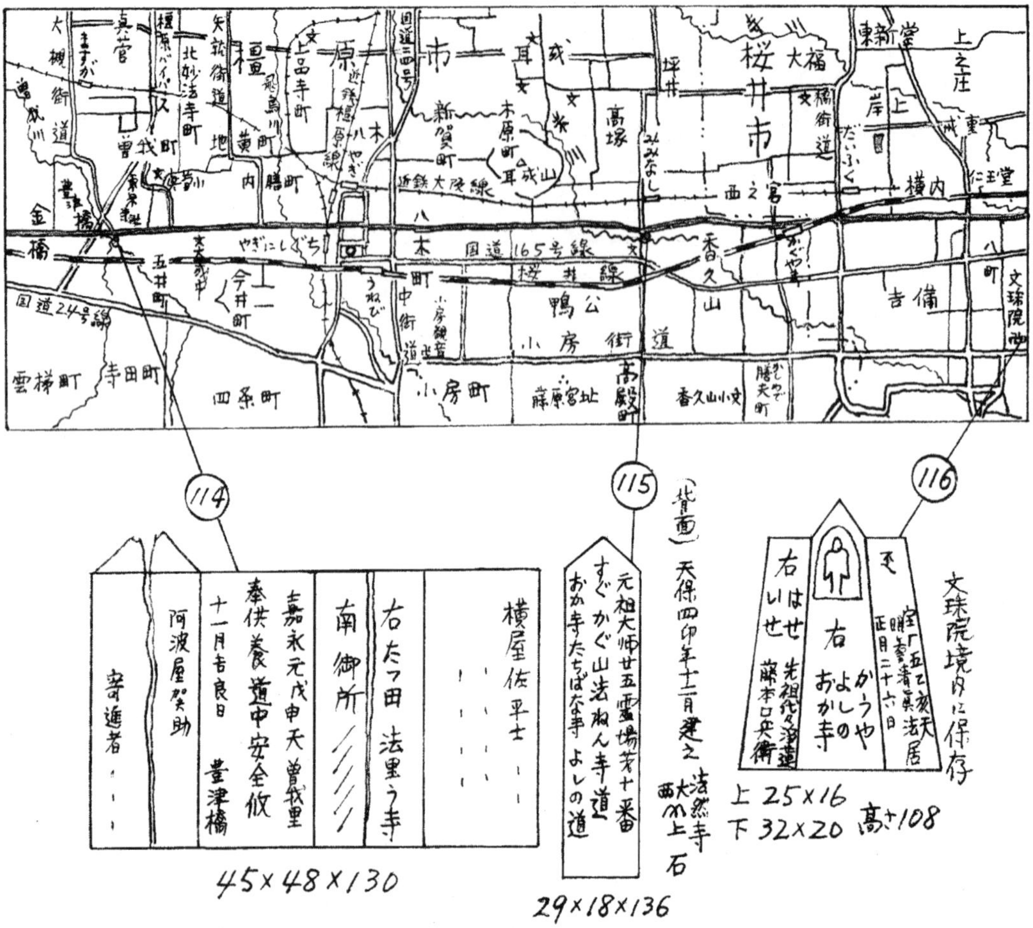

曽我町
豊津橋
金橋
五井町
今井町
国道24号線
雲梯町
寺田町
四条町
八木町
国道165号線
近鉄大阪線
桜井線
小房町
藤原宮址
高殿町
香久山
吉備
横内
文珠院
桜井市
114
横屋佐平士
右たつ田 法里う寺
南御所
嘉永元戊申天 曽我里
奉供養道中安全攸
十一月吉良日 豊津橋
阿波屋か助
寄進者
45×48×130
115
元祖大師廿五霊場第十番
すぐかぐ山法ねん寺道
おか寺たちばな寺 よしの道
(背面) 天保四卯年十二月建之
法然寺
29×18×136
116
右はせ いせ
右 よしの おか寺
かうや
正月二十六日
文珠院境内に保存
上 25×16
下 32×20 高さ108

図24　横大路—3

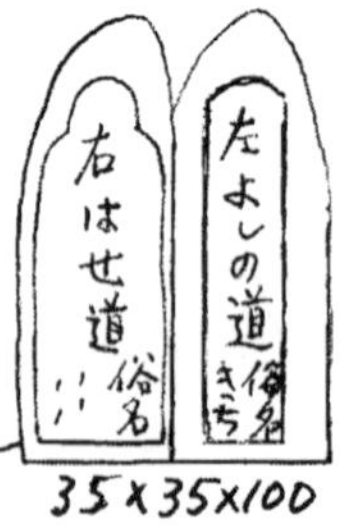
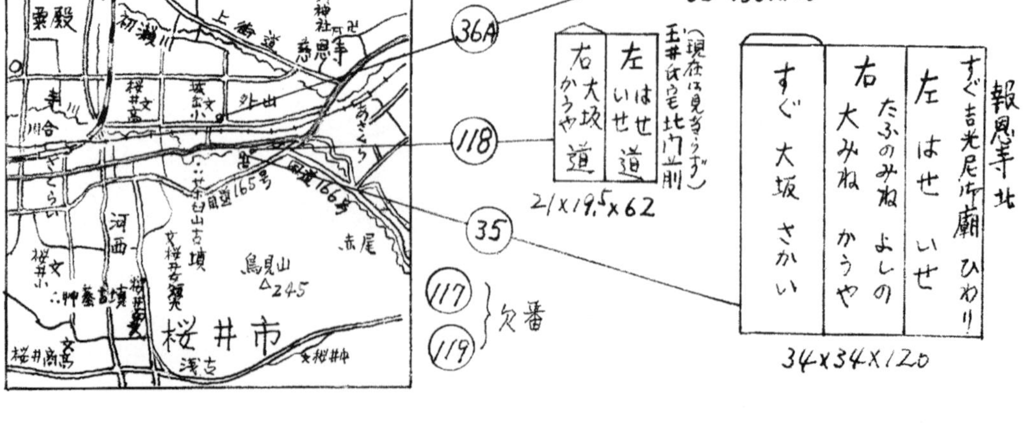

右はせ道 俗名
左よしの道 俗名 きち
35×35×100
36A
118
35
117
119
欠番
(現在は見当らず) 玉井氏宅北門前
左 いせ はせ 道
右 大坂 かうや 道
21×19.5×62
報恩寺址
すぐ吉光尼御廟 ひわり
左 はせ いせ
右 たふのみね よしの 大みね かうや
すぐ 大坂 さかい
34×34×120
初瀬川
上街道
国道165号
国道166号
鳥見山 245
桜井市

2　河内からは伊賀を経て伊勢へ

守口街道は伊賀街道につながり、伊勢への道となるもので、行基によって開かれた道として、行基道とも呼ばれ重要な道の一つであった。

2－1　守口街道・清滝街道　守口市より京都府山城町まで

北河内郡の名は消えたが 元の北河内郡を横断する道

守口街道は、京街道の守口市八島より東に、守口御坊の難宗寺北側の竜田通から京阪線に沿い、門真市に入り門真・古川橋を経て枝切街道に交差する。

古川町の古川を渡り、京阪線の南側に出て、京阪大和田駅の南から東に進む。

沿線開発で、町並が変わってしまった中を通り、寝屋川市域に入り、堀溝の古い町筋を見ていくと、寝屋川の東側に旧道が残っている。

この守口街道は、もと奈良街道とも称され、平安末期には存在したという鵞関と呼ぶ関所が堀溝に設けられ、大念寺境内に鵞関の立札がある。

さらにこの地は、寝屋川を利用した舟運の要地であったが、いまはどこの川も水量が減少し、寝屋川支流の岡部川や、讃良《さ さ ら》川の流れも風情がなくなった。

堀溝は四條畷市と界をなし、四十箇街道と交差する所に三基の道標があり、その一基に「大峯 奈良 伊勢」を示している。

四條畷市に入り、国道163号線に合流し、大阪外環(国道170号)につづき、河内街道と交差する。国道163号線に一時離れ、四條畷市役所の北でＪＲ線につづき東高野街道を横切る。

市役所前に、自然石の道標が保存されていて、「いせ なら」を示している。

中野の東高野街道と交差する所に、三基の道標があり、内の二基に「いせ」を示していて、ここより東に進む道が清滝街道(奈良側では大坂街道とも言う)となる。

住宅団地の南側で国道163号線に合流し、上清滝集落を経て逢坂を通り、平坦になった清滝峠に達する。国道には新しく清滝トンネルが開通していて、距離が縮まった。旧国道の峠には地蔵道標があり、東へ下ると下田原に至り、岩船街道を横切り、生駒市の北田原に入る。国道163号にからみながら芝で富雄川を渡り、山田川に沿って京都府精華町柘榴《ざくろ》に入る。

乾谷《いぬいだに》にあった小学校はなくなり、学校前にあった道標は元の場所に立っている。

山田には集落の中に旧道があり、「きず いが」を示す道標がある。

近鉄京都線の山田川駅南から木津町に入り、北之庄で山田川を渡り、歌姫越奈良街道を横切り、ＪＲ線に沿っていくと、交差する奈良街道を北に進む。

昔は木津川の渡しで山城町の上狛に入ったが、今は国道24号の泉大橋で上狛に渡り、役場の所から東へ伊賀街道に入る。

図25　守口街道

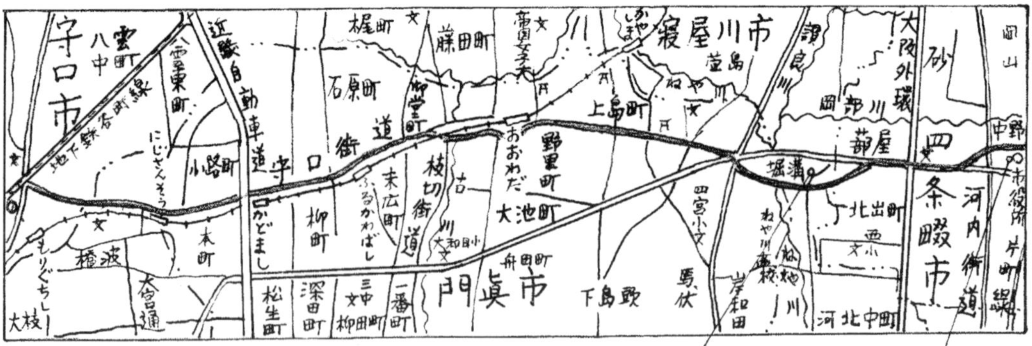
守口市
寝屋川市
門真市
四条畷市
守口街道
河内街道

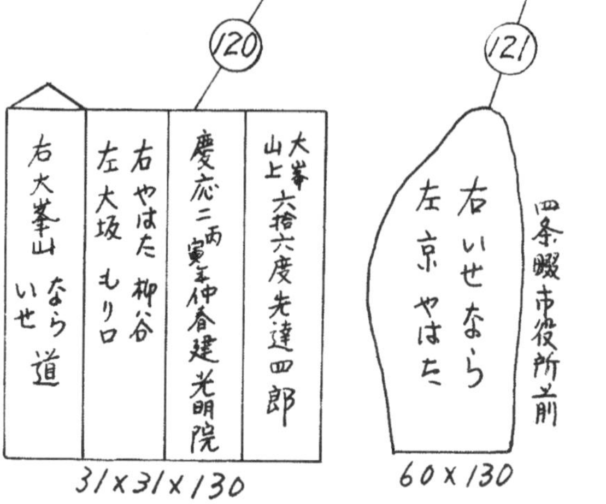
120
右大峯山 ならいせ道
右やはた 柳谷
左大坂 もり口
慶応二丙寅年仲春建 光明院
大峯山上六拾六度先達四郎
31×31×130
121
右いせなら
左京やはた
四条畷市役所前
60×130

写真 3
四条畷市逢坂　清滝街道清滝峠

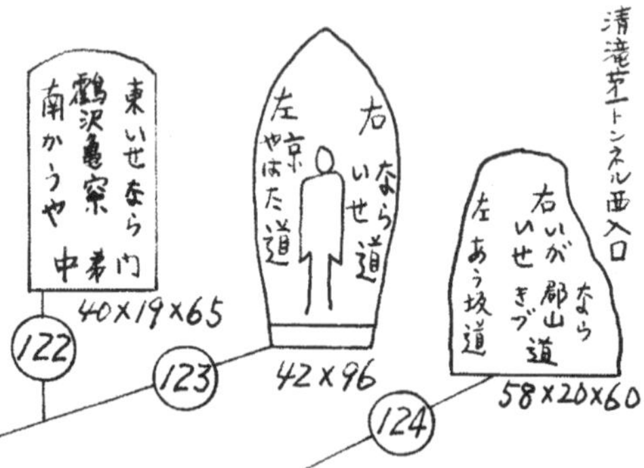
東いせなら
南かうや
40×19×65
122
右ならいせ道
左京やはた道
42×96
123
右いが郡山 ならいせきづ道
左あう坂道
58×20×60
124
清滝第一トンネル西入口

図26　清滝街道―１

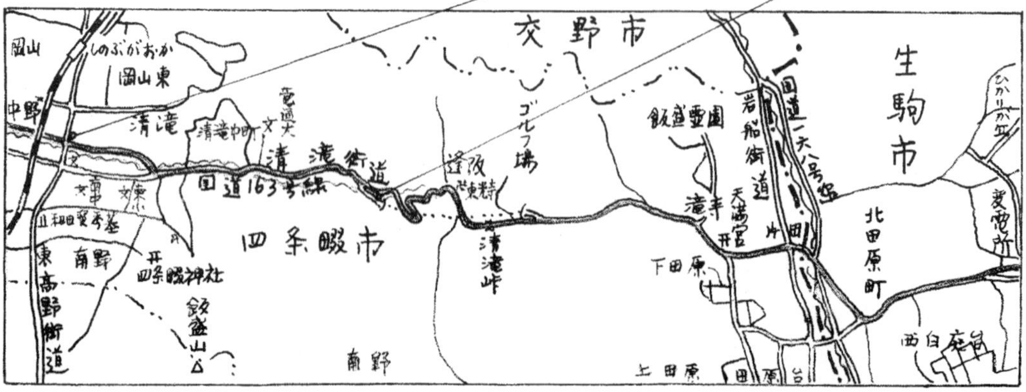
交野市
生駒市
四条畷市
清滝街道
国道163号線
清滝峠

2－2　伊賀街道　山城町より津市阿漕まで

2－2－1　伊賀街道　山城町より三重県島ケ原まで

山城町の旧道を東に、ＪＲ線の踏切を通り、左に高麗寺跡の碑がある所を下っていくと、国道163号線に合流し、木津川の北岸を進み加茂町に入る。

西村で国道に分かれていくと、１キロ余りで恭仁小学校の東に山城国分寺跡があり、恭仁京などの遺跡が発掘され、礎石の整ったものなどが発見されている。

街道より北の山手1､5キロ奥に、名刹 海住山寺があり、国道北側と国道を横切った南のバス停岡崎のそばなどに、海住山寺への道標がある。

道は井平尾で国道に合し、和束川の菜切橋を渡る手前に、京都に数多くある三宅安兵衛遺志による道標がある。ここは信楽街道(恭仁東北道)の起点で、その南に春日神社があり、境内に「いが　いせ」を示す道標がある。

国道163号線を東に進むと銭司《ぜず》に至り、道端に和銅鋳銭の碑が立っていて、地名はそれからきている訳である。

銭司より１キロで和束町に入り、木津川に沿い熊野神社前を通り木屋《こや》の集落に至る。バス停木屋のそばに道標があり、信楽街道木屋峠道に通ずる道が分かれる。

やがて笠置町で国道163号は近年の崖崩れ後、道路の改修がなされて良くなった。

北笠置に町役場があり、笠置橋を南に渡ると史跡の笠置山がある。

町役場の東、笠置中学の横で、国道から離れて旧道が山側に通じ、下有市・上有市の集落を通って、国津神社前で国道に合し、１キロで小さい峠を越えて南山城村に入る。ＪＲ大河原駅南を通り、北大河原の村役場の下を経て、山城谷川を渡り旧道を進む。

本郷の東で国道に合流し、ＪＲ線に離れ山手の押原を経て、ＪＲ月ヶ瀬駅の下をくぐり抜ける旧道を通る。今山の津島神社南側の坂道を登っていくと、京都府と三重県の府県界に達する。

三重県島ヶ原村山菅に入った所の住宅の横に、山城国の標石が立っている。

集落の中央、北向不動尊の前に地元老人クラブの建てた石柱に「旧関所跡 大和街道」と刻まれてあり、江戸時代に藤堂藩の番所が置かれていた所である。

この道は、この辺りでは大和街道と呼ばれ、大和側では伊賀街道となっている。

集落を抜けて坂を登りつめ下りかかった所に、行者堂の道標があり、ここから細い岐路に入ると、木津川畔の崖上に行者堂や磨崖仏がある。行者堂からバイパス道をくぐっていくと、街道合流点にも行者堂への道標がある。

伊賀街道の宿場 島ヶ原に、建物は建て替わったが、本陣跡があり家並が続く。

島ヶ原資料館の前に道標が保存されているが、これは川向かいの茶屋出の古道にあったが、道路工事のために移されたものである。

図27　清滝街道―2

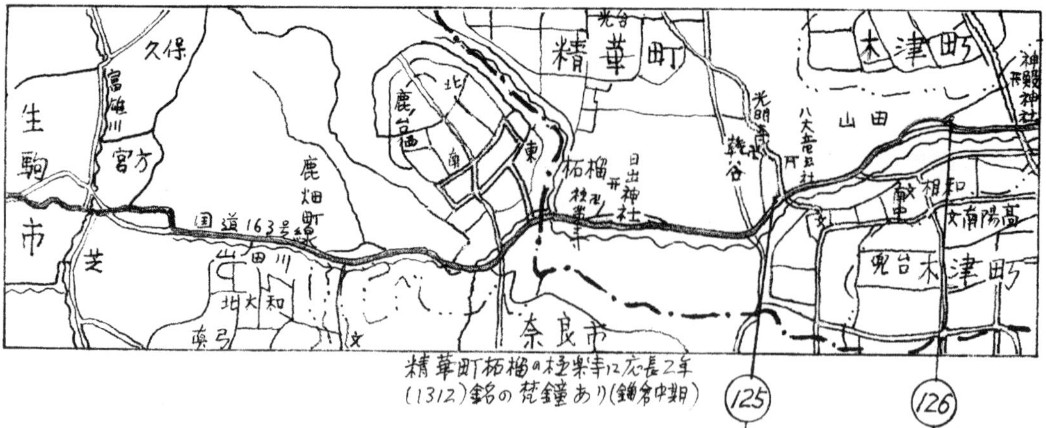

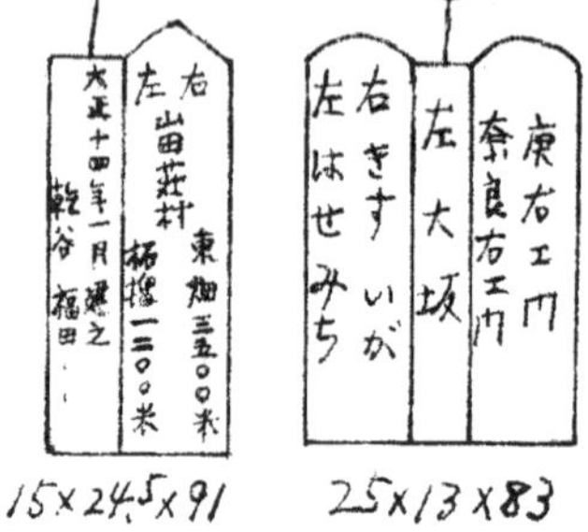

写真４　京都府精華町山田　伊賀街道

図28　伊賀街道―1

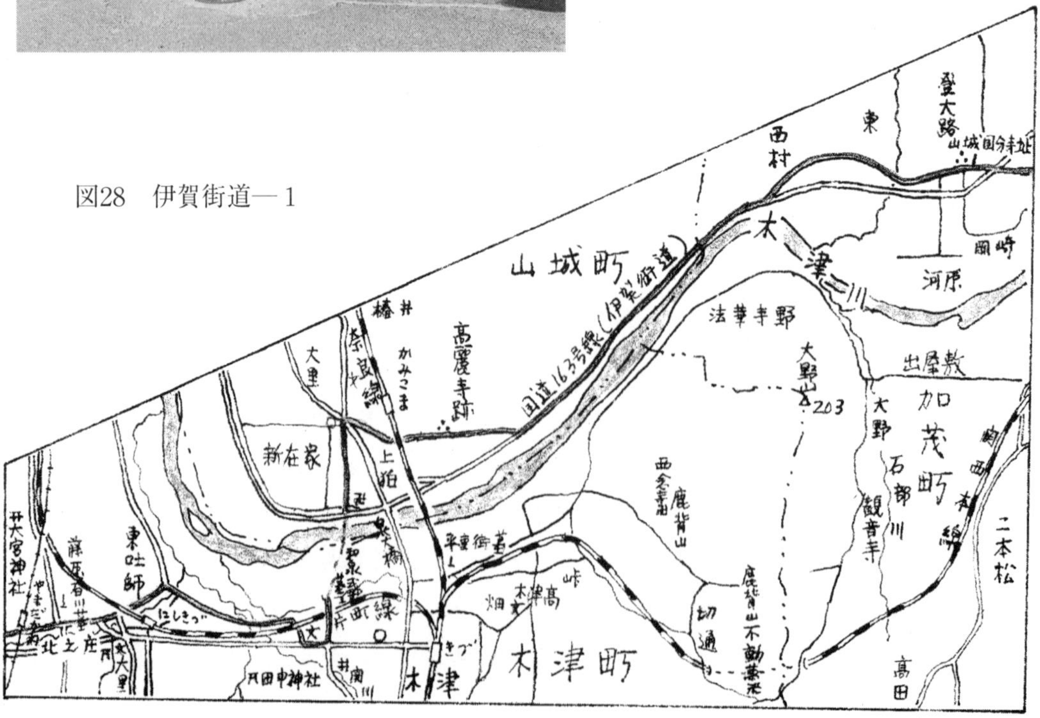

図29　伊賀街道—２

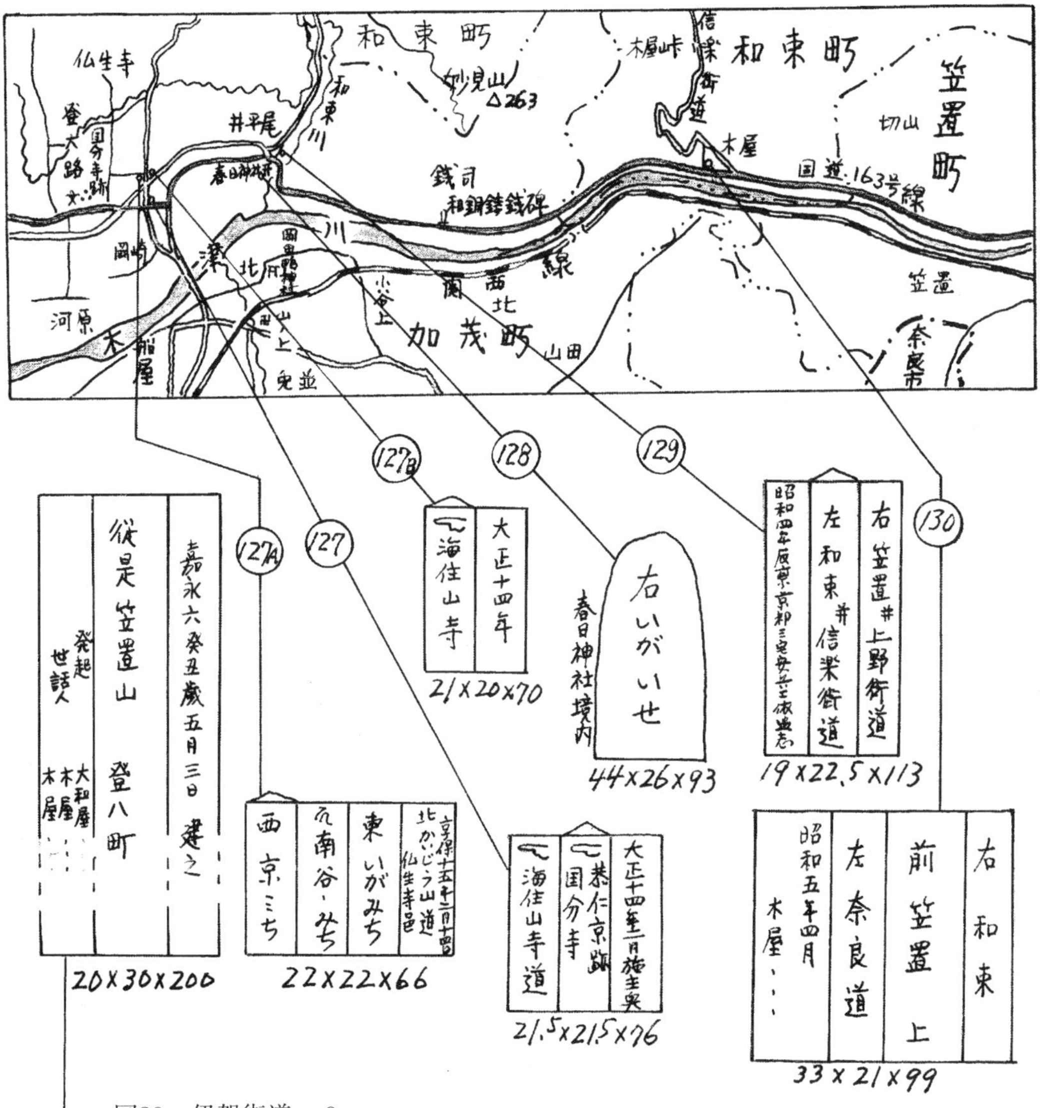
和束町
仏生寺
妙見山
△263
信楽街道
樋峠
和束町
笠置町
切山
井平尾
和束川
木屋
国道163号線
春日神社
銭司
和銅鋳銭碑
岡崎
河原
木津川
関西線
加茂町
山田
笠置
奈良県
船屋
兎並
127A
127
127B
128
129
130
嘉永六癸丑歳五月三日　建之
従是笠置山　登八町
発起　世話人
大和屋　木屋　木屋
20X30X200
西　京ミち
東　いがみち
22X22X66
大正十四年
海住山寺
21X20X70
右　いがいせ
春日神社境内
44X26X93
右　笠置井上野街道
左　和東井信楽街道
19X22.5X113
大正十四年二月施主
恭仁京跡　国分寺
海住山寺道
21.5X21.5X76
右　和束
前　笠置　上
左　奈良道
昭和五年四月
木屋
33X21X99

図30　伊賀街道—３

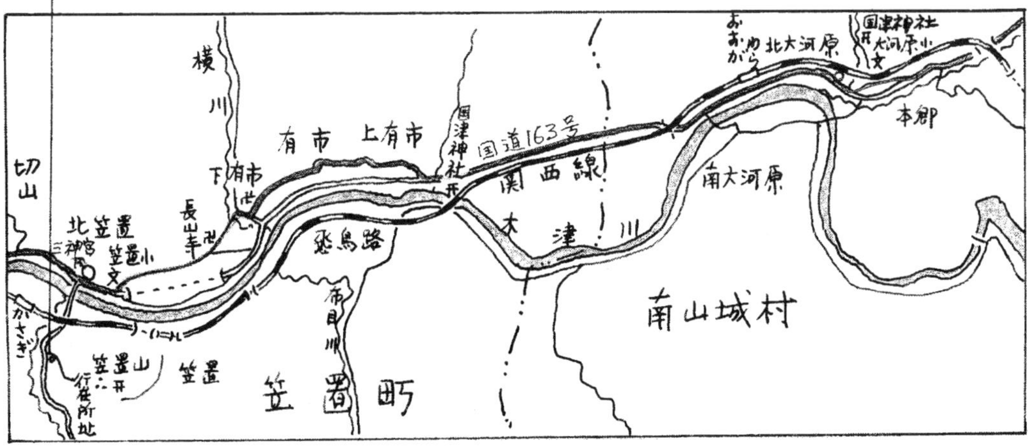
横川
有市
上有市
国津神社
国道163号
関西線
北大河原
本郷
切山
北笠置
笠置小
長山寺
飛鳥路
木津川
南大河原
南山城村
笠置山
行在所址
笠置
笠置町

2－2－2　伊賀街道　島ヶ原村より大山田村まで

伊賀街道島ケ原より1､5キロ北に入った奥村に､古刹 観菩提寺 通称正月堂があり､奈良の東大寺とかかわりが深く､本堂･楼門や十一面観音像は国の重文で､正月堂の名は江戸時代以後になってからのことである。

国道に出て木津川を渡って国道に離れ､南に進むと田山道に合流し､佃でこの田山道に分かれて東の山手の古道に入る。

往時は山道の途中に茶店もあったそうであるが､今はその面影もなく､上り下りを経て最後の上りで上野市に入り､三軒家川畔で国道に合流する。

小さい峠を越え､平野川に沿って下ると長田で､旧道が分かれた市場の公民館前に射手神社の道標などがあり､その射手神社は西へ0､5キロの所にある。

市場より東へ進むと､以前にあった長田橋はなくなり､南側にできた新橋の方に回って木津川を渡る。

橋の東詰の木津川堤防北寄りに､淀川遡航碑があり､淀川より木津川に入ってここまで船が運行していたことを記念して､碑が建てられたと記されてある。

木津川を渡って0､6キロ程いくと鍵屋の辻で､茶屋と道標や鍵屋の辻の碑が立っている。道は南に折れ､向島町黒門跡近くの岡森氏宅の庭の道標と句碑を見て､名張街道を横切り上野天満宮の南から､近鉄伊賀線広小路駅南の踏切を通り､農人町で北東へ関方面に通ずる大和街道に分かれて東に進む。

上野市内には上野城跡のほか､松尾芭蕉の出身地だけに芭蕉関係の史跡が多い。

街道は木津川支流の服部川に沿い､名阪国道をくぐり荒木で服部川の寺田橋を渡るが､橋の南詰に荒木又右衛門誕生地の大きな碑がある。寺田から服部川沿いの北岸を進み､中ノ瀬で大山田村に入る。

大山田村の中心地 平田は旧宿場の家並がつづき､その間に祭用櫓車の収蔵庫が見られる。

平田の植木神社の祇園祭は県の無形文化財に指定されている。

植木神社の北側から街道に分かれ､東方0､7キロの鳳凰寺に薬師寺があり､この地は白鳳時代創建の鳳凰寺址で､礎石多数が境内に保存されているほか､寺の前に里程の刻まれた伊賀西国第五番の標柱がある。

県道は中村･川北･三谷を経て下阿波に至り､旧道を通ると天神橋北詰に｢なら道｣の道標があり､県道に合流し須原大橋を渡り須原に入ると､橋の北詰を南に入った所に､大きな一本松の下に歌碑に並んで､大型の名号碑に道しるべが刻まれてある。

富永のバス停成田山より北に300メートル入ると､建仁２年(1202)頃の創建と伝わる新大仏寺があり､木造如来座像のほか重文多数がある。

平松の 岩の上橋東詰に道標があり､平松には前述の平田の宿場が元禄年間二度の火災以来こちらに宿場が移され､それ以来の旧宿場の町並が残っている。

図31　伊賀街道—4

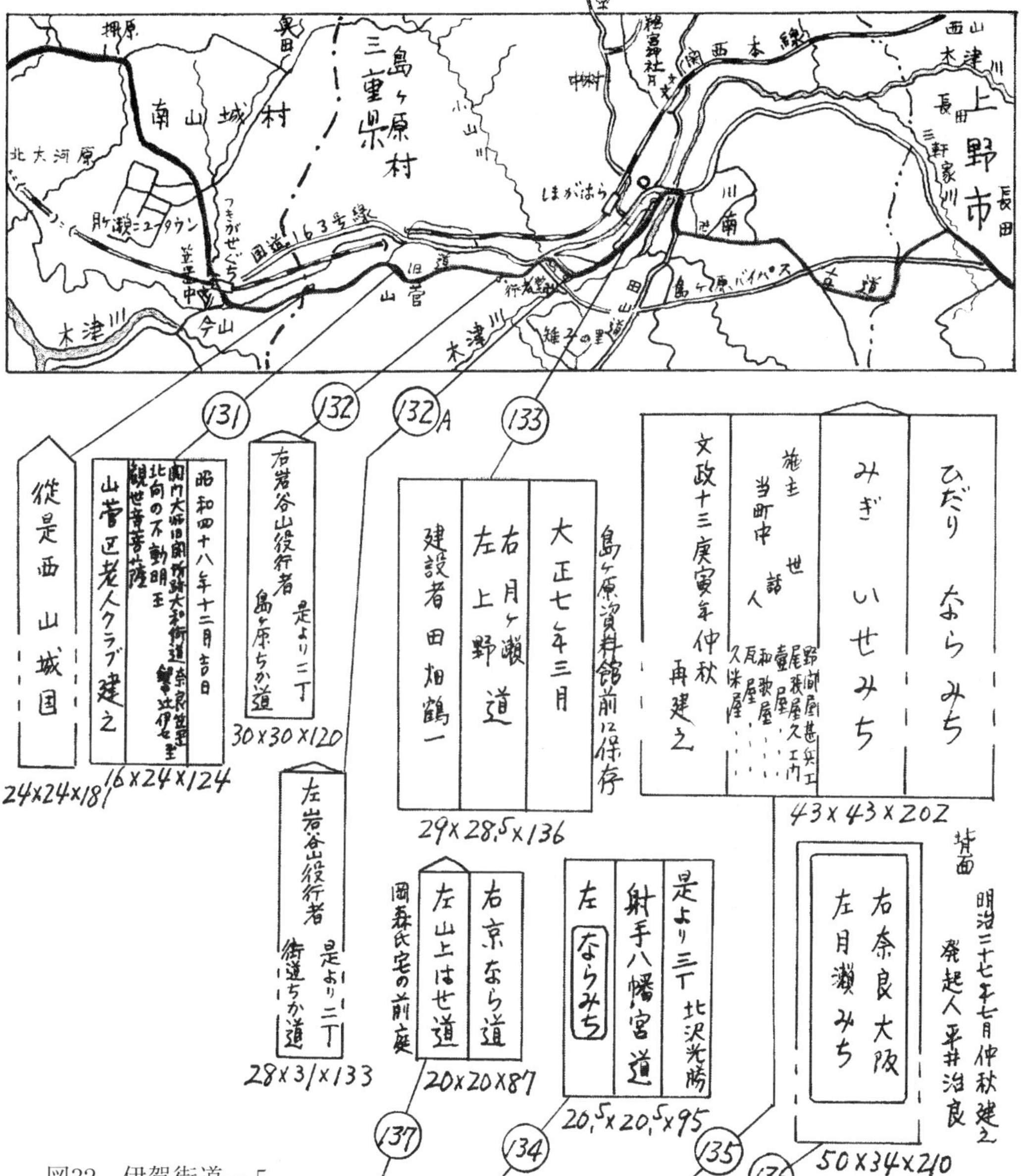

南山城村
三重県
島ヶ原村
上野市
関西本線
国道163号線
木津川
北大河原
月ヶ瀬ニュータウン
笠置
今山
山菅
旧道
行者堂
雉子の里
しまがはら
島ヶ原バイパス
131
132
132A
133
従是西 山城国
24×24×181
昭和四十八年十二月吉日
関ノ大師旧関所跡大和街道奈良笠置
北向の不動明王
観世音菩薩
山菅区老人クラブ建之
16×24×124
右岩谷山役行者
是より二丁
島ヶ原ちか道
30×30×120
左岩谷山役行者
是より二丁
街道ちか道
28×31×133
大正七年三月
右月ヶ瀬
左上野道
建設者田畑鶴一
島ヶ原資料館前に保存
29×28.5×136
ひだり ならみち
みぎ いせみち
施主 当町中
世話人
文政十三庚寅年仲秋再建之
43×43×202
右京なら道
左山上はせ道
岡森氏宅の前庭
20×20×87
是より三丁 北沢光勝
射手八幡宮道
左 ならみち
20.5×20.5×95
右奈良大阪
左月瀬みち
背面
明治三十七年七月仲秋建之
発起人平井治良
50×34×210
134
135
136
137

図32　伊賀街道—5

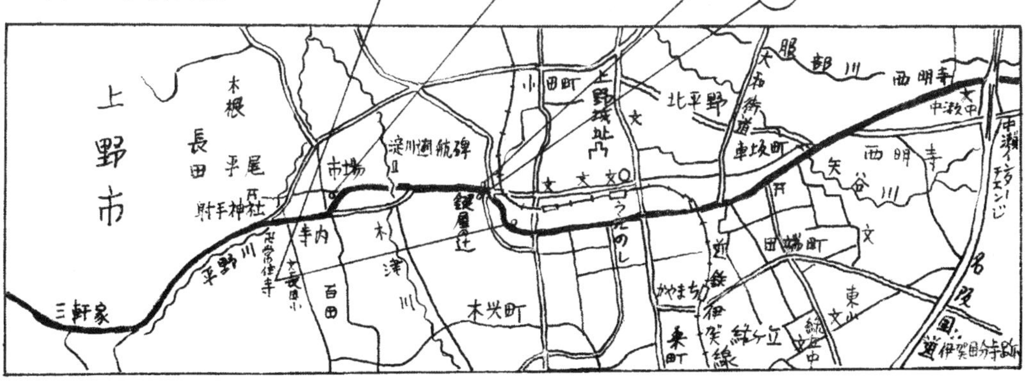

上野市
木根
長田
平尾
射手神社
市場
寺内
平野川
三軒家
百田
木津川
淀川過航碑
鍵屋辻
上野城址
小田町
北平野
大和街道
車坂町
服部川
西明寺
矢谷川
田端町
東山
木興町
かやまち
伊賀線
緑ヶ丘
名阪国道
伊賀国分寺跡

図33　伊賀街道―6

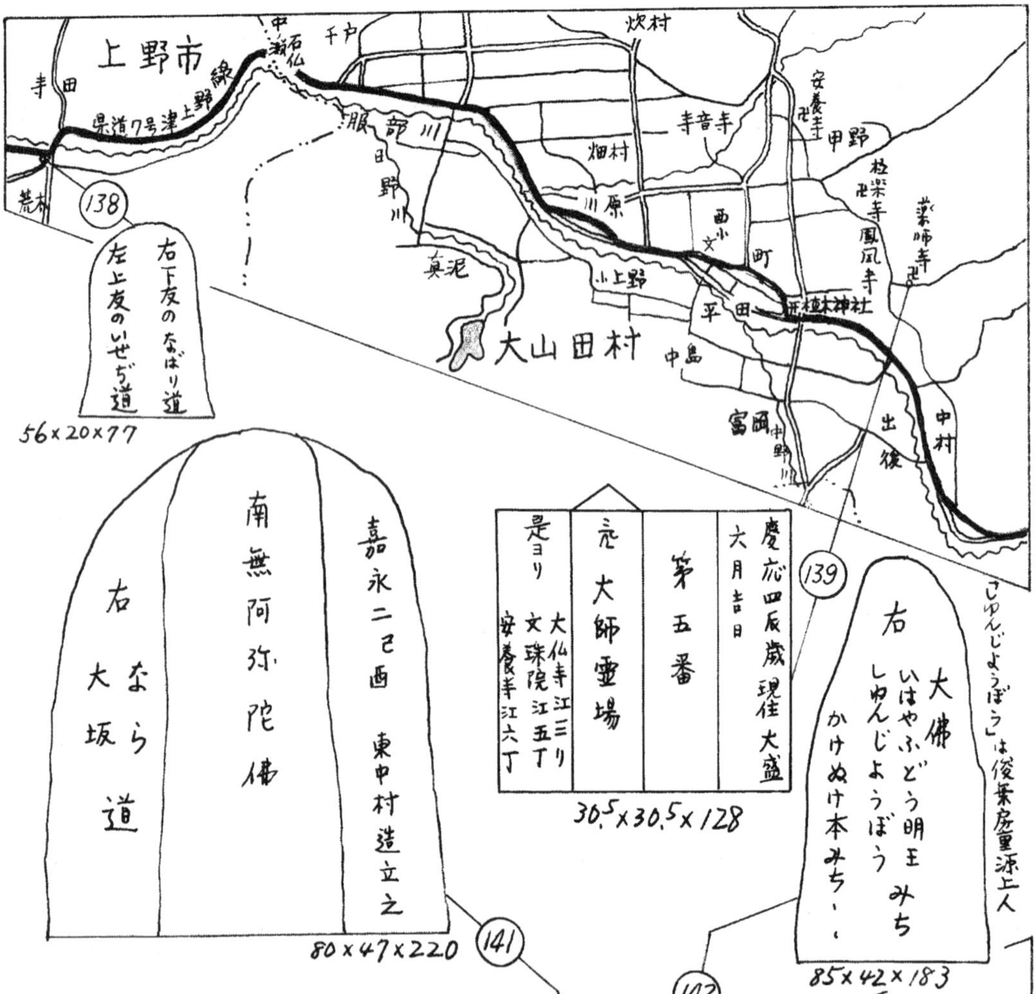

上野市
県道7号津上野線
服部川
日野川
千戸
中瀬
石仏
炊村
寺音寺
畑村
安養寺
甲野
極楽寺
鳳凰寺
薬師寺
川原
西小
町
小上野
平田
植木神社
大山田村
中島
富岡
中野川
出後
中村
寺田
荒木
138
右下友のなばり道
左上友のいせぢ道
56×20×77
141
南無阿弥陀佛
右 なら 大坂 道
嘉永二己酉 東中村造立之
80×47×220
慶応四辰歳 六月吉日 現住大盛
第五番
大師霊場
是ヨり 大仏寺江三り 文珠院江五丁 安養寺江六丁
30.5×30.5×128
139
右 大佛 いはやふどう明王 しゆんじようぼう みち かけぬけ本みち・・
「しゆんじようぼう」は俊乗房重源上人
85×42×183

図34　伊賀街道―7

142
140
右なら道
45×70
元町
汁付
大仙寺神社
新大仏寺
富永
木原寺
慈眼寺
東小
大山田村
猿野
須原
国道163号
下阿波
阿波神社
砕石場
三谷
川北
威徳寺
服部川
広瀬
広徳寺

2－2－3　大山田村より津市阿漕まで

大山田村東部より、県道７号津上野線が長野峠への登りとなる。その途中の汁付東部に猿蓑塚があり、芭蕉の旧蹟を中心に新しい句碑が立つ一角がある。

県道はトンネルで抜けて美里村に入るが、旧道は 不動橋南の大山田村が建てた道標の所で、小さい谷沿いに杉林の中の舗装した道に入る。舗装は途中でなくなり道が分かれ、右手の道を進むと旧長野峠に達し、美里村側を400メートル程下ると舗装道となり、犬塚の西側に出て県道に合流する。

犬塚は他にも似た話があるが、犬を連れて狩にきた鹿間という侍が、異常に吠えたてた犬に驚き、その首をはねたところ毒蛇に噛みつき、主人の危機を救ったことが分かり、忠犬供養のために塚をこしらえたと伝わり、お堂が建っている。

中世 鎌倉幕府の御家人、工藤祐経《すけつね》の子孫が、長野氏としてこの地を本拠として、天正年間まで戦国時代を過ごした所で、城の台と呼ぶ長野城跡が平木の西南1,5キロの山手にある。また、北長野の街道に面した高台に、出城跡が三つ、すなわち東の城・中の城・西の城がつづいている。堀切と土塁を残すだけであるが、南北朝時代の城跡として、長野城跡とともに国の史跡に指定されている。

南長野は平坦地もあり、耕地が目につくようになるが休耕地もある。

三郷《みさと》には村役場などの公共施設が集まり、今は村の中心となっているが、足坂は旧高宮村の役場のあった所で、耕地が広がっている。

五百野《いおの》は景行天皇の皇女である五百野姫(久須姫)が、伊勢神宮の斎宮のつとめを終わり、帰京の途中ここで亡くなったのでその名をとったとされ、県道沿いの家所《いえどころ》への岐路に、五百野姫伝承地の碑が立っている。

五百野は久居市に接し、南に伊勢道の間道が久居に通じていて、この道を入った所が郡界になり、そこに郡界を示す里程標がある。

五百野の東で津市に入り、片田町を経て志袋《しぶくろ》町に至ると、住宅団地が広がる。

産品《うぶしな》に通ずる道の途中に忠盛塚があり、産品は伊勢平氏発祥の地で、平清盛の父忠盛の生誕地として、広場の一角に産湯池などがあり史跡に指定されている。

殿村で伊勢自動車道をくぐり、県道に分かれ岩田川に沿っていくと、神戸《かんべ》より東は工場や住宅地が多く、半田地区は低い丘陵地となり東部の神館《こうだち》神社は、伊勢神宮領時代に納租を扱う神館の名残であるとされている。

近鉄線につづきＪＲ阿漕駅の北を通り、参宮街道に接合している。

五百野で南に分かれた伊勢道間道の県道659線を久居市に入ると、茶屋集落の外れに、市の文化財になっている彫りの深い道標がある。

北出を経て下稲葉より、塩見坂と呼ぶ坂を上山に至り、ゆるい下りとなって庄田町東部の羽野で、国道165線を横切り、伊勢北街道久居道に合流する。

図35　伊賀街道―８

猿蓑塚
大山田村
旧道
長野峠
長野トンネル
大塚
国道163号
安養寺
平木
バス終点
長野城址
長
野
川
長野神社
細野
智永寺
竜光寺
長野小
美里村
北長野
中野
南長野
分郷
柳谷
三郷
新開
143
従是旧長野峠道大山田村
昭和六十三年三月
15×21.5×121

写真５　三重県美里町産品　伊賀街道忠盛塚

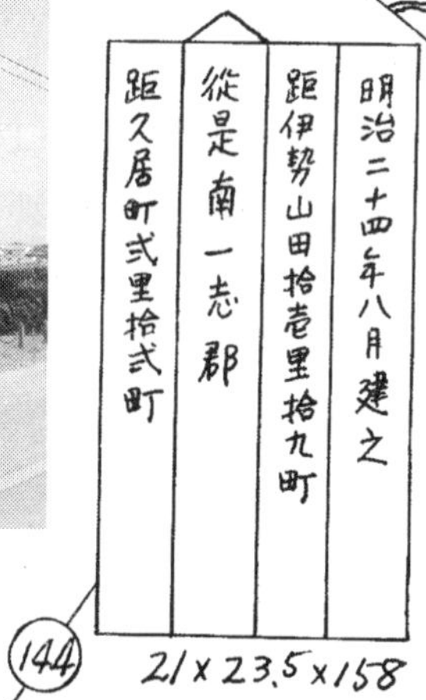
明治二十四年八月建之
距伊勢山田拾壱里拾九町
従是南一志郡
距久居町弐里拾弐町
144
21×23.5×158

図36　伊賀街道―９

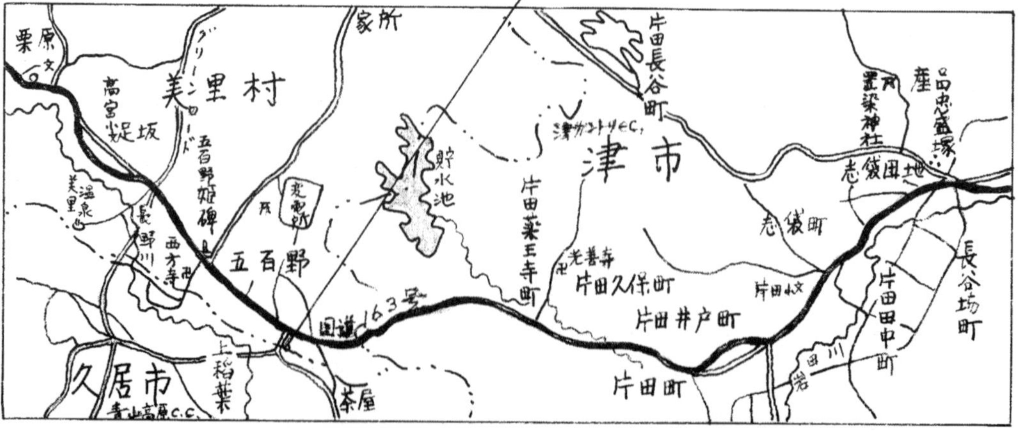
栗原
家所
美里村
高宮
堤坂
グリーンロード
五百野姫碑
美里温泉
長野川
西方寺
五百野
貯水池
片田長谷町
津市
片田薬王寺町
光善寺
片田久保町
片田井戸町
志袋町
志袋団地
片田田中町
長谷場町
国道163号
久居市
上稲葉
茶屋
片田町
産品忠盛塚

図37　伊賀街道—10

図38　伊賀街道—11

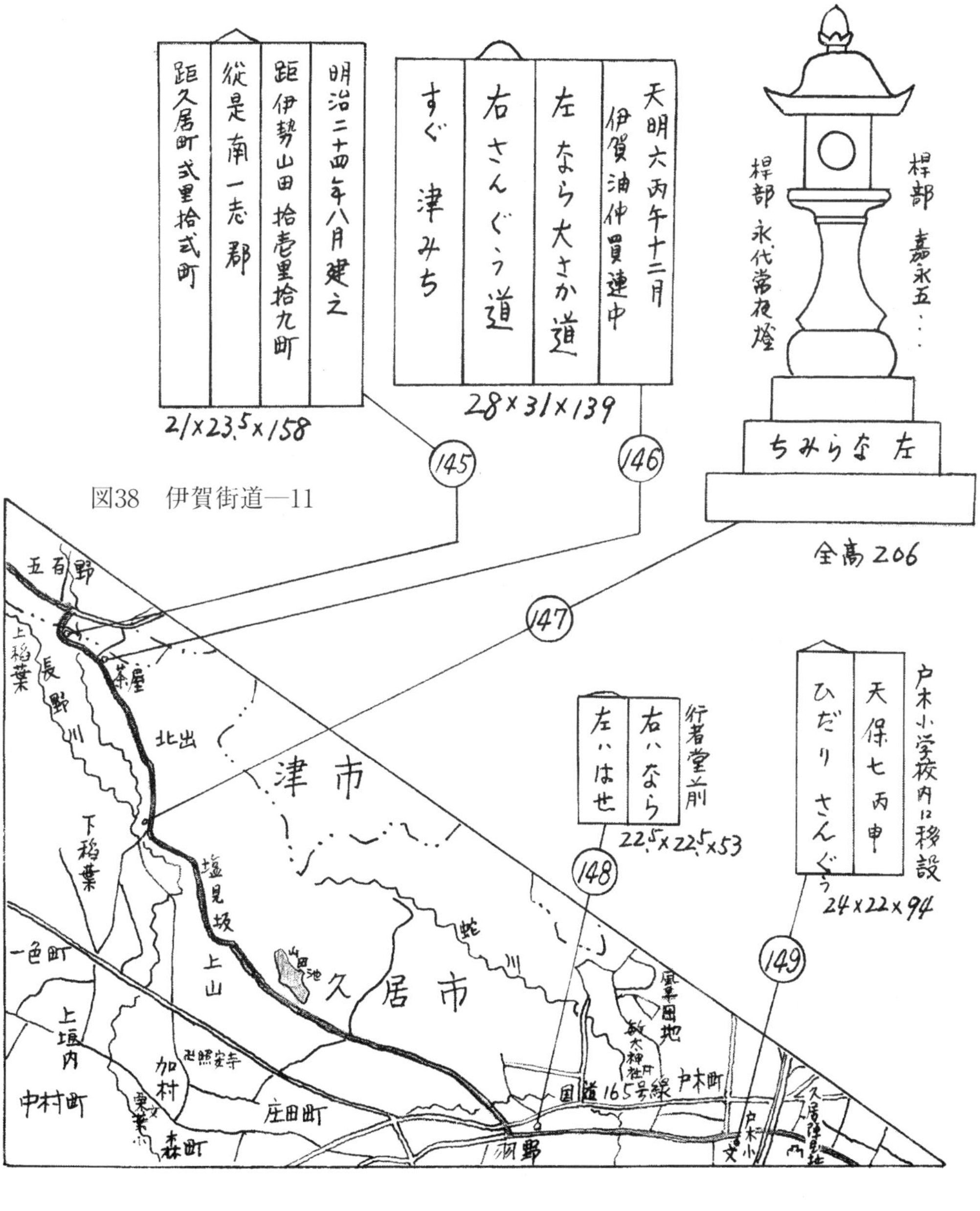

２－３　伊賀街道古道　奈良市奈良坂より京都府加茂町まで

古刹と石仏の宝庫 当尾の里

奈良より伊勢への道は、安政年間の絵図によれば奈良より加茂へ２里、さらに笠置へ２里となっているが、明治になってからの絵図には、奈良より木津を経て加茂・笠置に至るようになっている。

江戸時代には木津を経由せず、奈良坂から東に伊賀・伊勢へ進んでいたようで、奈良坂の奈良豆比古神社角にある弘化年間の道標に示されている。

また この丘陵地を東に行くと、約１キロ隔てた緑丘浄水場敷地内にある、安永年間の大型道標に「いせ道 いせ迄二十七里」と刻まれている。

浄水場の北側、奈良県と京都府の境界となる丘を東へ、１キロ余りで辻堂跡に出る。辻堂は跡形もなくなっているが、石塔と首なし地蔵や、元治２年の皇大神宮三十三度供養碑などがあり、ここから北方に加茂町方面が眺められる。

辻堂跡から落葉の散り敷く山道をたどっていくと、中ノ川の辻を北に、加茂町域の雑木林を下ると西小に出る。西小の北部で右から浄瑠璃寺よりの道が下ってきて合流し、その北のバス停西小の五叉路角に、上部の折れた道標がある。

西小より岩船にかけては「当尾の里」と呼ばれる石仏の多い地域で、古刹の浄瑠璃寺（九体寺）や岩船寺も近く、ハイキングを兼ねて訪れる人達が多い。

赤田川を渡り、北にバス道をたどると、高田の手前で梅谷から来た奈良道の新道と合流し、その北 0,5キロの旧道合流点に、京都の三宅安兵衛遺志による浄瑠璃寺への大きい道標がある。

赤田川の向かい側には、南加茂台の住宅地が広がり、新しい道が分岐している。

赤田川に沿い、やがてＪＲ線近くを通り加茂町の中心に進むと、二本松には二本松地蔵があり、里の公民館前に「ならみち」を示す自然石の道標がある。

ＪＲ線の北側に出て、加茂駅前を北に進むと、郵便局や町役場などのある所を通り船屋に達する。ここは 木津川を船が運行していた時分の泊場で、対岸の岡崎には渡船で渡り木津川に沿って東へ伊賀街道となる。この渡しは加茂の渡し又は岡崎の渡しと呼ばれていたが、今は東方に新道が通じ、恭仁大橋で木津川を渡っている。

船屋で木津川を渡らない他のルートとしては、船屋より東に進み、北•山田を経て笠置町に入り、渡しで木津川対岸の草畑に渡り、伊賀街道となって東に進んでいたようである。北の岡田鴨神社前に「右 いが いせ」を示す道標がある。

加茂町は正徳２年(1712)木津川の洪水で大きな災害をうけ、その後にも水害があり、集落は山手へと移動している。

それでも木津川畔を通る国道やＪＲ線は、近年にも山崩れで不通になっている。

急傾斜地が多い地区の道が、わざわざ山手を通っていたのは、生活の知恵というものであろう。

図39　伊賀街道古道

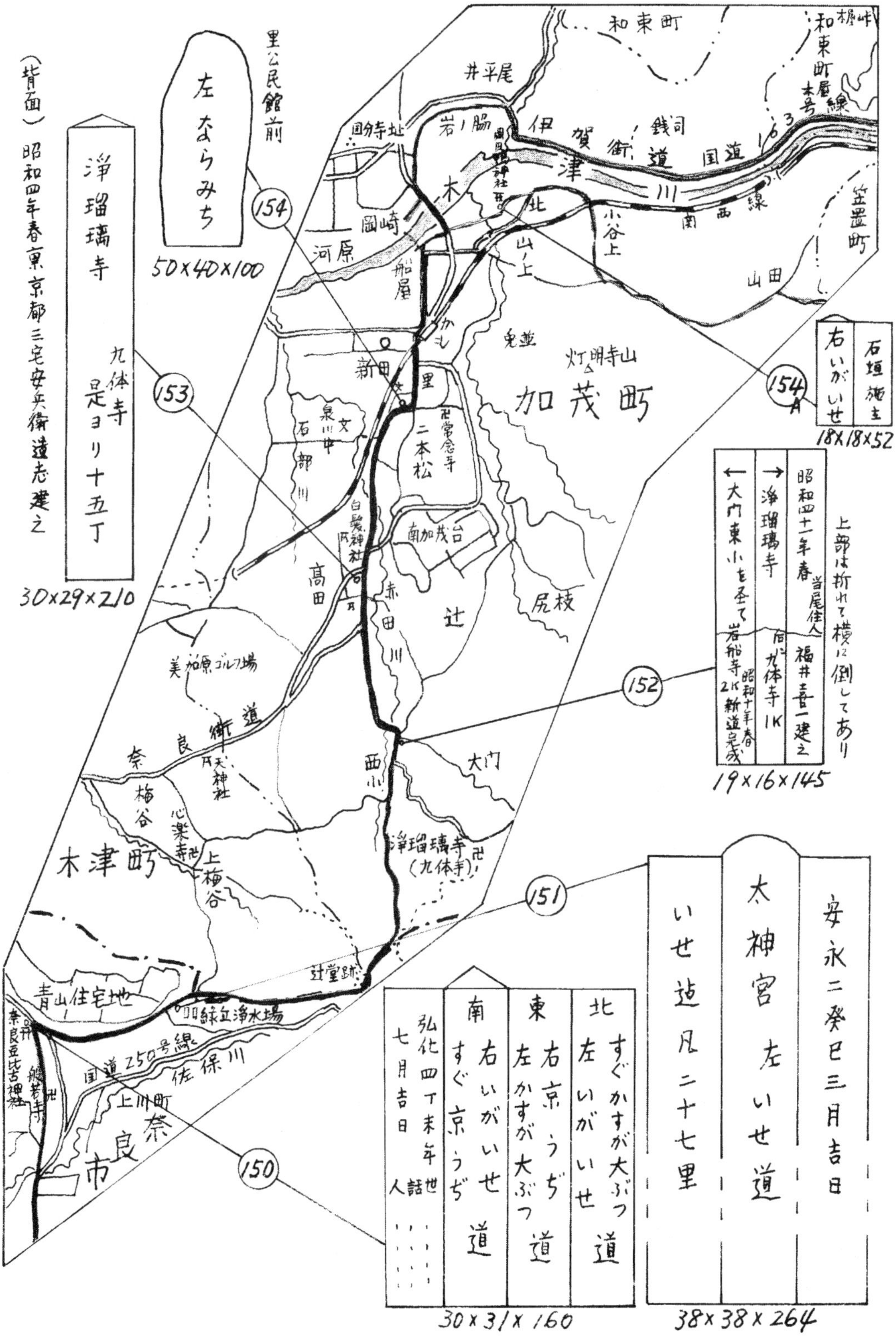
154
里公民館前
左 ならみち
50×40×100
153
浄瑠璃寺
九体寺 是ヨリ十五丁
(背面) 昭和四年春 東京都三宅安兵衛遺志建之
30×29×210
154A
右いがいせ
石垣施主
18×18×52
152
昭和四十一年春 当尾住人
福井喜一建之
→浄瑠璃寺
←大门東小を至て岩船寺2K
昭和十年春新道完成
上部は折れて横に倒してあり
19×16×145
151
安永二癸巳三月吉日
太神宮 左いせ道
いせ迄凡二十七里
38×38×264
150
北 すぐかすが大ぶつ道 左いがいせ
東 右京うぢ 左かすが大ぶつ道
南 右いがいせ道 すぐ京うぢ
弘化四丁未年 七月吉日 世話人
30×31×160
和束町
井平尾
岩ノ脇
伊賀街道
銭司
国道163
木津川
関西線
笠置町
山田
小谷上
国分寺址
岡崎
河原
船屋
加茂町
灯明寺山
兎並
新田
二本松
常念寺
白髪神社
南加茂台
高田
赤田川
辻
尻枝
美加原ゴルフ場
奈良街道
天神社
梅谷
心楽寺
上梅谷
西小
大门
浄瑠璃寺（九体寺）
木津町
辻堂跡
青山住宅地
佐保川
上川町
奈良市
般若寺

3　紀伊より伊勢へ内陸の道

3－1　大和街道　和歌山市より奈良県東吉野村鷲家まで

紀ノ川は和歌山県の名 奈良県では吉野川と名が変わる

大和街道は、和歌山より伊勢南街道を経て伊勢に通ずる道で、奈良側では和歌山街道と呼ばれていた。

3－1－1　大和街道　和歌山市より奈良県大淀町六田まで

和歌山市の街道の要地の一つ、城北の京橋より本町地区に進み、ＪＲ線を横切り紀ノ川近くに出て、宇治神社の東で国道24号線に入り東に進む。

嘉家作丁《かけづくりちょう》には一文字軒の旧武家屋敷があり、道の北側は江戸時代以来、松並木であったそうであるが、今は桜並木となり、殆ど八重桜のため春にはすばらしい景観となる。

有本の地蔵の辻は大阪道と伊勢道の分岐点で、東北角に地蔵堂がある。

ＪＲ線中ノ島駅の北で線路をくぐっていくと、バス停四箇郷の手前に一里塚跡があり、国の史跡に指定されている。和歌山県内には、一里塚の遺構は他に見られなく、ここの一里塚は道の南北に丸塚があり松が植わっている。

国道24号線はほぼ一直線に東西に通っているが、千旦で国道から南に分かれて進み、布施屋《ほしや》で熊野街道を横切り、ＪＲ和歌山線近くを進む。

船戸の手前で国道に合流し、岩出町に入り、岩出橋を渡り紀ノ川の北岸に移る。

大宮神社の東で根来《ねごろ》街道が北に分岐し、東の清水の四辻に道標がある。

岡田より打出町の西井阪に入り、北へ1,8キロ寄った東国分の西部に紀伊国分寺跡がある。西方の岩出町西国分にも、国分寺跡に塔の礎石が保存されている。

いずれかが国分尼寺であるはずであるが、どちらか明らかになっていない。

中井阪の国道に面する西田中神社の社殿は、県の文化財に指定されていて、この神社は、旧田中荘八社の一つとされる羊の宮八幡宮で、若宮を合祀している。

花野を経て打田に出ると、旧道に東田中神社(山手権現)があり、旧竹房一ノ宮神社本殿は春日造りで、県の文化財になっている。

国道は黒土でバイパス道に合流し、粉河町域に入り、嶋より北へＪＲ線を横切っていくと、長田観音寺があり、ＪＲ長田駅南の地蔵堂前に道標がある。

粉河は粉河寺の門前町として栄え、大阪府の和泉から来た粉河街道を合して進むと、粉河東部の東野に、ＪＲ線を挟み二ケ所に道標があり、那賀《なが》町に入る。

名手で葛城道が北に分かれ、西野山で槇尾山巡礼道が穴伏川に沿って分岐し、大和街道は直進し、かつらぎ町に進む。

笠田より大谷を経て、妙寺・中飯降《なかいぶり》を通って高野口町に入る。その途中で、高野山への道が南に、紀ノ川を渡って分かれているが、道標は大和街道沿いには粉河町にあってから途絶えている。

橋本市に入ると神野々に道標があり、橋本市中心部にはじめて道標らしいものが４基ある。その内で紀ノ川畔の１基は、高野山のみを示している。

橋本市東端の真土は、五條市との界であるが、紀伊と大和の国境で、万葉の古道が国道に離れて一部だけ残っている。

五條市に入ると紀ノ川に少し離れ、市街化された市の中心部を通る。

五条町の熊野街道の分岐点に、笠石を頂いた立派な道標がある。

国道24号線に一時合流し、宇野町で分かれ、国道370号線に合流するが、旧道途中の大王寺の下と、お寺の前に「しこく道」の道標がある。これらは大和新四国八十八ケ所巡りの道標で、旧道のお寺の下にあるのは８番霊場大王寺のもので、大王寺の前にあるのは西河内を示していて、ここより西北１キロの西河内にある21番霊場大日寺を指している。

バス停国道三在の東、旧道の墓地の下の植込みの中に、卒塔婆型の道標がある。

国道は緩やかな峠道となり、宇野峠を越え0、5キロ程行くと「宇野峠 旅ゆく芭蕉」の碑があり、ここを芭蕉も通ったのであろう。

西阿田の東部に常福寺があり、その入口に「しこく」の道標があるが、常福寺は大和新西国の69番霊場である。

吉野川畔を通って大淀町に入ると、阿田和の特産である梨の直売店がつづく。

佐名伝より近鉄線に沿い、西町で国道309号線に合流し370号線は終わる。

下市口駅近くを通り、桧垣本《ひがいもと》で橿原より南下してきた国道169号線に接し、その合流点西側の高台に栄覚寺があり、境内に二基の道標が保存されている。

国道169号線は近鉄線の北側を通り六田《むだ》に至り、近鉄線をくぐり吉野川畔に出ると、六田の渡しで知られた柳の渡し跡があり、常夜燈と道標がある。

写真６　和歌山市嘉《か》家作《けづくり》丁　大和街道

写真７　和歌山市四箇郷　大和街道一里塚跡

図40　大和街道—１

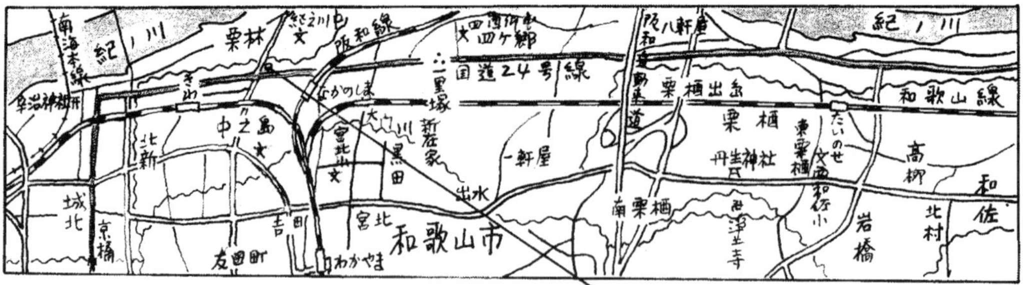

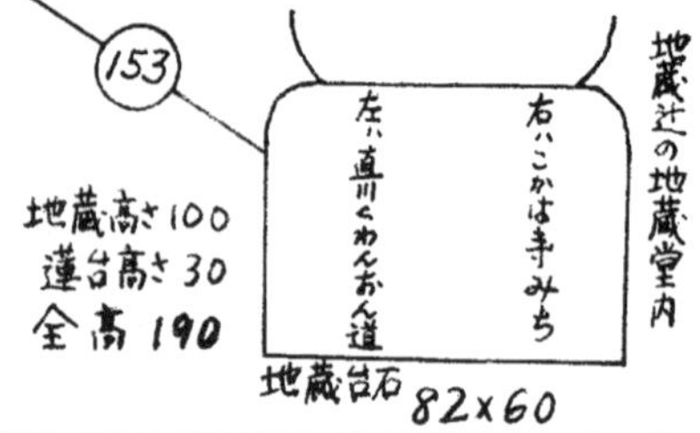

図41　大和街道—２

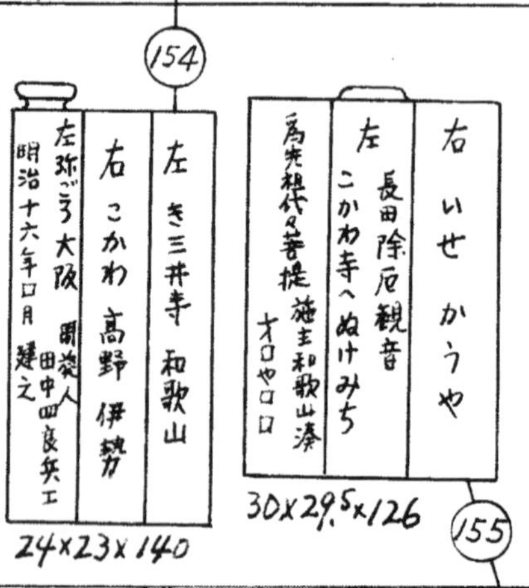

図42　大和街道—３

図43　大和街道—４

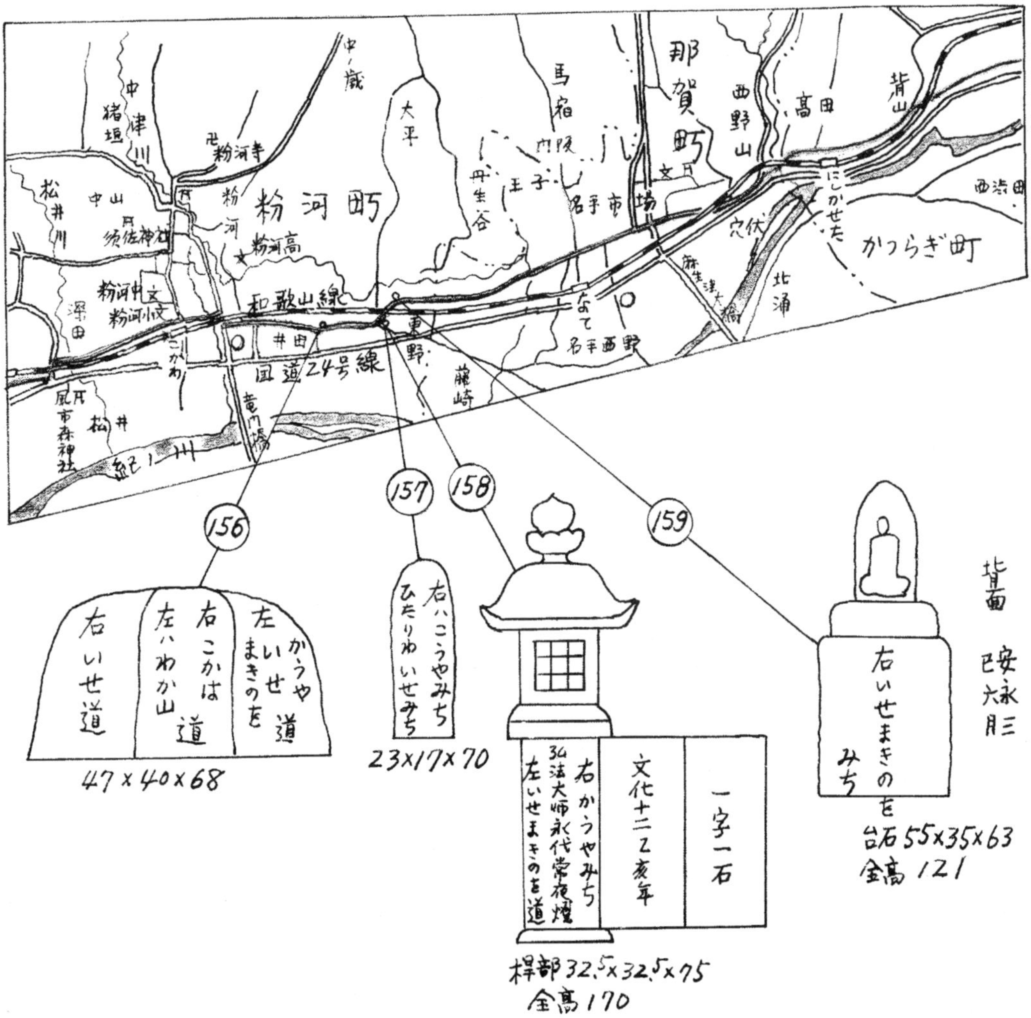

図44　大和街道—５

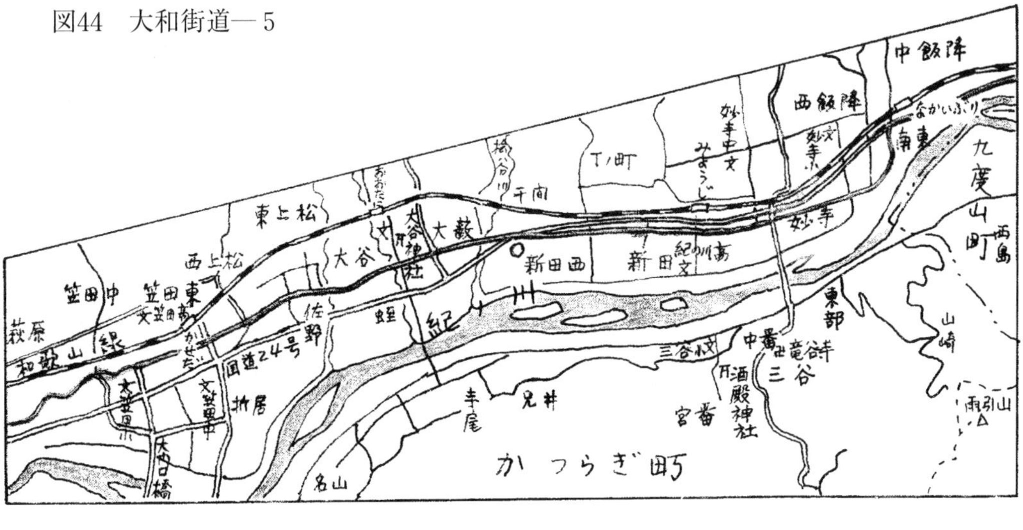

図45　大和街道―6

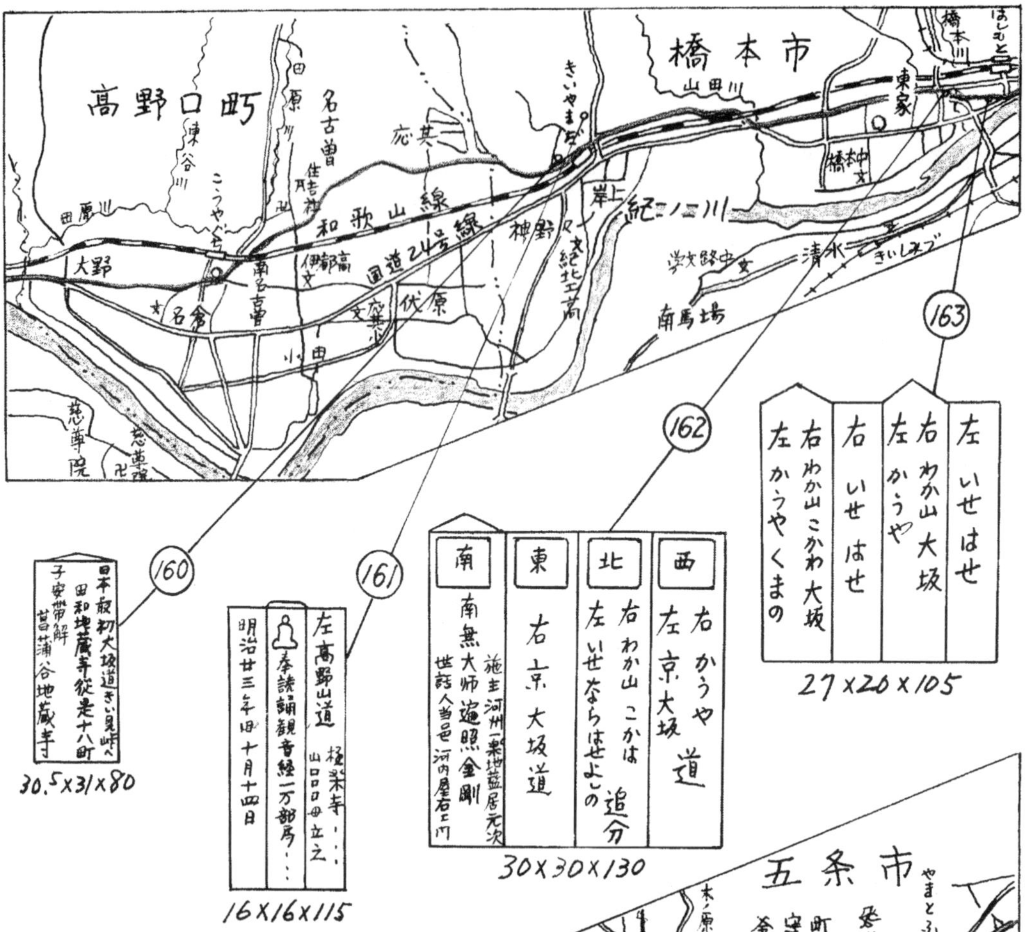

高野口町
橋本市
和歌山線
国道24号線
紀ノ川
大野
名倉
南名古曽
伏原
神野々
岸上
東家
清水
南馬場
慈尊院
日本最初大坂道きい見峠へ
田和地蔵寺従是十八町
子安帯解
菩薄谷地蔵寺
30.5×31×80
左高野山道　極楽寺…
奉読誦観音経一万部房…
明治廿三年旧十月十四日
16×16×115
西　右かうや　左京大坂道
北　右わか山こかは　左いせならはせよしの追分
東　右京大坂道
南　南無大師遍照金剛
30×30×130
左いせはせ
右わか山大坂
左かうや
右いせはせ
右わか山こかわ大坂
左かうやくまの
27×20×105

図46　大和街道―7

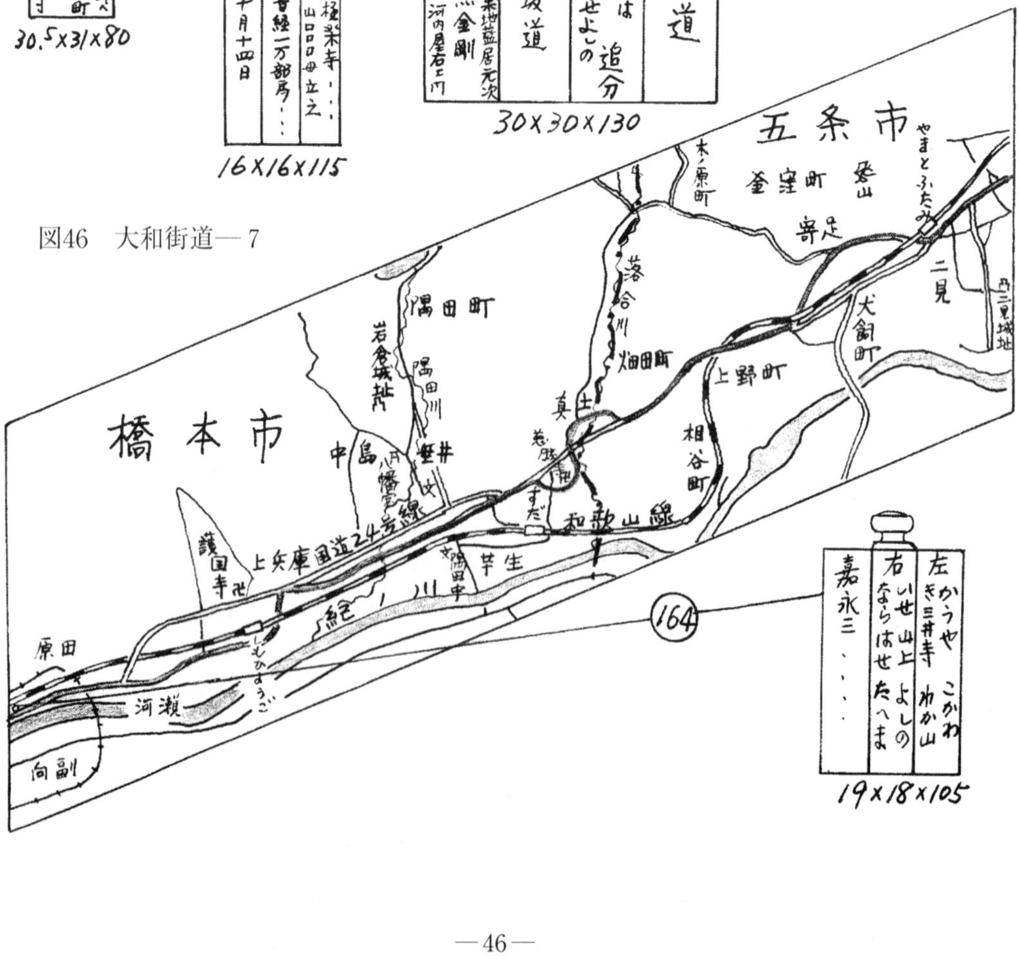

五条市
橋本市
和歌山線
上兵庫国道24号線
紀ノ川
隅田町
二見
犬飼町
上野町
相谷町
原田
河瀬
向副
芋生
護国寺
左かうや　きミ井寺　こかわ　わか山
右いせ山上よしの　ならはせたへま
嘉永三…
19×18×105

図47　大和街道―8

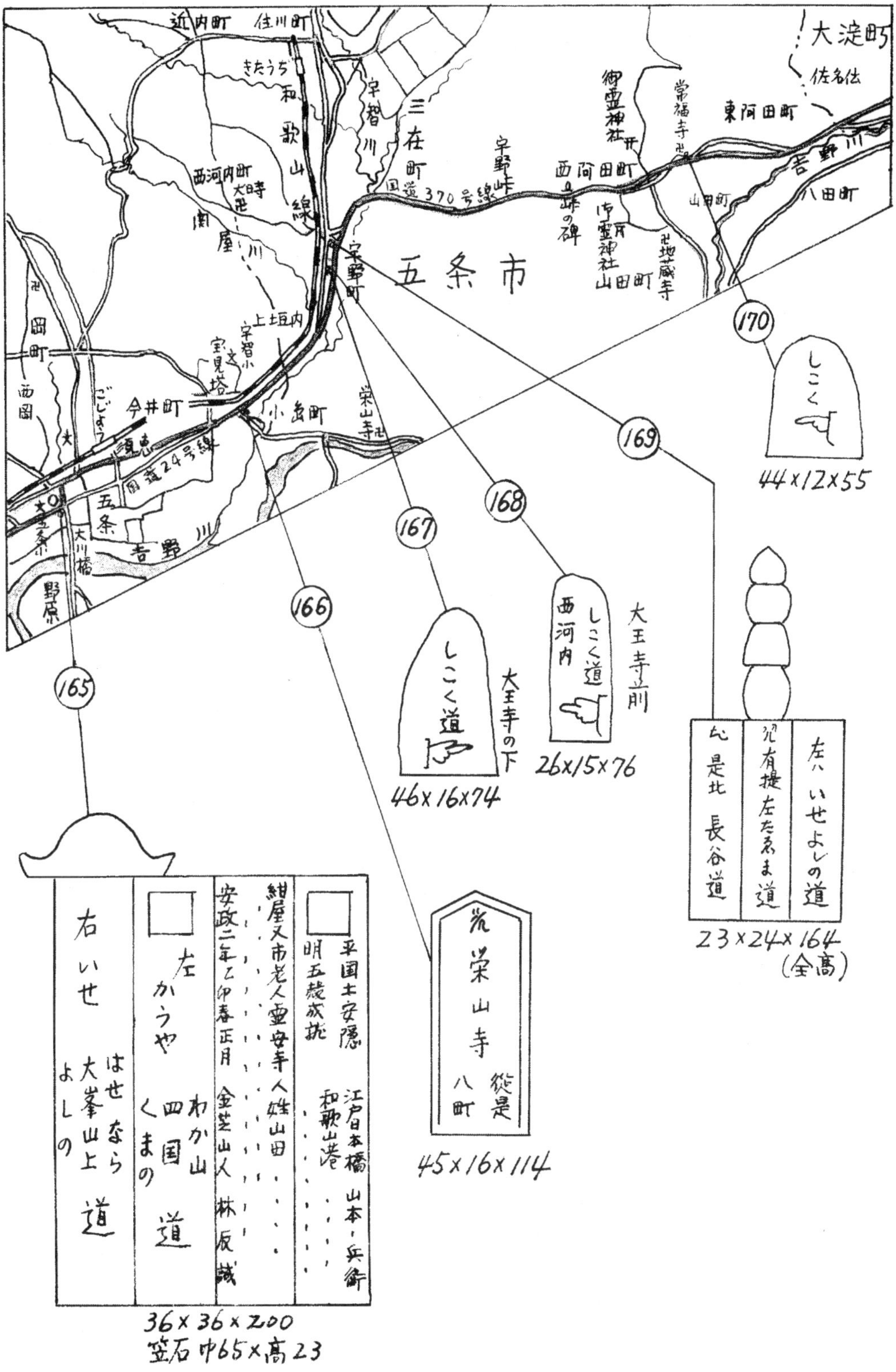
近内町
住川町
大淀町
佐名伝
東阿田町
常福寺
御霊神社
三在町
宇智川
きたうち
和歌山線
宇野峠
西阿田町
国道370号線
吉野川
八田町
山田町
西河内町
大日寺
五条市
上垣内
宇智小
今井町
小島町
栄山寺
国道24号線
五条
大川橋
野原
岡町
西岡
地蔵寺
170
しこく
44×12×55
169
左ハいせよしの道
有提 左たえま道
是北 長谷道
23×24×164
（全高）
168
西河内
しこく道
26×15×76
167
しこく道
大王寺の下
46×16×74
166
栄山寺
従是 八町
45×16×114
165
右 いせ はせ なら 大峯山上 よしの 道
左 かうや わか山 四国 くまの 道
平国土安隠
明五穀成就
江戸日本橋 山本・兵衛
和歌山港
36×36×200
笠石 巾65×高23

図48　大和街道―9

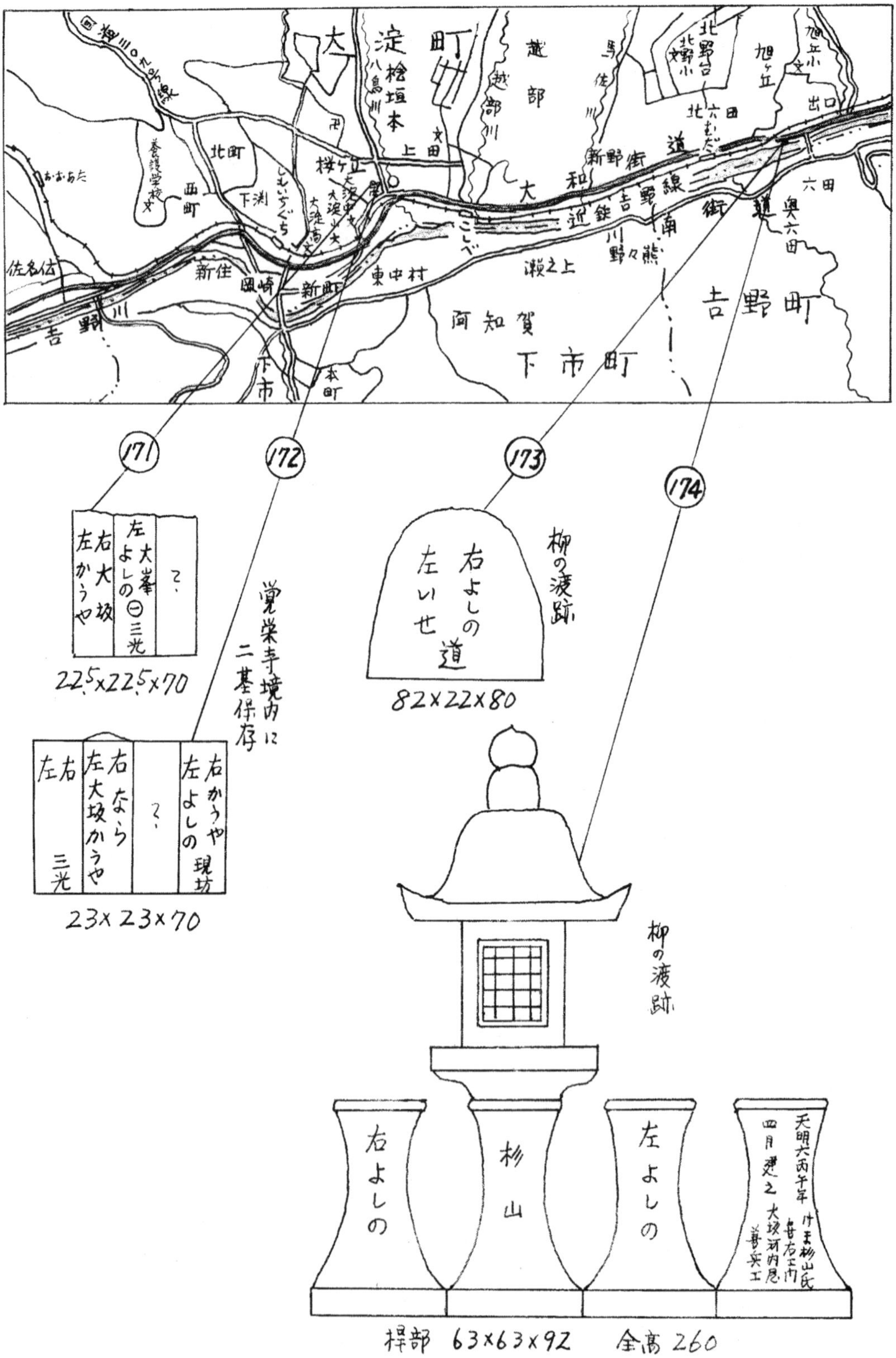

淀
町
大
桧垣本
越部
越部川
北野台
旭ヶ丘
桜ヶ丘
北町
下渕
新住
新町
東中村
瀬之上
阿知賀
近鉄吉野線
新野街道
大和
南街道
吉野川
吉野町
下市町
下市
本町
六田
奥六田
出口
佐名伝
171
右大坂
左かうや
左よしの
大峯
三光
22.5×22.5×70
172
覚栄寺境内に二基保存
右なら
左大坂かうや
右かうや
左よしの
現坊
三光
23×23×70
173
右よしの
左いせ
道
柳の渡跡
82×22×80
174
柳の渡跡
右よしの
杉山
左よしの
天明六丙午年
四月建之
大坂河内屋
杉山氏
善兵エ
桿部 63×63×92　全高 260

3－1－2　大淀町六田より東吉野村鷲家まで

吉野郡大淀町六田にある吉野川の柳の渡跡の東に、美吉野橋が架かっている。

吉野川南岸の道は川南街道で、五條市より吉野川に沿い、吉野町菜摘まで２０キロ以上にわたって通じ、この道には道標が割合に良く残されている。

大和街道の大淀町東部の増口で、吉野川にかかる吉野大橋を右に見ていくと、近鉄吉野線上市駅の南に出て吉野町に入る。

国道に離れて近鉄線をくぐり、尾仁山の町筋を進むと沢井寺の入口に、大師山道の道標がある。

河原屋で上市街道が分かれ、その角に大名持神社があり、神社下に道標がある。

神社背後の丘は、国の天然記念物に指定されている妹山樹叢である。

上栖井バス停南に老人福祉センター中庄温泉があり、長崎を経て宮滝に至る。

宮滝辺りの吉野川は、岩の間を複雑に曲がって流れ、近くに宮滝遺跡があり、応神天皇以後数度の行幸や、歌人の秋津・宮滝への訪問があった所である。

中荘小学校に宮滝遺跡出土品の収蔵庫があり、見学することができる。

右に曲がって芝橋の道と分かれて直進し、吉野川に沿って下矢治・上矢治を経て大野に至る。国栖神社や浄土寺の下を通り、窪垣内で国道３７０号が分かれるが、ここに大宇陀への道標がある。

窪垣内で吉野川と高見川が合流し、集落の中に「紙すきの里」の説明板が立てられているが、大海入皇子（後の天武天皇）によって伝えられたという、旧国栖村の手すき和紙は、一時３００軒もの家で造られたそうであるが、今はごく一部の家で造られているだけである。

国栖には国栖奏という翁舞が伝わり、県の無形文化財として保存され、浄見原神社で、毎年旧正月１４日に奉納されている。

新子は、東吉野村杉谷に通うバスの乗継所となっている。

国栖から高見川に沿って東に進み、東吉野村に入ると下出で、まばらにつづく家々を縫って西出・中出を経て小栗栖に至る。

鷲家口には東吉野村の役場があり、大和街道は高見川支流の鷲家川に沿って北に進むが、鷲家口の小川小学校前で高見川を渡り、山道を３、５キロ程南に登った城山（702メートル）に小川城跡があり、その途中に丁石が残っている。城は南北朝時代この地の小川氏の拠った所で、吉野城の外郭となる支城の一つである。

城山頂上は平坦となり、稲葉神社と城跡の碑があり、一帯は城跡公園となり桜が植えられてある。

鷲家川に沿う道は、次第に山深い感じとなり、鷲家谷北の川向かいに天誅組の吉村寅太郎の墓がある。

やがて鷲家に達し、大宇陀方面に通ずる国道１６６号に合流する。

図49　大和街道—10

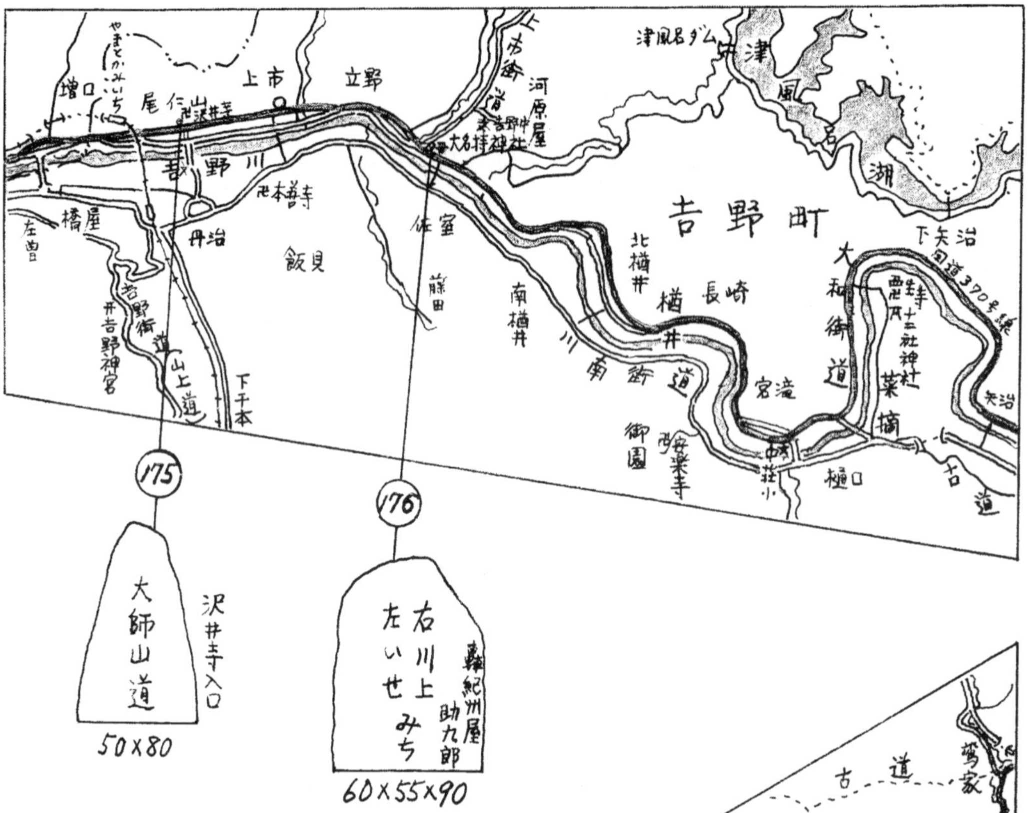

図50　大和街道—11

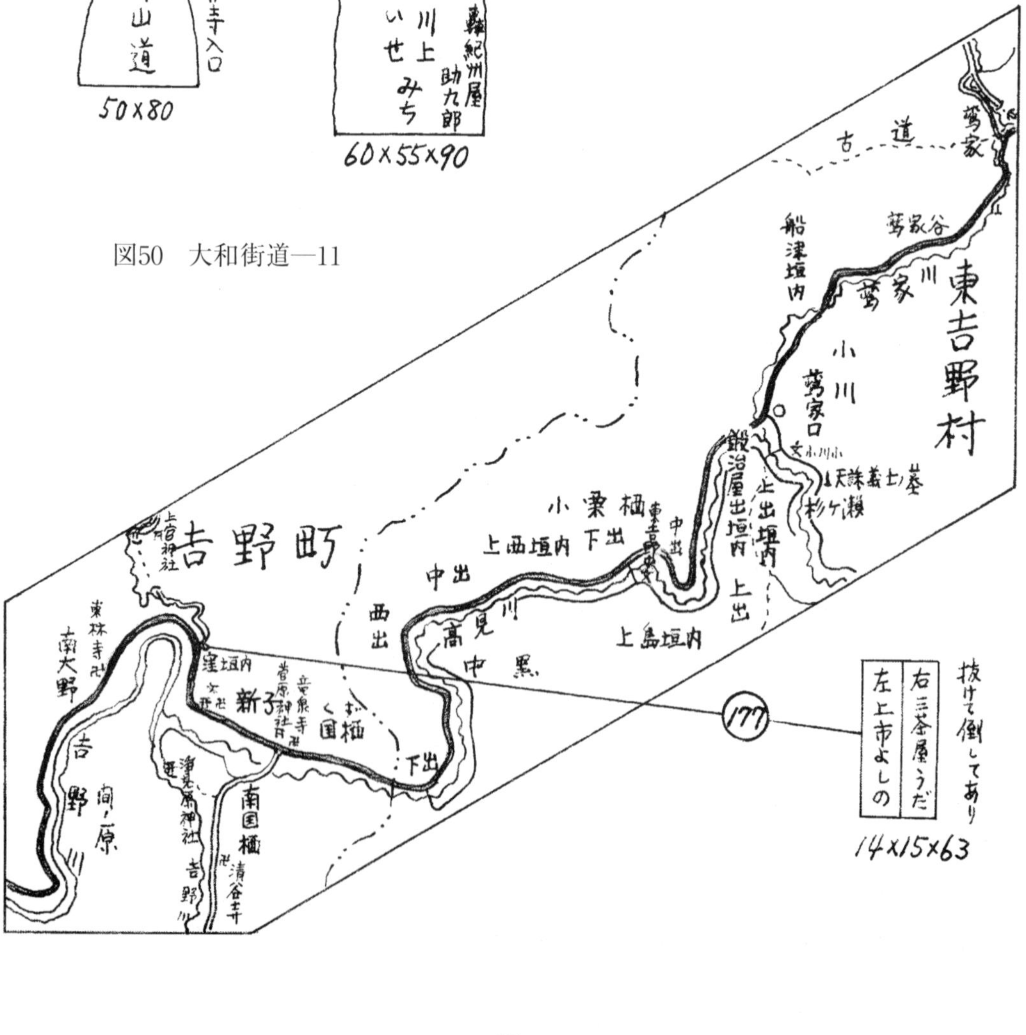

３－２　和歌山街道　松阪市日野町より飯南町粥見まで

熊野街道と伊勢街道は三重県北部では交錯し、重なっている部分があるが、この和歌山街道も同様である。

参宮街道の松阪市日野町を起点として、熊野街道に分かれ阪内川にほぼ沿って西南に進み、辻原で阪内川に離れ、六呂木を経て小片瀬で伊勢本街道に合流する。

櫛田川に沿って飯南町に入り、横野で本街道に分かれて南に進み、粥見で伊勢南街道に合流し、南街道は粥見より東に進み、丹生より相可を経て伊勢に至る。

粥見で合流した和歌山街道は、高見峠を越えて奈良県に入り、鷲家で大和街道となって五条を経て和歌山に達する。

この項では松坂より飯南町粥見までの部分について記すこととする。

松阪市日野町の商店街に立つ道標は、年号はないが大型である。ここから南西に０､８キロ程に熊野街道の道標がある｡商店街を外れた黒田町の旧道には古い家並が残っていて、高見で国道１６６号に合流すると、田村町の辺りからは家もまばらとなる。

立野町から阪内川に沿って進むと、旧道が川の近くを通り、所々国道を離れた旧道に沿って家並みが続いている。

桂瀬町北部にある大河内神社は、急斜面の植林の中にあり、笹川町寺井の南に九蓮寺がある。

大河内町茶屋の旧道両側に、自然石の大師道の道標があり、西側のものは下部は埋まっている。

辻原の辻原小橋南詰に旧道が残り、観音像を刻んだ自然石の道標がある。これに示す「あらき」とは、阪内川を上り詰め細野峠を越えた奥の蘭（あららぎ）のことで、あららぎを示す道標は、飯南町側の下仁柿にもある。

国道は阪内川から離れて南に上り、六呂木町を通り右手に親池を見て下りとなり、小片瀬町の開けた所に出る。道が複雑に通る中に旧道があり、東側の地蔵道標は一部欠けていて、不明な部分もあるが伊勢本街道の岐路で、ここから西に進んだ所にも各地を示した道標がある。

これより約６キロは本街道に重なって、滝の不動院の前を通り、旧宿場の大石町を経て飯南町に入る。大石庚申堂の石垣に、はめ込まれたように道標がある。

家並みを通っていくと、深野小学校の少し西に整った構えの宝積寺があり、その本堂前にある道標は、本居宣長の筆になると伝わっている。

街道にあった宮川へ七里半と刻まれた常夜燈は、柿野神社の境内に移されてある。柿野神社の下で本街道に分かれて、櫛田川に沿い国道１６６号を粥見に達し、伊勢南街道に合流する。

図51　和歌山街道—1

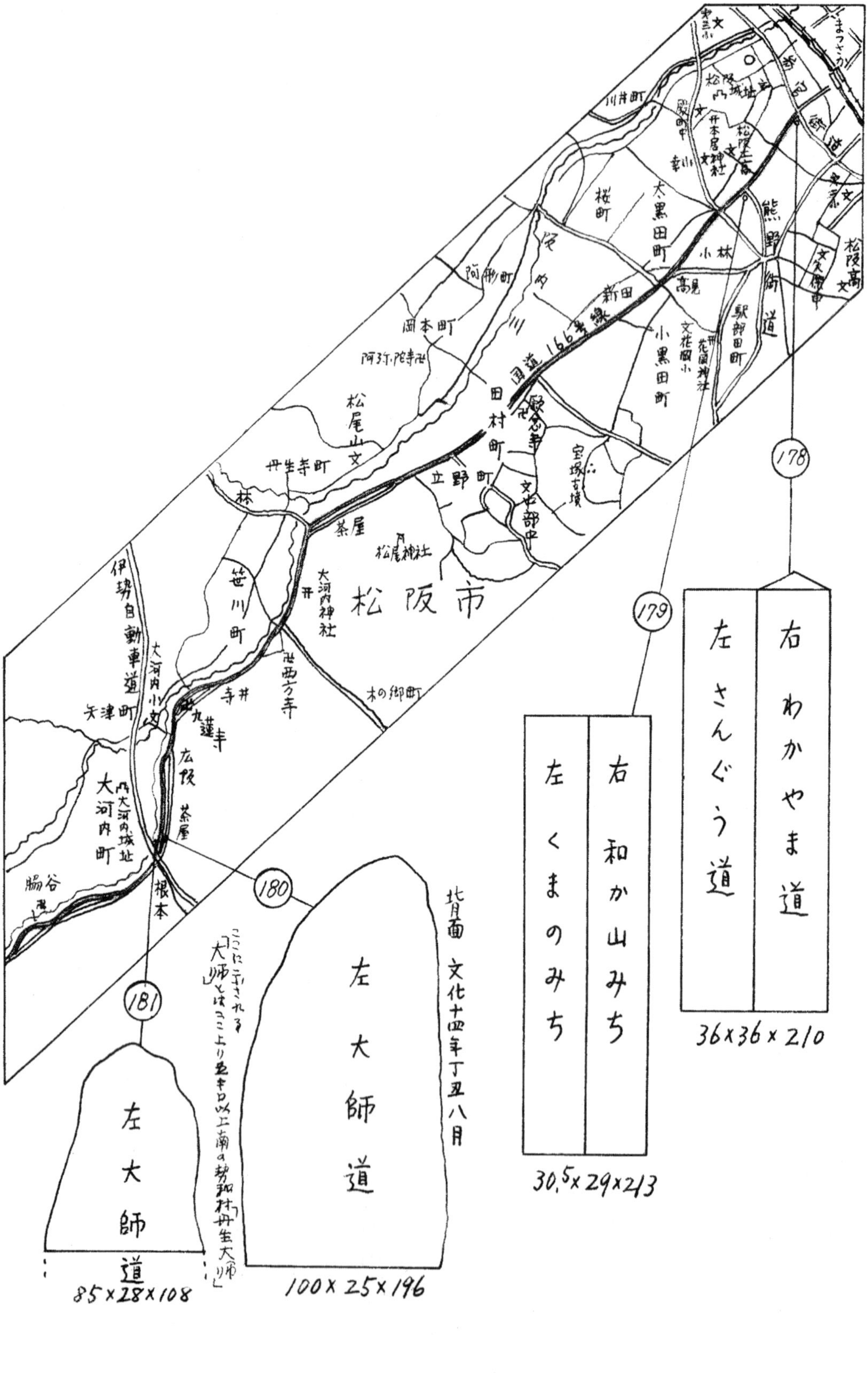

まつさか
参宮街道
松阪城址
川井町
本居神社
桜町
大黒田町
熊野街道
小林
高見
新田
国道166号線
駅部田町
小黒田町
花岡神社
松阪高
阿形町
岡本町
阪内川
松尾山
丹生寺町
田村町
立野町
宝塚古墳
林
茶屋
松尾神社
大河内神社
松阪市
笹川町
伊勢自動車道
大河内小
西方寺
木の郷町
矢津町
寺井
九蓮寺
広阪
茶屋
大河内城址
大河内町
脇谷
根本
178
右　わかやま道
左　さんぐう道
36×36×210
179
右　和か山みち
左　くまのみち
30.5×29×213
180
左　大師道
北面　文化十四年丁丑八月
100×25×196
ここに示される「大師」とはここより五キロ以上南の勢和村「丹生大師」
181
左　大師道
85×28×108

図52　和歌山街道—２

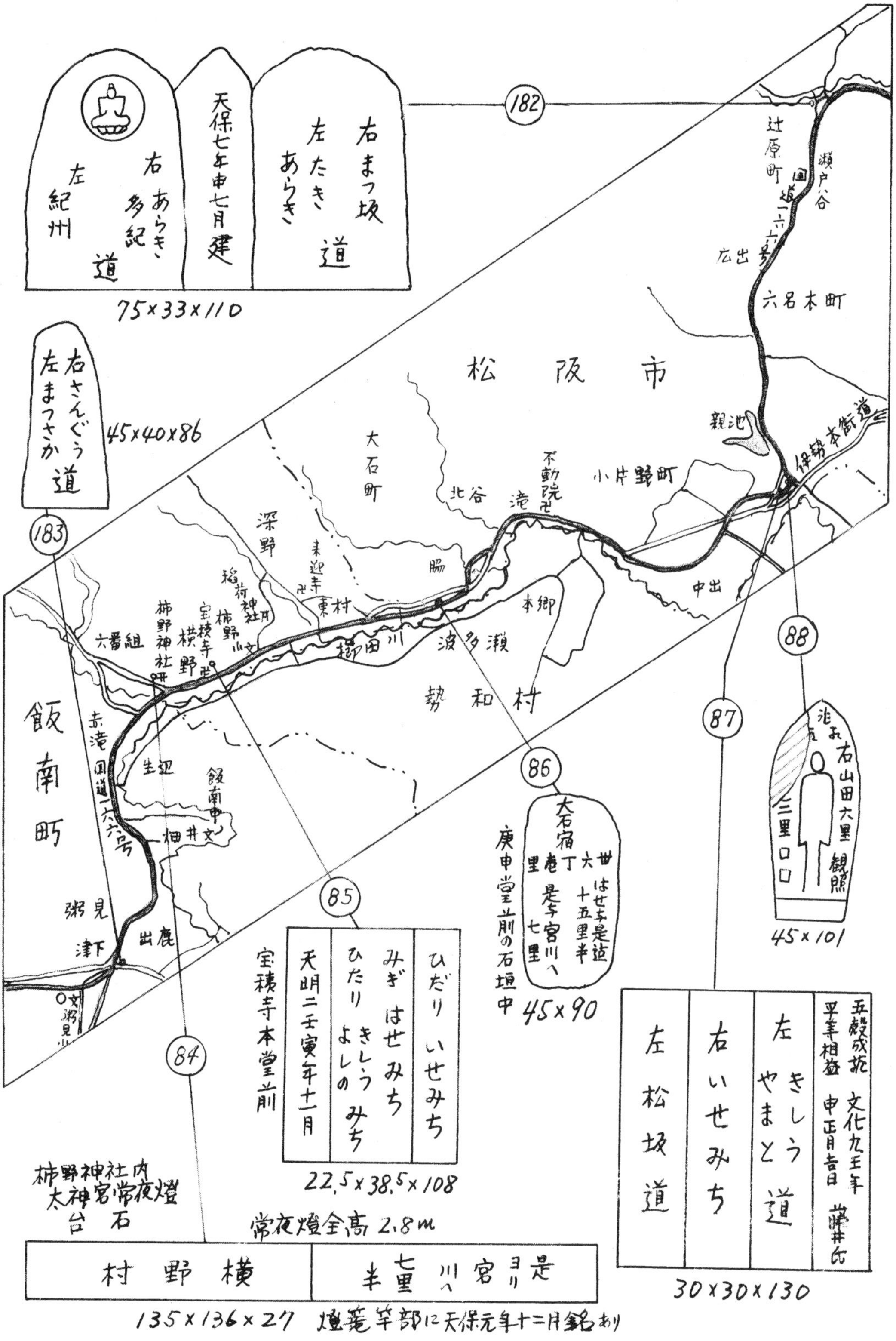
182
右まつ坂
左たき
あらき
道
天保七年申七月建
右
あらき
多紀
道
左
紀州
75×33×110
183
右さんぐう
左まつさか
道
45×40×86
松阪市
飯南町
勢和村
辻原町
瀬戸谷
国道一六六号
広出
六呂木町
親池
伊勢本街道
小片野町
不動院
滝
北谷
大石町
深野
来迎寺
東村
脇
本郷
中出
波多瀬
櫛田川
稲荷神社
柿野小
宝積寺
横野
柿野神社
六番組
赤滝
国道一六六号
生辺
飯南中
畑井
粥見
津下
出鹿
88
右山田六里
観照
三里口口
45×101
87
五穀成就
平等利益
文化九壬申年
正月吉日
藤井氏
左
きしう
やまと道
右
いせみち
左
松坂道
30×30×130
86
庚申堂前の石垣中
45×90
85
ひだり いせみち
みぎ はせみち
ひたり きしう よしの みち
天明二壬寅年十一月
宝積寺本堂前
22.5×38.5×108
84
柿野神社内
太神宮常夜燈
台石
常夜燈全高 2.8m
横野村
是ヨリ宮川へ七里半
135×136×27
燈籠竿部に天保元年十二月銘あり

3－3　伊勢街道湯浅道　和歌山県湯浅町より岩出町まで

和歌山県中部の有田郡や日高郡より伊勢に至るには、今はＪＲ紀勢線で紀伊半島南岸を回っていくが、昔は距離が遠いので、紀伊半島を横断する形で山谷を越えて行く道筋がとられていたのである。

もっとも、伊勢への道とは言え、地域的に熊野や高野への道にも通じるので、相互に利用されていた面もあり、区別することは妥当でないかも知れない。

熊野街道の湯浅町商店街の中に道標があり、南面に「右　いせ　かうや道」の表示がある。ここで熊野街道から東に分かれ、東北に道をたどると顕国神社前を経て一時国道４２号に合流し、国民宿舎湯浅城を東に眺めて、山田川を渡ると栖原である。

間もなくバス停熊井口の所で国道に分かれ、ＪＲ線を横切り東に入る。国道から３００メートルで吉備町熊井となり、熊井川に沿う集落を抜けていくと、南部丘陵地一帯に吉備工業団地が開かれ、広い道路ができている。

川合金属工場の角に屋形におさめられた地蔵道標があり、ここから北に進むとミカン畑となり、そのミカン畑の中の旧道を東にとって山合いを通り、市伏池畔から北へたどり植野集落の中を進む。

南部山手に広がるミカン畑の裾をつたっていくと、西丹生図の石ケ谷子安地蔵の入口に、常夜燈や青面金剛の立つ所に苔むした道標がある。

鷹巣池の北側を通り徳田に出て、国道４２４号近くを北に進み、今はなくなった旧有田鉄道の終点金屋口駅跡から、国道に架かる有田川の金屋橋を渡る。

ここは渡し場跡で、橋の北詰は金屋町金屋である。

金屋は紀伊半島中部山地への入口で、交通の要地となり古くより市場もあり、その地名「市場」が残っていて、金屋と市場に道標がある。

鳥屋城小学校の北で高野道（国道４２４号）に分かれて西北に進み、早月谷川を渡り糸野に入る。北に折れて玉川に沿う県道海南金屋線をたどると、下六川《しもむつ》に県道から釜中への岐路がある。

道の山側の屋形の中に、前後によく似た地蔵が二体あり、その台石にそれぞれ「右いせ道」と刻まれているが、年号は奥の方が少し古く傷んでいる。

県道の川向いに上六川小学校を見て、東の山手の黒松道が分かれ、道標がある。

玉川に沿って最北の上六川の集落を通るが、有田郡と海草郡の郡界に、東西に連なる長峰山脈があり、東部の生石ケ峰（870メートル）を最高峰とし、北に屈曲した山脈は、黒沢山より５００メートル級の西部の山々となり、鏡石山より西方に有田市北部へとつづいている。

上六川集落から長峰山脈の白髪峠まで、直接に登る道があったが、金屋町側に海南高原ゴルフ場が出来て、ゴルフ場の西側を回って舗装道路が通じている。

道はゴルフ場北側の白髪峠に達するが、白髪峠は標高４６０メートルで白髪畑峠ともいわれ、付近は昔、紀州徳川家の狩場であった所で、一般には禁猟区となっていたそうである。

海南市側は植林の中に道が下っているが、舗装道からの道は分かりにくく、赤テープが木の枝に巻かれたのを目印に、やや荒れ気味の急な山道を下る。

落葉の重なるボコボコした道は、歩き易いようでも足がひっかかりそうになる。

やがて植林を抜けて、果樹畑などが広がる所に出ると、見晴らしの良い舗装された道となっている。峠から約１キロで農免道路となり、右に赤沼を経て黒沢ハイランドの国道に通じているが、赤沼から長峰峠を越えて金屋町に通じる道も利用されていたようで、赤沼道には二ケ所に道標がある。

伊勢道は北に直進し、東畑集落東部の日露役忠魂碑の横にある「くまの道　いせ道」を示す道標を右に見て、１キロ余りで、ひや水に至ると風化した道標があり安政４年(1857)の年号と「いせ　わか山」の文字が読み取れる。上谷川合流点で国道４２４号に入るが、ひや水には宿屋があったと聞いている。

亀川に沿っていくと、次谷《つげたに》の旧道に文政１３年（1830)の伊勢などを示す道標がある。

南野上小学校東側の旧道を進み、亀川を二度渡って木津に至ると、道が複雑に交錯しているが、木津東部にある法然寺の下に道標がある。お寺の南の木津坂を下って貴志川西岸を北に進み、再び国道４２４号に入り別院で国道に分かれ、貴志川の左岸に沿って行く。

野尻・上出を経て孟子《もうこ》に至ると道標があるものの「いせ」は示していない。山手１、５キロの那賀寺の手前に「いせ　かうや」と刻んだ道標がある。

孟子で高野道に分かれ、ゆるい上り下りがあり荒糸を経て、道が錯綜する中を北に進み貴志川町域に入ると、長原の代京に野道を少し東に寄った所に、常夜燈の横に並んで道標がある。

国主《くにし》の住宅地そばに小祠があり、中の地蔵台石に道しるべが刻まれてあるようであるが、扉に施錠されていてよく見ることが出来ない。

貴志川近くに下り、南海貴志川線終点の貴志駅東側を神戸《こうど》集落内の旧道を進む。

県道に合流して町役場前を通り前田から丸田川を渡ると、北垣内の集落内には産土神の大多羅乳女神社や、護国神社のほか松林寺などがあり、真言宗王前寺の横に古い観音堂がある。

丸栖《まるす》で県道に交錯し、北丸栖の集落内の旧道を経て貴志川畔に出て、船戸街道となって岩出町域の山崎で紀ノ川に沿い、ＪＲ和歌山線船戸駅の北側に出る。

国道２４号の紀ノ川岩出橋を渡り、大宮神社前より西北に進むと清水に、明治１６年の道標があり「こかわ　高野　伊勢」を示している。

図53　伊勢街道　湯浅道―１

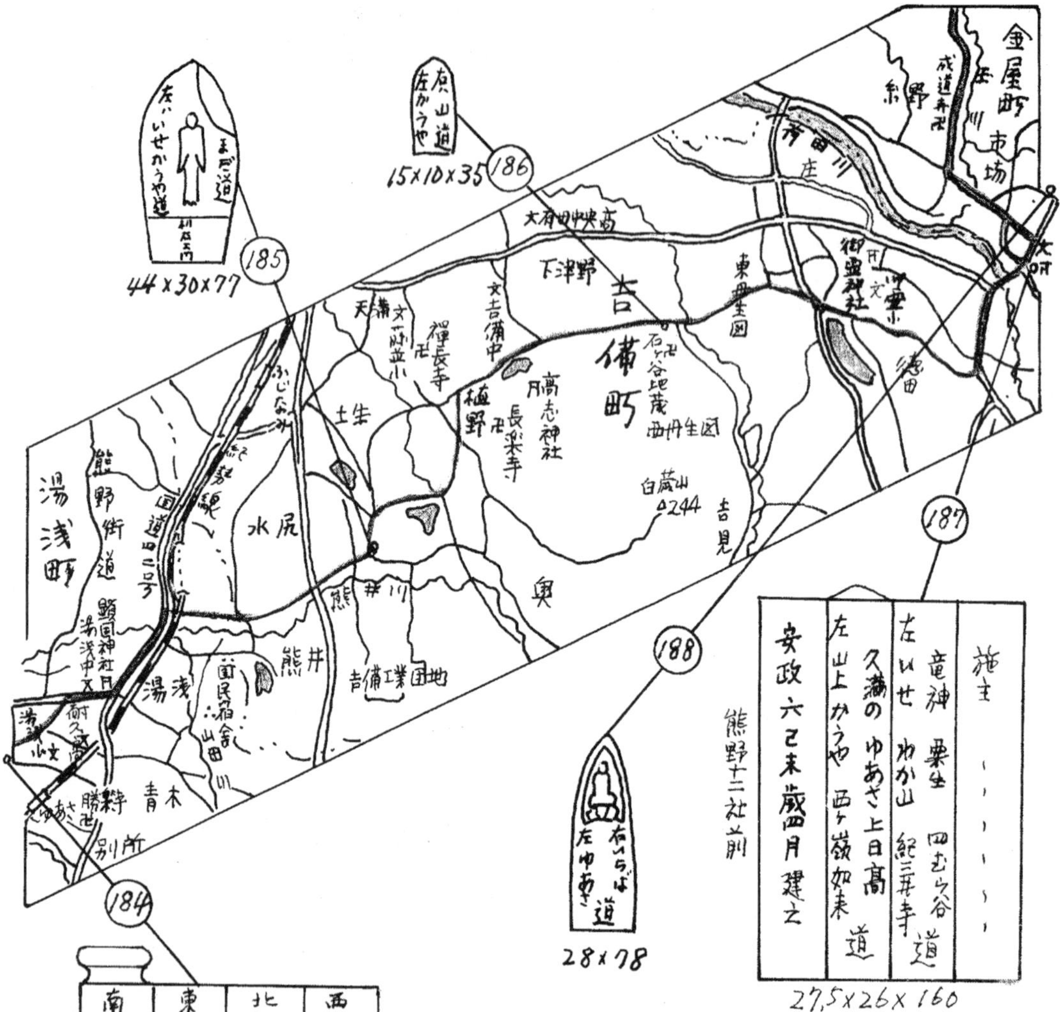

185
左いせかうや道
まだご道
44×30×77
186
右山道
左かうや
15×10×35
187
施主
竜神　栗生　四むら谷
左いせ　わか山　紀三井寺道
久満のゆあさ上日高
左山上かうや　西ケ嶽如来道
安政六己未歳四月建之
27,5×26×160
188
右いちば
左ゆあさ道
28×78
熊野十二社前
金屋町
市場
糸野
成道寺
有田川
吉備町
下津野
御霊神社
東丹生図
西丹生図
石ケ谷地蔵
高志神社
長楽寺
植野
禅長寺
吉備中
天満
土生
水尻
熊井川
熊井
吉備工業団地
白蔵山
△244
吉見
奥
湯浅町
熊野街道
国道四二号
紀勢線
顕国神社
湯浅中
湯浅
青木
勝楽寺
別所

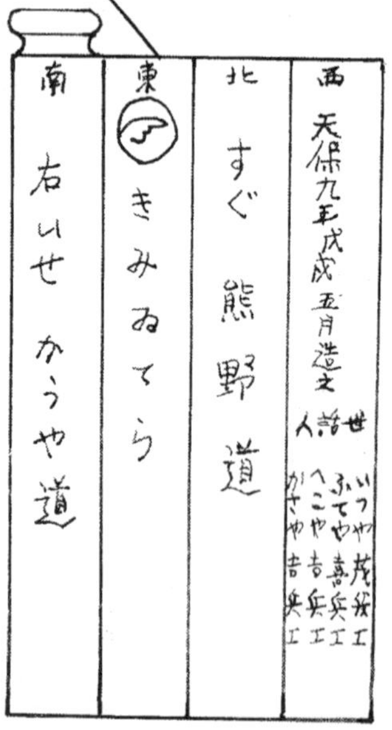

184
南
右いせかうや道
東
きみゐてら
北
すぐ熊野道
西
天保九年戊戌五月造之
世話人
いづや茂兵エ
ふでや喜兵エ
へこや吉兵エ
かさや吉兵エ

写真８
和歌山県金屋町　金屋橋と渡し場跡の柳

図54　伊勢街道　湯浅道―2

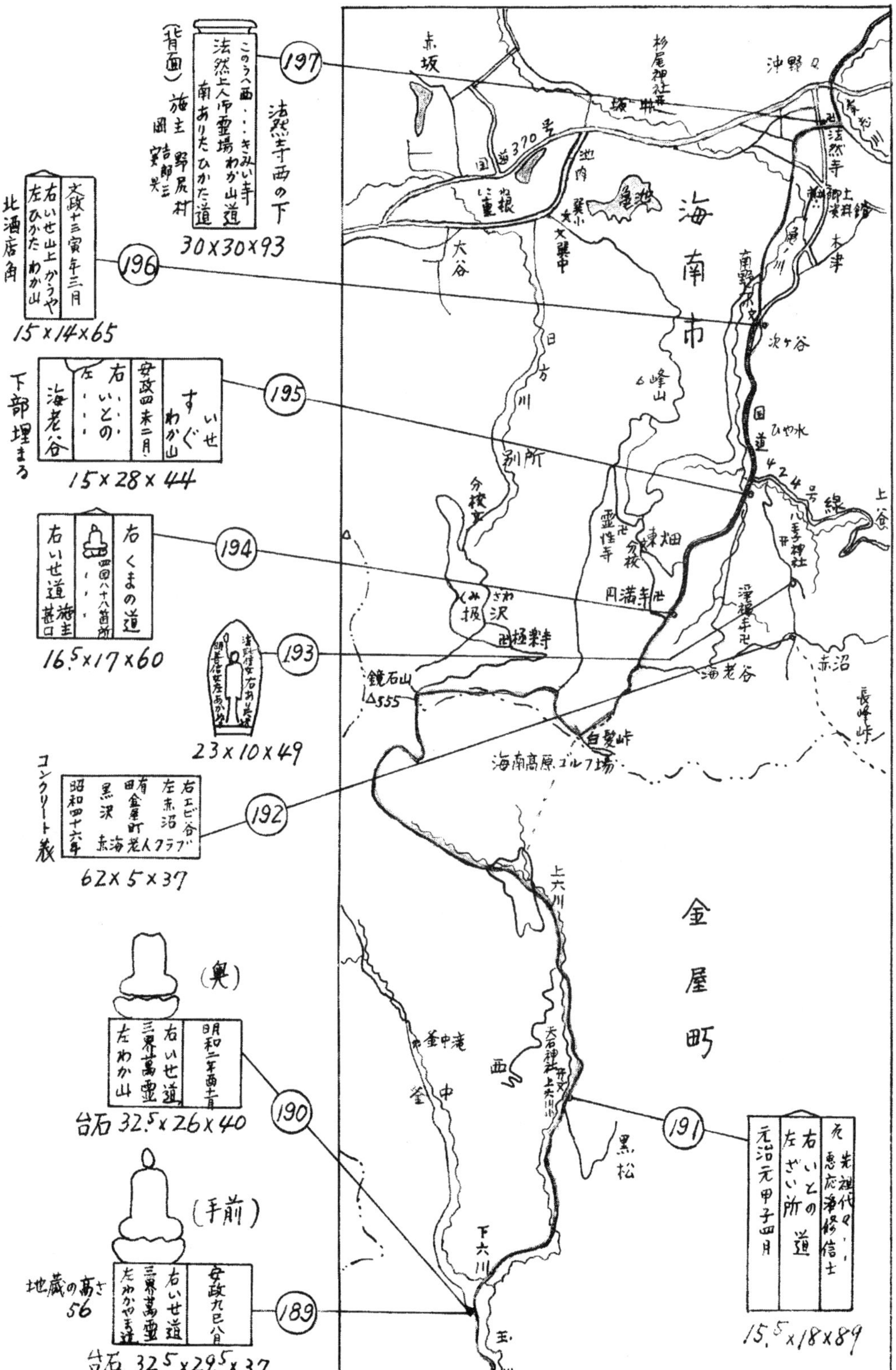

図55　伊勢街道　湯浅道—３

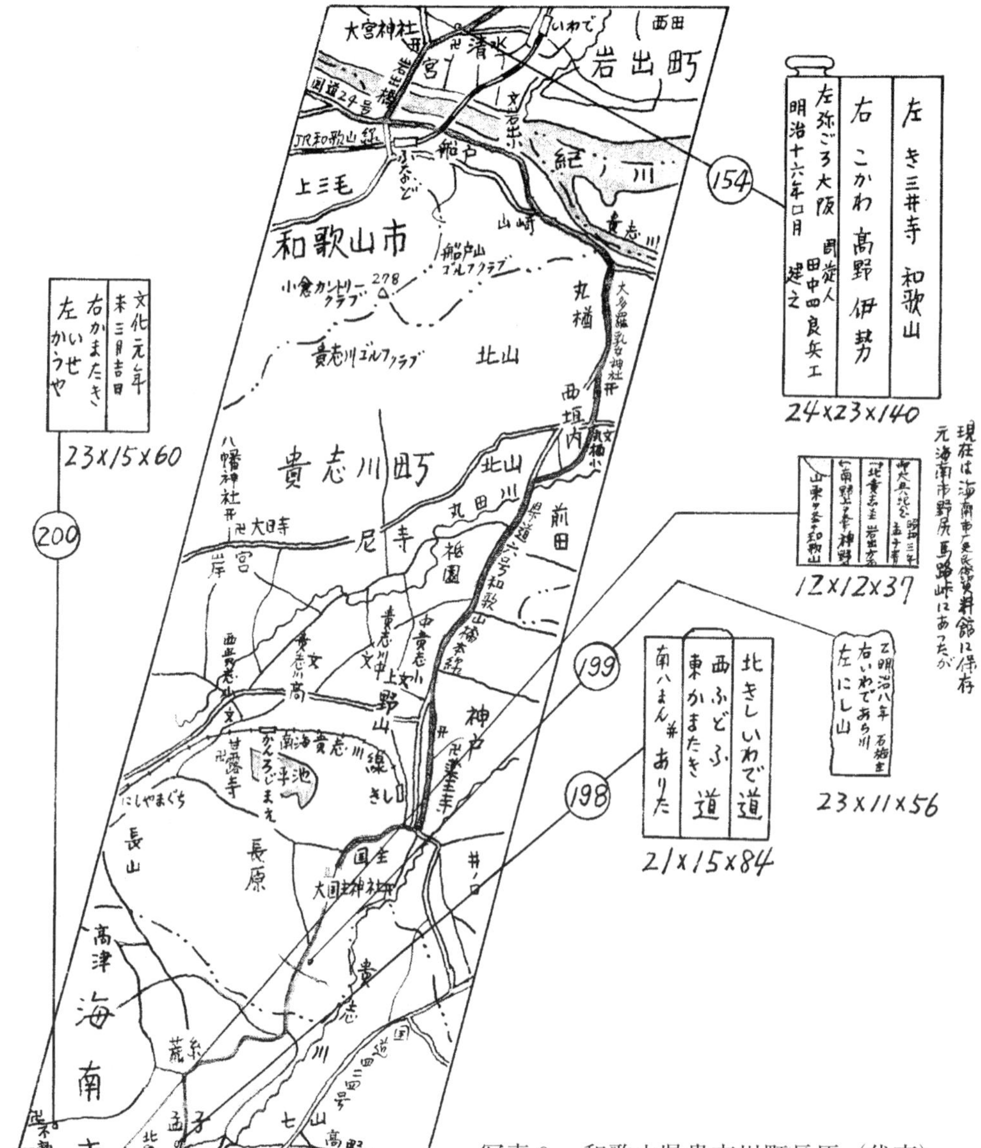
大宮神社
岩出町
紀ノ川
和歌山市
貴志川町
海南市
野上町
154
左 き三井寺 和歌山
右 こかわ 高野 伊勢
左弥ごろ大阪
明治十六年□月
建之
24x23x140
200
文化元年
未三月吉日
右かまたき
左いせかうや
23x15x60
199
12x12x37
198
北きしいわで道
西ふどふ
東かまたき 道
南八まん ありた
21x15x84
乙明治八年
右いわであら川
左にし山
23x11x56
現在は海南市民俗資料館に保存
元海南市野尻馬路峠にあったが
高野街道
馬路峠
下津野
長原
長山
高津
野尻

写真９　和歌山県貴志川町長原（代京）

4　大和から伊勢へは山深い道をたどる

4－1　伊勢北街道　奈良県榛原町より三重県松坂市六軒町まで

榛原町萩原の道標の所で伊勢本街道に分かれ、左へ東北方に旧道を進むと福地に道標がある。向出から国道１６５号に合流し、近鉄線に沿っていくと天満台住宅地の下を通る。

山辺に山辺赤人の墓への道標があり、北へ１キロの桐頭に伝承の墓がある。

篠畑を経て室生村に入ると、緑川地区には新道ができているが、国道にも離れて大野の集落内を通る斜面を上下する旧道を進む。途中道標が三基続いている。

近鉄室生口大野駅の南に大野寺があり、宇陀川の対岸に大きな磨崖仏が見える。

国道を横切った室生寺への道の入口に、大型の室生寺の道標がある。

室生口大野駅から北東へ植林の中を登ると、北向地蔵尊の前を経て元三の集落に入ると、道標や三本松村の道路元標があり、旧本陣の西田家などがある。

琴引から中村にかけては洪水や電車線の敷設で道や地形が変わり、三本松小学校手前で右に分かれた道は、近鉄線の陸橋を渡り長命寺の前に出る。

陸橋の辺りは琴引峠のあった所で、橋の手前に琴引峠跡の碑があり、長命寺の境内に道標が保存されている。お寺の前を東に下ると国道１６５号に出る。

中村には国道と近鉄線の間に旧道が残り、頓光寺や旧本陣の勝井家がある。

長瀬の旧道に室生寺の道標があり、その室生寺への途中滝谷に花菖蒲園がある。

県界近くの国道脇の一角に、供養碑の並ぶ中の一基に「宮川へ十八里」とある。

国道は三重県に入り、１キロ程で国道に分かれた旧道は鹿高で国道にからみ、宇陀川沿いに進むと安部田で、西方の国道西側に土地の氏神の鹿高神社がある。神社の裏は古墳で、二カ所に小さい横穴がある。

やがて宇陀川に架かる高橋があり、この橋の東西両詰に二基の道標がある。

高橋より北へ５００メートルで国道に合流し、坂之下で笠間峠を下ってきた都祁山の道に出合う。その角に「ならみち」を示す地蔵道標と、「やくし道」の道標があるが、薬師さんの新堂寺は廃寺となり小屋出の宝泉寺に移されてある。

国道を横切り坂之下橋を渡り、宇陀川支流の滝川に架かる丈六橋を渡る。

丈六の中心は室生寺の北門とされている真言宗の丈六寺で、８～９世紀の創建とされる古刹で、良弁上人の供養碑といわれる五輪塔や、大師道の道標がある。

近鉄赤目口駅北部の住宅地の広がる手前の岐路に道標があり、直進すると相楽を経て宇陀川畔を通り、国道１６５号を横切り宇陀川の黒田橋に出る。

坂之下にもどり、宇陀川北岸に通ずる国道１６５号を１キロの結馬で分かれて黒田の集落に入ると、無動寺を示す道標がある。その無動寺は山手へ０､7キロ奥にあり、天正伊賀の乱で織田信長に焼かれ再建された後に名張藤堂家の保護を受け、本尊の木造不動明王像は重文で、彩色が剥げて白不動と言われている。

黒田の古道は耕地整理で変わっているが、農道を通り宇陀川と名張川の合流点近くで、宇陀川の黒田橋に至り丈六道に合流する。

黒田橋の東西両詰に道標がかたまって立っていて、橋の東詰で前記の丈六道が合流し、北へ名張川にかかる新町橋を渡って名張の中心街に入る。

名張は古来、大和と伊勢を結ぶ要地で変遷も多く、ようやく江戸時代の慶長年間に藤堂高虎が伊賀・伊勢の国主になって安定し、高虎の養子高吉が名張の領主として寛永１３年(1536)居住し、名張藤堂家として明治まで続いた。

名張は伊勢街道の宿場町として栄え、陣屋形式の藤堂屋敷は、現在の丸之内の名張小学校のある高台の地で、寿栄《ひさか》神社の門は、藤堂屋敷の太鼓門と伝わり、屋敷跡の一部は県の史跡となって改修され、有料で公開されている。

新町橋から右に曲がって本町の大手通りに入ると、浄土宗の栄林寺があり、その境内に二基の道標が保存されている。

町並を通っていくと辻にある呉服商丁字屋の所が札の辻で、直進すると右手に名張小学校があり、校内端の木立の中に札の辻から移設された道標がある。

札の辻を北に曲がって行くと中町で、石の大鳥居を左に見て東北に市街地を抜けて、東町で国道３６８号に出る。国道を近鉄桔梗ケ丘駅前の住宅地の中を通り、西原町で国道から県道に入ると、地蔵尊の台石に道標がはめ込まれてある。

小波田川を渡り、新田を東に曲がる通りは宿場であった所である。近鉄線を横切り、美旗の南はずれの上庄田への岐路に当たる用水路の土手に、太神宮常夜燈があり、そのそばに「いせ道」の道標が二基ある。

東町に戻るが、国道３６８号に分かれて東の旧道に入ると、国道１６５号にからむ道が住宅地の中に残り、その東部の上小波田に道標がある。

美旗で合した道が上野市に入る部分はゴルフ場で途絶え、一旦北に回りゴルフ場の道を経て、比土の高瀬神社や蓮花寺の前を通り、青山町西出へと出る。

西出で国道１６５号を横切り、東出の集落を通り阿保に入ると、西町の帰路に大きな太神宮の常夜燈の横に道標がある。ここを南に２００メートル程入った西側に、垂仁天皇皇子の阿保親王（息速別命）の墓がある。

阿保の通りは旧宿場の雰囲気が感じられ、特に安養寺近くには、元禄年間の創業と言われる俵屋旅館が現在も営業中である。その東部で道は曲がり、木津川の阿保橋南詰に、本居宣長の菅笠日記の碑が昭和３１年に建てられてある。

橋を渡ると国道１６５号で、少し東に行った一角に地蔵がまつられ、三基の道標が保存されている。国道は木津川北岸に沿って通り、別府の大村橋を渡ると地震の厄よけで名高い大村神社があり、宝殿は重文で桃山時代の形式を伝えている。

国道の寺脇バス停横に、宝厳寺の自然石の道標があり、そこから５００メートル北に入るとその宝厳寺で、重文の観音像や石造物などが多くある。

図56　伊勢北街道—１

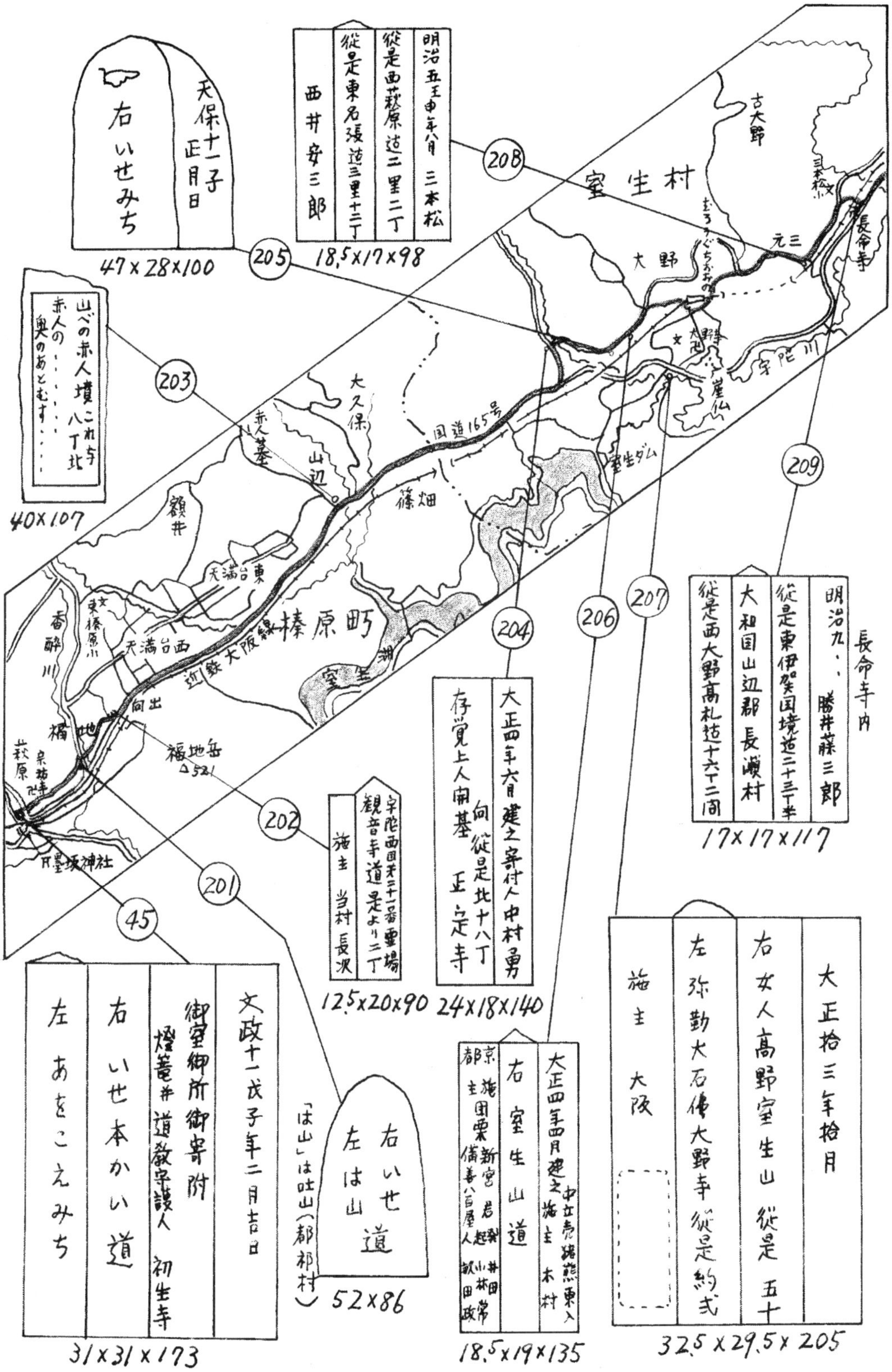
天保十一子 正月日
右 いせみち
205
47×28×100
明治五壬申年八月 三本松
従是西萩原迄二里二丁
従是東名張迄三里十二丁
西井安三郎
208
18.5×17×98
山べの赤人墳これ方 八丁北
203
40×107
室生村
古大野
三本松
長命寺
大野
大野寺
崖仏
宇陀川
室生ダム
国道165号
大久保
赤人墓
山辺
篠畑
額井
天満台東
天満台西
榛原町
近鉄大阪線
室生湖
香酔川
東榛原小
向出
福地
萩原
福地岳 △521
墨坂神社
明治九・・ 勝井藤三郎
従是東伊賀国境迄二十三丁半
大和国山辺郡長瀬村
従是西大野高札迄十六丁二間
長命寺内
209
17×17×117
大正四年六月建之寄付人中村勇
向従是北十八丁
存覚上人廟基 正定寺
204
24×18×140
宇陀西国第二十一番霊場
観音寺道是より二丁
施主 当村長次
202
12.5×20×90
201
45
文政十一戊子年二月吉日
御室御所御寄附
燈篭并道敬守護人 初生寺
右 いせ本かい道
左 あをこえみち
31×31×173
右 いせ
左 はは山 道
「は山」は吐山（都祁村）
52×86
206
大正四年四月建之
右 室生山道
18.5×19×135
207
大正拾三年拾月
右女人高野室生山 従是五十
左弥勒大石仏大野寺従是約弐
施主 大阪
32.5×29.5×205

図57　伊勢北街道—2

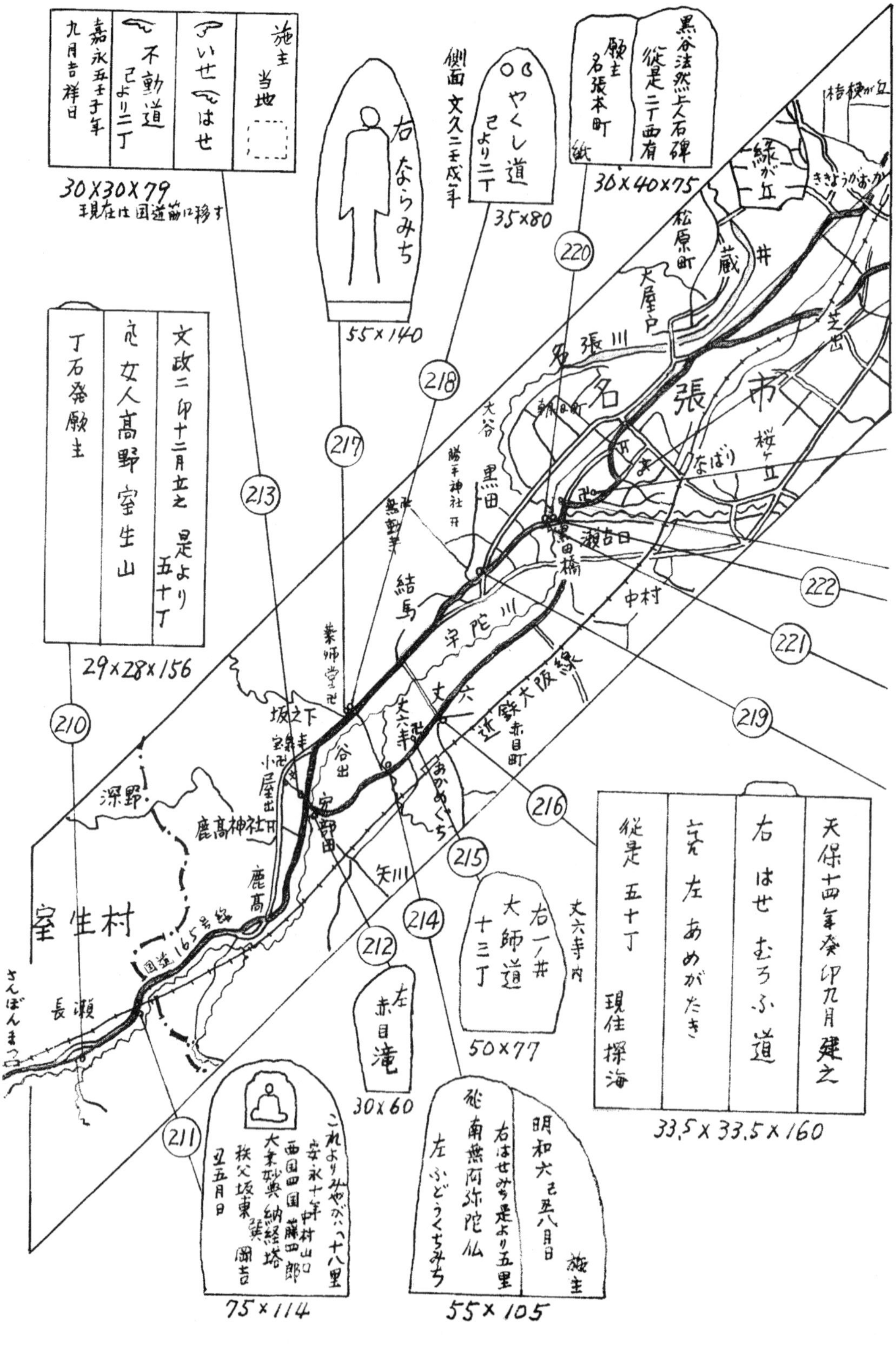
施主 当地
いせ はせ
不動道 是より二丁
嘉永五壬子年 九月吉祥日
30×30×79
現在は国道筋に移す
右ならみち
55×140
側面 文久二壬戌年
やくし道 是より二丁
35×80
黒谷法然上人石碑 従是二丁西有
願主 名張本町
30×40×75
文政二卯十二月立之 是より五十丁
女人高野室生山
丁石発願主
29×28×156
天保十四年癸卯九月建之
右はせ むろふ道
左あめがたき
従是五十丁
現住探海
33.5×33.5×160
右一ノ井 大師道 十三丁
50×77
左 赤目滝
30×60
これより みやがハ 八十八里
安永十年 中村山口
西国四国 藤田郎
大乗妙典納経塔
秩父坂東 願主 岡吉
丑五月日
75×114
明和六己丑八月日
右はせみち是より五里
南無阿弥陀仏
左ふどうくちみち
施主
55×105
210
211
212
213
214
215
216
217
218
219
220
221
222
桔梗が丘
緑が丘
ききょうがおか
松原町
蔵
井
大屋戸
名張川
名張市
芝出
桜ケ丘
なばり
大谷
勝手神社
黒田
新田
瀬古口
名張橋
中村
結馬
宇陀川
薬師堂
坂之下
丈六
丈六寺
近鉄大阪線
赤目町
谷出
室生寺
小屋出
安部田
深野
鹿高神社
鹿高
矢川
あかめぐち
丈六寺内
室生村
国道165号線
長瀬
さんぼんまつ

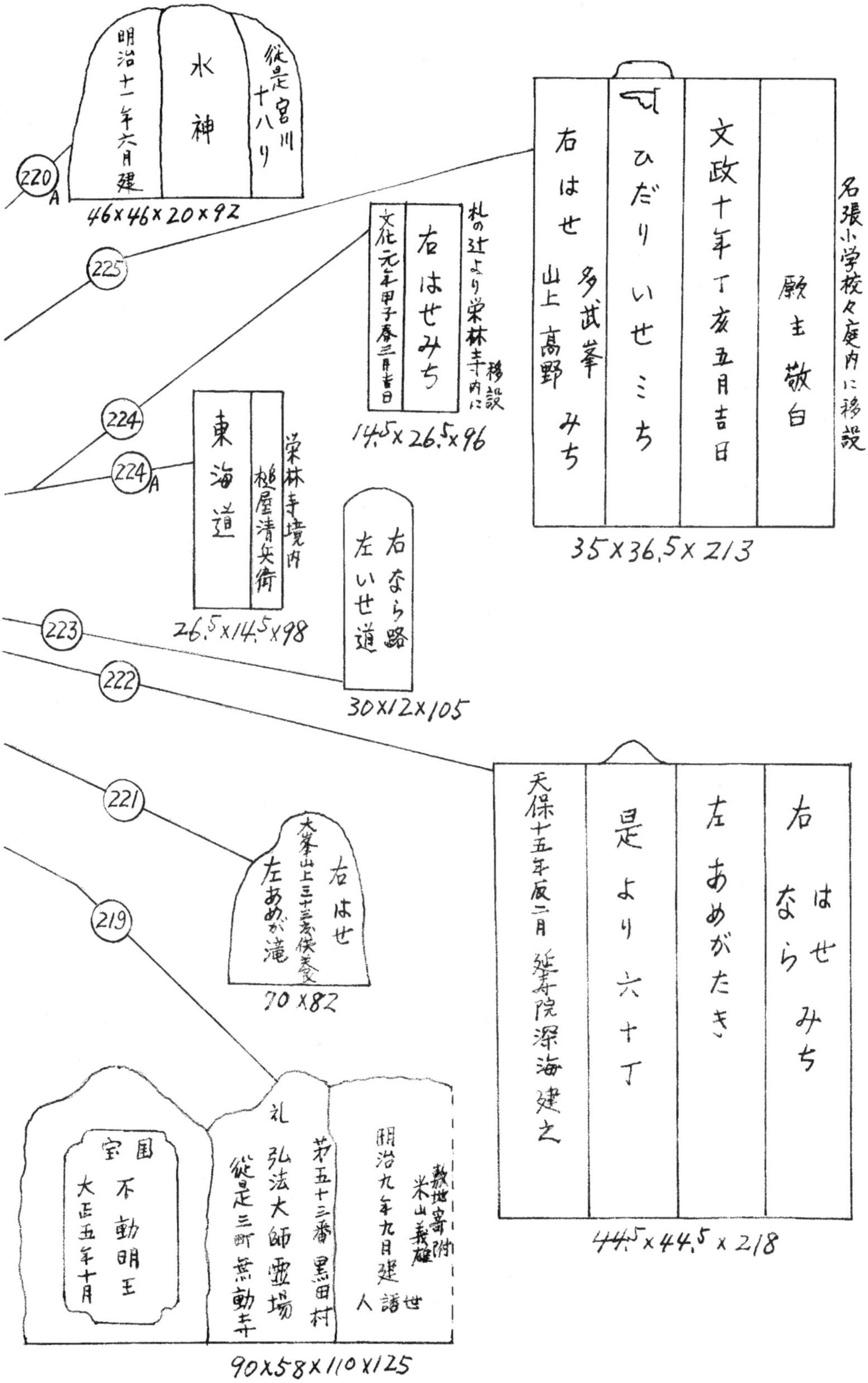
220A
明治十一年六月建
水神
従是宮川十八り
46×46×20×92
225
右はせ
多武峯
山上
高野
みち
ひだり いせミち
文政十年丁亥五月吉日
願主敬白
名張小学校々庭内に移設
35×36.5×213
224
文化元年甲子春三月吉日
右はせみち
札の辻より栄林寺内に移設
14.5×26.5×96
224A
東海道
槌屋清兵衛
栄林寺境内
26.5×14.5×98
223
右なら路
左いせ道
30×12×105
222
天保十五年辰二月
延寿院深海建之
是より六十丁
左あめがたき
右はせ ならみち
44.5×44.5×218
221
大峯山上三十三度供養
左あめが滝
右はせ
70×82
219
宝国
不動明王
大正五年十月
礼
弘法大師霊場
従是三町不動寺
第五十三番 黒田村
明治九年九月建
敷地寄附 米山義雄
人請世
90×58×110×125

図58　伊勢北街道—3

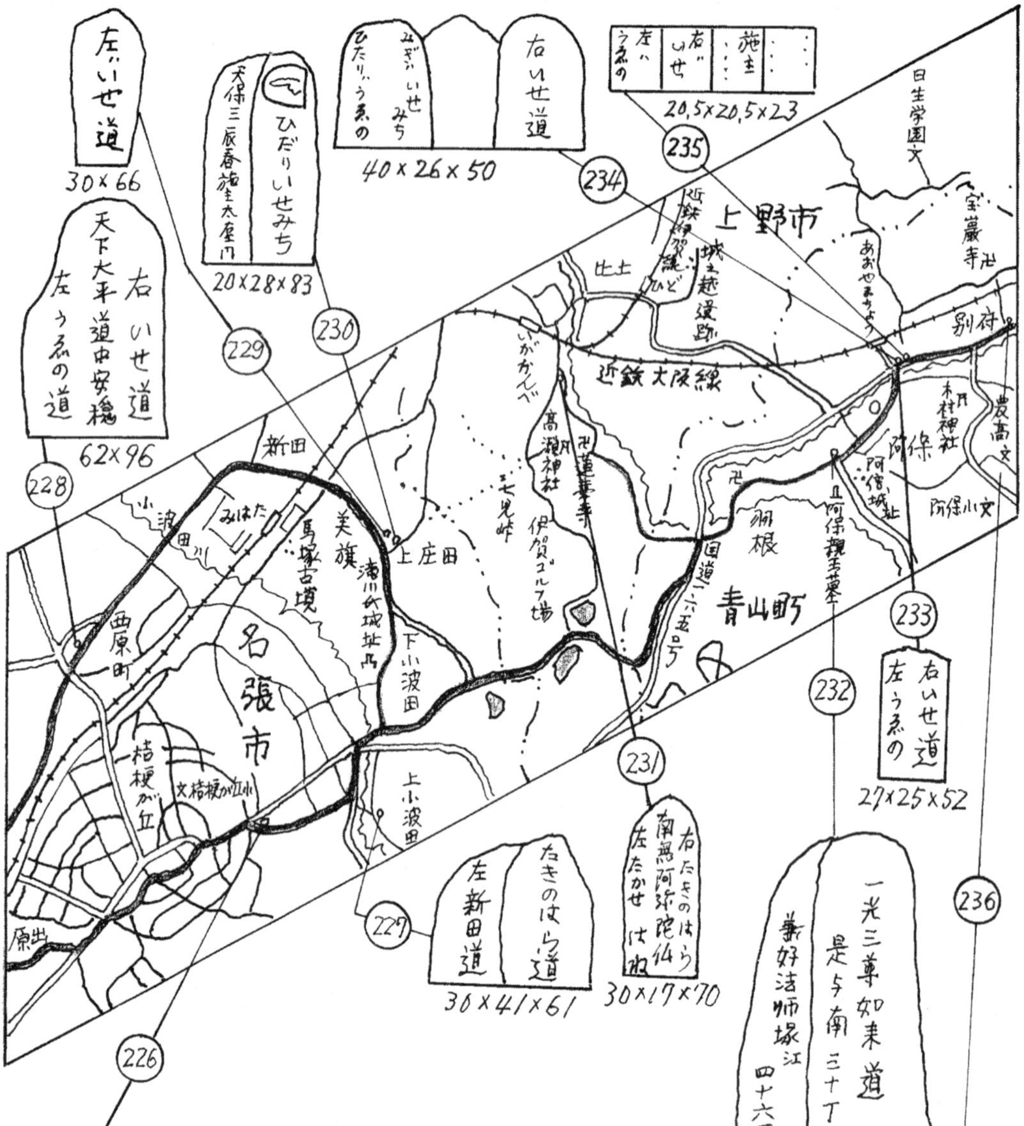

左いいせ道
30×66
天保三辰春施主太座門
ひだりいせみち
20×28×83
みぎいせみち
ひだりいうゑの
40×26×50
右いせ道
左ハうゑの
右いせ
施主
20.5×20.5×23
天下太平道中安穏
右いせ道
左うゑの道
62×96
228
229
230
234
235
日生学園
宝巌寺
上野市
近鉄伊賀線
城之越遺跡
比土
あおやまちょう
別府
近鉄大阪線
いがかんべ
高瀬神社
蓮華寺
七見峠
伊賀ゴルフ場
木村神社
阿保
阿保城址
阿保小
農高
新田
小波田川
みはた
美旗
馬塚古墳
滝川氏城址
上庄田
羽根
阿保親王墓
国道一六五号
青山町
西原町
名張市
下小波田
上小波田
桔梗が丘
桔梗が丘小
原出
233
右いせ道
左うゑの
27×25×52
232
231
右たきのはら
南無阿弥陀仏
左たかせ
30×17×70
227
たきのはら道
左新田道
30×41×61
一光三尊如来道
是ゟ南三十丁
兼好法師塚江四十六丁
36×51×133
236
第三十二番
大師霊場道
宝巌寺四丁
53×135
226
右ハなばりはせ道
南無阿弥陀仏
左ハ下ハたち道
48×32×143

写真10　名張市本町　伊勢北街道

４－１－２　青山町より白山町二本木まで

木津川は柏尾の東で北にまがり、その手前に昭和５８年に中山トンネルができたが、旧道は川に沿って通じ、トンネルを出た川岸に本居宣長の歌碑がある。

中山橋を渡った左側に、文化５年に建てた橋の勧進永代碑があり、そこから少し東の国道と伊勢路の岐路に、宮川まで１４キロと刻んだ自然石の道標がある。

下川原の山手の中腹に掛田城址があり、中世の地方土豪が各地に城を築いていて、伊賀上野から青山町にかけて多くの城址がある。ここもその一つで、富増一族の名が残っていて、狭いながら複雑な地形がうかがえる。その東に善福寺があり、国道を横切る右手に、宣長の菅笠日記の石柱などが立つ一角がある。

国道と交差する所が伊勢路橋で、伊勢路の集落に入り、ここは宿場であった所で、立派な常夜燈の横に木製の里程標が立っている。この里程標は昭和１２年に三重県が建て直したもので、木柱のものは珍しくなったが、三重県には他にも見ることができる。

宿場町の古い建物の多い通りを抜けると国道に合し、青山川に沿っていき近鉄線の北側に出て、西青山駅の所で駅の下をくぐる。駅から２キロ余り行った北側に石仏・宝筐印塔・供養碑などを集めた一角がある。

国道は青山峠への登りとなり、トンネルで峠下を抜けて白山町に出ているが、国道に分かれた高原への道が右に登っている。その途中から辺りが眺められるようになった所に、草に埋まった旧道が右手に分かれて下る。

間もなく地蔵道標があり、宮川まで１２里半を示していて、この旧道は０．６キロ程で国道に合する。青山高原一帯は開発が進められ、自動車道も完成しロッジをはじめ別荘地としても拓かれ、南部には高原保健休養地ができている。

国道に合流し１キロ余りで、垣内川に沿って垣内に出る道と、白山トンネルを出た所で国道に分かれ、垣内の北で合流する道がある。後者の道はかなり草が茂り、所々植林のため道を広げてあるが、途中に安永２年の供養地蔵があるのを見ると、やはり古い道であることがわかる。

垣内川に沿い国道１６５号にでて、上ノ村を経て中ノ村に至ると、国道に分かれる集落の中の道となる。岡の入口には高さ２、３メートルもある白山比咩神社の標石があり、神社は標石より南へ０、６キロ入った山裾にある。

岡は称名寺を中心とした旧宿場であったそうであるが、今は閑静な集落でその東の二本木の方が開けて、近鉄大三《おおみつ》駅を中心に南は商店街、北部に白山台団地ができている。

国道１６５号は大三駅の東で旧道に分かれ、久居を経由する伊勢街道となっている。二本木の旧道に三重県の建てた明治４５年の木製里程標があったが、今はなくなってしまっている。

図59　伊勢北街道―４

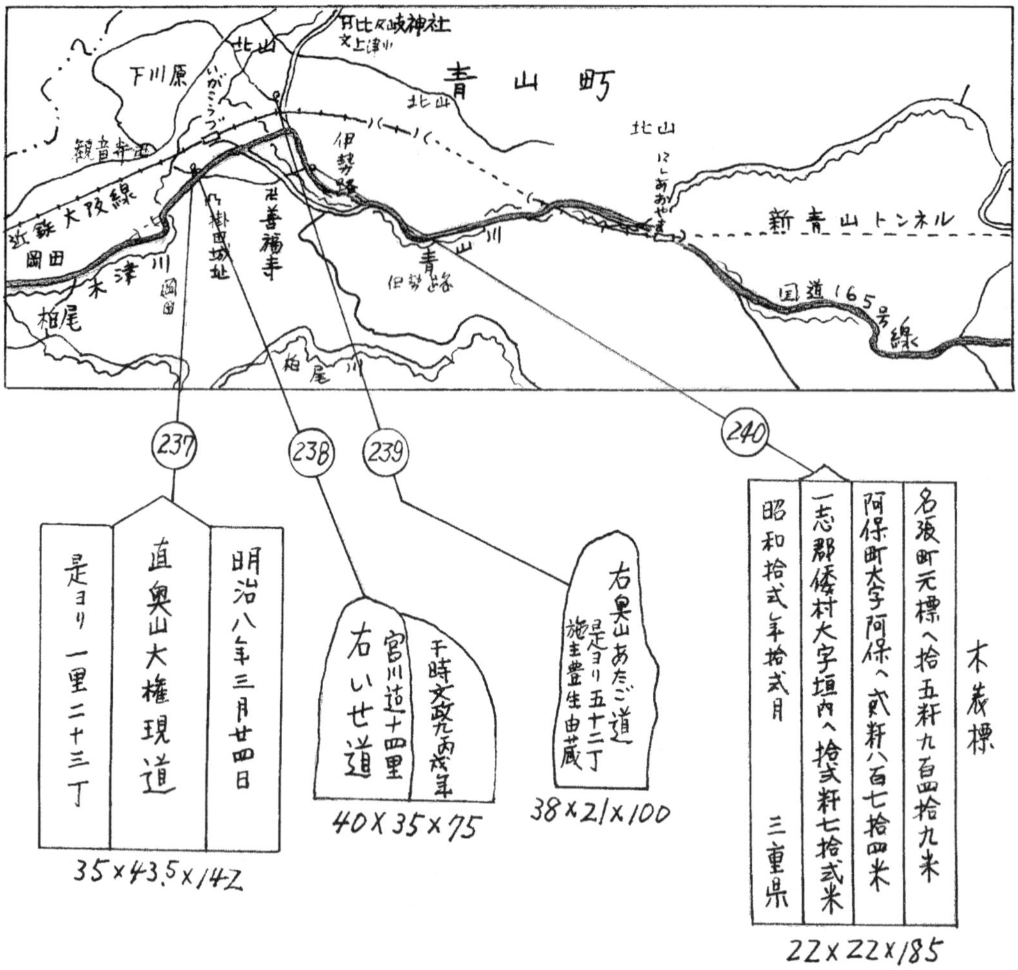
青山町
北山
下川原
いがこうづ
観音寺
近鉄大阪線
岡田
木津川
柏尾
掛田城址
善福寺
伊勢路
青山川
柏尾川
新青山トンネル
国道165号線
237
238
239
240
直奥山大権現道
是ヨリ一里二十三丁
明治八年三月廿四日
35×43.5×142
右いせ道
宮川道十四里
于時文政九丙戌年
40×35×75
右奥山あたご道
是ヨリ五十二丁
施主豊生由蔵
38×21×100
名張町元標へ拾五粁九百四拾九米
阿保町大字阿保へ弐粁八百七拾四米
一志郡倭村大字垣内へ拾弐粁七拾弐米
昭和拾弐年拾弐月
三重県
木表標
22×22×185

写真11
三重県青山町伊勢路　伊勢北街道旧宿場

写真12
三重県白山町垣内　伊勢北街道旧宿場

図60　伊勢北街道―5

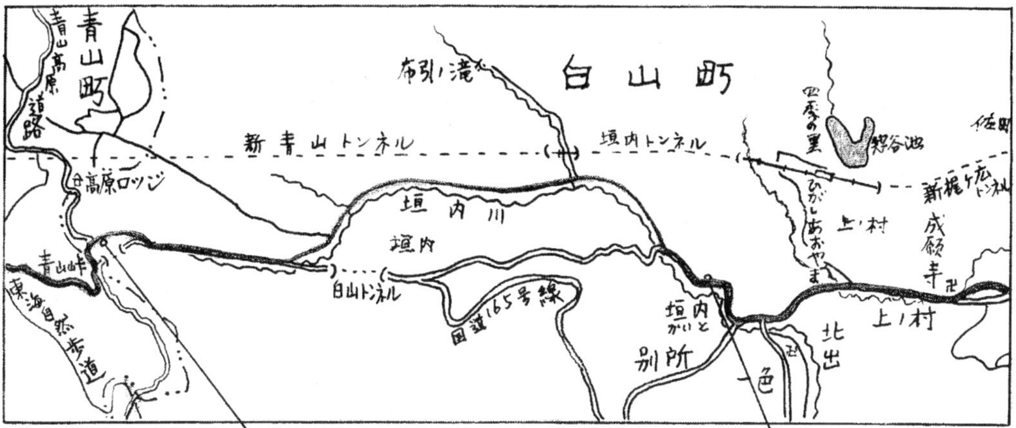

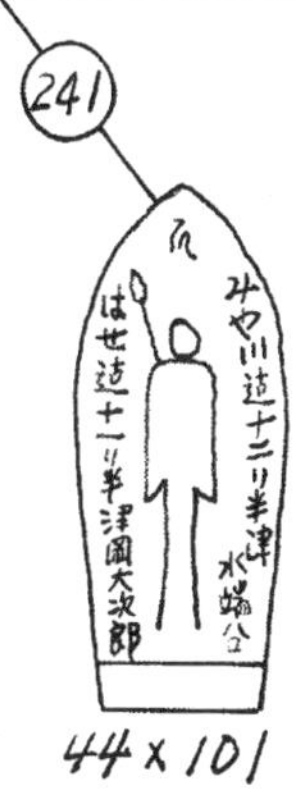

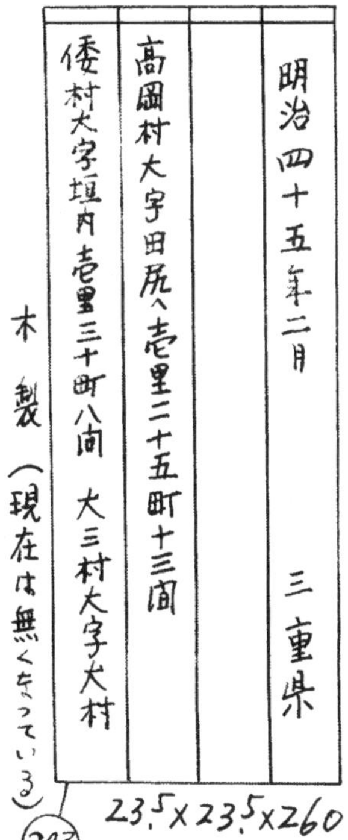

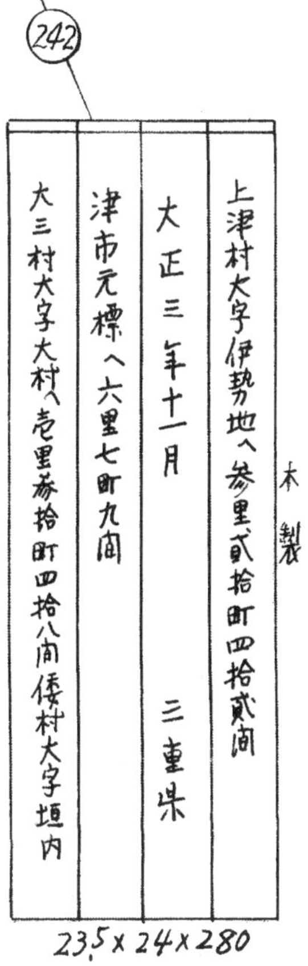

図61　伊勢北街道―6

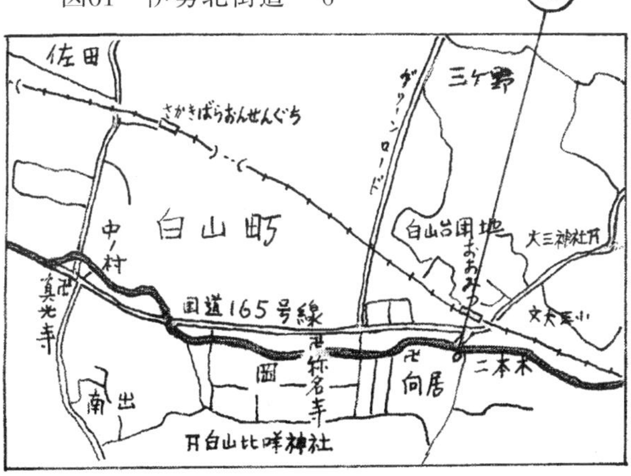

4－1－3　白山町二本木より松阪市六軒町まで

白山町二本木の近鉄大三駅の東で、国道１６５号は近鉄線の北側に出るが、旧道は近鉄線の南側を雲出川に沿っていく。一志町に入り大迎《おおのき》で雲出川を渡り、雲出川支流の波瀬川に沿って行き、近鉄とＪＲ線が一番接近する田尻に至る。

近鉄の川合高岡駅に少し離れてＪＲ名松線の一志駅がある。

田尻南部の新道との交差点の食堂前に道標があり、さんぐう道を示している。

田尻周辺は開発が進められ、道路も整備され、西部には高野団地ができて賑やかになっている。

雲出川の本流や、支流の流域に位置する西川原・上垣内・八太・片野を経て嬉野町に入る。

宮古の旧道を南に入った集落のはづれに、斎宮遺跡「忘井」があり、そのための道標が旧道のものを含めて三基ある。この忘井は、伊勢街道にはここと、少し離れた東の参宮街道の三雲町市場庄にも所在している。

一志頓宮は五世紀後半、天皇の皇女が斎宮として、伊勢神宮に向かうために泊まった所で、その場所は現在の久居市新家町か、三雲町曽原と推定されているが、どちらとも断定するには至っていないようである。

宮古から南に１キロの天花寺《てんけいじ》集落の北に、白鳳時代の天華寺廃寺跡があり、昭和５５年に発掘調査された結果、塔跡や金堂跡が確認され、仏像や瓦類も多数発見されている。

中村川の小川橋を渡ると中川で、中村川の堤には桜の並木がつづいていて、中村川は鮎釣りと夜桜の名所として知られていた所であるが、近年護岸工事がなされて自然の景観はうすれている。

中川には式内社の小川神社があり、その南の西方寺の境内に道標が保存されている。

ＪＲ線に沿って進むと、ＪＲ権現駅手前から街道を東に入った所に、須賀神社があり、地元では権現さんと呼ばれ、旧村名の権現前村にもなっていたが、今は合併して嬉野町となっている。街道から移されたと思われる道標が、神社の境内にあり、神社へ１丁を示している。

ＪＲ権現駅から東に向かい、中原神社のある竜王野《じょうの》を経て、近鉄山田線中原駅の北を通り、津屋城を経て三雲町に入ると、ＪＲ線六軒駅前から東に出て、小津で参宮街道に接する。

小津には大きな常夜燈の横に道標があり、この南北に通ずるのが参宮街道である。

小中新田から南に三渡川を渡ると、松阪市六軒となり、ここは街道の宿場であった所で、古い町並みが三雲町市場庄まで続いている。

図62　伊勢北街道— 7

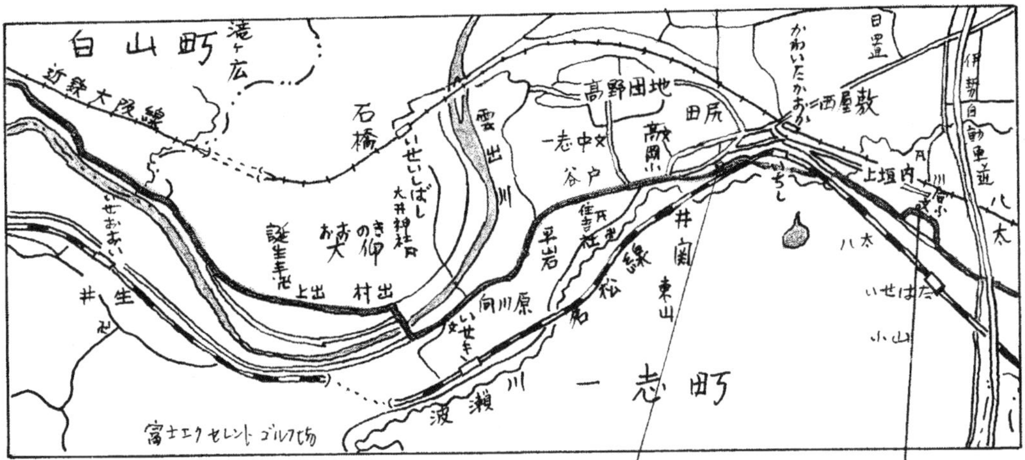

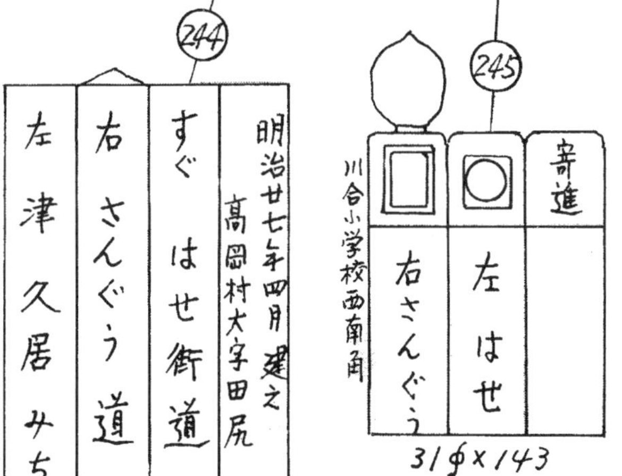

図63　伊勢北街道— 8

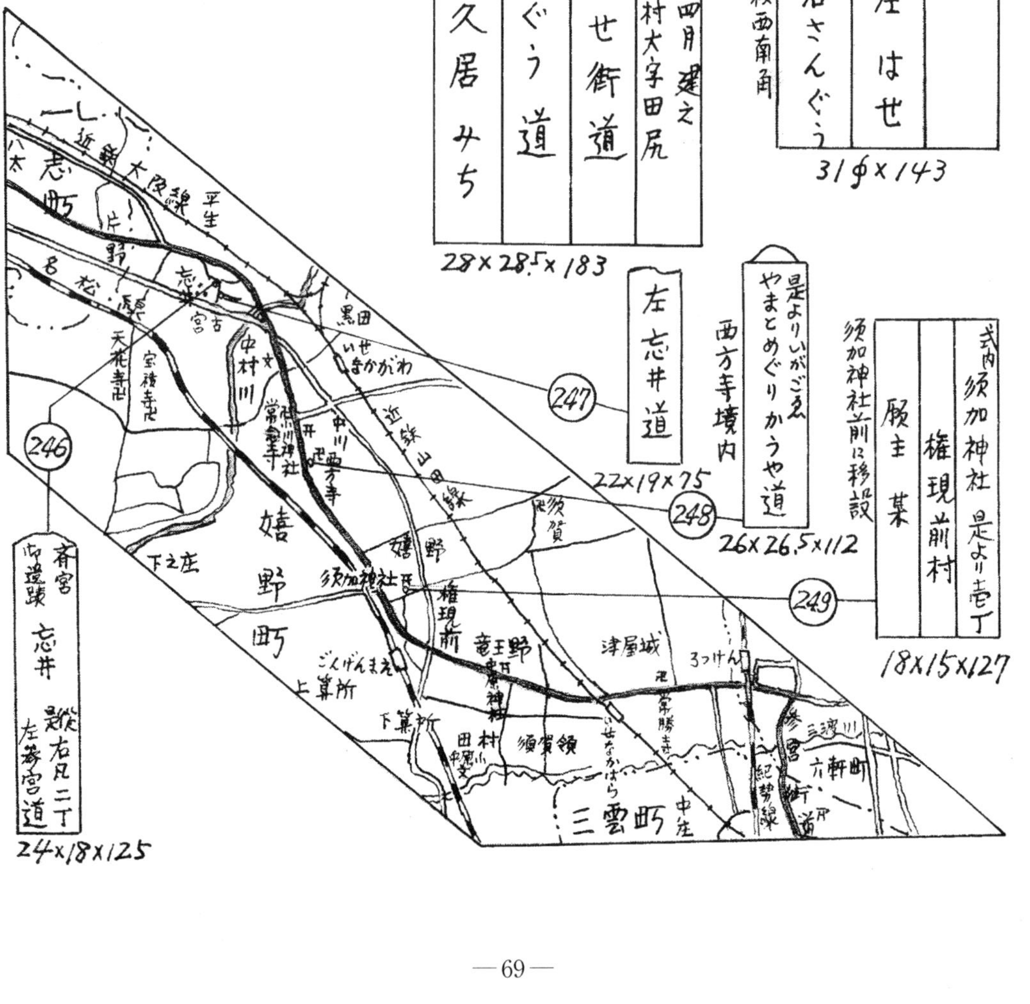

４－２　名張街道（都祁～笠間越）　奈良市より三重県名張市まで

奈良より伊勢への道は、上街道を桜井に至り初瀬街道を経て、伊勢本街道又は表街道（あお越）を行くか、奈良街道を北に、木津又は加茂より伊賀街道を東に行くのが普通である。いずれも、奈良からは南または北に回り道となっている。

より近い道として、その中間の道筋も利用されていたようで、中世時代よりの古い道として、ここに加えることとした。

奈良市高畑町を南に進み、割石で柳生街道を左に分岐し、奈良教育大学の前から能登川町に至る。奈良奥山ドライブウエーの入口となっている東へ入る道は、山添村に通ずるバスの道であるが、一時これに入り能登川の橋を渡った高円西町に、新しいが格調の高い道標がある。ここでバス道に分かれて南に進み、高円高校の南を斜めに岩井川を渡っていくと、左側に墓地があり、地内に天正・享保などの年号のある供養碑や宝篋印塔が目につく。

鹿野園町に入ると、中央部に御陵の道標があり、ここより東にゆるい登りの道を進み、家並がとだえると雑木林となる。尾根道に出ると西方の眺めがよくなり、庭草の茂る無住とみえる家が点在し、鹿野園町から２キロ余りで鉢伏町の集落に達し、茶畑が傾斜地に広がっている。

集落上の宅布施神社の小さい社を左にして行くと、正暦寺への山道が右に分かれ、やがて植林の中を越える鉢伏峠に至る。

峠を少し下ると、八嶋陵の道標があるが、ここから八嶋町の崇道天皇八嶋陵までは、近道をしても６キロ以上ある。この崇道天皇は４９代光仁天皇の皇子、早良親王で、兄の桓武天皇の皇太子であったが、疑われて皇太子を廃され若くして亡くなり、後におくり名を崇道天皇とし、八嶋に山陵が営まれたのである。

須山町のバス道に出た角に、奈良へ近道の道標があり、高円西町の道標と同じ西田氏によって建てられている。西田栄三郎氏は地元出身の実業家で、東山道の改修に私財を投ぜられ、鉢伏にその顕彰碑がある。

ここで道は二つに分かれ、北へ２００メートルのバス停須山からバス道に分かれて東に進む道と、逆に南にバス道をたどるものとがある。

前者は水間峠を越え、水間町から山添村に入り、五月橋を経て上野市で伊賀街道に通ずるものであるが、ここでは後者について記すこととする。

道標からバス道を南に進み農業試験場の東、バス停御陵前より左の参道１５０メートル奥に御陵がある。春日宮天皇は、奈良時代最後となる光仁天皇の父、志貴皇子（天智天皇の第七皇子）で亡くなられてからのおくり名である。

御陵前より１､5キロの茗荷のバス停より右に入り白砂川を渡り南田原町より一台峠への登りとなる。植林の切れ目より眺めの良い所もあるが、雑木まじりで明るいものの、ほとんど見晴らしのきかない小さな曲がりを繰り返し、道の両側に熊笹がつづく広い舗装道の一台峠を越す。下りもやや植林のかげとなり、天理市との境界に沿い柚の川町に下ると、北から来た国道３６９号に平行し、国道の戸ケ坂トンネルの南口で合流する。

国道と合流した所は都祁村で、間もなく名阪国際ゴルフ場入口を左にして馬場に至る。馬場の布目川を渡る川久保橋西詰に「いせ道」を示す自然石の道標があり、橋を渡って旧道に入り神明神社前を通っていくと、里道岐路の角に風化した小さい「いせみち」の道標がある。

丘陵地を行く国道を上り下りしてから国道に分かれ、深江川の下戸賀橋を渡り針ケ別所を通る。ゆるい上りの道をたどると、右手に六郷小学校の建物を見て、左山手の養鶏場下を通る。名阪国道をくぐる手前２００メートルに、都祁村文化財の川尻磨崖仏があり、康永元年（1342）の銘がかすかに読み取れることができる古いものである。

名阪国道をくぐりぬけた所は小倉で、左手に観音寺があり、往時に連歌の会の由緒がある寺である。裏手に厳島神社跡の碑や、更に裏山の上に応仁の乱(1467~77)前後の永享より永正年間にわたり小倉氏の居城と伝わる小倉山城址がある。

小倉より道は登りとなって、都祁村と室生村の境界を過ぎて、桧の植林の中を下っていくと染田である。集落の中を北に入った所の春日神社に並んでいる天満宮は貞治元年(1362)多田順実が建立し、永禄年間まで２００年にわたり毎年催された連歌の会の記録が残されているなどが知られている。

染田で、近鉄室生口大野駅より笠間に通うバス道に入り、笠間川に沿って東に下っていくと、小原集落の南側を通る。バス停の東里小原の前にある消防機材庫の横を２００メートル上がると墓地があり、その中央奥まった所にある三体の石仏の内、中央の阿弥陀如来像には永仁６年(1298)の銘があると紹介されているが、肉眼ではよく読みとれない。

滝之尾への岐路を過ぎた所に小原の滝があり、川に沿って１キロ東にいくと、道の下側に天文３年と刻まれた磨崖仏があり、石段の入り口にその表示がある。

笠間橋を渡り、川上集落への岐路に入った古道の交差する所に「いせ」を示す自然石の道標がある。古道はここから山道となり笠間峠に向かっているが、谷の北側に良い道が通じている。

やがて道は合流し、桧などの植林を抜けて峠集落に達すると、集落の奥に笠間峠の碑がある。ここから奥へ山道を下るのが古道であるが、近年の国土地理院の地図にはこの道は消え、集落から北へ３００メートル離れた所を通る新道に、笠間峠の記入がある。峠から名張市となり、古道は急坂であるが下草も少ない歩き易い道である。谷出の山手に住宅地が開かれ、新道に重なり坂之下集落に下ると、国道１６５号(伊勢北街道)に出た所に「なら道」を示す地蔵道標がある。

図64　名張街道―1

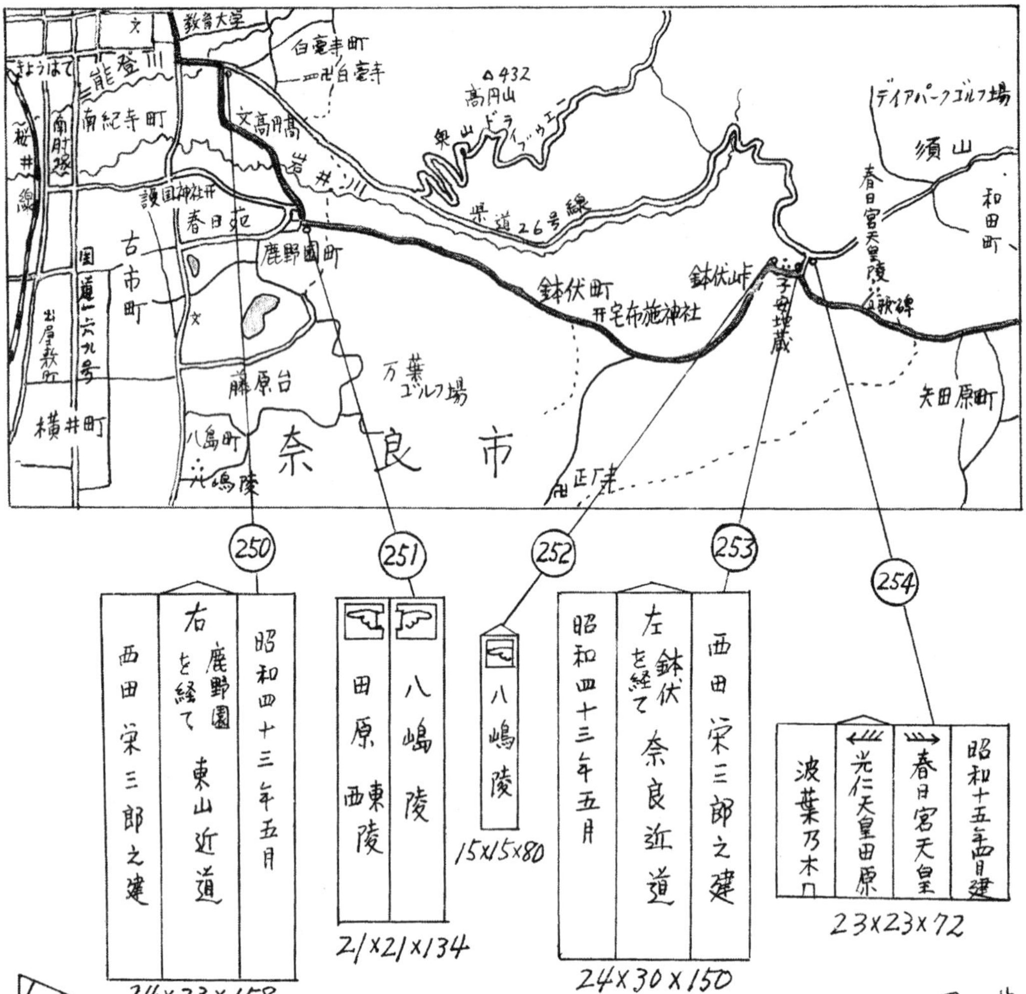

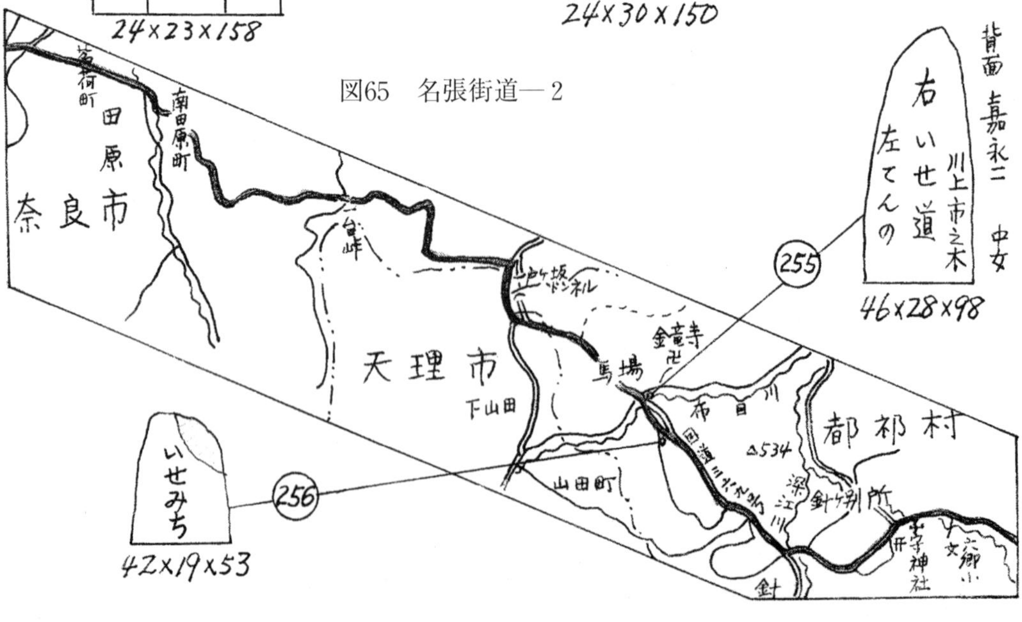

図65　名張街道―2

図66　名張街道―3

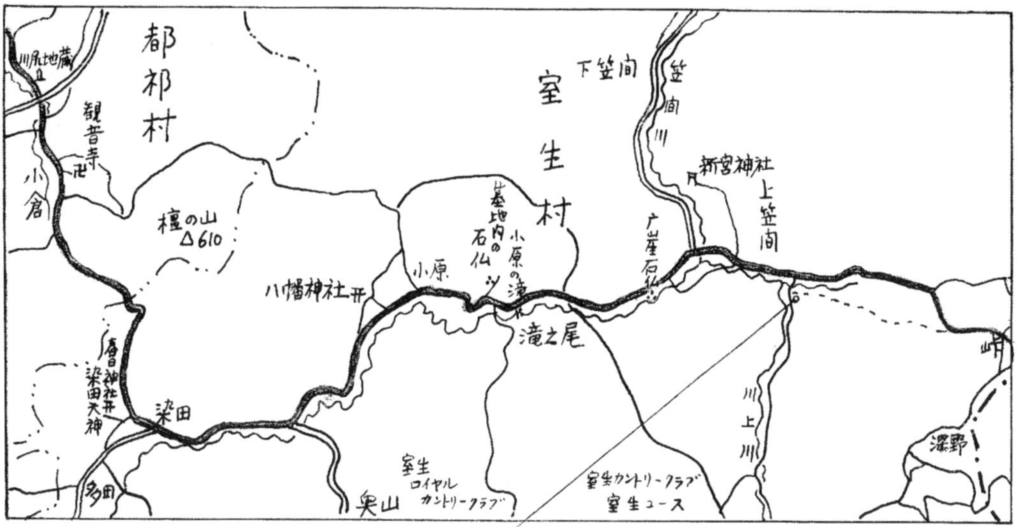

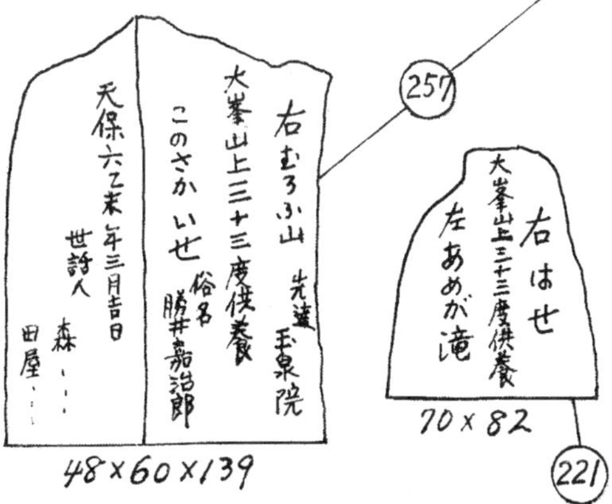

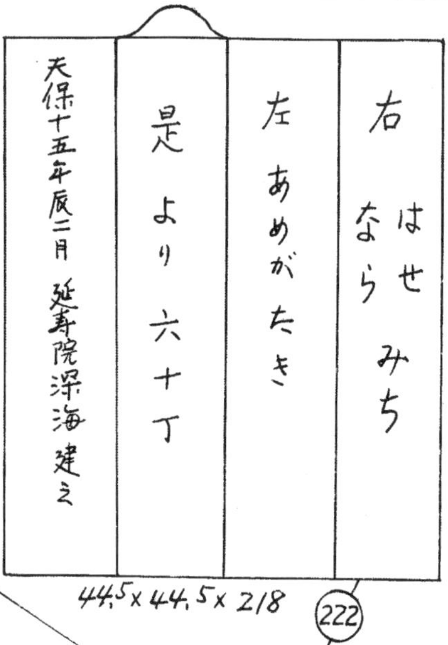

図67　名張街道―4

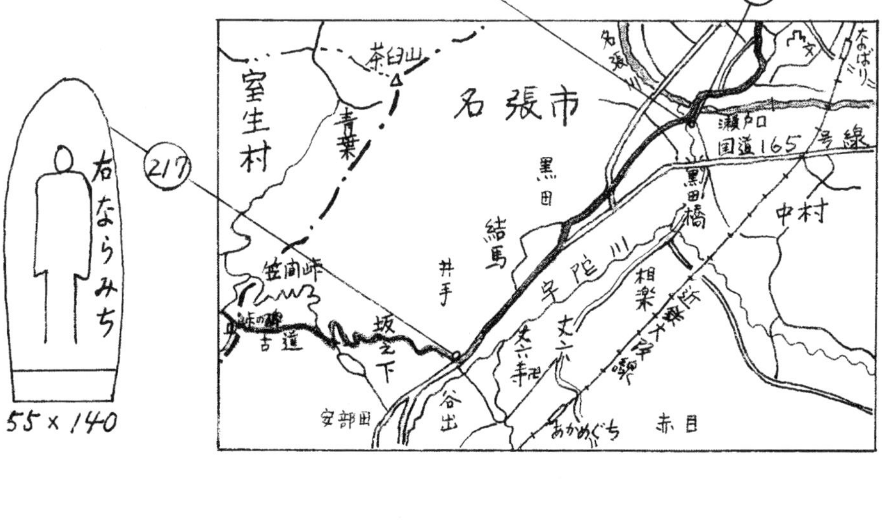

４－３　都祁山の古道　天理市櫟本より室生村多田まで

続日本紀に、平城京遷都後の霊亀元年(715)大倭国都祁山之道を開くとあり、天平１２年(740)に聖武天皇の東国行幸の道とされている。天理市内では高瀬川に沿うので、高瀬街道とも堂ケ谷街道と呼ばれていたようである。

室生村染田で北部より来た名張道に合流し、名張を経て伊勢に至る近道である。

名阪国道の建設で一部消滅しているが、かなりの部分はたどることが出来る。

天理市櫟本で上街道に接続するが、上街道を横切り平野部を西に法隆寺方面に至る道は、竜田道あるいわ業平道と呼ばれていた。

上街道（上ツ道）の天理市櫟本で、名阪国道に沿って東に入り、約２キロで国道より離れ高瀬川を渡り岩屋町に進むと、延享３年(1746)の「いせ道」の道標がある。高瀬川の北岸に沿っていくと、天理市から奈良市域に入る。

米谷町旧小字の大道で、大きく曲がる名阪国道をくぐり、米谷町南部の旧地名堂ケ谷の東でまた国道に沿う。堂ケ谷の東で再び天理市域の外輪坂を越え、福住の中心に下っていく。

福住インターチェンジを南北にくぐるのは、布留街道の国道２５号である。

福住町北部に、５世紀創建と伝わる氷室神社があり、祭神は闘鶏稲置大山主命で、この地は古くより氷室があったことで知られていた。

古道は布留街道にわかれて東に進み、春日台ゴルフ場の南側の鈴原を経て、都祁村に入ると並松である。その東の来迎寺の集落には、摂津多田源氏の流れをくむ武士団の菩提寺来迎寺があり、木造善導大師座像と石造宝塔は国の重文で、県の文化財の木造阿弥陀像もあり、街道から旧入口となる二ケ所に道標がある。

甲岡には樹木に囲まれた中に水分神社があり、天禄２年(971) 小山戸からこの地に移され、本殿は室町中期の康正３年(1457)に建てられていて、国の重文に指定されているほか、境内に聖武天皇堀越頓宮跡の石碑が立っている。

甲岡池の北側に、明治４５年発掘された墓誌により、奈良時代従四位下の小治田朝臣安万呂の墓が確認されて、茶畑跡を整備して石の墓標が立てられてある。

南之庄の街道北側に、三陵墓東古墳と西古墳がある。

白石で国道３６９号を横切り、１キロ余りで室生村に入ると多田で、笠置街道に合流し染田で東に分かれる。染田から名張街道に合流し北に進んだ笠置街道は都祁村の小倉で名張街道に分かれる。

名張街道に合流した都祁山の道は、名張を経て伊勢に通じるのである。

この道は現存する道標は意外に少ないが、太神宮常夜燈は街道に沿って所々にあるので、伊勢指向の道である様子はうかがうことができる。

図68　都祁山の古道—1

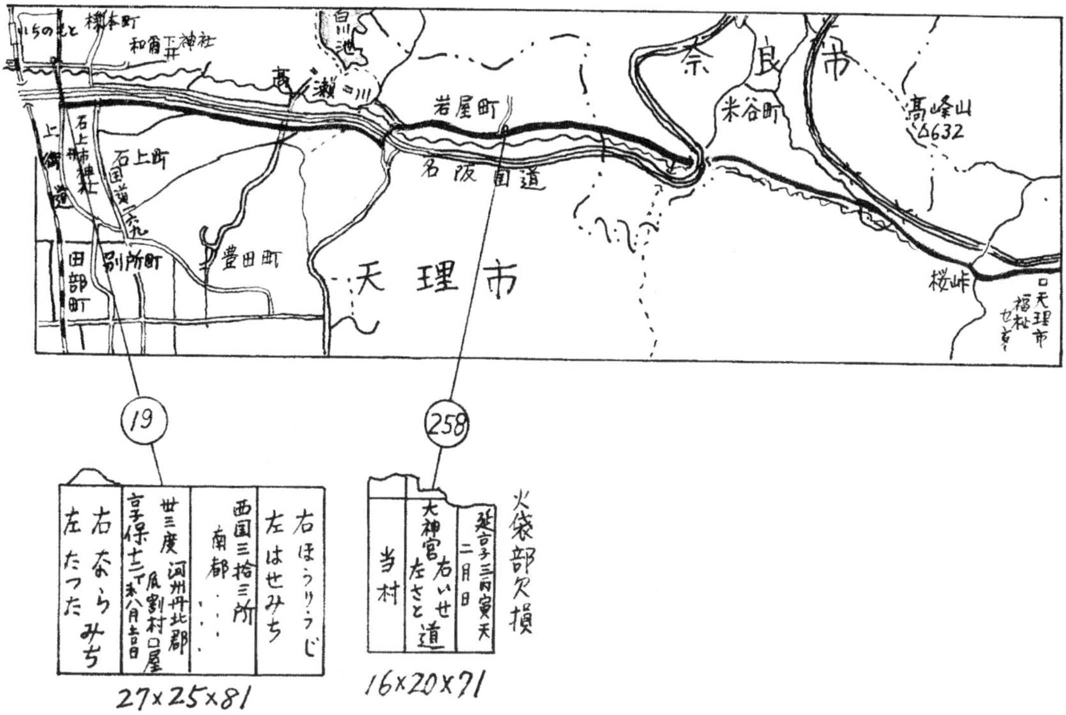

奈良市
天理市
高峰山 △632
米谷町
岩屋町
名阪国道
石上町
豊田町
別所町
田部町
桜峠
19
右ほうりうじ
左はせみち
西国三拾三所
南都
右ならみち
左たつた
27×25×81
258
延享三丙寅天 二月日
大神宮 右いせ 左さと道
当村
火袋部欠損
16×20×71

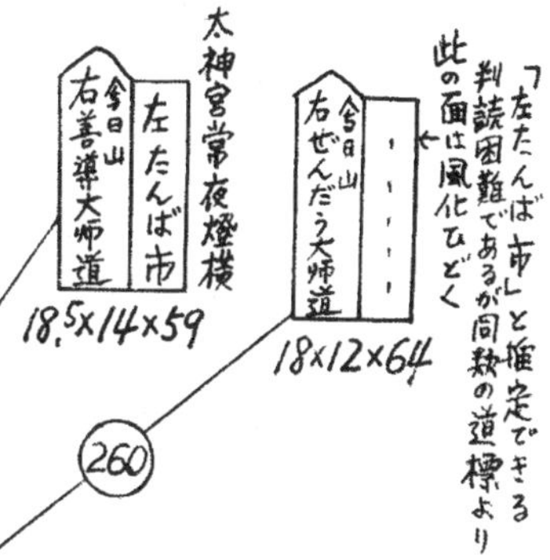

太神宮常夜燈横
左たんば市
今日山 右善導大師道
18.5×14×59
今日山 右ぜんだう大師道
18×12×64
此の面は風化ひどく判読困難であるが同数の道標より「左たんば市」と推定できる
259
260

図69　都祁山の古道—2

氷室神社
井之市
国道25号線
名阪国道
福住町
春日台ゴルフ場
小野味
鈴原
並松
友田
水分神社
針
北白石
白石
都祁村
野々上山 △550
天理市
室生村

4－4　吉野路の伊勢街道　吉野町上市より東吉野村鷲家まで

大和街道の吉野町上市から、吉野川に沿う国道１６９号の北側に通ずる集落の中の道を進む。立野の東、河原屋の妹山樹叢下の大名持神社前の道標で、国道に分かれて整備された道が北方に通じている。川の手前のバス道をたどる旧道は、１、８キロで志賀に至り、さらにこの道は滝畑より竜在峠を越えて多武峯に達する古道である。伊勢道は志賀の四つ辻で右に曲がるが、その曲り角に鳴塚地蔵があり、台石に道しるべが刻まれている。

道はゆるい勾配で上り下りして、佐々羅を経て平尾に至ると、平尾の中央部の小祠の前に貞享５年（1688）の道標がある。

津風呂湖北部に接近した位置に芭蕉の句碑があり、湖岸を通る道が分かれている。また北側へ少し入ると旗本中坊氏代官の上田半左衛門旧宅があり、現在も上田氏宅として維持されている。平尾は街道の要地で大きな屋敷が数多く見られる。

東に進むと山口に達し、吉野山口神社と西蓮寺の間を通るが、山口神社の参道前に竜門滝の道しるべが立っている。左に入る道は竜門岳登山の入口の一つで、その途中１､6キロ程に竜門滝があり､近くに南北朝時代楠木正行の死後、妻の弁の内侍が隠棲したと伝わる竜門寺跡がある。

山口神社は紀州徳川家に縁りが深く、寄進された灯籠が現存している。

道は少し登りとなり、道路整備で小島峠は峠らしい雰囲気はなくなり、道の南側の上に吉野運動公園ができている。

香束《こうそく》の集落入口に、自然石の道標がある。上り下りをくりかえし上柳を経て三《みつ》茶屋《ちゃや》で国道３７０号を横切り、津風呂川を渡ると久須斯神社があり、神社の前に道標が二基保存されている。

神社左手の道に入り、小名隧道を経て小名集落を通り、その東部で川を渡り山道を進むと、植林中の道は途中までは幅も広いが、次第に狭くなり小名峠に至る。

峠より東は東吉野村となり、道は荒れ、丸木橋も朽ちた所が多く、一旦下って再び小さい尾根を越すまでつづく。黒谷の下りは良く踏まれていて歩きやすく、樹間から鷲家の集落がかい間見える所もある。

黒谷を下りきると鷲家で、菟田野町より南下してきた国道１６６号がここで合流する。西南方の鷲家口から来た大和街道が、伊勢街道に合流する集落中央部にある灯籠棹部に、道しるべが刻まれてあり、横に藤堂藩本陣跡の碑がある。

ここは幕末に天誅組の鎮圧に出動した、津の藤堂藩の本陣跡を示している。

鷲家は伊勢街道の宿場で、紀州徳川藩の本陣や脇本陣があった所で、藤堂藩本陣跡の碑のある横の橋本家は、元旅館の油屋で、脇本陣であったそうである。その庭には県の天然記念物となっている、見事な山茶花の巨樹があり、塀ごしに見ることができる。

図70　伊勢街道古道―1

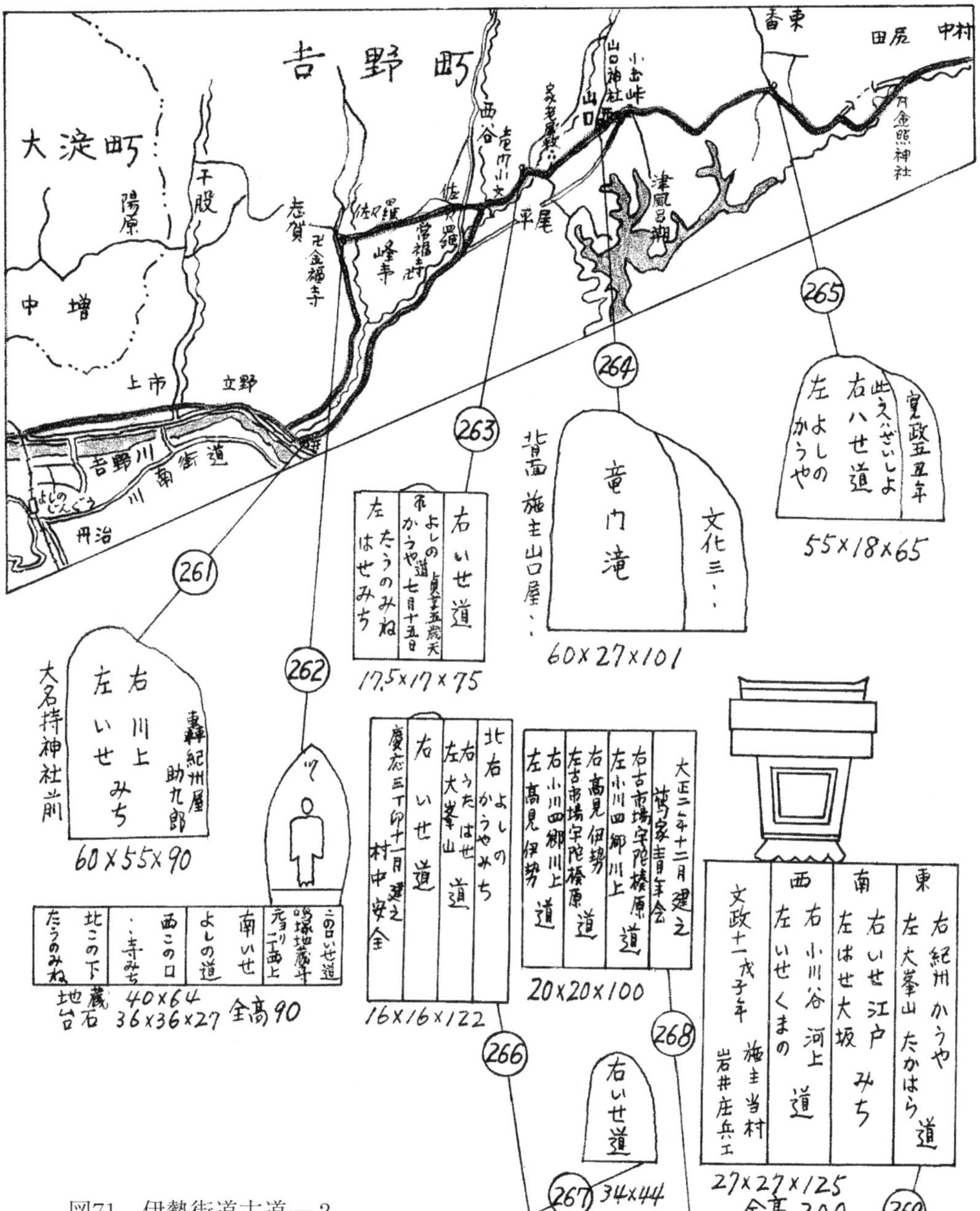

図71　伊勢街道古道―2

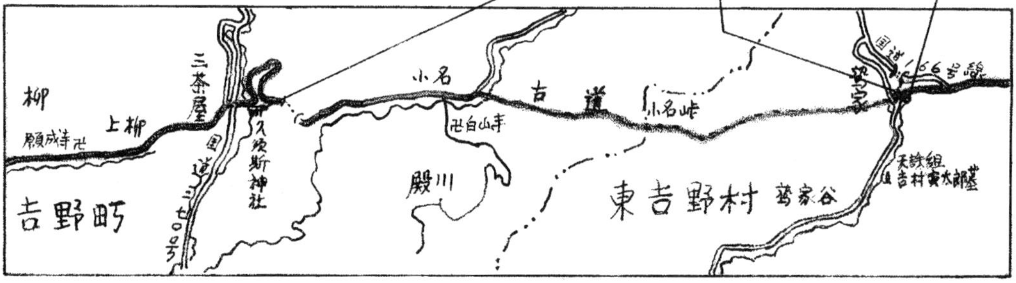

４－５　伊勢南街道　東吉野村鷲家より高見越三重県玉城町田丸まで

伊勢南街道は一般に紀州街道・高見越伊勢街道と呼ばれ、紀州徳川藩主の参勤交代路であった。和歌山より東吉野村鷲家までは、前項で大和街道として記したので、ここには鷲家よりについて述べることとする。

４－５－１　東吉野村鷲家より三重県飯南町粥見まで

東吉野村鷲家で、国道１６６号に合流し東に進み、松尾垣内・大西垣内を経て木津トンネルを抜けると、南に伊豆尾への道が分かれ、その分岐点に地蔵道標がある。今は新しいトンネルと高見川岸を通る道が出来上がっている。

国道を杉谷に至り、道標のある所から細い高見山登山道として分かれる。

小峠は林道と合する所で石柱や地蔵が立ち、高見山頂への道が分かれる。林道を少し下ると峠の茶屋跡があり、その横から古道が分かれている。古道の下側に旧国道が見えかくれし、高見トンネルの開通で杉谷より木梶に直接出られるが、峠へは旧国道を利用して大峠（高見峠）で古道に合流する。

大峠は奈良と三重の県界で、高見山頂へ直接登る道が分かれている。

古道は東に急な山道となって飯高町域を下り約２キロで舟戸川に達する。

旧国道と合流する所に地蔵台石に道しるべが刻まれ、その下に別の道標もある。

落方以東の国道１６６号は、曲がりくねって集落内を通る旧道に交錯し、トンネルをまじえて通じている。

波瀬は紀州藩主の参勤交代の折り、本陣や脇本陣が置かれた所で、今もそれらしい建物が残り、集落の中にコンクリート製の里程標がある。

加波の辺りから谷あいに耕地が開かれ、犬飼の南で櫛田川支流に沿う県道を上ると、約２キロに炭酸温泉の町営保養センター奥香肌荘がある。

七日市は街道の宿場で、本陣などがあった所で、旧川俣村の中心地であった。

田引の奥山川合流点近くに道標があり、若宮八幡宮を示し、奥山川を溯り町村界の山を越え約６キロの美杉村川上にその八幡宮がある。茶畑の続く中を、赤桶橋西詰より国道に分かれて、再び宮前で国道に合流する手前に、道標がある。

宮前も街道の宿場で、南部に町役場・学校など公共施設があり、花岡神社の南を通る町筋は古いたたずまいを感ずる。

下滝野の蛇野に、柏原《かやはら》不動尊への自然石の道標があり、柏野で飯南町に入り、柳を経て粥見に至ると、国道３６８号が東に分かれる。

粥見は町役場その他の施設が集まり、道路が輻輳して交わる要地である。また、飯南町は川俣茶または伊勢茶の名で古くより知られ、ほかにも椎茸栽培は３００年以上の歴史をもっているということである。

図72　伊勢南街道—1

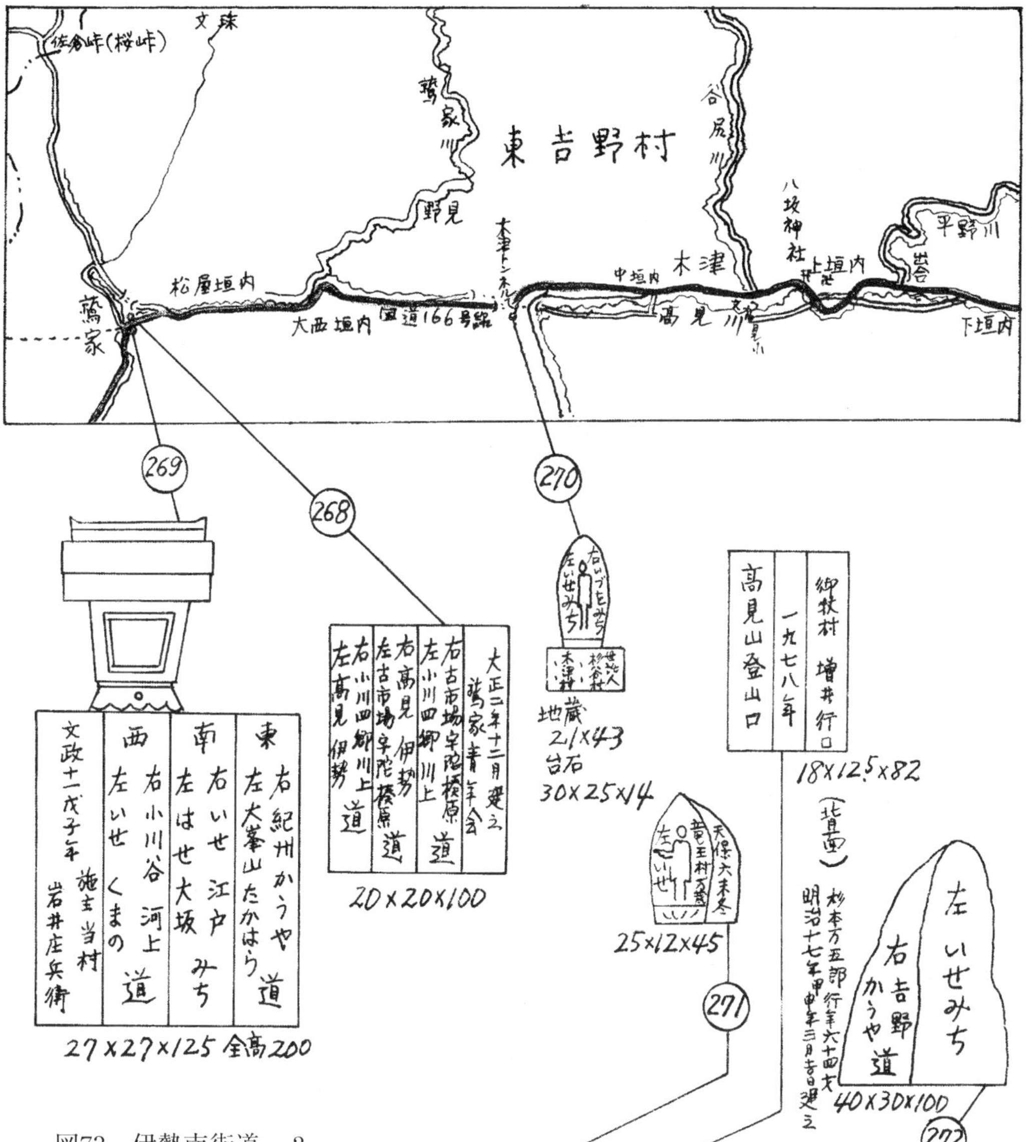
佐倉峠（桜峠）
文珠
鷲家川
東吉野村
谷尻川
野見
八坂神社
平野川
松屋垣内
中垣内
木津
上垣内
鷲家
大西垣内
国道166号線
高見川
下垣内
269
268
270
東 右紀州かうや 左大峯山たかはら 道
南 右いせ 江戸 左はせ 大坂 みち
西 右小川谷 河上 左いせ くまの 道
文政十一戊子年 施主当村 岩井庄兵衛
27×27×125 全高200
大正二年十二月建之 鷲家青年会
右古市場宇陀榛原 左小川四郷川上 道
右高見 伊勢 左古市場宇陀榛原 道
右小川四郷川上 左高見伊勢 道
20×20×100
地蔵 21×43
台石 30×25×14
天保六未冬
左いせ
25×12×45
271
御杖村 増井行口
一九七八年
高見山登山口
18×12.5×82
（背面）
杉本万五郎行年六十四才
明治十七年甲申年三月吉日建之
左いせみち
右吉野かうや道
40×30×100
272

図73　伊勢南街道—2

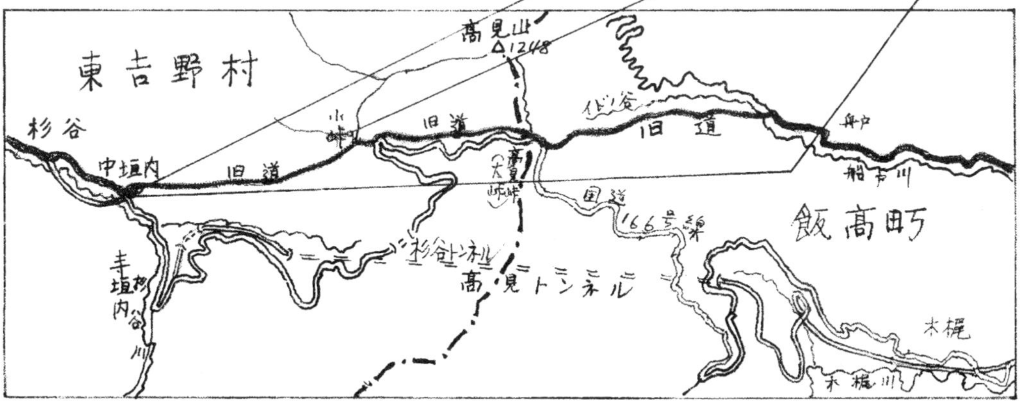
東吉野村
高見山 △1248
杉谷
中垣内
旧道
旧道
旧道
舟戸
船戸川
国道166号線
飯高町
高見トンネル
寺垣内
杉谷川
木梶
木梶川

図74　伊勢南街道―3

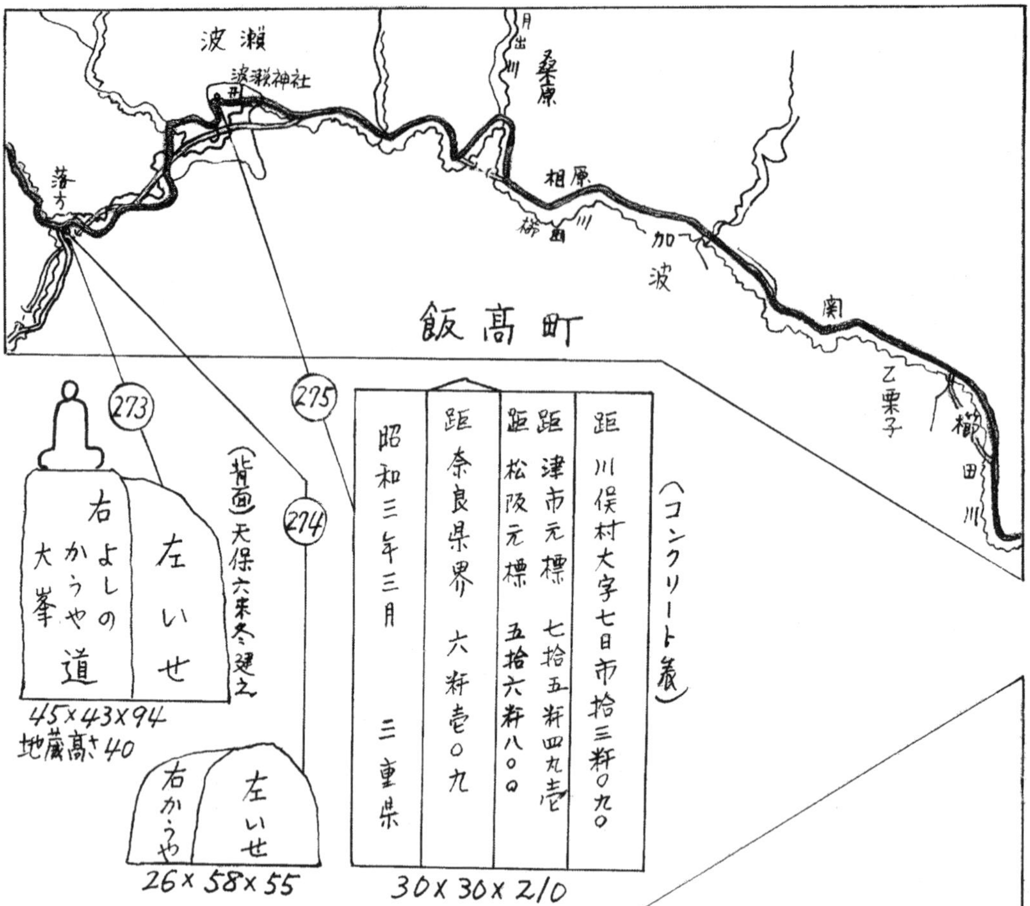
波瀬
波瀬神社
月出川
桑原
落方
相原
加波
飯高町
乙栗子
櫛田川
273
右 よしの かうや 大峯 道
左 いせ
45×43×94
地蔵高さ40
274
（背面）天保六未冬建之
右かうや
左いせ
26×58×55
275
距川俣村大字七日市拾三粁〇九〇
距津市元標 七拾五粁四九壱
距松阪元標 五拾六粁八〇〇
距奈良県界 六粁壱〇九
昭和三年三月 三重県
（コンクリート製）
30×30×210

図75　伊勢南街道―4

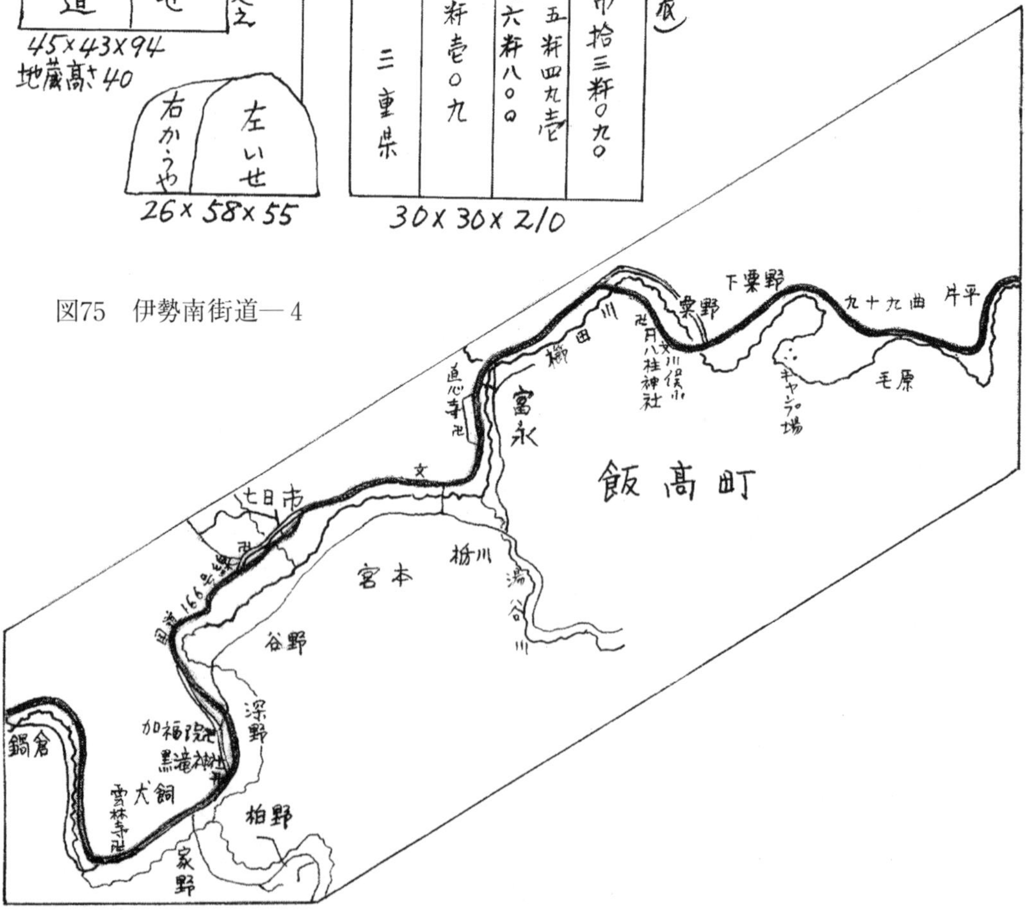
下粟野
粟野
九十九曲
片平
櫛田川
月八柱神社
川俣小
直心寺
富永
キャンプ場
毛原
飯高町
七日市
国道166号線
宮本
湯谷川
谷野
深野
加福院
黒滝神社
犬飼
雲林寺
柏野
家野
鍋倉

図76　伊勢南街道—5

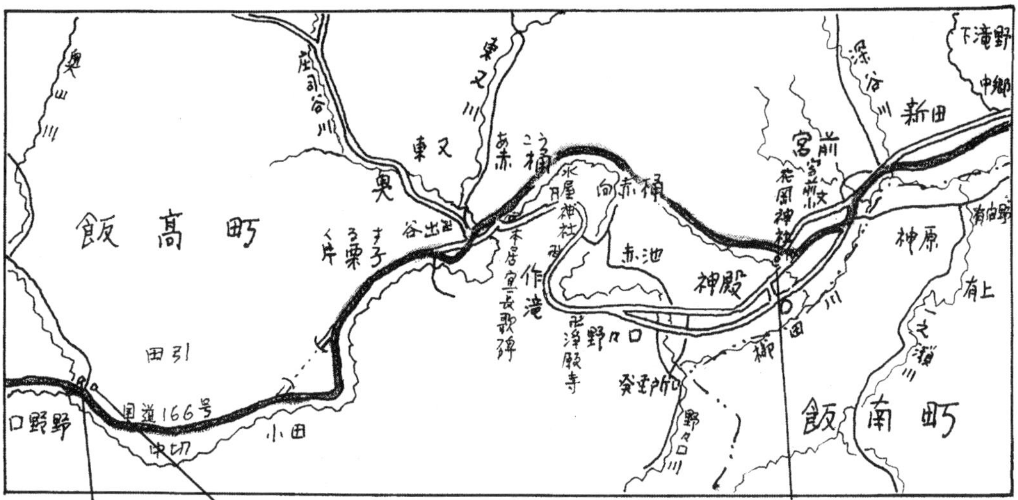

飯高町
飯南町
国道166号
奥
東又
栗子
谷出
赤桑
作滝
野々口
赤池
神殿
宮前
神原
有上
新田
下滝野
中郷
田引
小田
中切
口野野

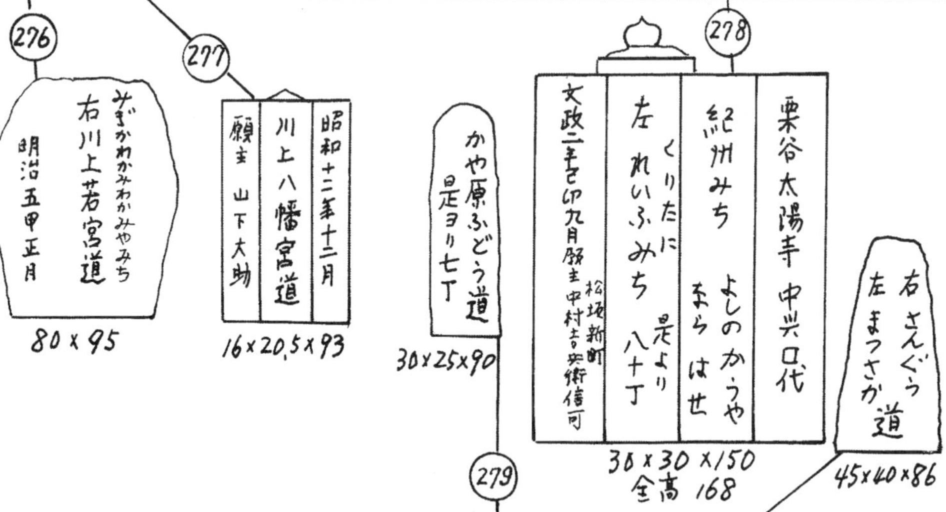

276
みずかわかみわかみやみち
右川上若宮道
明治五甲正月
80×95
277
昭和十二年十二月
川上八幡宮道
願主 山下大助
16×20.5×93
279
かや原ふどう道
是ヨリ七丁
30×25×90
278
栗谷太陽寺 中興口代
紀州みち よしのかうや ならはせ
くりたに
左 れいふみち 是より八十丁
文政二年己卯九月 願主中村吉兵衛 松坂新町 信可
30×30×150
全高 168
280
右さんぐう
左まつさか道
45×40×86

図77　伊勢南街道—6

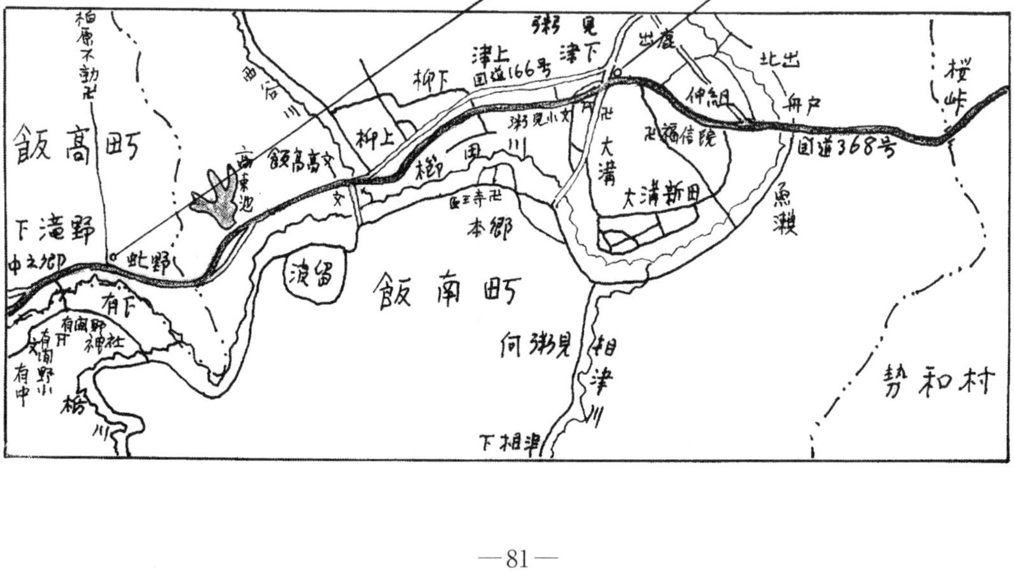

飯高町
飯南町
勢和村
国道166号
国道368号
粥見
津上
津下
柳下
柳上
下滝野
中之郷
本郷
大溝
大溝新田
福信院
仲組
舟戸
桜峠
魚瀬
波留
有下
相津川
下相津
何粥見

4－5－2　飯南町粥見より多気町野中まで

飯南町粥見で、和歌山街道が北に分かれる。伊勢南街道はそのまま国道３６８号となって東に進む。その角の粥見神社の向かいに道標がある。

仲組を経て櫛田川の桜橋を渡り、舟戸より桜峠へ拡幅された登りの道となる。

峠近くでは、国道の上を新道が越えていて、国道も整備されて道幅は広げられてある。

上出を通り中出で朝柄川近くに沿って、集落の中を旧道が通っている。朝柄川が櫛田川に合流する地点で、松坂市小片野町の和歌山街道（国道１６６号）に通ずる道が分かれ、その分岐点の川岸に昭和初年に立てられた道標がある。

下出の南側の山は五箇篠山城跡で、街道にその案内板が立っている。

しばらく櫛田川に沿って行くと、線刻地蔵や名号碑のある所から丹生への登りとなり、丹生南部の岐路を左にとると集落中央部に道標があり、その道標から東に５００メートルで丹生大師神宮寺に達するが、少し手前に大師湯があり、弘法大師の井戸より水を引き、万病に効くとして一般に公開されている。

丹生大師は、立派な仁王門と各堂宇も素晴らしく、門前に道標があり、境内奥の木立の中に丹生神社がある。

丹生は奈良時代には水銀の産出で栄えた所であるが、戦国時代以後は荒廃してしまっている。

道を北に進むと３００メートル程に道標があり、ここを右に折れて東に向かうと、田畑の広がる中に新道が交差し、その角に石仏を頂いた道標がある。

やや上りの道をたどると、ここにも新道が街道の上を越えていて、北方にトンネルの入口が見えている。

ゆるい下りの道を多気町に入ると、長谷の集落で、その中を通る道辺に近長谷寺への道標や、台石に道しるべを刻んだ石仏があり、ここから山手に５００メートル余り北へ上がると、城山中腹に近長谷寺がある。

小川に沿って１キロで細い道が前村に向かって分かれ、その角の台石に道しるべのある石仏があり、伊勢道はこの山道であることを示している。文献によっては、ここで左にとって神坂を通ると書かれたものがあり、これは神坂の普賢寺にお参りする順路になっているからだろうと思われる。

熊野古道も神坂を通っていて、神坂より前村に下ると、北へ１キロの金剛座寺への道標が二基ある。前村で熊野街道に合流し、ＪＲ線や国道４２号に沿って平谷を経て仁田に出ると、国道を横切る角に道標がある。

四神田を経て野中に至ると新旧道が交錯し、旧道の二カ所に道標がある。

野中で熊野街道は南に向かい、東にたどる道は熊野街道と重なり、玉城町田丸を経て伊勢に達しているが、田丸までは重複するので地図のみを掲げる。

図78　伊勢南街道―7

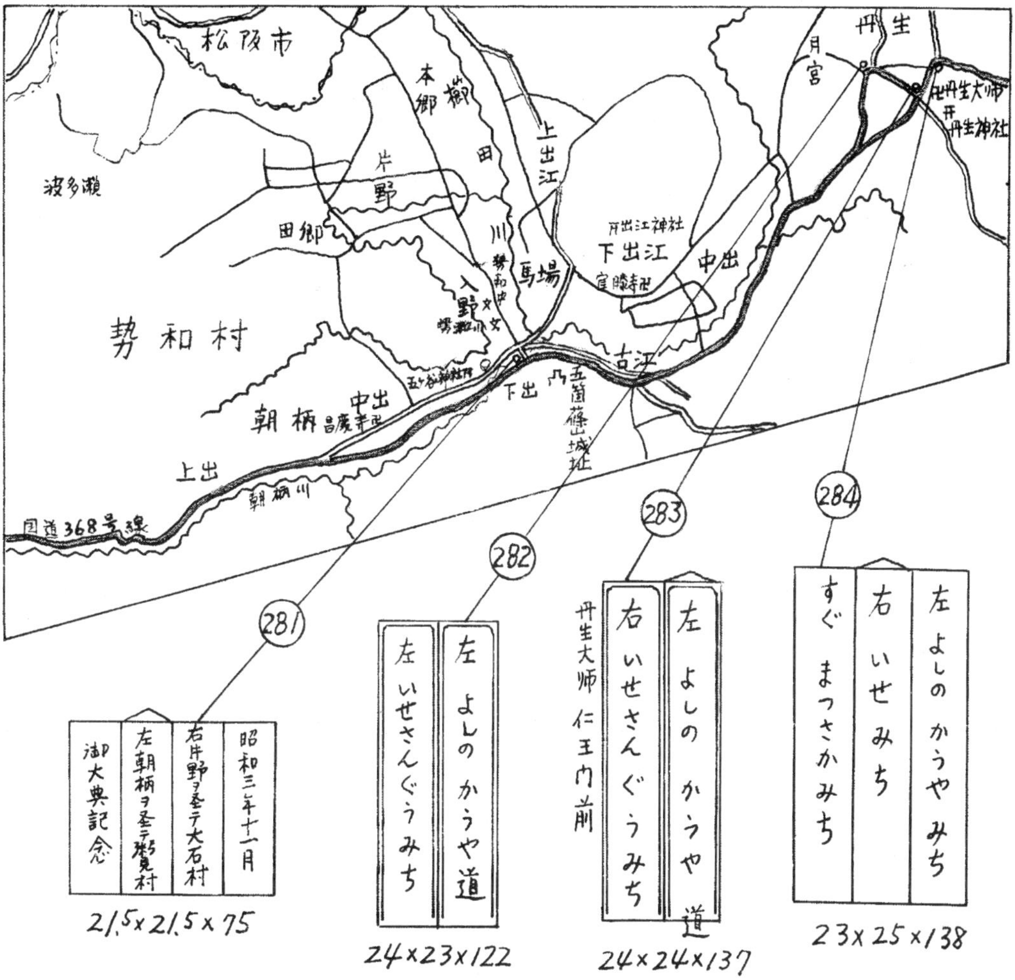

松阪市
本郷
櫛田川
片野
波多瀬
田郷
勢和村
上出江
丹生
月宮
丹生大師
丹生神社
下出江
中出
馬場
入野
古江
五箇篠山城址
下出
朝柄
中出
上出
朝柄川
国道368号線
281
昭和三年十一月
右片野ヲ経テ大石村
左朝柄ヲ経テ
御大典記念
21.5×21.5×75
282
左 よしの かうや道
左 いせさんぐうみち
24×23×122
283
左 よしの かうや 道
右 いせさんぐうみち
丹生大師 仁王門前
24×24×137
284
左 よしの かうや みち
右 いせ みち
すぐ まつさかみち
23×25×138

写真13
三重県勢和村丹生　伊勢南街道丹生大師

図79　伊勢南街道—8

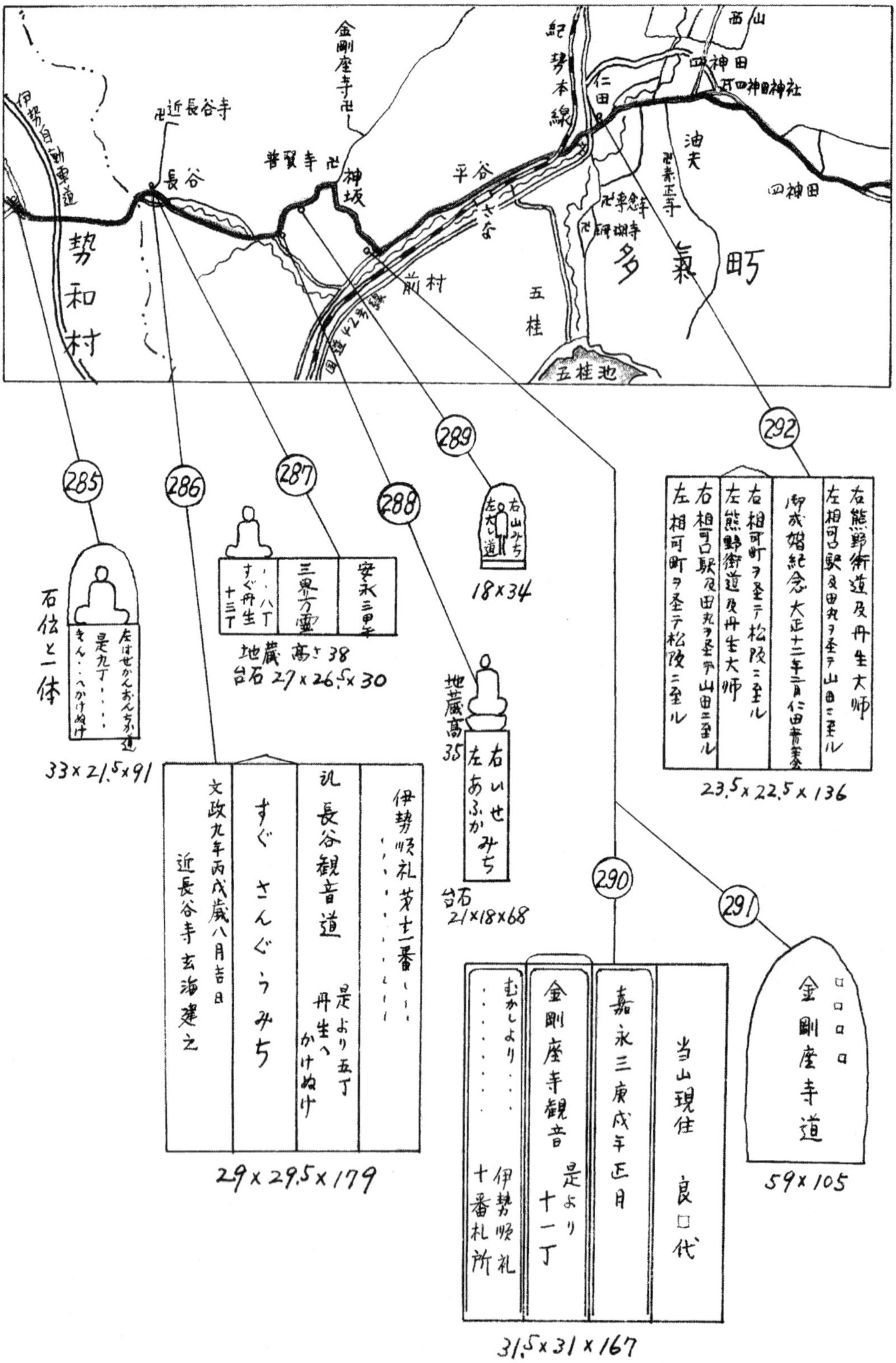

伊勢自動車道
近長谷寺
金剛座寺
普賢寺
長谷
神坂
平谷
紀勢本線
仁田
西山
四神田
四神田神社
油夫
勢和村
前村
五桂
多気町
五桂池
285
左はせかんおんちか道
是九丁・・・・
きん・・へかけぬけ
石仏と一体
33×21.5×91
286
伊勢順礼第十一番
是より長谷観音道
丹生へかけぬけ 五丁
すぐ さんぐうみち
文政九年丙戌歳八月吉日
近長谷寺 玄海建之
29×29.5×179
287
安永三甲午
三界万霊
すぐ丹生十三丁
地蔵 高さ38
台石 27×26.5×30
288
右いせ
左あふかみち
地蔵高35
台石 21×18×68
289
右山みち
左丹生道
18×34
290
当山現住 良□代
嘉永三庚戌年正月
金剛座寺観音 是より十一丁
むかしより・・・
伊勢順礼十番札所
31.5×31×167
291
金剛座寺道
59×105
292
右熊野街道及丹生大師
左相可口駅及田丸ヲ経テ山田ニ至ル
御成婚紀念 大正十三年一月 仁田青年会
右相可町ヲ経テ松阪ニ至ル
左熊野街道及丹生大師
右相可口駅及田丸ヲ経テ山田ニ至ル
左相可町ヲ経テ松阪ニ至ル
23.5×22.5×136

図80　伊勢南街道―9

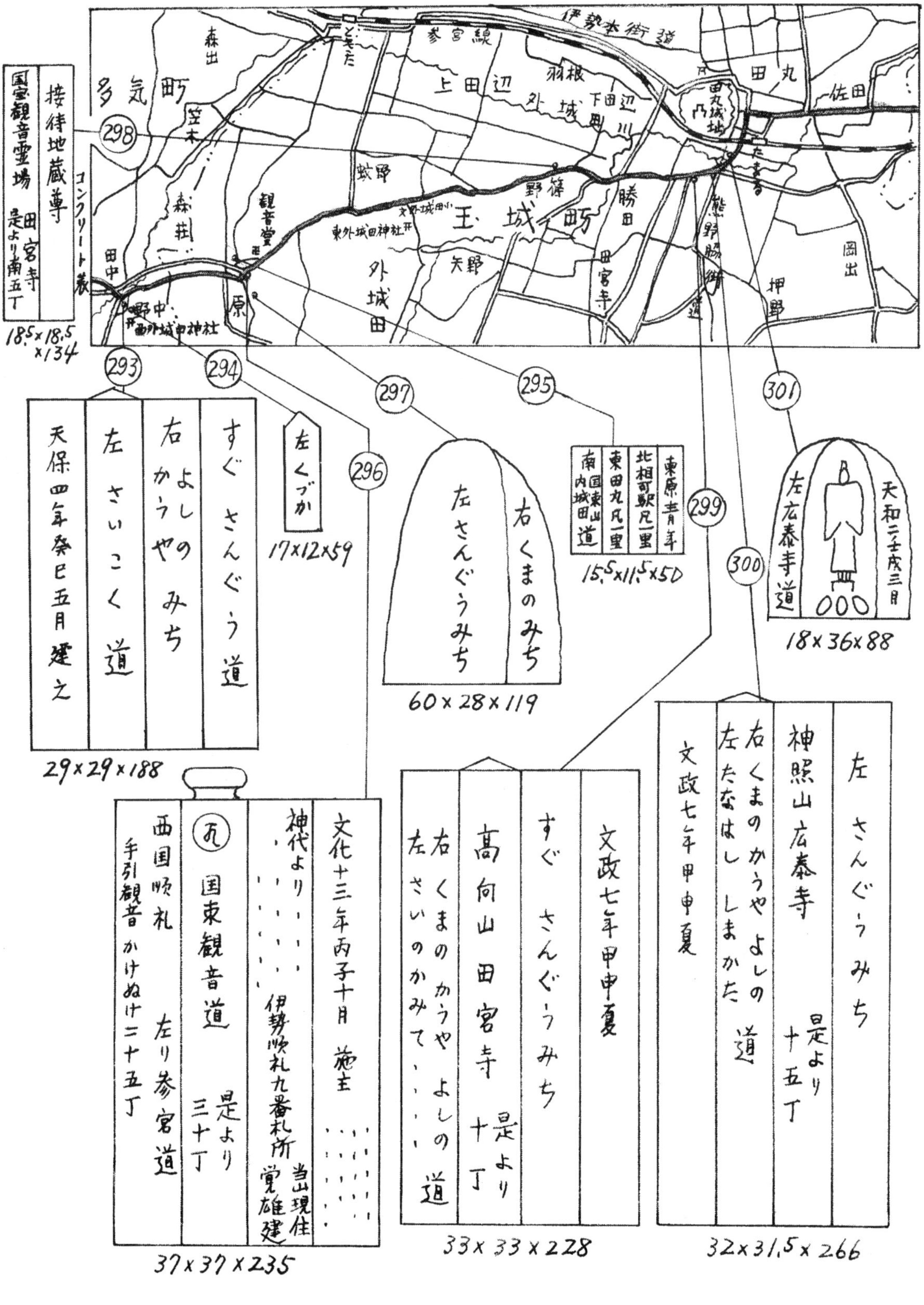

伊勢本街道
参宮線
とちた
森出
多気町
上田辺
羽根
外城田
下田辺
田丸
田丸城址
佐田
笠木
蚊野
野篠
玉城町
勝田
たまき
熊野脇街道
岡出
観音堂
東外城田神社
矢野
外城田
田宮寺
押野
田中
野中
西外城田神社
原
コンクリート製
298
接待地蔵尊
国宝観音霊場
田宮寺
是より南五丁
18.5×18.5×134
293
294
天保四年癸巳五月建之
左　さいこく道
右　よしのかうや　みち
すぐ　さんぐう道
29×29×188
左くづか
17×12×59
297
右くまのみち
左さんぐうみち
60×28×119
295
東原青年
北相可駅凡一里
東田丸凡一里
南国東山内城田道
15.5×11.5×50
301
天和二壬戌三月
左広泰寺道
18×36×88
296
文化十三年丙子十月　施主
神代より
伊勢順札九番札所
当山現住覚雄建
西国順礼
手引観音かけぬけ二十五丁
左り参宮道
国東観音道
是より三十丁
37×37×235
299
文政七年甲申夏
すぐ　さんぐうみち
高向山田宮寺
是より十丁
右くまのかうや　よしの道
左さいのかみて
33×33×228
300
左　さんぐうみち
神照山広泰寺
是より十五丁
右くまのかうや　よしの
左たなはし　しまかた　道
文政七年甲申夏
32×31.5×266

４－６　松山街道　桜井市忍阪より大宇陀経由東吉野村鷲家まで

上街道あるいは横大路（初瀬街道）と、伊勢南街道を結ぶ間道の一つとして、桜井市忍阪より大宇陀町・菟田野町を経て、東吉野村鷲家に至る道である。

現在の国道１６６号の原型となっているもので、この経路は古代より中世にかけて、大和と伊勢を結ぶ要路となっていたようで、周辺に幾つもの古墳や古代遺跡が発掘され、更に中世の地方豪族の拠った古城跡が各地に残っている。

横大路の桜井市忍阪で、国道１６５号を横切るが、その角に舒明天皇陵の道標があり、これには歌舞伎の片岡我童他により建立したと刻まれてある。

近鉄朝倉駅南側には朝倉台などの住宅地が広がり、旧道は国道１６６号で短絡されているが、旧道沿いの生根神社の南に舒明天皇陵への道標が二ケ所続いている。東に１５０メートル程入ると、舒明天皇や鏡女王の墓などがある。

旧道の石位寺の案内表示に従い石段を上ると、小じんまりした融通念佛宗の石位寺があり、収蔵庫に重文指定の薬師三尊石仏が収められている。

いったん国道１６６号に合流し、１、５キロ東のバス停栗原から栗原川畔に下ると、栗原橋の北詰に男坂伝承地道の道標が立っていて、橋を渡り栗原集落に上がった所にも、頭部の欠けた男坂道の道標がある。少し寄り道になるが、栗原集落東部の天満神社上手に史跡栗原寺跡がある。地内に多くの礎石や十三重石塔のほか供養碑に加え、役の行者石像の台石に、大峯山と文化７年の年号が刻まれてあり、大峯への道でもあったことがうかがえる。

頭の欠けた道標の手前から集落内の道に分かれ、田畑の畦道につづき植林の中へ、急な山道を上っていくのが松山街道で、１、５キロで桜井市と大宇陀町の境界になる尾根上が小さい峠となり、常夜燈一基と男坂伝承地の石柱がある。

峠を東側へ下ると半坂の集落で、男坂道の道標がある。南へ少し上ると小峠で、家の前に自然石の道標などがある。

半坂より嬉河原を経て東に進み、西山に出て国道１６６号を横切る。

一方松山新街道は、栗原から国道１６６号の女寄峠を越え、大宇陀町に入り、野依で南に折れて大宇陀川に沿って通じ、岩室より大宇陀の中心地に至る。

大宇陀の中心は、城山々上にあった松山（秋山）城の城下町で、下本に松山城西口関門や道標があり、南部の拾生に新築された大葛屋裏手に森野旧薬園や、北部の下茶に松山城主秋山氏菩提寺の慶恩寺などがある。秋山氏のあとに城主になった織田氏四代の菩提寺は徳源寺で、慶恩寺より北西０、８キロ岩室の山手にある。

城下町の町筋は南北に長く古いたたずまいを残し、昔からの看板を掲げた商家なども見られ、落ち着いた雰囲気をかもし出している。

国道１６６号は旧町並みの西側に通じ、拾生で東に向きを変えて南に国道３７

０号線が分かれている。この国道370号線は関戸峠を越えて、津風呂川に沿って吉野町に入り、三茶屋で高見越伊勢街道を横切っていくのである。

古道は下本の道標から東に進み、春日神社の下で城山登山道に分かれ、城山の裾を回っていき、春日の西国巡拝供養碑三基の立っている所で新道に接するが、ふたたび山道に入って岩清水に出る。八幡神社の下を通っていくと、岩清水集落はずれの岐路に、享保年間の供養道標と自然石の道標が二つ立っている。

この辺りから「ひばり山」を示す道標が見られ、旧道をオケ辻に進むと、春日神社手前にも「ひばり山」と刻んだ道標がある。ひばり山とは、菟田野《うたの》町宇賀志の東にある日張山青蓮寺を指していて、この青蓮寺は、中将姫が継母に遠ざけられて送られてきた所である。現在も毎年姫の命日である４月１４日の法要に、近辺の人々が多数参加されているようである。

オケ辻から一旦国道に出て、菟田野町に入り、ふたたびすぐ北側の旧道を岩崎の妙覚寺の前を通る。四郷川を渡る岩崎橋北詰で、県道に接する所に、自然石の道標がガードレールに重なって立っている。

岩崎橋を渡り、県道に分かれた旧道は、古市場の町筋を通って芳野《ほうの》川を渡り、宇太水分《うだのみくまり》神社前に出る。水分神社は芳野川に沿って三社あり、古市場の水分神社は上の宮（中水分）で、奥の宮（上水分）は東へ６キロ上流の上芳野にある。また古市場より６キロ北に下ると、榛原町下井足《しもいだに》の東の丘陵に下の宮（下水分）の水分神社がある。

古市場の上の宮の本殿は三殿あり、第一殿は天水分神、第二殿は司水の神の速秋津比古神、第三殿は国水分神が祀られている朱塗りの社である。第一殿の棟木には、元応２年（1320）の銘がある鎌倉期の建築で、三殿とも国宝に指定されているほか、境内の末社も重文の社殿や能舞台がある。三社の内では上の宮が最も立派で、毎年10月21日の祭礼は、古式にのっとり盛大に実施されている。

古市場より松井に至る辺りは、銘木の工場が多くあり、この地の特産品となっているほか、近年毛皮の看板を掲げている商店がめだってきている。

旧道は芳野川に沿って松井で川を渡り、国道につきつ離れつして南に進む。

国道の対岸西方500メートルの駒帰集落の上手に、史跡安楽寺跡があり、登り窯跡と多くの礎石や側溝跡が発掘されている。古銭その他の発掘品から、奈良朝期初期に建てられ、平安期に焼失したと推定された安楽寺の跡である。

宇賀志の川角にも「ひばり山」の道標があり、ここからは3､5キロ離れている。

道は佐倉峠への登りとなるが、途中に集落があり、街道から西に寄り道すると、佐倉の堂ノ浦に桜実《さくらみ》神社がある。ここは神武天皇東征の時に休憩所であったと伝わり、地内の巨大な杉の大木は、八房の杉と呼ばれ国の天然記念物である。

佐倉峠から東吉野村に入り、下りの道は２キロで伊勢街道の宿場であった鷲家に至り、高見越伊勢街道に合流して東に進む。

図81　松山街道—１

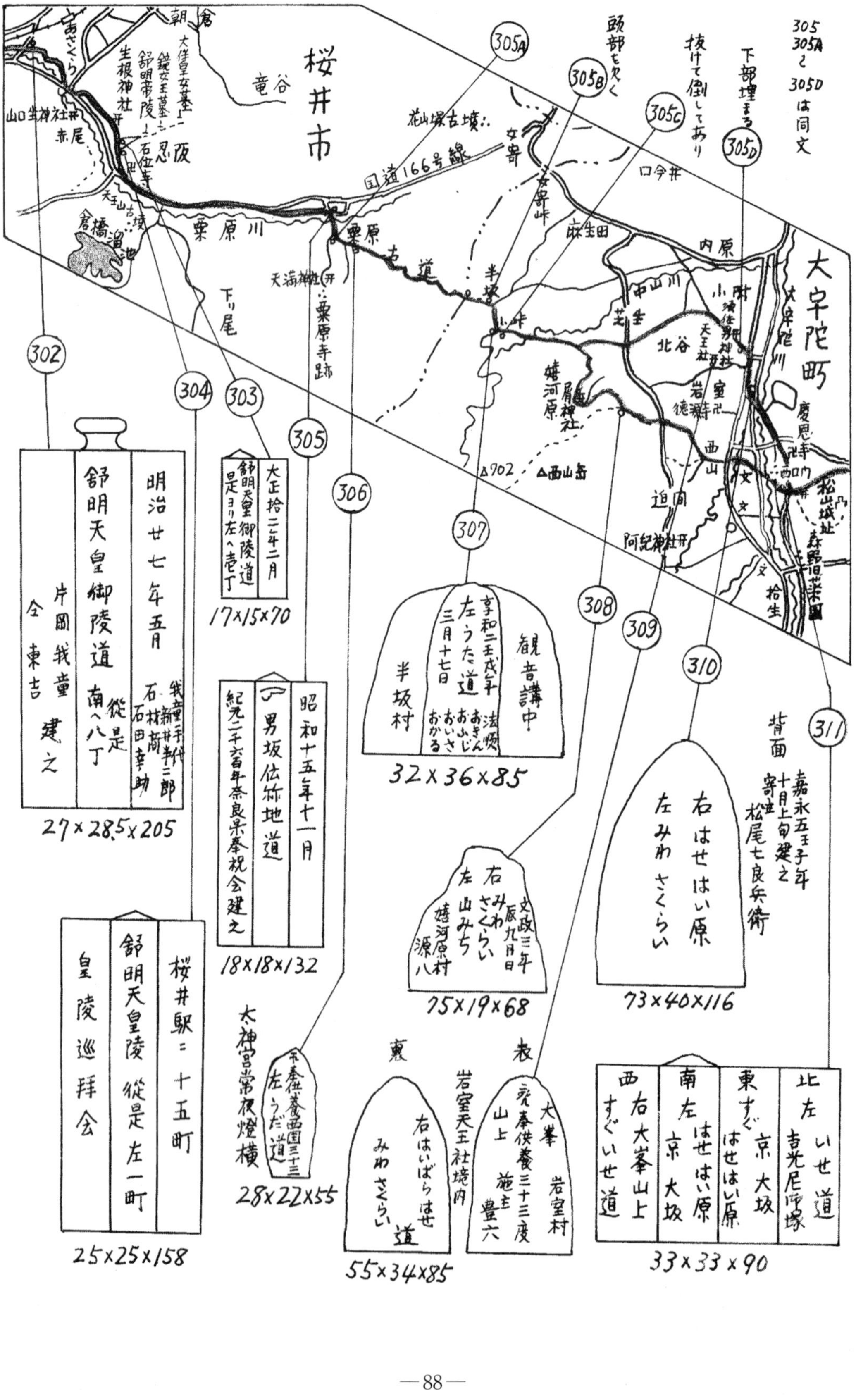
桜井市
大宇陀町
朝倉
竜谷
国道166号線
栗原川
粟原古道
花山塚古墳
女寄
女寄峠
半坂
口今井
麻生田
内原
中山川
芝生
北谷
小附
岩室
徳源寺
西山
迫間
阿紀神社
慶恩寺
松山城址
森野旧薬園
拾生
天満神社
粟原寺跡
下り尾
倉橋溜池
天王山古墳
赤尾
山口生神社
生根神社
舒明天皇陵
鏡女王墓
大伴皇女墓
忍阪
石位寺
△702
△西山岳
嬉河原
頭部を欠く
抜けて倒してあり
下部埋まる
305 305Aと305Dは同文
302
明治廿七年五月
舒明天皇御陵道　従是南へ八丁
片岡我童　建之
仝　東吉
我童手代　新井半二郎　石林嘉　石田幸助
27×28.5×205
304
桜井駅ニ十五町
舒明天皇陵　従是左一町
皇陵巡拝会
25×25×158
303
大正拾二年二月
舒明天皇御陵道
是ヨリ左へ壱丁
17×15×70
305
昭和十五年十一月
男坂伝称地道
紀元二千六百年奈良県奉祝会建之
18×18×132
306
太神宮常夜燈横
奉供養西国三十三
左うだ道
28×22×55
307
享和二壬戌年三月十七日
左うだ道
法界
おきん　おふじ　おいさ　おかる
観音講中
半坂村
32×36×85
308
文政三年辰九月日
右みわさくらい
左山みち
嬉河原村　源八
75×19×68
309
表
大峯山上
奉供養三十三度
岩室村
施主　豊六
岩室天王社境内
裏
右はいばらはせ
みわさくらい
道
55×34×85
310
右はせはい原
左みわさくらい
背面
嘉永五壬子年十月上旬建之
寄進　松尾七良兵衛
73×40×116
311
北　左　いせ道
吉光尼師塚
東　すぐ　京大坂
はせはい原
南　左　はせはい原
京大坂
西　右　大峯山上
すぐいせ道
33×33×90

図82　松山街道―2

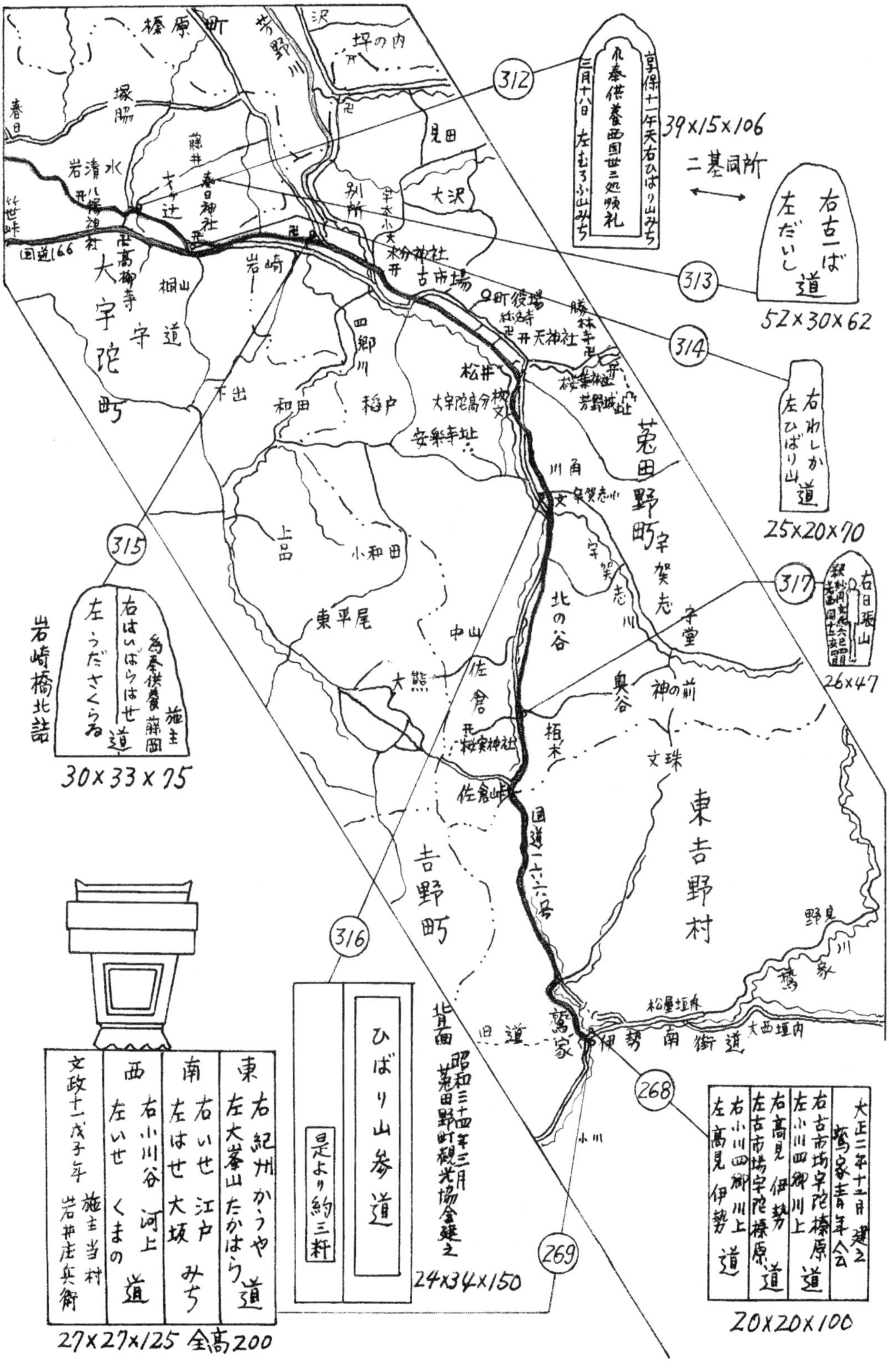
榛原町
芳野川
沢
坪の内
見田
大沢
別所
春日
塚脇
岩清水
藤井
春日神社
八幡神社
竹世峠
国道166
高柳寺
大宇陀町
桐山
宇道
岩崎
水分神社
古市場
町役場
林泉寺
天神社
四郷川
松井
芳野城址
大宇陀高分校
下出
和田
稲戸
安楽寺址
菟田野町
川角
宇賀志
上品
小和田
東平尾
北の谷
宇堂
中山
大熊
佐倉
奥谷
神の前
桜実神社
柘木
文殊
佐倉峠
国道一六六号
東吉野村
吉野町
鷲家
松屋垣内
大西垣内
伊勢南街道
旧道
小川
312
享保十一年 右ひばり山みち
乃奉供養西国卅三処順礼
三月十八日 左むろふ山みち
39×15×106
二基同所
313
右古一ば 左だいし 道
52×30×62
314
右わしか 左ひばり山道
25×20×70
317
右日張山
26×47
315
右はいばらはせ 左うださくらゐ道
爲奉供養 施主 藤岡
岩崎橋北詰
30×33×75
316
ひばり山参道
是より約三粁
背面 昭和三十四年三月 菟田野町観光協会建之
24×34×150
269
東 右紀州かうや 左大峯山たかはら 道
南 右いせ 江戸 左はせ 大坂 みち
西 右小川谷 河上 左いせ くまの 道
文政十一戊子年 施主当村 岩井庄兵衛
27×27×125 全高200
268
大正二年十二月建之 鷲家青年会
右古市場宇陀榛原 左小川四郷川上 道
右高見 伊勢 左古市場宇陀榛原 道
右小川四郷川上 左高見 伊勢 道
20×20×100

４－７　倭《やまと》笠縫邑伝承地の小夫《おうぶ》を通る小夫街道
桜井市初瀬より都祁《つげ》村針まで

小夫街道は、現在県道３８号桜井都祁線となっているが、途中に初瀬ダムが出来たので、道筋はだいぶん変化している。

この道は都祁方面より長谷寺・笠山荒神・長谷寺奥の院滝蔵神社などへの参詣道となっていたほか、伊勢参りの道でもあったのである。

小夫は斎宮に立った大津皇子の姉　大来皇女が１年間潔斎のために滞在したと伝わるほか、古くは笠縫邑《がさぬいむら》伝承地とされる説がある。また、小夫は鎌倉時代よりの荘園名で、小夫氏が居住し曲折ののち文明１３年（1480）滅亡している。のちに小夫氏の子孫が永禄８年（1565）蜂起するものの、大和を制した松永久秀に敗れて失敗に終わっている。

長谷寺の門前町は約１キロにわたり、伊勢辻の道標から土産物店・食堂・旅館などの並ぶ町筋を通る。西国番外の法起院の北で川を渡り、与喜山天満宮に上ると伊勢道の旧道があり、天満宮の前に「いせみち」の道標がある。

川を渡らず左に折れていくと、西国８番霊場長谷寺の入口に達する。バス停長谷寺の所に笠山荒神の道標があるが、二十八丁と刻まれ移設されたものと分かる。

初瀬ダムの北側を通って和田から滝倉に進むと、県道に分かれ芹井川に沿う道があり、これに入ると長谷寺の奥の院、長谷の地主神の滝蔵神社があり、観音堂跡や鐘楼・石仏みろく像のほか、集落東部の辻に古い十三仏と道標がある。

初瀬川に沿う県道を進むと、バス停荒神口と剣原から、庄中にある笠木荒神に入る道が分かれ、その二ケ所に荒神道の標柱がある。

小夫集落中央から北へ小夫天神社の参道を上ると、神社境内に樹齢１５００年という大欅や古い石灯籠・太神宮のおかげ灯籠などがある。

バス終点の小夫の少し上に岩を重ねた名号碑に、天正１１年(1583)の銘があり庚申待供養と刻まれ、小さい地蔵が彫られてある。

集落のはずれに青年会の建てた道標があり、さらに谷を１、３キロ上った笛吹明神社前にも青年会の建てた道標がある。

谷がやや広くなり、耕地が２キロ程つづき都祁村に入る。並松の盆地に出ると堂ケ谷街道（都祁山の古道）を横切り、山辺高校の東に出て、寛永５年(1628)に築造されたという並松池の畔を通る。

並松池の東側には水分神社の杜があり、甲岡側に明治４５年に発見され昭和２６年再調査の結果、神亀年間の墓誌により小治田安万侶の墓が確認されている。

友田を経て名阪国道をくぐると針で、旧国道２５号に合流し、すぐ国道３６９号を深江川に沿っていくと、針ケ別所で名張街道に合流する。

図83　小父街道

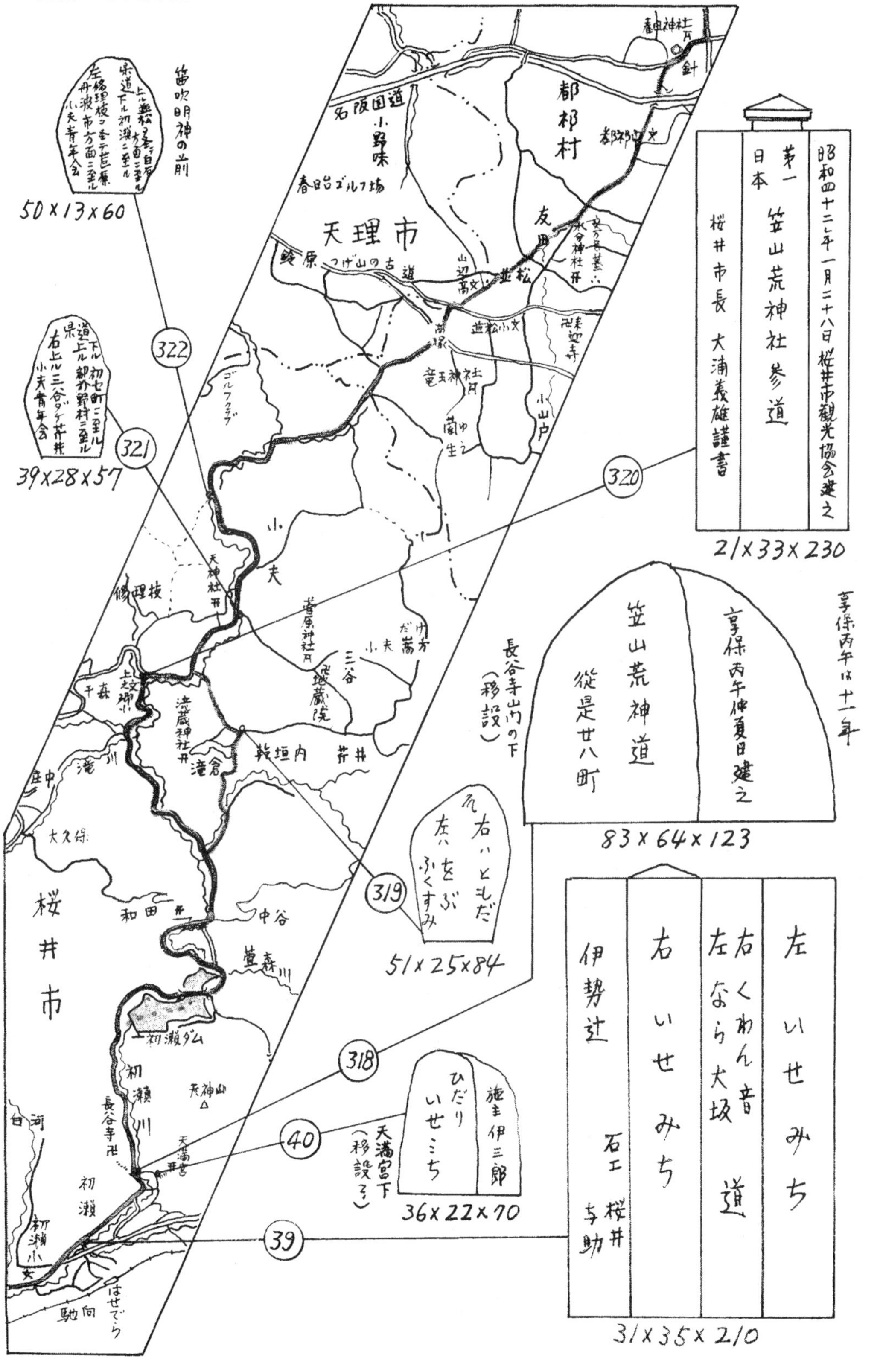

名阪国道
小野味
春日台ゴルフ場
都祁村
都祁中
天理市
つげ山の古道
並松
友田
竜王神社
小山戸
小夫
修理枝
上之郷小
滝倉
和田
中谷
萱森川
桜井市
初瀬ダム
初瀬川
天神山
長谷寺
天満宮
初瀬
はせでら
笛吹明神の前
50×13×60
39×28×57
322
321
320
319
318
40
39
昭和四十二年一月二十八日桜井市観光協会建之
日本第一
笠山荒神社参道
桜井市長　大浦義雄謹書
21×33×230
笠山荒神道
従是廿八町
享保丙午仲夏日建之
享保丙午は十一年
長谷寺山内の下（移設）
83×64×123
51×25×84
左　いせみち
右くわん音
左なら大坂　道
右　いせみち
伊勢辻
石工　桜井　与助
31×35×210
ひだり
いせミち
施主伊三郎
天満宮下（移設）
36×22×70

４－８　古刹と古社を結ぶ古市街道　奈良市古市町より天理市入田まで

奈良の古市は、鎌倉時代から福島市と称する市場が開かれていた所とされ、後に管領の大乗院門跡の都合で他に移されてから、古市と呼ぶようになっている。

南北朝期には古市胤賢が筒井氏と並ぶ地位を得て、筒井・松永氏らの間で中立を保って支えたが、永正５年（1507)古市澄胤は筒井氏に討たれて滅んでいる。

古市街道は上街道の古市町岩井川の岩井橋を渡って分かれ、南に山村町を経てからは南東に虚空蔵町を通る。中畑町より高峰山の北側を山越えして、天理市福住に至り、名張街道に接合するのである。

古市は上街道に位置しているため、初瀬詣での人で賑わい、江戸期には伊勢の津藩領となって奉行所が置かれ、今も集落中央に奉行所が使っていたという倉が残されている。

また古市氏時代の古市城は、現在の東市小学校の地とされている。

古市南町共同墓地内に、明治初年に山陵と平城京の研究に力を注いだこの地の出身者　北浦定政の墓があり、近年顕彰会の手により案内表示が設けられた。

南古市の念佛寺の南で県道に合流し、地蔵院川を渡ると藤原町を経て八嶋町となり、東に少し入ると光仁天皇皇子の早良親王（崇道天皇）陵があり、さらに東へ５００メートル入ると白山比咩神社がある。円照寺前バス停から東に通じる松林の参道に入り、５００メートルに円照寺（山村御殿）があるが、黒木の門を入った玄関から内部には、一般の拝観はできない。

山村町バス停横に道標が二基向き合って立ち、八嶋陵と菩提山を示している。

県道を東南に１、５キロ進むと高樋町柳茶屋で、時計台があり道が分かれ菩提山川に沿っていくと２キロ程の山手に、正暦３年（992)九条家創建の正暦寺がある。建物は本堂と鐘楼・福寿院客殿を残すだけで、薬師如来像は重文である。

街道は菩提山川を渡り虚空蔵町に入ると、弘仁寺への岐路二カ所に弘仁寺のほか「いが　いせ」を示す道標がある。弘仁寺は「虚空蔵さん」で知られ、弘仁５年（８１４）弘法大師の建立とされ、本堂は寛永年間の再建で虚空蔵菩薩を安置している。十三才になると、十三参りに来る所としても知られている。

せまる谷に沿って南椿尾町を経て興隆寺町に至ると八坂神社があり、０、７キロで大きく迂回している名阪国道をくぐり、斜面に広がる中畑町に入る。

中畑集落を登り再び名阪国道をくぐり、高峰山の北０、８キロの山道を越え、途中で奈良市より天理市に入る。峠の北側に緩やかに曲折する道も通じている。

耕地があらわれてくると舗装された道となり、浄土を経て福住町となり氷室神社の道に入り、十三仏や供養碑のある所から氷室神社前を経て、国道２５号に合し、下入田で既述の名張街道に合流する。

図84　古市街道

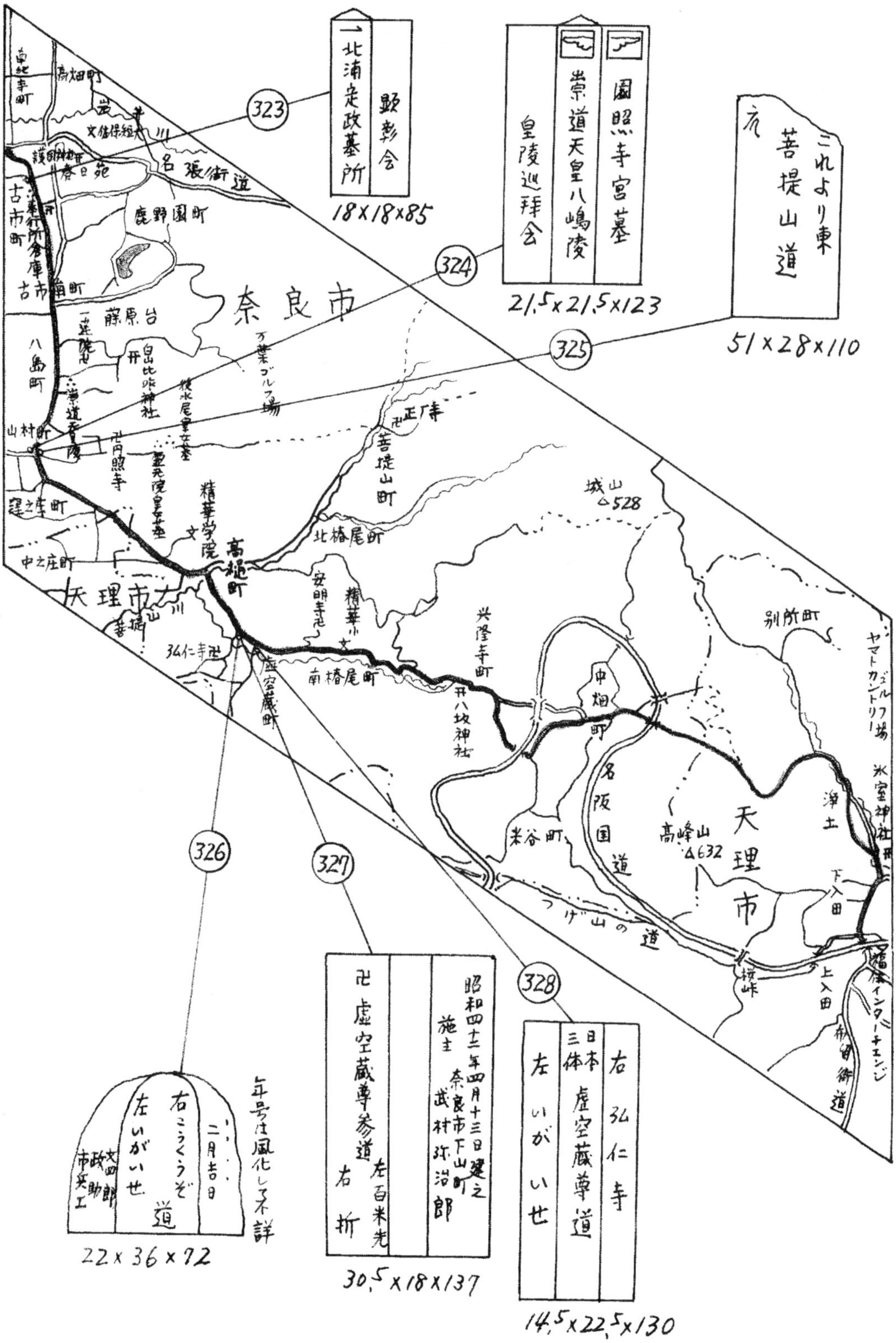
323
一北浦定政墓所
顕彰会
18×18×85
324
圓照寺宮墓
崇道天皇八嶋陵
皇陵巡拜会
21.5×21.5×123
325
これより東
菩提山道
51×28×110
326
二月吉日
右こうくうぞ道
左いがいせ
市政工
文四郎
安助
年号は風化して不詳
22×36×72
327
昭和四十一年四月十三日建之
施主　奈良市下山町　武村弥治郎
卍虚空蔵尊参道
左百米先
右折
30.5×18×137
328
右弘仁寺
日本三体虚空蔵尊道
左いがいせ
14.5×22.5×130
奈良市
天理市
名張街道
古市町
鹿野園町
藤原台
八島町
山村町
高樋町
菩提山町
北椿尾町
南椿尾町
中畑町
名阪国道
城山△528
高峰山△632
米谷町
つげ山の道
別所町
弘仁寺
正暦寺
精華学院
興隆寺町
八坂神社
氷室神社
上入田
下入田

4－9　水間《みま》街道　奈良市須山より山添村経由名張市新田まで

奈良市の中心を出発点とする名張街道の奈良東山伊勢道は、鉢伏町の鉢伏峠の東で二つに分かれ、名張街道は田原より一台峠を越えて都祁村に入る。北への道は東北に此瀬町・沓掛町を経て水間峠を越えて水間より山添村に入り、波多を経て名張川を渡り、一時上野市域に入ってから名張市に入る。さらに上野街道を横切り新田に達し、新田道あるいは伊勢道と合流する。

この道は水間峠を越すので水間街道、または山辺郡内の道で山辺街道と呼ぶ。

山添村の中峰山《ちゅうむさん》にある神波多神社は、天王さんと呼ばれ天王参りの道とされてきた由来があり、「天王」や「天の」の道標が周辺に見られる。

道は明治の中頃本格的に開発され、大正時代に改修されたが、昭和になって道筋は異なるものの、国道２５号が整備され、昭和４０年名阪国道が完成し国道２５号となっている。

県道２６号奈良名張線の須山バス停の所で名張街道で分かれ、須山集落南部の天皇陵の道標をすぎ、此瀬町に至る間は茶畑が広がる。西部の茶畑の中に昭和５５年に、養老７年(723) 卒と刻まれた銅製墓誌が発見され、大安麻呂の墓であることが判明している。この墳丘からは周辺がよく眺められる。

白砂川を渡り日笠町に入ると、顕彰碑の奥に光仁天皇陵がある。

旧道は陵の南から東に進み、沓掛町に入り新道を横切って谷沿いに水間峠への登りとなる。標高６１２メートルの水間峠の西側は見通しがよいものの、東側の水間の方は樹林で眺めはきかない。

水間峠よりは尾根づたいに、名張街道の一台峠を経て、長谷町に林道が通じる。

峠より東へ１、５キロで水間町の中央に出ると、国道３６９号に接し、西から来たバスはここまでで、山添村を通るバスはここで乗継ぐことになる。

下水間で北に進む国道に分かれ、西に行く道は山添村室津に入る。松尾を経て布目ダムの上流を渡り、津越から峰寺の間は笠置街道と重なるが、笠置街道は布目ダムが出来たため、これより北へ３、５キロ程消失し、別の新道ができている。

杉原で笠置街道に分かれ、神野山《こうの》登山口の北野に進む。街道の奥に国の重文の本殿を持つ天神社がある。やがて酪農センターを南側に見て、植林と茶畑のつづく大塩に至る。

大塩に「いせ道」の道標があり、道幅の広げられた県道２６号は、西波多の春日神社の前を通る。神社前に天王宮の道標と、その後ろに五丁の町石が立っている。

山添中学の校舎を眺めて、名阪国道の山添インターチェンジをくぐると、大西である。大西には村役場と、ここで合流する国道２５号線は南の菅生から通じて、山辺高校分校前を通り、役場前で東に折れて行く。

役場前から春日の春日小学校までの国道は、拡幅工事で広げられた。

春日の国道から南に分かれ、春日神社前を通り山手に登る道は峯道と呼ばれて、山越えで片平に通じていて、その途中に道標が残っている。春日をはじめ、山添村内の集落は丘陵地の上に所在する所が多く、この水間街道は起伏がはげしい。

春日東部から遅瀬への分岐点に道標があり、国道を中峰山に入る。

山王宮旧参道には町石がつづき、国道を横切ると石段となりその上に式内社の神派多神社がある。神社は牛頭天王社で厄よけ祈願に訪れる人が多く、「天王さん」と呼ばれていて、本殿は奈良県の文化財で元禄４年(1691)の上棟札があるが、建立はもっと古いとされる。境内に正和元年 (1312)の常夜燈があり、織田信長の天正伊賀の乱で焼かれた跡を残している。

境内の奥の方に、神宮寺の真言宗善妙院がある。

中峰山では国道に分かれて東北に進み、名張川を渡り上野市に入り、与野を経由する伊賀街道が通じている。

水間街道は国道を横山までもどり、県道２６号を南東に進む。中之庄に「いせ道」の道標があり、山腹を登り吉田に至ると北側山手に集落がひろがり、岐路に道標が向き合って二基立っている。西側の道標には珍しく里程が刻まれ、その中に「伊勢　廿一里」を示している。

道標の南で旧道は県道に分かれて、広瀬に下って行く。

広瀬は名張川に沿う集落で、広瀬橋を渡るが、昭和初年に架けられた吊橋跡が少し上流に残され、その一角に移設された道標が立てられている。この街道では「いせ道」を示すものとしての最後である。

近くの保育所の敷地つづきの堂内に、国の重文になる木造阿弥陀如来立像が保存され、１２世紀末の快慶初期の作とされている。

橋を渡ると旧筋につづく道は少しずれていて、名張方面に直進する道が広げられた。

桂を通る旧道は、名張川に沿ってから上野市域に入り、丘陵地を登って行くと桂集落北部に式内社乎美弥神社があり、東部の安場への道の岐路に道標がある。

桂より名張市内に向かう道も新しい道が開通し、旧道は寸断されている。

桂より１キロで名張市域となり、広瀬橋より直進してきた道と合流した所で、池の端を通る道に入る。やや細い道を下って行くと、０、５キロの所に咸天狗《かんてんぐ》社の小さい社があり、地区内に「右　笠置　左　天王」と示す道標がある。

道は西田原に出て来て国道３６９号を横切り、東田原の藤が丘住宅地の南を通り新田に達する。

近鉄美旗駅前住宅の美旗三丁目より二丁目を回りこむようにして、北から東方に進むと、新田の古い町筋が江戸時代からの面影を残している。

図85　水間街道—１

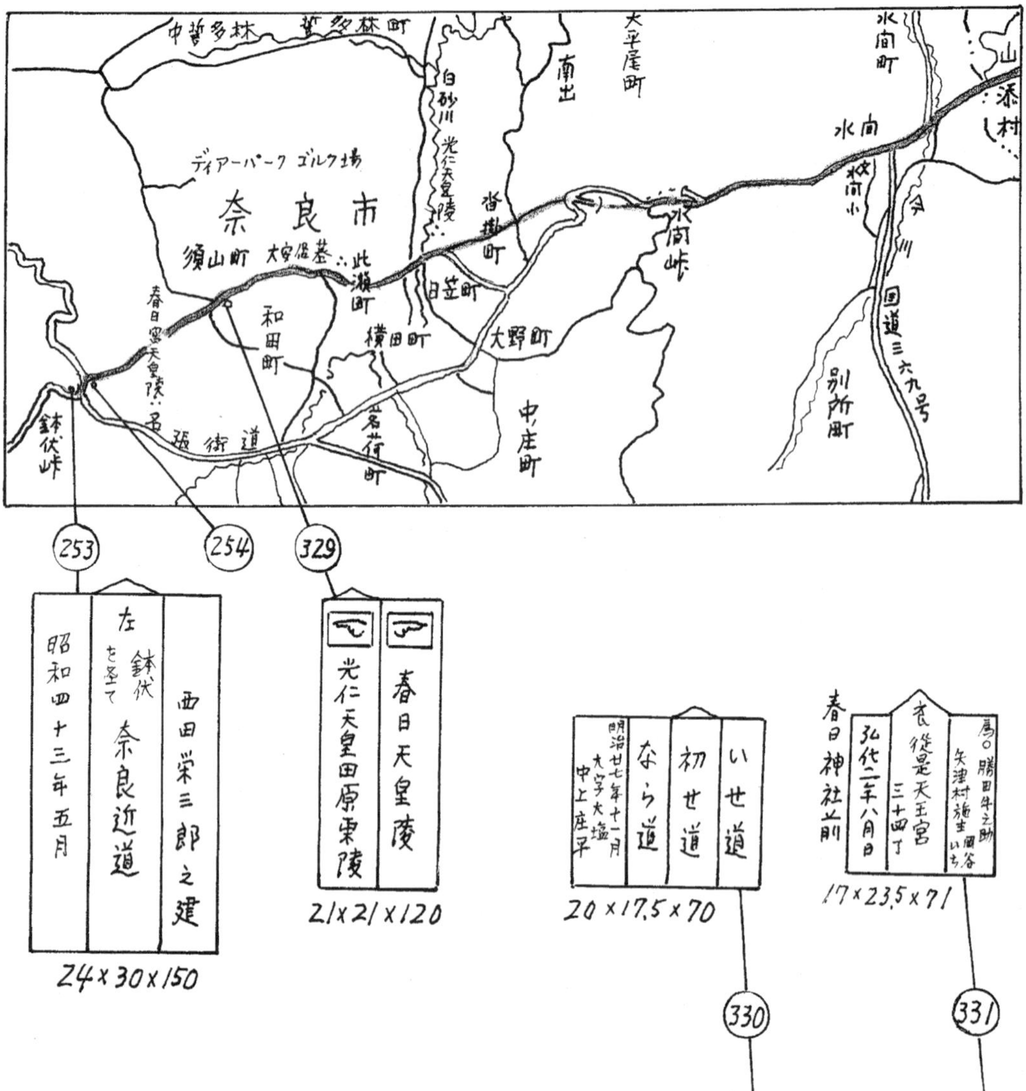

図86　水間街道—２

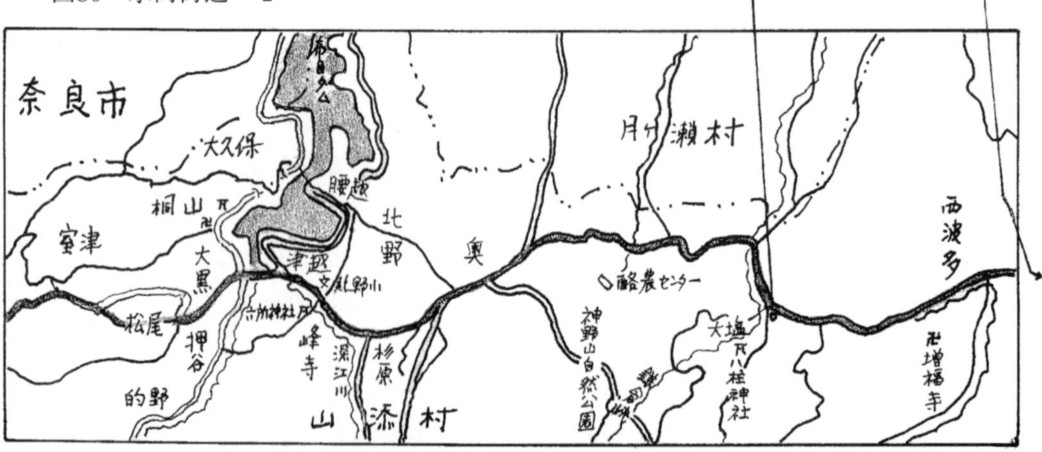

図87　水間街道―3

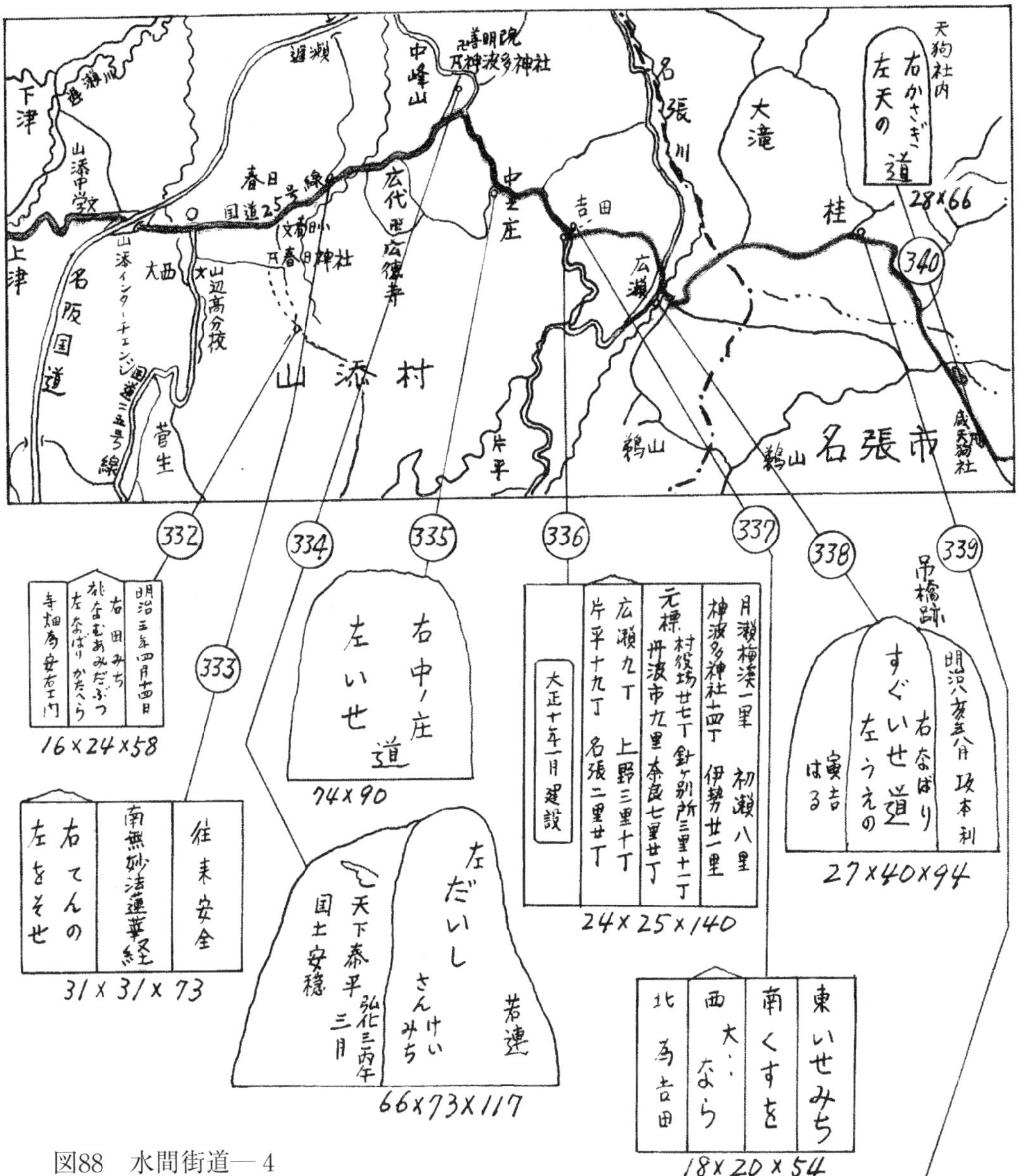

332
明治三年四月十四日
右田みち
なむあみだぶつ
左奈ばりかたへら
寺畑為安右エ門
16×24×58
333
往来安全
南無妙法蓮華経
右てんの
左をそせ
31×31×73
334
左
だいし
さんけい
みち
若連
天下泰平
国土安穏
弘化三丙午
三月
66×73×117
335
右中ノ庄
左いせ
道
74×90
336
月瀬梅渓一里
初瀬八里
神波多神社十四丁
伊勢廿一里
元標村役場廿七丁
針ヶ別所三里十一丁
丹波市九里奈良七里廿丁
広瀬九丁
上野三里十丁
片平十九丁
名張二里廿丁
大正十年一月建設
24×25×140
337
東いせみち
南くすを
西大、なら
北為吉田
18×20×54
338
吊橋跡
明治八亥五月
坂本利
右なばり
すぐいせ道
左うえの
寅吉
はる
27×40×94
340
天狗社内
右かさぎ
左天の道
28×66
山添村
名張市
国道25号線
名阪国道

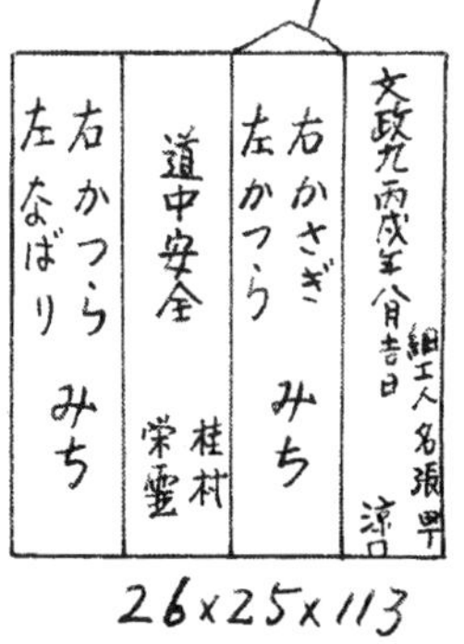

339
文政九丙戌年八月吉日
細工人名張甲
右かさぎ
左かつら
みち
道中安全
桂村
栄霊
右かつら
左なばり
みち
26×25×113

図88　水間街道―4

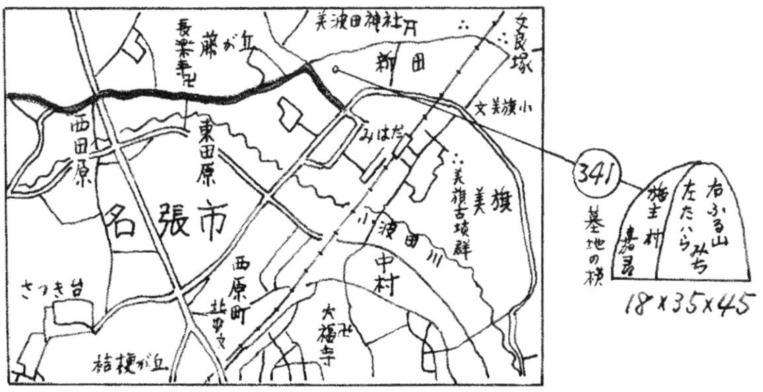

341
右ふる山
左たからみち
施主村
墓地の横
18×35×45
名張市

4－10　新田道《しんでん》伊勢街道　都祁《つげ》村小倉より山添村経由名張市新田まで

都祁村小倉で名張街道・笠置街道に分かれて、山添村を経て岩屋を通り名張川を渡り名張市に入り、小波田川にからんで新田に出る道が、江戸時代享保年間に藩の新田開発に関連して政策としてとられ、従来の小波田経由を禁じた。明治5年にこの禁令は廃止になっている。

一部の道筋は国道２５号や名阪国道の開通で変化している。

この道は、水間街道と名張街道を結ぶものでもある。

奈良から名張街道を進み都祁村に入り、小倉で交差する国道２５号に合し、名阪国道にからんで山添村に入る。切幡のはずれで国道に離れ遅瀬川に沿っていき、山手に登り集会所風の薬師寺のある勝原の集落に至る。

勝原の東南はずれより南に１、５キロに、国の史跡毛原廃寺跡や長久寺・八坂神社（毛原神社）のある毛原に出る山越えの道がある。

近鉄名張駅より薦生《すもむ》・岩屋を経て毛原神社前までバスが通っている。

勝原よりしばらく山中を通り岩屋を経て葛尾で、名張川に沿う県道３６号に合して名張市域に入る。薦生の十字路東側に「なばり　いせ道」を示す自然石の道標があり、バスは薦生から南に名張川右岸を通っている。道標のそばでバス道に分かれ、県道６９０号の新田街道は中山神社・明王院を左に見て、名張川の薦生橋を渡る。橋の西詰に沢山の枝を出した榎の古木が目立っているが、これは元の渡し場跡に残っているものである。

薦生の小波田川近くを通ると、南方から東方にかけた台地に八幡《やはた》工業団地があり、まだ空地もあるようであるが、この団地の東に「さつき台」南に「緑が丘」などの住宅地がある。八幡は名張の蔵持への古道が通っていた所である。

西田原の西之浦橋北詰の小さい道標を見て、重文の仏像などのある弥勒寺や春日神社のある集落の中を通る。

西田原から国道３６８号の上野街道を横切り、東田原を東に進むと伊賀四国４０番札所の長楽寺の南から、藤が丘住宅地を通る。

道より少し南に入った片原墓地の端に、年号はないが古そうな道標がある。

やや細くなった住宅地の中の道を通って行くと、美波多神社前を経て、史跡美旗古墳群の一つ毘沙門塚古墳があり、近鉄線を越えると女良塚古墳もある。

いずれも５世紀頃の帆立貝形式の古墳で、女良塚の方がやや古いものと推定されている。

女良塚の北方に殿塚古墳、南方の近鉄美旗駅近くに馬塚古墳などがあるが、馬塚古墳以外は外側からしか見られない。

美波田神社からは南に進み、新田の旧宿場の通りを経るのが道筋である。

図89　新田道伊勢街道―１

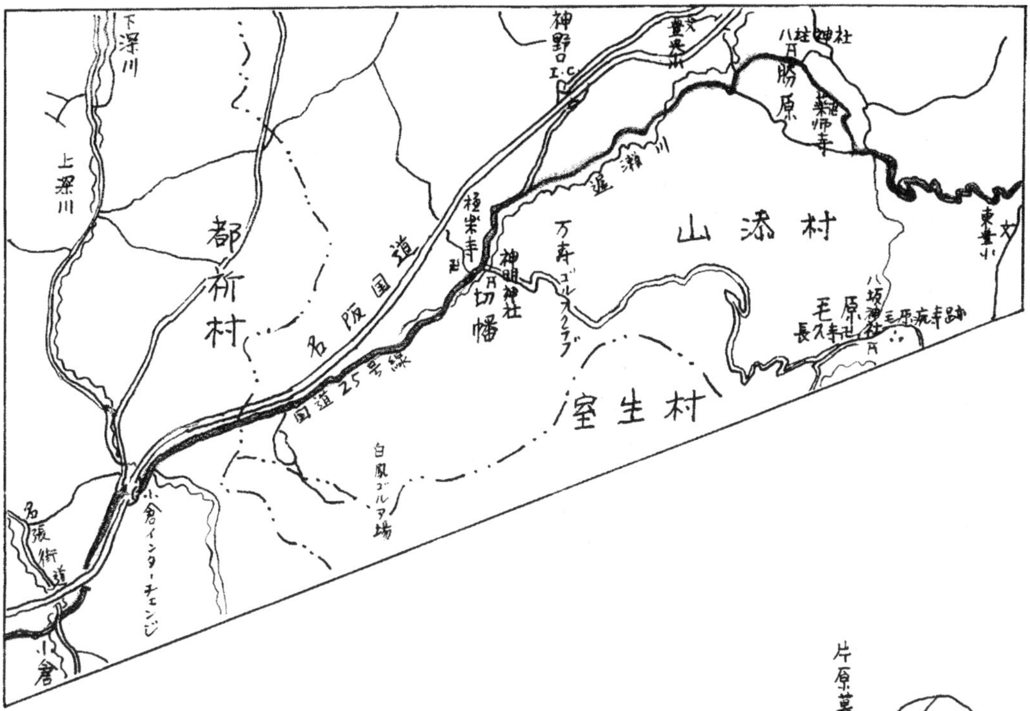

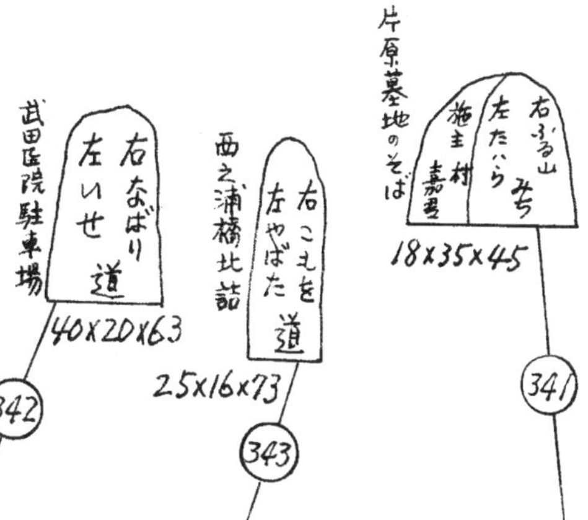

図90　新田道伊勢街道―２

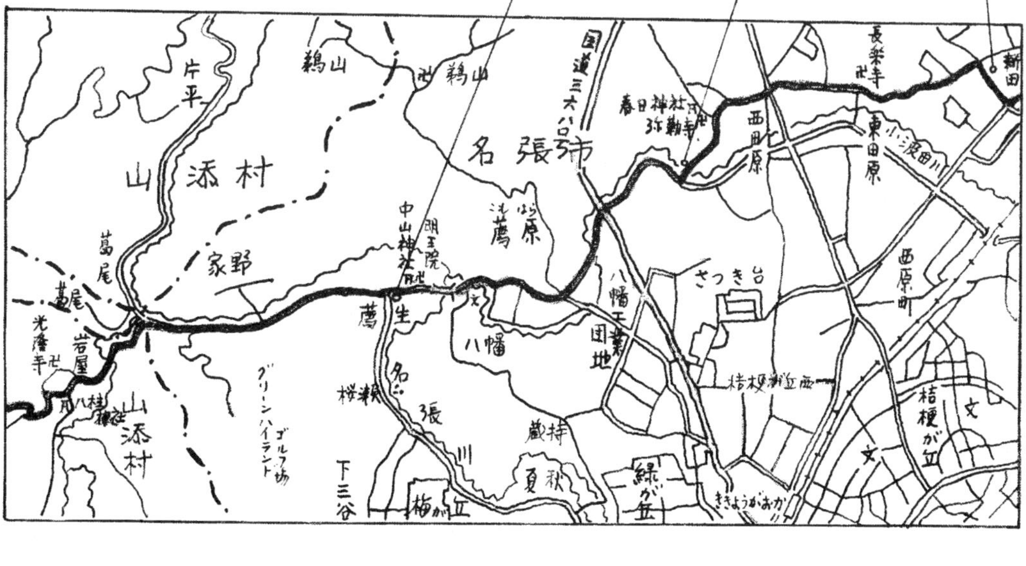

5　京都より伊勢参宮にかかわる街道

5－1　東海道　京都市三条より三重県関町まで

東海道が道筋として確立するのは天皇が都を平城京から長岡京へ、さらに平安京にと移された桓武天皇時代の延暦年間８世紀以後のことである。なお１２世紀に武家政治が行われてから南北朝時代を経て、戦国時代となり政治的必要性からも道路の整備が必要となっていった。慶長８年(1603)に徳川幕府は東海道など五街道を制度として定めている。伊勢参宮の道は、その一部を利用している。

5－1－1　京都市三条より滋賀県大津市石山まで

三条大橋より東へ、東山三条を過ぎると白川橋を渡るが、橋の東詰南側に京都では最古の、延宝３年 (1675)銘のある道標がある。

蹴上から九条山へとインクラインに沿って登りとなるが、古道は途中の粟田小学校の東より、青蓮院につづく粟田神社の門前を通り、都ホテルの裏山から蹴上浄水場の上を、日ノ岡峠に出ていたようであるが、今は道がとぎれている。

日ノ岡には、旧東海道の荷車の上り下りのための敷石に、車輪の溝が着いたものが、供養碑の台石として残されている。この碑は京津国道工事の犠牲者のために昭和８年に建てられ、溝のついた敷石は車石として、大津市琵琶湖文化館その他にも保存されている。

日ノ岡で国道１号から右に一旦分かれて進み、五条別れと言われる御陵中内町で渋谷《しるたに》街道が分かれ、東山を経て京都五条に通じていて、その岐路に沢村道範建立の道標がある。

この辺りの道筋は旧国道より一筋南の道になるので割に静かであるが、多くの家は建てかえられてある。

山科地区は大石良雄ゆかりの地として、道筋に和菓子や土産品などにその名をつけた商品が目につく。山科駅前の元本陣の奴茶屋は近年まで料理旅館としてつづいていたが、駅前再開発により移転してしまい今はその様子を見れない。

京阪大津線とＪＲ線の山科駅を左にして、旧国道を東に向かう。

やがて四宮泉水町に達すると徳林院地蔵堂（八角堂）があり、その前にある道標は、道路工事のために約３００メートル東の、四宮辻から移されたものである。

四宮鎌手町の街道から左へ小関越の岐路があり、その角に三井寺の道標がある。

間もなく国道１号で旧道は断たれ、陸橋を越えて向かい側に出て国道に分かれ、一段高い所の旧道をたどると追分に達する。追分で宇治を経て奈良に通じる奈良街道（大津道）が分かれ、ここから滋賀県大津市となる。

追分の分岐点に二つの道標があり、一つは「柳緑花紅」と刻まれたもので、昭和２９年に再製されていて、古い道標は琵琶湖文化会館の前に移設し保存されている。この道標には年号の記銘はないが、寛政９年に刊行の伊勢参宮名所図会に描かれているので、それ以前の造立であることになる。今一つは、音羽にある蓮如上人御塚道を示すものである。最近ここは多くの看板で覆われてしまった。

追分の東で国道１号に出て、名神高速道をくぐり、その南側に沿っていくと、月心寺の前から大谷町に入る。月心寺には走り井の井戸があり、今も湧き出る水が井戸枠より流れ出ている。お寺の少し手前に、自然石の道標がある。

京阪大津線の大谷駅手前で旧道が左に分かれ、踏切を通って大谷駅前に出ると、元祖走井餅本家の石標があるが、店は山科の店舗に移っている。

山側に蝉丸神社の石段があるが、この蝉丸神社はここより大津に至るまで三ケ所にあり、上社・中社・下社となっていて、ここは上社である。

旧道が国道と合流する所に、逢坂の常夜燈が一基だけ立っていて、もう一基は琵琶湖文化会館に移設保存されている。常夜燈の立つ反対側の警察検問所横に、逢坂山関趾の大きな自然石の碑が立っている。

国道を北へ大きく曲がっていくと、左手に弘法大師堂があり、そのすぐ北に蝉丸神社中社がある。道に沿って断続する旧片原集落を通り名神高速道をくぐるが、江戸期には大津絵や算盤の店で賑わった所とされる。国道を北に進み、逢坂の家並みの中から左に入ると蝉丸神社下社がある。ここは芸能人の参拝が多く、関の清水や重文の石灯籠があるが、清水井戸は本物でなく後年の作とされている。

国道１６１号にもどり、ＪＲ線の逢坂山トンネルを左に見て、大津の町に入ると、やがて札の辻で、真っすぐ進めば浜大津、左に道を取れば西近江路である。

右に道をとって旧東海道を進む。

京町通の町家の角に明治２４年来日のロシア皇太子刃傷事件の、いわゆる大津事件の記念碑がある。

石場で京阪線を横切り、大津警察署の所で広い道に分かれ古い町並みに入る。

馬場の街道に面して木曽義仲の墓がある義仲寺があり、ひっそりとしたたたずまいのここを何度も訪れた松尾芭蕉の墓や句碑がある。

木下町で南に曲がっていく丸の内町の湖岸は、膳所公園となっていて、ここは湖に突き出た膳所城跡である。膳所１丁目にある膳所神社の門は、桃山時代の薬医門形式で、明治３年に膳所城内の門を移設したとのことである。

京阪石山線に近く、何度か曲がっていくとＪＲ線をくぐり商店街に入り、京阪線を横切り国道１号を渡る。

京阪唐橋駅東の踏切を通り瀬田川に出て、小橋につづいて大橋を渡ると橋の東詰に、竜王宮と俵藤太社の道標があり、向かい側には上田の不動寺への道標があるほか、橋から南に入った竜王社前に、元禄７年(1694)の道標がある。

図91　東海道—1

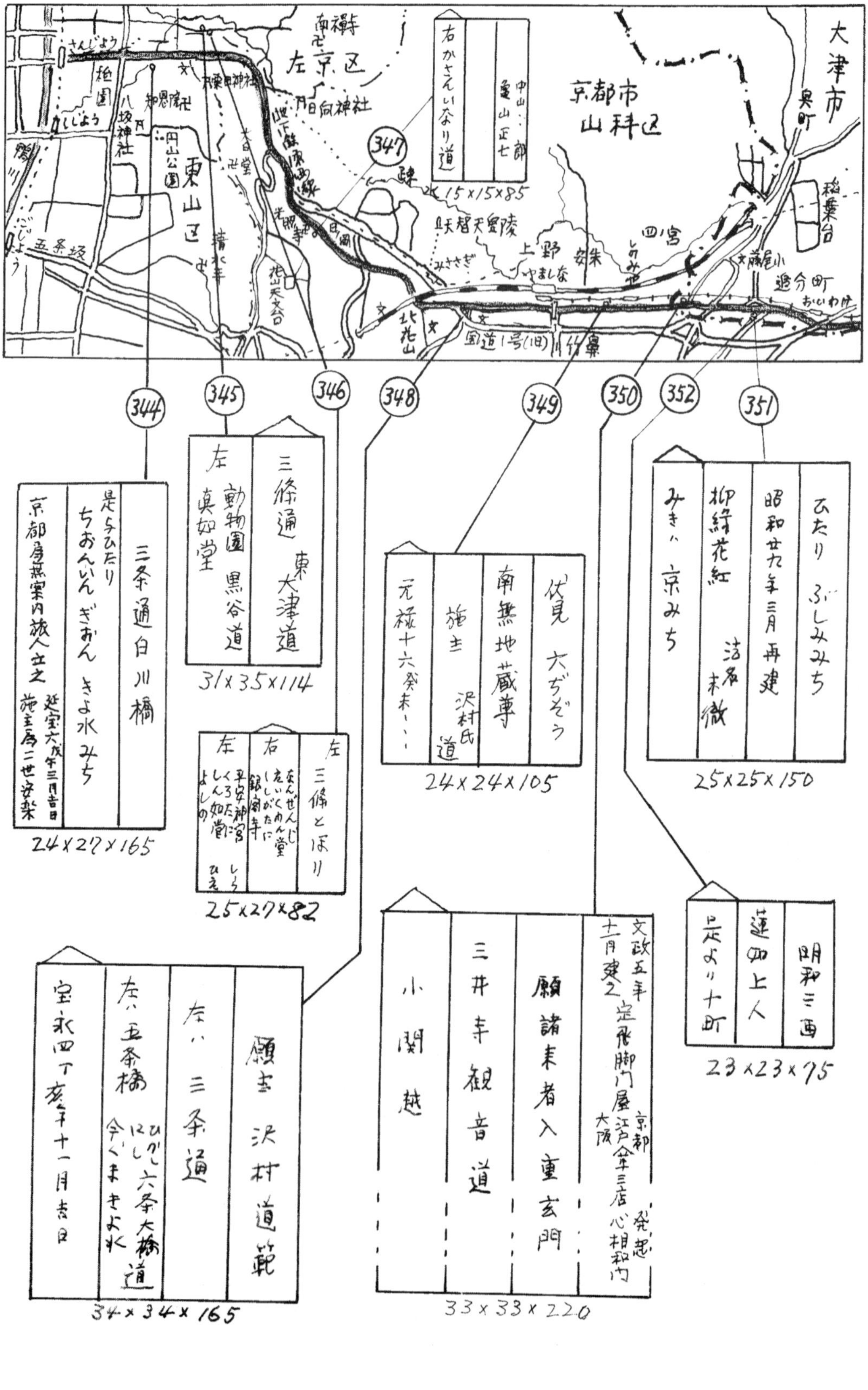

大津市
京都市山科区
左京区
東山区
南禅寺
日向神社
知恩院
八坂神社
円山公園
祇園
さんじょう
しじょう
ごじょう
五条坂
清水寺
花山天文台
北花山
上野
安朱
四宮
追分町
おいわけ
藤尾小
天智天皇陵
みささぎ
やましな
国道1号(旧)
竹鼻
大津市
344
三条通白川橋
是ヨりひだり ちおんいん ぎおん きよ水みち
京都彦根案内旅人立之
延宝六戊午三月吉日
施主彦二世安染
24×27×165
345
三條通 東 大津道
左 動物園 黒谷道 真如堂
31×35×114
346
左 三條とほり
右 なんぜんじ えいくわん堂 ししがたに 銀閣寺
左 平安神宮 くろたに しん如堂 よしの しら ひえ
25×27×82
347
右かさんいなり道
中山□郎 亀山正七
15×15×85
348
願主 沢村道範
左ハ 三条通
左ハ 五条橋 ひがし 六条大仏 にし 今ぐまきよ水 道
宝永四丁亥年十一月吉日
34×34×165
349
伏見 六ぢぞう
南無地蔵尊
施主 沢村氏 道
元禄十六癸未
24×24×105
350
文政五年十一月建之 定飛脚問屋 京都 江戸 大阪 三店 心相和内 発起
願諸来者入重玄門
三井寺観音道
小関越
33×33×220
351
ひだり ぶしみみち
昭和廿九年三月再建
柳緑花紅 沽名 木微
みぎハ 京みち
25×25×150
352
明和三酉
蓮如上人
是より十町
23×23×75

図92　東海道—2

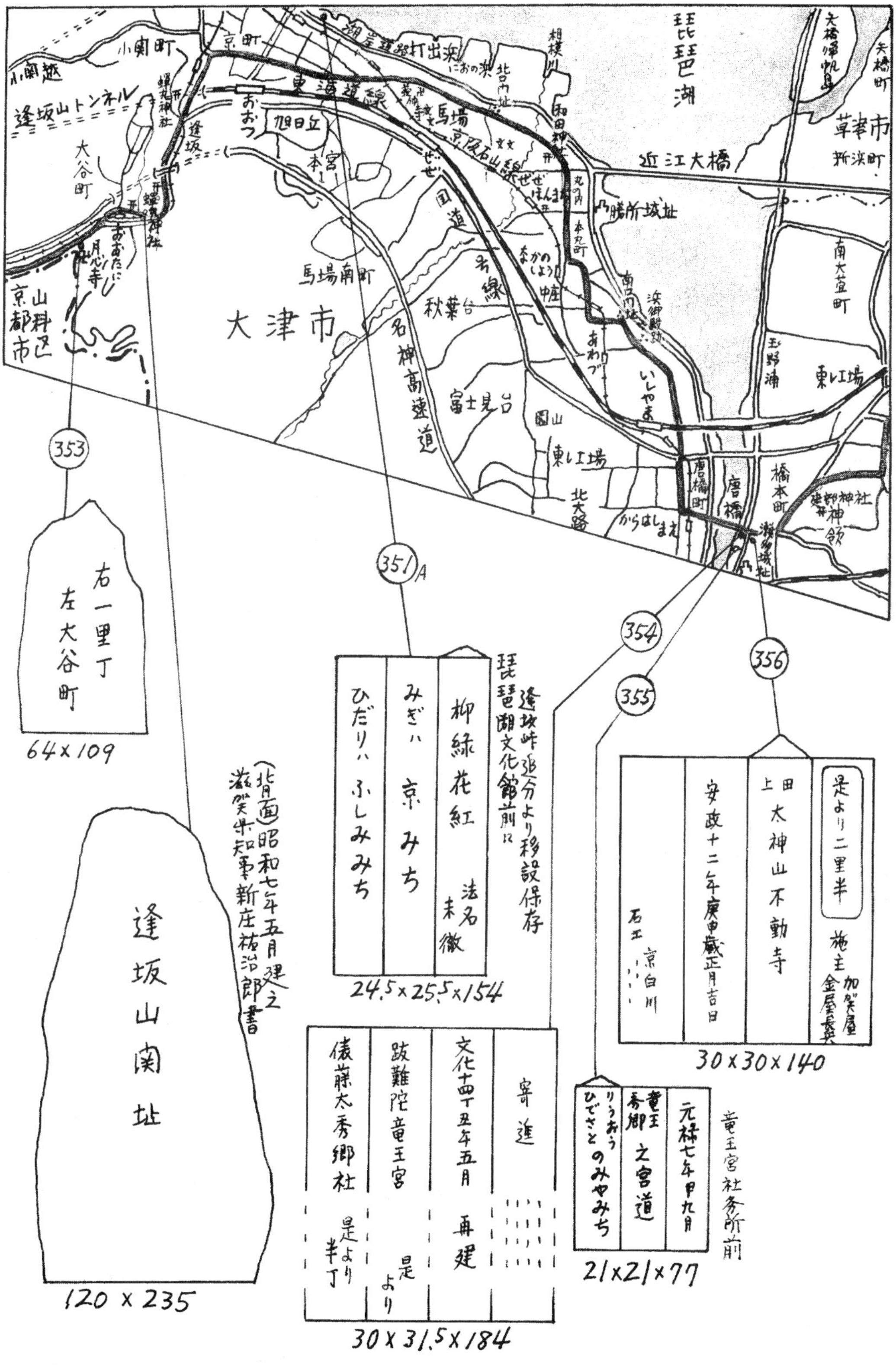
琵琶湖
大津市
近江大橋
膳所城址
東海道線
京阪石山線
国道一号線
名神高速道
逢坂山トンネル
小関越
小関町
大谷町
京都市
山科区
馬場南町
秋葉台
富士見台
草津市
矢橋町
南大萱町
唐橋
353
右一里丁
左大谷町
64×109
逢坂山関址
120×235
(背面)昭和七年五月建之
滋賀県知事新庄祐治郎書
351A
柳緑花紅
法名未徹
みぎハ京みち
ひだりハふしみみち
24.5×25.5×154
琵琶湖文化館前に
逢坂峠追分より移設保存
354
寄進
文化十四丁丑年五月
再建
跋難陀竜王宮
是より
俵藤太秀郷社
是より半丁
30×31.5×184
355
元禄七年甲九月
竜王秀郷之宮道
りうおうひでさとのみやみち
21×21×77
竜王宮社務所前
356
是より二里半
施主 加賀屋金屋長兵
上田
太神山不動寺
安政十二年庚申歳正月吉日
右京白川
30×30×140

5－1－2　大津市石山より石部町まで

唐崎町より瀬田川を渡ると瀬田町で、橋の東詰を南にいくと新幹線路線の手前に、山岡氏の瀬多城址臨江庵があり、今は観光旅館臨江庵として営業している。

城の遺構は土塁と一部の石垣があるだけで、土塁も工事で削り取られつつある。

唐橋を渡って東進する道が曲がる所に、建部神社の標柱があり、その参道をたどると立派な社殿の元近江一の宮の建部神社があり、曲折した道を進む。

ＪＲ瀬田駅からの道と交差する一里山の角に、一里塚跡の碑がある。

緩い坂道の月輪地区を通り抜けると、草津市に入り野路町となるが、古来野路の篠原といわれ、玉川は萩の名所として知られ、東海道の宿場であった。後年草津が宿場として栄えてからは衰退したが、名所をしのぶ地元有志の努力で、小さい池と周辺が整備されて、その場所が確認できるようになっている。

間もなく国道を斜めに横切り、矢倉に入るとその集落の中程に矢橋への道標がある。矢橋は琵琶湖岸の港で、昔は大津などとの間に船が通って多くの利用者があったと伝わる。

街道は立木神社前を通り、神社内に滋賀県最古の延宝６年(1678)の道標がある。

草津の中心地に進み、天井川となっている草津川につきあたる手前に、旧草津本陣があり平成元年から８年にかけて解体修理が行われ、有料で公開されている。

その向かい側の川そばに、東海道・中山道を示す常夜燈型の大きい道標がある。

これは江戸時代に近江商人として名をあげた、日野出身の中井氏の寄進になるもので、ここは追分といわれ、直進して川を渡るのが中山道で、今はトンネルを抜けていくと、大路の覚善寺の前にも両街道を示す道標がある。

川を渡らず、堤の下を東に進むのが古い東海道で、町並みを通っていくと道は土手にあがり、ここにも中井氏の建てた常夜燈型の道標がある。今はここに草津川の橋がかかっているが、昔は徒《かち》渡りといって歩いて渡ったのである。

対岸を川に沿って行くと新屋敷で、草津市より栗東市となる。

住宅地の中を進みＪＲ新幹線をくぐり、岡から道は曲がっていくが、この辺りにはもう古い家は見当たらず、道幅も広くなり新らしい家々がつづき、少し北側を通る国道に比して静かな道筋となっている。

手原で道が交錯するが旧道は残っていて、ＪＲ線に近ずき手原駅前を通り、小野から六地蔵に進む。

家並みがとぎれかかり、新道に近く旧道に面して、一きわ目立つどっしりした建物があり、これは胃腸など万病薬の旧和中散本舗大角家の建物である。

参勤交代の大名の本陣にもなっていた所で、元禄時代の建て方を残し、道の向かいの隠居所と共に重文に指定されている。

和中散本舗の東にある福正寺の地は、中世の六地蔵城址と伝えられている。

街道はＪＲ線の近くに沿っていき、家々の間から近江富士の三上山が近くに見える。やがて新善光寺の道標があり、そこで街道に分かれて北にＪＲ線を横切っていくと、つきあたりに新善光寺がある。その立派な門や信濃の善光寺の分身如来像をまつる本堂のたたずまいなど、さすがに遠くからもお参りに来る人が多いのもうなずけるところである。

街道に戻り東に進むと林に薬師堂があり、その前に道標と膳所藩の領界石などがある。

伊勢落を過ぎ、名神高速道をくぐる所は石部町で、工場や砕石場がつづき、これまでは閑静であった街道も、ダンプカーなどが埃を立てて走るようになる。

しかし、それも少しの間で、石部の集落に入ると静かになる。

ＪＲ石部駅の南側を経て町の中心部に入り、仲町でカギ状に曲がってからは、一直線になった商店街の通りを進む。ただ商店街といってもお寺などもあり、商店街の雰囲気はうすいが、小島氏宅前に石部宿本陣跡の碑と、明治天皇御旧跡の大きな石碑が立っている。

通りが商店街らしくなってくると、町並みの中の三大寺氏も本陣の一つであったということである。しかし街道沿いの建物のほとんどは、既に建て代わってしまっている。

石部町内で街道から離れているが、西寺の常楽寺とその東方にあたる東寺の長寿寺をあげておかねばならない。街道から南に２キロ余り入ると紅葉で名高い常楽寺があり、国宝の本堂と重要文化財の仏像や、室町時代建立の三重の塔がある。

常楽寺から東へ１キロ余りの東寺に長寿寺がある。本堂は源頼朝再建とされる国宝の建物で、秘仏の国宝春日厨子、本尊は半丈六の子安地蔵で、収蔵庫の阿弥陀座像は重要文化財である。

両寺ともに和銅年間（708～715)良弁僧正の創建とされる名刹である。

写真14　草津市草津　東海道旧草津本陣

写真15　栗東市六地蔵　旧和中散本舗

図93　東海道—3

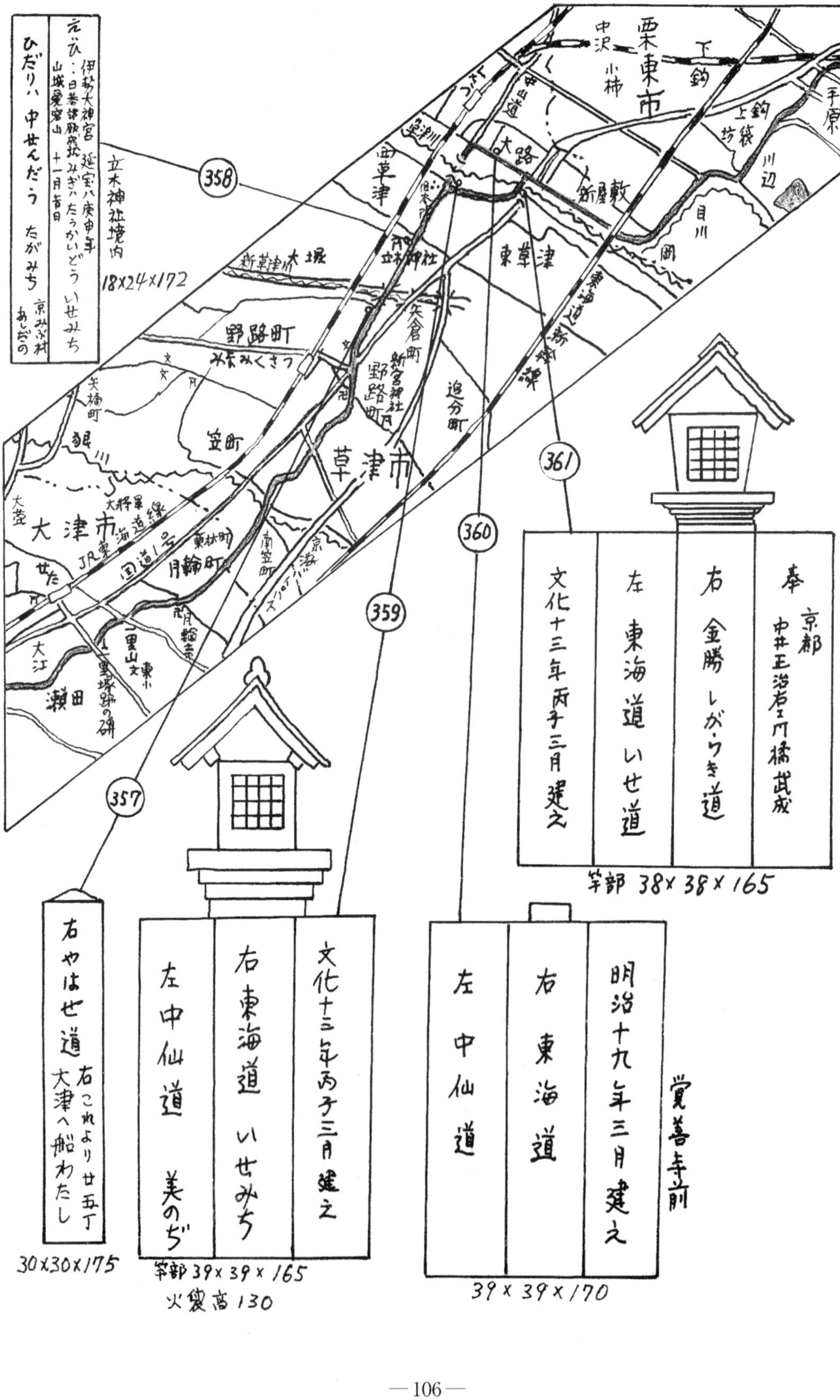
358
立木神社境内
ひだりハ中せんだう　たがみち
京みぶ村
いせみち
延宝八庚申年
十一月吉日
18×24×172
栗東市
草津市
大津市
野路町
東草津
新屋敷
大路
矢倉町
追分町
月輪町
南笠町
矢橋町
大萱
大江
瀬田
JR東海道線
国道1号
東海道新幹線
新草津川
一里塚跡の碑
357
右やはせ道
右これより廿五丁
大津へ船わたし
30×30×175
359
文化十三年丙子三月建之
右東海道　いせみち
左中仙道　美のぢ
竿部 39×39×165
火袋高 130
360
明治十九年三月建之
右東海道
左中仙道
覚善寺前
39×39×170
361
奉
京都
文化十三年丙子三月建之
左東海道　いせ道
右金勝　しがらき道
竿部 38×38×165

図94　東海道—４

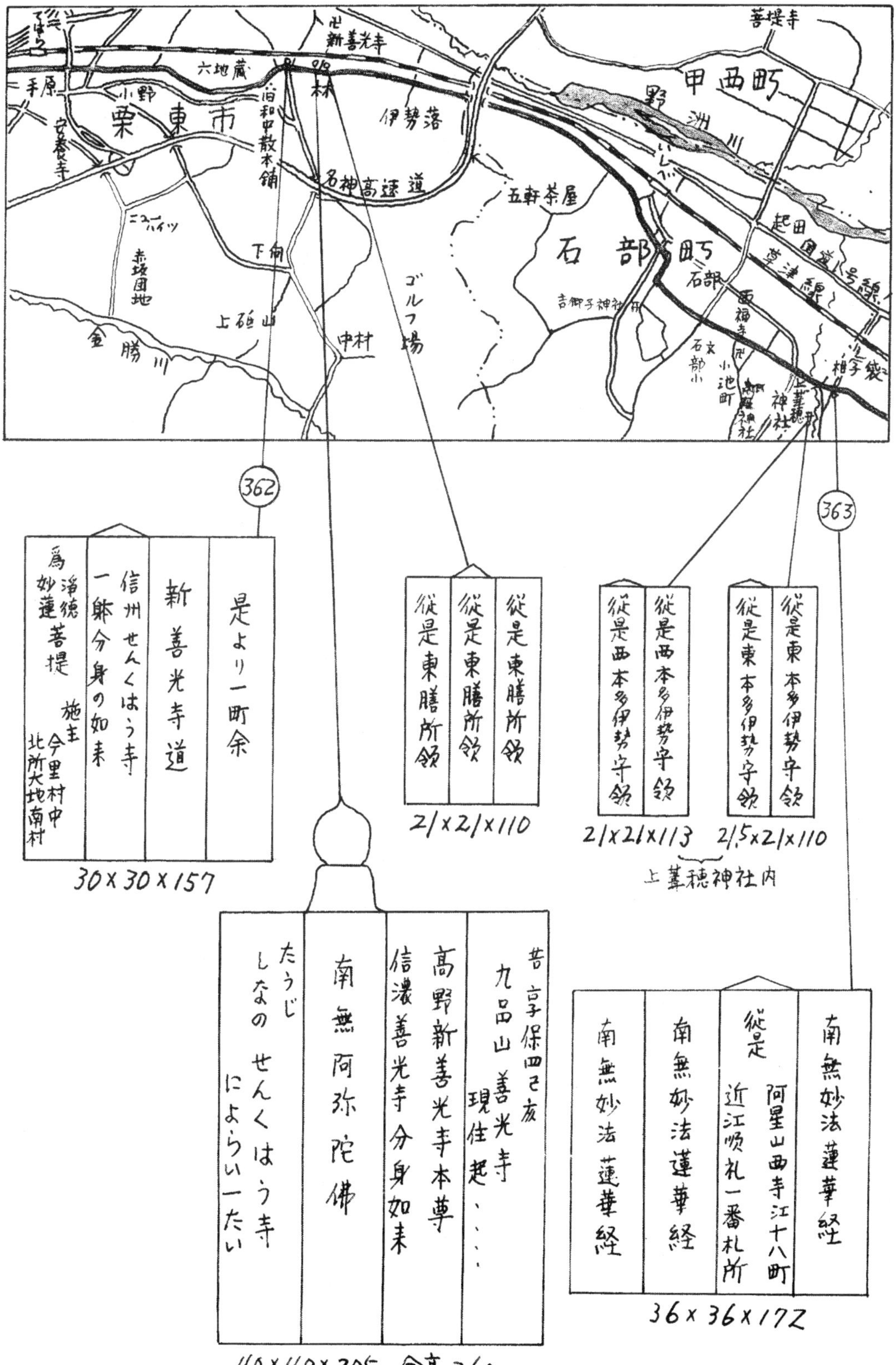

手原
六地蔵
小野
栗東市
安養寺
旧和中散本舗
新善光寺
林
伊勢落
名神高速道
五軒茶屋
菩提寺
甲西町
野洲川
石部町
石部
国道1号線
草津線
ニューハイツ
赤坂団地
下向
上砥山
金勝川
中村
ゴルフ場
吉御子神社
西福寺
石部小
小池町
上葦穂神社
柑子袋
362
是より一町余
新善光寺道
信州せんくはう寺
一躰分身の如来
為 浄徳 妙蓮 菩提
施主 今里村中 北所大地南村
30×30×157
従是東膳所領
従是東膳所領
従是東膳所領
21×21×110
従是西本多伊勢守領
従是西本多伊勢守領
21×21×113
従是東本多伊勢守領
従是東本多伊勢守領
21.5×21×110
上葦穂神社内
昔享保四己亥
九品山善光寺
現住起……
高野新善光寺本尊
信濃善光寺分身如来
南無阿弥陀佛
たうじ しなの せんくはう寺
にようらい一たい
40×40×205　全高260
363
南無妙法蓮華経
従是
阿星山西寺江十八町
近江順礼一番札所
南無妙法蓮華経
南無妙法蓮華経
36×36×172

5-1－3　石部町より土山町まで

石部町の森町より落合川を渡ると甲西町で、集落はまばらとなり、柑子袋の岐路に大きな上葦穂神社の標柱と、そのそばに西寺（常楽寺）の道標がある。

南へ300メートルにある天智天皇時代に創建とされる上葦穂神社は、祭神が伊邪那岐尊・国常立尊で、境内に領界石二基があり本多伊勢守領を示し、本多俊次は慶安４年（1651)伊勢亀山より７万石で膳所に入封し、石部は領内であった。

また西寺とは、街道より2､5キロ西南にある天台宗常楽寺のことで、西寺より1､5 キロ東方にある長寿寺は東寺と呼ばれ、夫々の地名となっている。いずれも８世紀はじめの創建で､国宝・重文の文化財のある古刹で､西寺には国宝の三重の塔がある。

平松の中央、街道から少し右手に入った平松公民館前に｢うつくし松｣の碑があり、案内標に従っていくと、１キロ弱で住宅地の奥にその自生地があり、根元より数本の幹を出している松が群生している。

街道にもどり、天井川の家棟川をくぐり針の集落を通り、由良谷川の天井川を抜けていくと夏見で、街道は少し曲がりながら吉永を通る。やがてまた、天井川の大砂川をくぐるが、その堤の吉永側に杉の大木がそびえていて、これは弘法杉と呼ばれ、弘法大師お手植の杉と伝えられている。

三雲町に入り、ＪＲ線の北側に出て荒川を渡る手前に、妙感寺と田川不動尊への道標がある。間もなくＪＲ三雲駅前に出ると、ここにも妙感寺の道標がある。

妙感寺は街道から荒川に沿い、西南１､5キロにある寛政年間創建のお寺である。

三雲駅の北で一度国道に合流し、野洲川の横田橋を渡り、丘の上にある陶器工場の裾を通り水口町に入ると、三つに道が分かれ、左は国道で中央が旧東海道になっているが、元の東海道は現在の横田橋より上流に渡しがあって、その渡場跡に文政年間に設けられた特大の常夜燈が残されている。

泉地区には所々に古い家があり、酒人口のバス停を右に入った所に、善光寺の大きな標柱が二基立っているが、近辺に善光寺はなく、西に1､2キロ隔たる栗東町の上記の善光寺を指しているようである｡北脇の町筋にも街道の趣が残り､西林口を北に入った所に､五十鈴神社や妙沾寺･西方寺などがある。

水口中心部を南に入ると水口城跡があり、堀と石垣が残り城址公園となっていて､東部に櫓が再建され資料館となり､大手口は信楽街道に面している。

水口城は､天和年間に２万石で加藤明友が入封し、一時ここから離れたが再び加藤氏が、正徳２年(1712)水口藩主となり､明治維新までつづいていた。

東海道と信楽街道が交わる角地に藤栄神社があり､この地は北方に移転した天満宮の址で､神社標石の背面に水口領と刻まれてある。

街道北側に少し入ると､武家屋敷風の建物があるが､水口城ができてからの街道は城下を避けて､北方に迂回していたようである。

近江鉄道水口石橋駅北側の踏切を通り、本町・京町・元町へと進む。北方に見える古城山は、その名のとおり岡山城址で、長束氏の居城であったが、関ヶ原戦に敗れてから廃城となっている。

古城山の麓に大岡寺があり、お寺の門には三葉葵の紋があるのは、徳川家康ゆかりの寺であるからで、家康が腰をかけたという石がある。

街道から少し離れるが、水口神社参道の松並木に入る所に、道しるべを竿部に刻んだ常夜燈があり、国道1号を横切っていくと秋葉で、中畑への岐路に風化した道標がある。

国道より少し高い位置の北側を通る街道は、道幅もあり立派な家々がつづき、新城の北側は住宅地となっている。八坂神社への岐路にある神社標石の所で一旦国道に出てすぐ北に分かれる。今郷と土山との境界である稲川を渡る所より国道に入り、それも間もなく北に分かれて進む。

土山町今宿・片山を経て寺前で国道を南に横切るが、国道北側に若王寺があり、その標石が国道南側にある。三軒家を経て大野小学校前を通っていくと、松並木が街道西側にほどよく残っていて、それを抜けると家並の中に一里塚跡の碑と説明の立札があるが、遺構は何も残っていない。

市場集落の中部南側に、垂水頓宮御殿址の表示があり、頓宮址は東へ1、3キロの国道北側にもある。

前野の集落に入ると地安禅寺があり、辺りは落ち着いた家並みの間に茶畑が広がり、土山町一帯は近江土山茶の生産が盛んで、その処理場や倉庫が目につく。

茶畑の中に滝樹神社の道標があり、神社は野洲川沿いの杜の中にある。

街道は次第に国道1号に近づき、前野の東はづれで国道に合流するが、その角に土山町の建てた伊勢大路（別名　阿須波道）の標石がある。

国道を西に戻った北側の茶畑の奥にある杉の森は、垂水斉王頓宮跡で杜の中に小さい社と石標がある。

野洲川の旧道の橋は、国道ができてから無くなり、国道の白川橋を渡り白川の集落から田中に進む。

道が交錯する土山町西部、家並みの間にある細い道は御代参街道の古道で、古い道標が二基と、土山町が立てた新しい道標一基がある。

東海道中49番目の土山宿の通りは、南土山で国道の南側に離れて通じ、街道が県道に交差する近くに、土山代官所址の標柱や旧本陣大国屋跡の表示があるほか、ここから東へ400メートルに旧本陣の土山氏住宅がある。

道は狭くなってくるが、静かな通りには新しい家がまじってきている。

宿場は、南土山の東部にある一里塚跡の石柱につづき、東海道土山宿の標柱の所で終わり、国道に合流する。その国道に出た所に田村神社の入口があり、木立の中の参道は300メートルつづき、その奥に坂上田村麻呂をまつる神社がある。

図95　東海道―5

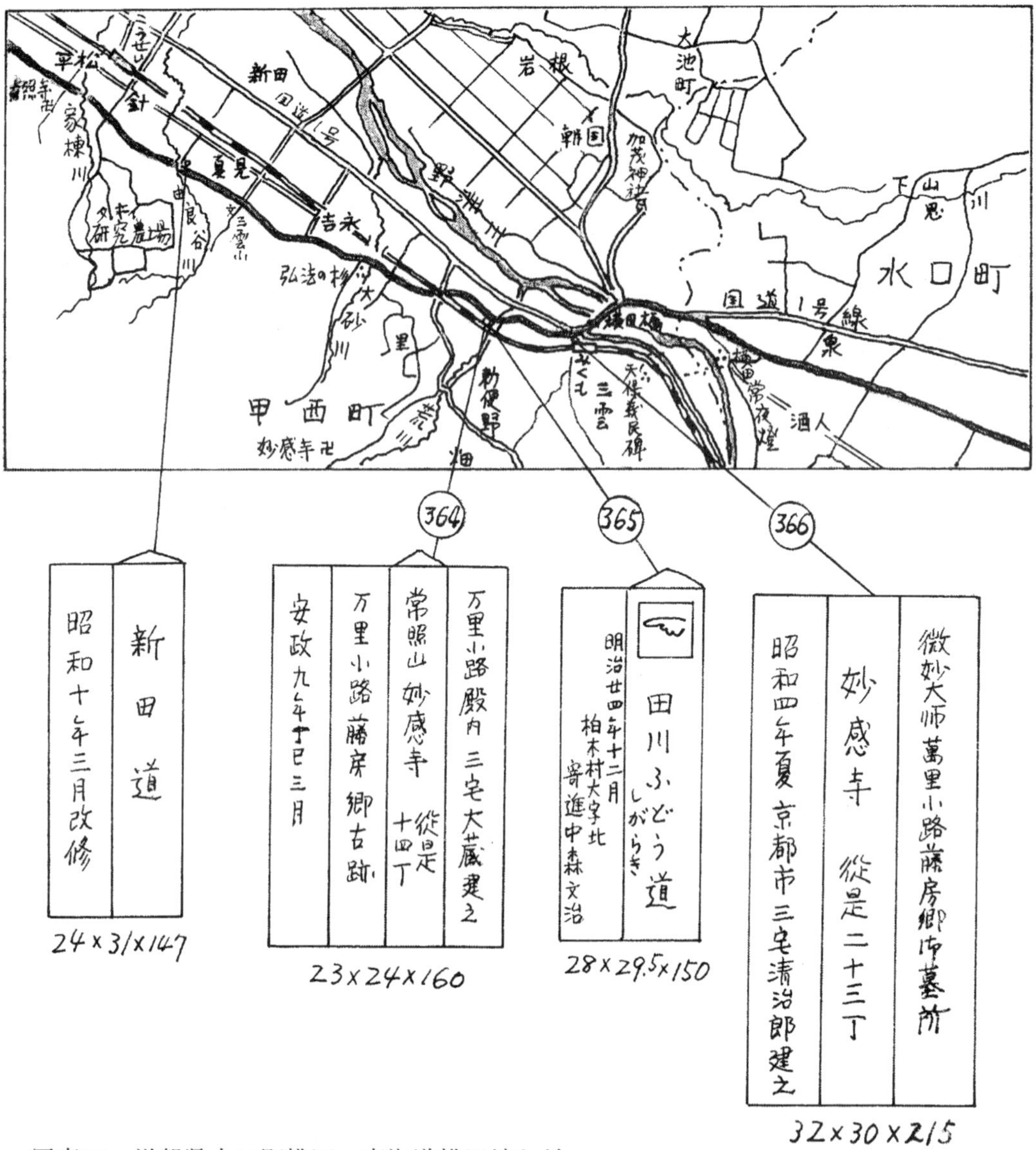
平松
針
夏見
吉永
新田
国道1号
岩根
大池町
野洲川
加茂神社
水口町
国道1号線
横田橋
泉
酒人
常夜燈
天保義民碑
三雲
甲西町
妙感寺
弘法の杉
大砂川
由良谷川
家棟川
畑
364
365
366
新田道
昭和十年三月改修
24×31×147
万里小路殿内 三宅大蔵建之
常照山妙感寺 従是十四丁
万里小路藤房卿古跡
安政九年丁巳三月
23×24×160
田川ふどう道 しがらき
明治廿四年十二月
柏木村大字北
寄進中森文治
28×29.5×150
微妙大师萬里小路藤房卿御墓所
妙感寺 従是二十三丁
昭和四年夏 京都市三宅清治郎建之
32×30×215

写真16　滋賀県水口町横田　東海道横田渡し址

図96　東海道―6

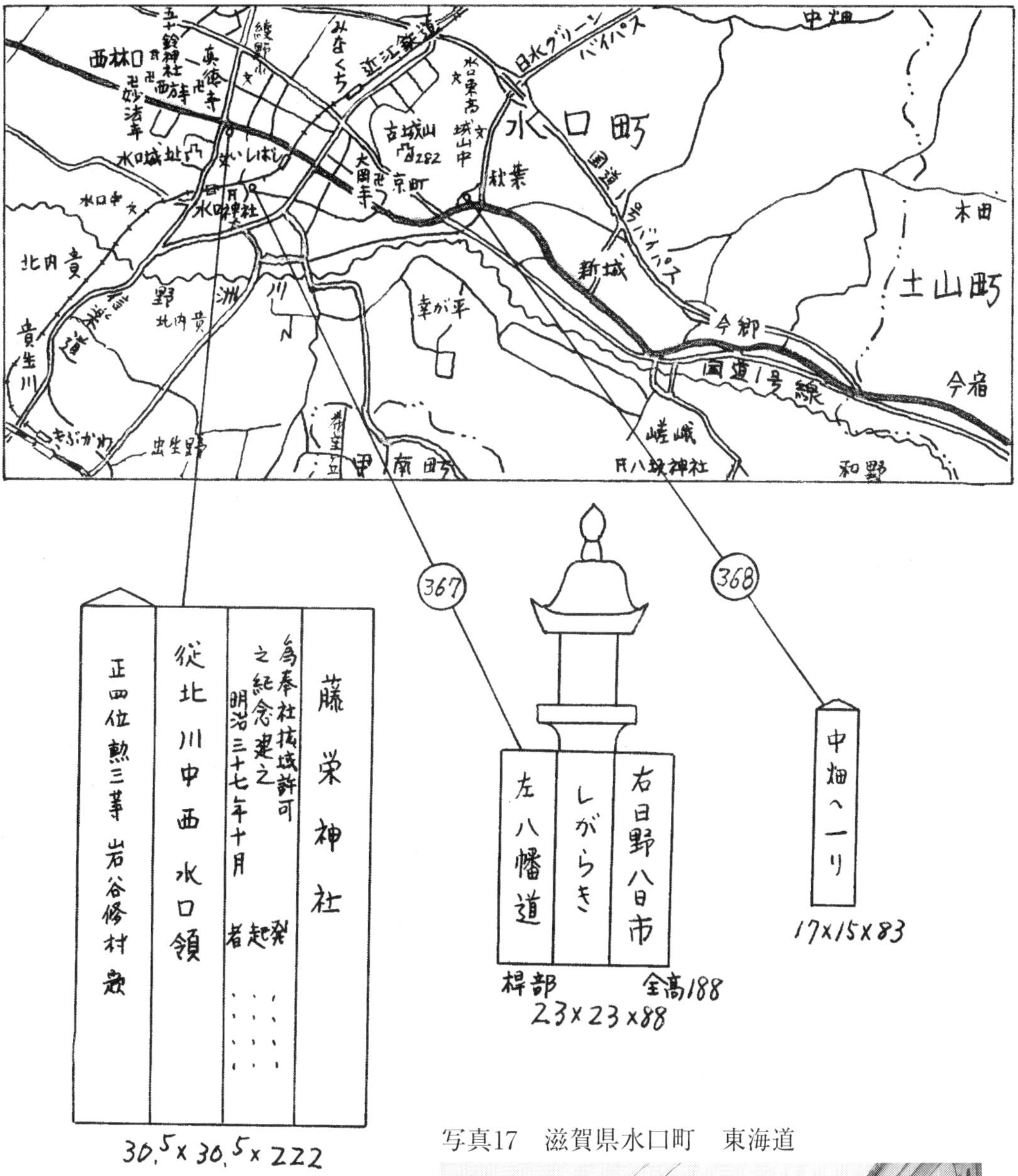

写真17　滋賀県水口町　東海道

図97　東海道—7

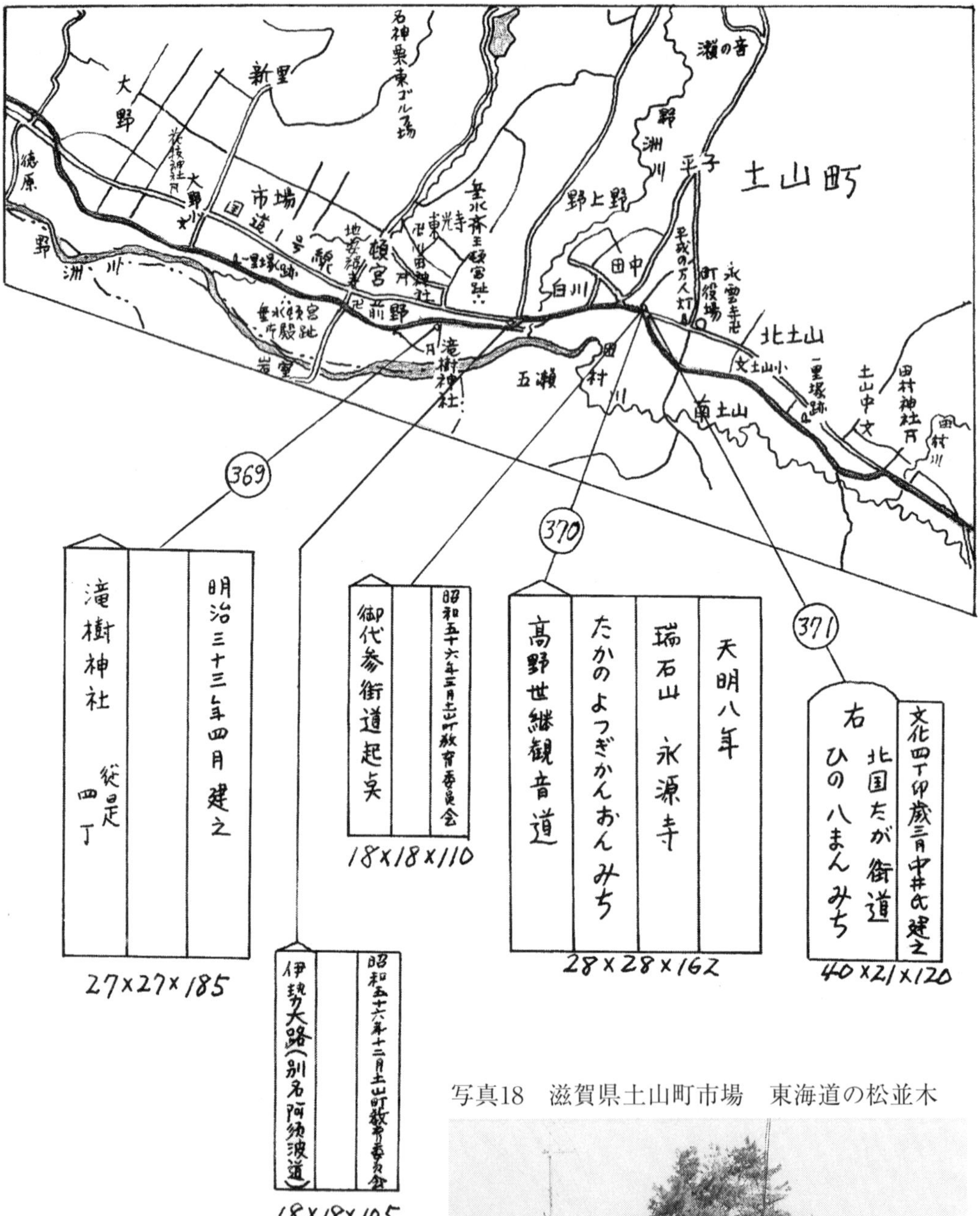

大野
新里
名神栗東ゴルフ場
瀬の音
野洲川
平子
土山町
野上野
市場
国道1号
頓宮
東光寺
垂水斎王頓宮跡
田中
白川
町役場
北土山
南土山
一里塚跡
土山中
田村神社
田村川
五瀬
田村川
滝樹神社
前野
岩室
徳原
野洲川
大野小
369
滝樹神社
従是四丁
明治三十三年四月　建之
27×27×185
伊勢大路（別名阿須波道）
昭和五十六年十二月土山町教育委員会
18×18×105
御代参街道起点
昭和五十六年三月土山町教育委員会
18×18×110
370
高野世継観音道
たかのよつぎかんおんみち
瑞石山　永源寺
天明八年
28×28×162
371
右
北国たが街道
ひの八まんみち
文化四丁卯歳三月中井氏建之
40×21×120

写真18　滋賀県土山町市場　東海道の松並木

5－1－4　土山町より三重県関町追分まで

土山町南土山より蟹坂・猪鼻をへて、山中川に沿い山中の十楽寺や、熊野神社を南に見て国道を進む。

東の三子山と、西の高畑山の中間に鈴鹿峠がある。

国道はトンネルで峠をくぐり、三重県関町に入るが、旧街道の滋賀県側は緩やかな登りである。土山町最後の集落である沢の立場では、一段高い正面に大きな常夜燈が望まれる。その手前に岐路があり、右手は古道で中央は新国道で左は国道１号で、国道は夫々トンネルで峠下を抜けている。

道幅の広い緩やかな坂道の古道をいくと、先程見えた常夜燈があり、これは自然石にちかい石を積み上げげたもので、伊勢参宮講の万人講によって建てられている。ここの周辺は整備され、休憩所とトイレが設置されてある。

茶畑の中を通り、木立に入る手前にも休み場があり、桜の木のそばにハイキングの案内板と、東海道と示された石柱などが並んでいる。

道は平坦になり樹林の中の鈴鹿峠に達し、鏡岩•高畑山などの案内表示がある。

街道を少し西に入った杉林の中に、田村神社旧地の土檀と石柱があり、更に100メートル余り登ると鏡岩があり、岩の上からは新旧国道が一望することができる。

峠からは三重県関町で、しばらく落葉の散り敷く下りとなる。

やがて国道が見えてくると、国道改修時に地下道となった所を抜けて行く旧道は、急な下りの道となる。

落葉の下には石畳やコンクリートの部分が断続し、片山神社(鈴鹿権現)の前に出て、木立の中の石段を登ると、坂の下地区の氏神である片山神社がある。

神社からは舗装された道となり、鈴鹿川の所で国道に合流している。国道の上手にあった古道は、途中が崩れて不通なまま廃道になっている。

国道東へ約500メートルに岩屋観音があり、ここから国道に分かれて進む。

中ノ橋の東にある法安寺の玄関は、脇本陣の玄関を移したとされている。

鈴鹿川を挟み南側に国道が通り、坂ノ下から沓掛を経て弁天で合流し、弁天橋の西詰に一里塚跡の石柱があり、市ノ瀬筆捨の北500メートルに筆捨山がある。

市ノ瀬で国道と分かれるが、鈴鹿川を渡った所で合し、関の西の追分で旧道と大和街道(加太越街道•国道25号)が分かれ、その角に法華塔の道標がある。

西の追分より0,7キロの地蔵院のお堂は、室町時代の建物として重文に指定され、庭園も県下七名園の一つとされていて、有料で拝観することができる。

関の街道筋は早くより、町並保存に力が注がれよく整備され、郵便局の前に伊藤本陣跡や東の向かい側に川本本陣跡がある。川本本陣の門は、ＪＲ関駅北の中町にある延命寺の門として残っている。東の追分は、伊勢内宮の鳥居を移設した伊勢神宮一の鳥居がある一里塚跡で、伊勢別街道の分岐点となっている。

図98　東海道―8

写真19　滋賀県土山町　東海道鈴鹿峠

写真20　三重県関町坂ノ下　東海道旧宿場

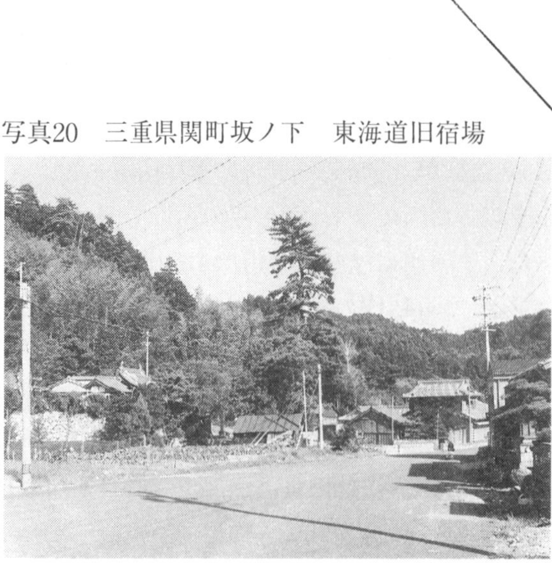

図99　東海道—9

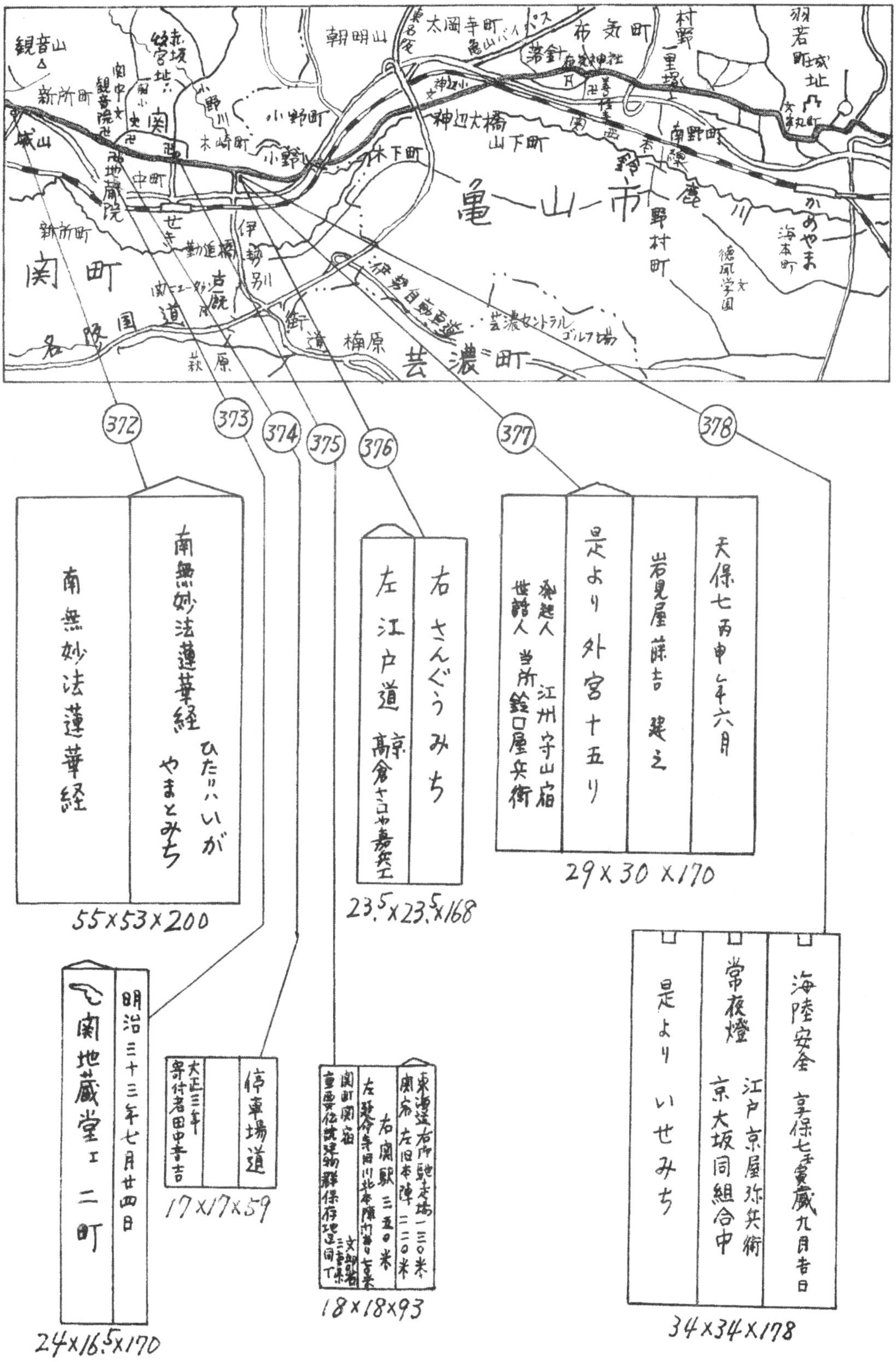

観音山
新所町
城山
関
小野川
木崎町
小野町
小野
中町
木下町
地蔵院
勧進橋
伊勢別街道
関町
名阪国道
萩原
椋原
芸濃町
朝明山
太岡寺町
亀山バイパス
布気町
布気神社
神辺大橋
山下町
関西本線
南野町
鈴鹿川
亀山市
野村町
徳風学園
伊勢自動車道
芸濃セントラルゴルフ場
羽若町
かめやま
372
373
374
375
376
377
378
南無妙法蓮華経
南無妙法蓮華経
ひだりハいが
やまとみち
55×53×200
明治三十三年七月廿四日
関地蔵堂エ
二町
24×16.5×170
停車場道
大正三年
寄付者田中音吉
17×17×59
右関駅三五〇米
関町関宿
文部省
三重県
18×18×93
右
さんぐうみち
左
江戸道
京
高倉さこや嘉兵エ
23.5×23.5×168
天保七丙申年六月
岩見屋藤吉　建之
是より外宮十五り
発起人
世話人
当所
鈴口屋兵衛
江州守山宿
29×30×170
海陸安全
享保七壬寅歳九月吉日
常夜燈
江戸京屋弥兵衛
京大坂同組合中
是より
いせみち
34×34×178

５－２　伏見街道　京都市五条より伏見まで

伏見（伏水）街道は、京都五条大橋の東三筋目、本町通を南に進む道で、京の東の主要な入口が三条になる前には、五条であったからである。

本町通より２００メートル東の通りは、古道の大和大路通で、本町１０丁目で本町通に合流している。その途中には大仏で知られていた方広寺（大仏殿は焼失）や豊国神社、国立博物館につづき三十三間堂（蓮華王院）などがある。

京阪東福寺駅前を通り、ＪＲ東海道線の陸橋を渡り、古い商家が多く見える通りを南に進み、三ノ橋を渡り東に入ると、国宝や重文などが多い東福寺がある。

京阪鳥羽街道駅の南で、西に鳥羽街道が分かれ、本町２２丁目で東山区より伏見区に入る。

ＪＲ稲荷駅の東は稲荷神社一色となっていて、ＪＲ線の南に出ると直違《すじかい》橋通となり、五丁目の東側に赤レンガと銅板屋根の建物が目立つ聖母学院があり、その西北角に十二帝陵への道標がある。十二帝陵とは、衰微した皇室の苦肉の策として、後深草天皇ほか十二代の天皇と栄仁親王を、一か所に奉葬した所である。

名神高速道の南側の深草小学校内に、二基の道標が保存されている。

七瀬川に架かる橋は直違橋であるが、明治になってから四ノ橋と名が変わった。

七条通より直違橋通に至る間には、お寺への標柱が数基あるが省略する。

藤森町の藤森神社には重文の社殿があり、建物の整った古社である。

元歩兵９聯隊跡地にできた京都教育大学の南側を、東に４００メートル入った西寺町に西福寺があり、その境内に道標が保存されているが、元の位置はここより南の大和道の辺りにあったものと推定される。

最上町で国道２４号に合流していくと、御香宮神社の東側を通るが、その社内にある天満宮の境内に道標が保存されている。御香宮の重文の南門は、徳川氏によって解体された旧伏見城大手門を移したものとされている。伏見城は桃山町の山手、桓武天皇陵と明治天皇陵の中間に、昭和３９年に再建され周辺は遊園地となっていたが、平成になってから経営不振となり閉鎖されてしまった。

城の旧地はこれより東方で、再建された建物の様式も全く異なったものである。

街道西側の奉行町から、片桐町にわたる市営桃陵団地は、元陸軍伏見工兵１６聯隊の跡地にある。西奉行町の団地入口に伏見奉行所跡の表示がある。

宇治川河畔に至ると京阪観月橋駅前に小ぶりの道標があるほか、ここより西に入った桃陽中学校と、更に西に４００メートルの南浜小学校内に、夫々道標が保存されてある。

伏見街道に関連して、墨染より東に大亀谷敦賀町を越えて、六地蔵に至る大和街道の古道があり、峠に八科峠の道標がある。今この道は墨染通と名付けられ住宅が続き、道も広げられ峠の地名はなくなっている。

図100　伏見街道

379
明治三十一年
南 いなり
西 東寺洛陽門
北 大仏即成院
15×18×68
380
深草十二帝陵 東三町
26.5×21×150
381
左 ふねのり場
右 京 すぐし 京みち 并 大津道
維時安政五竜舎戊午五月建焉
30×30×160
382
西 すぐ宇治かうばく 左大津 山しな 道
北 右大坂船のり場
東 すぐ 京みち
南 天保十四癸卯年二月建之
21.5×21.5×130
三基 深草小学校内に保存
383
左 いがいせ大和かい道
京 右大ぶっちおんいん大谷道 左本願寺竹田かい道東道
糸橋屋家先祖代々再興
18×24×113
西福寺内
384
東 右 京大津道 左 奈良宇治
南 右上醍醐黄檗道 左 大坂舟のり場
発起 山城屋弥兵衛
北 弘化四丁未年八月
31×30×165
御香宮内天満宮境内
八科峠
右 京みち
左 六ぢぞう
35×32×133
385 386
南浜小学校内
北 右大阪舟のり場 すぐ左大津奈ら宇治 道
東 右 京 すぐ大阪舟のり場 道
南 天保十二年辛丑二月建 すぐ 京 左り大阪舟のり場 道 施主 笹屋伊助
西 すぐ 右大津なら宇治道 左り 京
25×26×170
387
北 左 大津道
東 右 御香宮門前大手筋 左 京ばしふねのり場 十六丁
南 すぐ 大津道
23.5×36.5×165
桃陵中学校内
388
きようかいだう
やまとかいだう
18×18×103
八坂神社
しじょう
建仁寺
ごじょう
東山区
京阪線
妙法院
豊国神社
智積院
今熊野
南区
伏見街道
東福寺
いなり
稲荷神社
ふかくさ
竹田街道
西浦町
瓦町
伏見区
深草小
藤森神社
教育大学
西福寺
すみぞめ
ふじのもり
大亀谷
最上町
桃山城址
桓武陵
桃山東陵
桃山町
御香宮
大手筋
大津町
宇治川
向島
中之町
近鉄京都線
国道24号線

５－３　大和街道　京都市伏見より奈良市登大路まで

５－３－１　京都市伏見より山城町上狛《かみこま》まで

伏見区宇治川の観月橋で、宇治道と大和街道が分岐し、京阪宇治線に沿う道は宇治道で、宇治市六地蔵で山科から来た大津道に合し、京阪終点の宇治駅の南で宇治橋を渡り新明で、観月橋を渡って来た国道２４号や大和街道に合流する。

伏見区大津町の大善寺（六地蔵）前や、宇治市内に入ってからは、万福寺や三室戸寺などの有名な古刹のほか、宇治市南部には平等院や県《あがた》神社・宇治神社などの社寺があり、それらに関係した道標が多くある。

また、観月橋を渡って新明に至る道は、豊臣秀吉が伏見城を築いた時、周辺整備で構築した宇治川左岸の槇島堤や、旧巨椋《おぐら》池堤防の小倉堤は後の大和街道で、さらに近世の国道２４号などであるが、これらの道には道標は一つもない。

旧巨椋池は、昭和１６年に干拓が終わり、同４０年頃より住宅や工場が建てられ新しい街が出現し、さらに後　京滋バイパスが開通している。

向島の中島町に太神宮常夜燈があり、槇島町には巨椋神社がある。

ＪＲ新田駅の北で各街道が合流し、その合流点に二基の道標があり、ＪＲ線と国道の間を通って城陽市に入る。ＪＲ城陽駅の南で国道に合流し、ＪＲ長池駅の西側で国道にわかれるが、その角に、京都によくある昭和３年に三宅安兵衛遺志により建てられた道標がある。

城陽市より井手町に至る道筋に、五基の道標が残っているほか、青谷より東へ１キロ入った中集落の竜福寺前にある石仏の台石に、道しるべが刻まれてある。

市辺より中にかけての山手には、奈良県の月ケ瀬と並ぶ梅林があり、後醍醐天皇の時代から続くという２万本の白梅が有名である。

井出町の中心地の井手を、東西に流れて木津川に注ぐ玉川は、古来「井堤の玉川」と歌にもよまれた所であるが、現在は余り風情を感じない。玉川上流の上井手に玉津岡神社や、しだれ桜の名所地蔵院のほか、小野小町の墓があり玉津岡神社の南に小町塚がある。小町の墓や塚は各地にあり、ここもその一つである。

井手町南部の集落内の道端に、井手廃寺に関係があるのか、頓所の井戸と伝わる六角井戸が残っている。

南に進むと山城町となり、街道より綺田《かばた》の天神川上流０、５キロに真言宗蟹満寺があり、狭い境内の観音堂正面に、蛇に巻き付かれた蟹の額が掲げられている。これは蟹の恩返しの伝説によるもので、本堂の白鳳時代の釈迦如来座像は国宝である。

天井川の不動川をくぐり、平尾を経てＪＲ路線近くを通り、国道２４号を斜めに横切り、山城町の町役場がある上狛に至る。

図101　大和

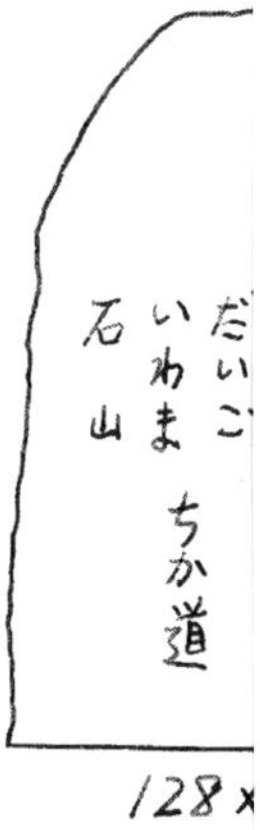
だいご
いわま　ちか道
石山
128x

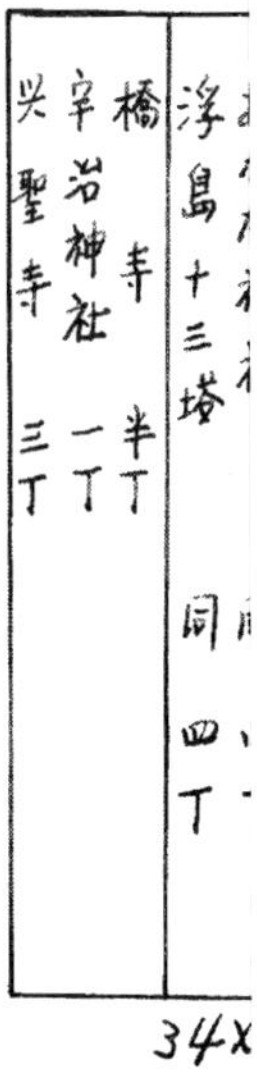
浮島十三塔　同四丁
橋寺　半丁
岩神社　一丁
興聖寺　三丁
34x

図101　大和街道―1

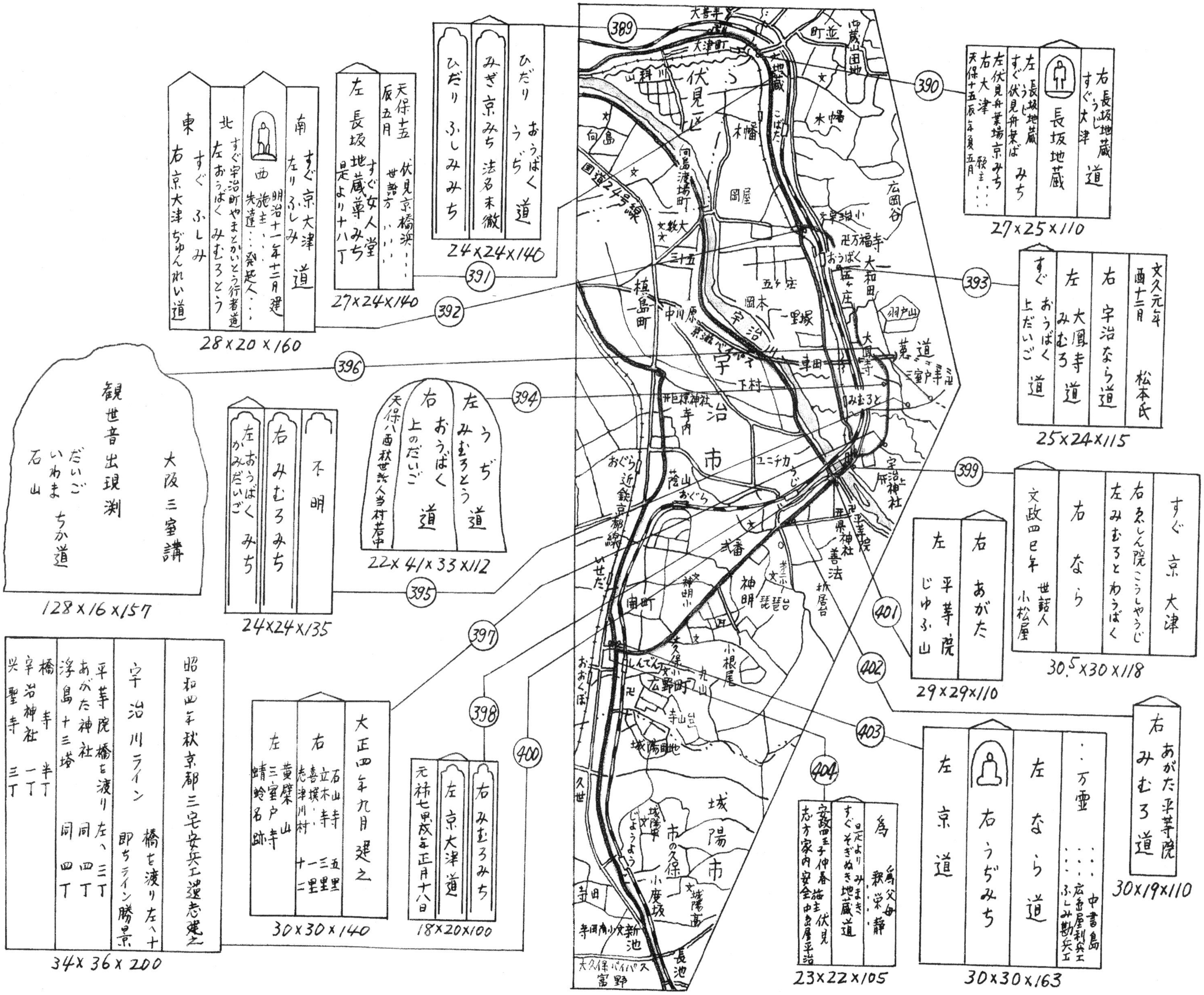

389
ひだり おうばく うぢ 道
みぎ 京みち 法名末徹
ひだり ふしみみち
24×24×140
390
右長坂地蔵 すぐ大津 道
長坂地蔵
左長坂地蔵 すぐ伏見舟業ば みち
左伏見舟業場京みち 右大津
天保十五辰年夏五月 願主
27×25×110
391
天保十五 辰五月
伏見京橋浜 世話方
すぐ女人堂
左 長坂地蔵尊みち 是より十八丁
27×24×140
392
南 すぐ京大津 道 左り ふしみ
明治十一年十二月建
西 施主 先達 発起人
北 左 おうばく みむろとう すぐ宇治町やまとかいとう行者道
東 右 京大津 ぢゅんれい道 すぐ ふしみ
28×20×160
393
文久元年 酉十二月 松本氏
右 宇治なら道
左 大鳳寺道 みむろ
すぐ おうばく 上だいご 道
25×24×115
394
左 うぢ みむろとう 道
右 おうばく 上のだいご 道
天保八酉秋 世話人当村若中
22×41×33×112
395
不明
右 みむろみち
左 おうばくみち かみだいご
24×24×135
396
観世音出現渕
大阪 三室講
だいご いわま ちか道 石山
128×16×157
397
大正四年九月建之
右 石山寺 五里 立木寺 三里 喜撰山 志津川村 十一 二里
左 黄檗山 三室戸寺 蜻蛉名跡
30×30×140
398
元禄七甲戌年正月十八日
右 みむろみち
左 京大津道
18×20×100
399
すぐ 京 大津
右 ゑしん院 こうしやうじ 左 みむろと わうばく
右 なら
文政四巳年 世話人 小松屋
30.5×30×118
400
昭和四年秋京都三宅安兵衛遺志建之
宇治川ライン 橋を渡り左へ十 即ちライン勝景
平等院 橋を渡り左へ三丁
あがた神社 同 四丁
浮島十三塔 同 四丁
橋寺 半丁
宇治神社 一丁
興聖寺 三丁
34×36×200
401
右 あがた
左 平等院 じゆふ山
29×29×110
402
右 あがた平等院 みむろ道
30×19×110
403
万霊 中書島 広島屋利兵衛 ふしみ勘兵衛
左 なら 道
右うぢみち
左 京 道
30×30×163
404
爲 父母 釈栄静
すぐ そぎぬき地蔵道 是より みまき
安政四巳 仲春 施主 伏見 志方家内安全 中島屋平治
23×22×105
伏見区
大津町
向島
国道24号線
宇治川
槇島町
宇治市
大和田
五ヶ庄
三室戸寺
平等院
宇治神社
小倉
近鉄京都線
広野町
城陽市
久世
寺田
長池
富野
大久保バイパス

図102　大和街道—2

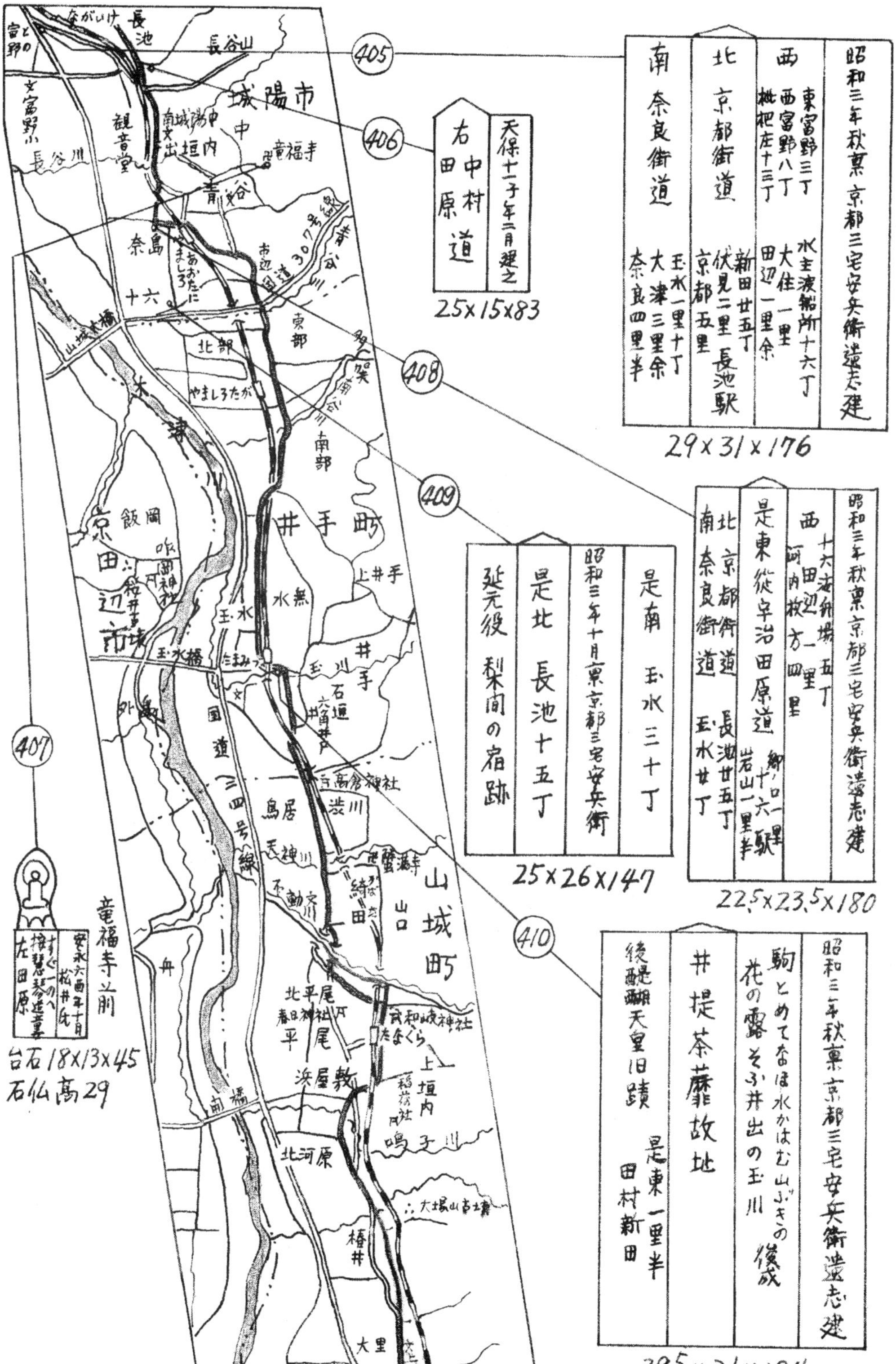

長池
長谷山
城陽市
観音堂
青谷
奈島
十六
国道307号線
山城大橋
京都
南部
井手町
上井手
京田辺市
飯岡
木津川
玉水
玉水橋
国道24号線
島居
渋川
天神川
山城町
綺田
北平尾
平尾
浜屋敷
上垣内
北河原
鳴子川
椿井
大里
かみこま
405
南
奈良街道
玉水一里十丁
大津三里余
奈良四里半
北
京都街道
伏見二里
京都五里
長池駅
新田廿五丁
西
東富野三丁
西富野八丁
枇杷庄十三丁
水主渡船所十六丁
大住一里
田辺一里余
昭和三年秋
東京都三宅安兵衛遺志建
29×31×176
406
右
中村
田原
道
天保十二子年三月建之
25×15×83
408
北
京都街道
長池廿五丁
南
奈良街道
玉水廿丁
是東従宇治田原道
岩山一里半
西
田辺一里
河内牧方四里
昭和三年秋
東京都三宅安兵衛遺志建
22.5×23.5×180
409
是南
玉水三十丁
是北
長池十五丁
延元役
梨間の宿跡
昭和三年十月
東京都三宅安兵衛
25×26×147
410
井提茶蘼故址
駒とめてなほ水かはむ山ぶきの
花の露そふ井出の玉川
俊成
後醍醐天皇旧蹟
是東一里半
田村新田
昭和三年秋
東京都三宅安兵衛遺志建
29.5×31×194
407
竜福寺立前
台石18×13×45
石仏高29

5－3－2　山城町上狛《かみこま》より奈良市登大路まで

山城町上狛の東部約１キロに高麗《こま》寺址があるが、今は何の遺構も残っていない。

上狛の南、旧街道が木津川に渡していた泉大橋は、国道が上流に通じて取り外され、堤で道はとぎれているので、国道に回り木津川を渡る。

川の対岸は木津町で、ＪＲ線の東 安福寺に平重衡《しげひら》の墓、反対に国道の西400メートルに和泉式部の墓がある。

木津町は主要な道路が通っているのに道標は少なく、街道から少し離れるが、ＪＲ木津駅の西に不動尊の道標があり、これに示す「かせ山不動」は東方2キロのＪＲ鹿瀬山トンネルの南側にある。

旧道は木津の西部で国道163号線を横切り、井関川に沿って城戸で国道24号線を斜めに横切りＪＲ線をくぐり、市坂より弊羅坂の上りとなる。中の町集落内の旧道に面した弊羅坂神社の石段下に、法然上人念佛石や観音石仏・役の行者像などをおさめたお堂があり、その南にこの項では珍しく地蔵道標がある。

坂を登りきり、京都府から奈良県に入り、国道を下っていくと右への岐路に道標があり、元明天皇と元正天皇の御陵を示している。

バス停奈良坂の所で国道に分かれて右に入ると、延喜式内社の奈良豆比古神社があり、生垣の角に道標がある。神社の毎年10月８日の祭礼宵宮祭には、国の無形文化財の翁舞が奉納されている。

神社より0､5キロ南に般若寺があり､聖徳太子の創建と伝わり､後に聖武天皇により官寺となり､十三重石塔に大般若経を納めたことにより般若寺となり､石塔は宗の石工 伊行末により造立されたと伝わっている。

般若寺は過去に何度も焼失しているが､独特な楼門は国宝となっていて､門外から楼門を通して石塔が見られる。

般若寺より南に0､5キロ､国道に合流する少し手前に､北山十八間戸がある｡西大寺の叡尊の弟子忍性は､鎌倉時代に社会事業につくした僧で､今でいうハンセン氏病患者を救うためにつくった病室で､18の部屋に分かれていたので､北山十八間戸と呼ばれたのである。

東阪町で国道に合流し､バス停転害門の東側に､東大寺西門の一条大路の大門である転害《てがい》門がある。

転害門前を西に150メートル程いくと地蔵堂があり､その前に笠石をいただいた道標がある。

転害門を南に0､7キロいくと登大路で､国道369号線が東に分かれるが､その角に道標があるほか、東大寺周辺には正倉院･知足院･二月堂などに関した道標が幾つも立っているが､街道には直接関係が薄いので省略している。

また､大和街道に接続する上街道については､すでに述べているので省いている。

図103　大和街道―3

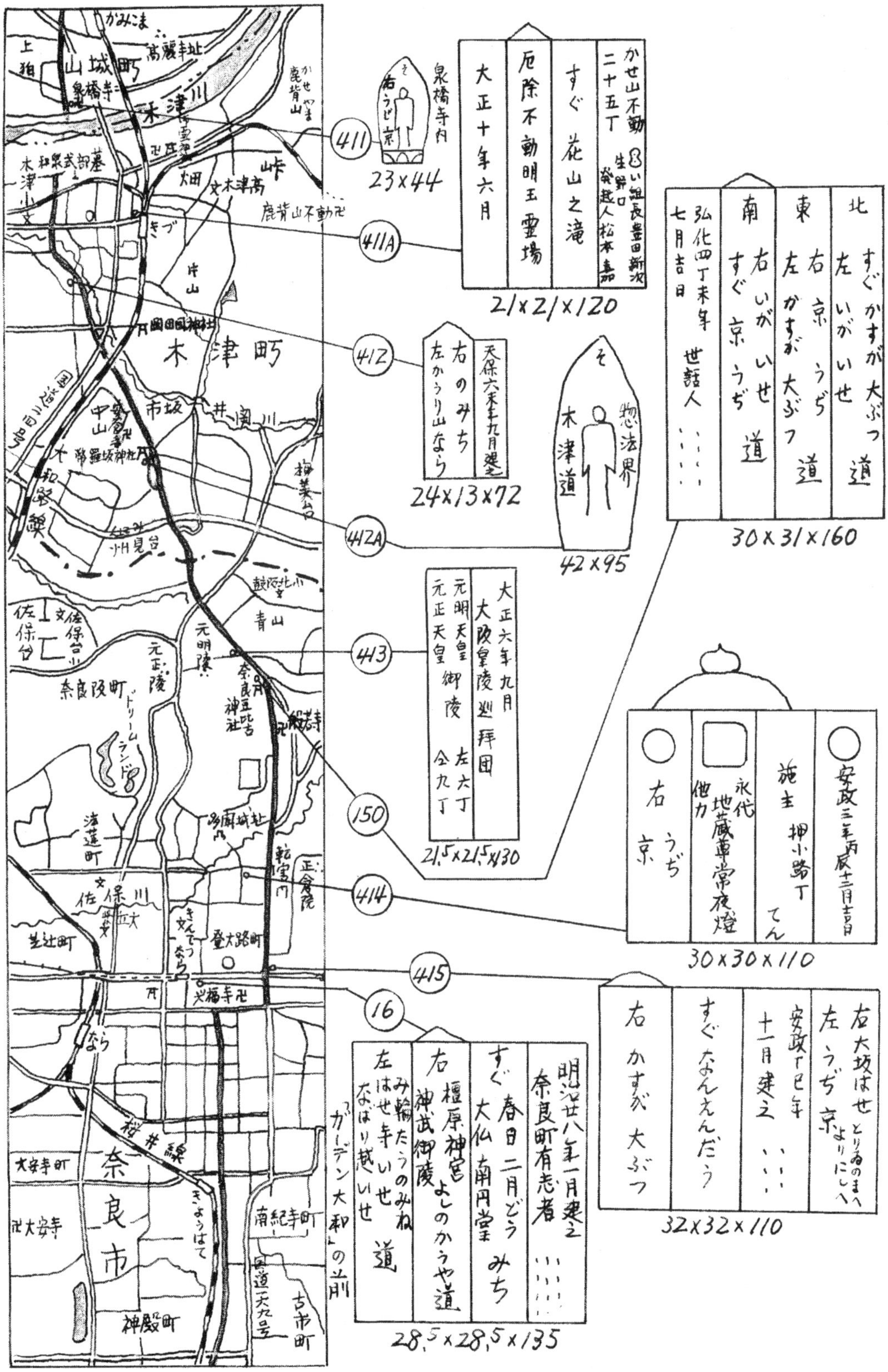

かみこま
上狛
高麗寺址
山城町
泉橋寺
木津川
鹿背山
和泉式部墓
木津高
鹿背山不動
片山
木津町
市坂
井関川
中山
州見台
佐保台
青山
元明陵
元正陵
奈良阪町
ドリームランド
奈良豆比古神社
般若寺
多聞城址
法蓮町
佐保川
芝辻町
転害門
正倉院
登大路町
興福寺
なら
桜井線
奈良市
大安寺町
大安寺
南紀寺町
神殿町
古市町
国道一六九号
411
泉橋寺内
23×44
411A
かせ山不動二十五丁
發起人松本嘉
すぐ花山之滝
厄除不動明王霊場
大正十年六月
21×21×120
412
天保六未年九月建
右のみち
左かうり山なら
24×13×72
412A
そ
惣法界
木津道
42×95
北　すぐかすが大ぶつ道　左いがいせ
東　右京うぢ　左かすが大ぶつ道
南　右いがいせ　すぐ京うぢ道
弘化四丁未年七月吉日　世話人
30×31×160
413
大正六年九月　大阪皇陵巡拝団
元明天皇　元正天皇　御陵　左六丁　仝九丁
21.5×21.5×130
150
414
安政三年丙辰十二月吉日
施主　押小路丁　てん
永代　地蔵尊常夜燈　他力
右　京　うぢ
30×30×110
415
右大坂はせ　左うぢ京　とりゐのまへよりにしへ
安政丁巳年　十一月建之
すぐなんえんだう
右かすが大ぶつ
32×32×110
16
明治廿八年一月建之　奈良町有志者
すぐ春日二月どう　大仏南円堂　みち
右橿原神宮　神武御陵　よしのかうや道
左み輪たうのみね　はせ寺いせ　なばり越いせ　道
ガーデン大和の前
28.5×28.5×135

5－4　渋谷街道・滑石街道　京都市東山より山科への道

京都より伊勢への道に関連して、ここに加えるのは二つあり、一つは五条通りより清閑寺を越えて山科に至る渋谷（しぶたに・しるたに）街道と、伏見街道の本町８丁目より東山を越え、山科南部の小野で奈良街道（大津道）に接続する滑石（すべりいし）街道の二つである。

渋谷（汁谷）街道は、古道の苦集滅路《くるめじ》と言われたように、歩くにはあまり良い道ではなかったそうであるが、東海道と共に古くより利用された道である。

この道が京の東の出入口として重要性が高まったのは、鎌倉幕府が六波羅探題を東山の麓に設けてから、交通量が増加したとされている。

現在は東山バイパスが国道１号として、自動車が引っ切りなしに通る幹線道路となり、かつての汁い谷という感覚は想像できない。

伏見街道の本町２丁目より東に進み、東大路通を横切ると馬町となるが、この馬町は江戸時代に東国往還として馬の立場となっていた所で、五条通を西にいくと五条室町に、馬喰座すなわち馬市場があったことと関連があるようである。

下馬町に新しい道標が清水寺の近道を示しているほか、上馬町小松谷御坊正林寺の山門前に、大津道などを示す道標がある。

正林寺の辺りから道は次第に上りとなり、清閑寺山ノ内町で国道１号に入り、バス停山ノ内町の所で中央斎場への道が分かれる。その角に渋谷街道の道標があり、左への旧道を進むと清閑寺や六条天皇陵・高倉天皇陵への道となり、周辺の三ケ所に御陵の道標があるが、ここでは省略している。

清閑寺は延暦年間に創建の古刹で、南側の混雑している道路に比し閑静な木立の中にあり、ここから直接清水寺に行く道も通じている。

新旧の道が平行する内の歩道を進み、花山洞と掲げられたトンネルを抜けて一旦国道に入り、上花山の東急インの手前で東に分かれて下る。

北花山で日ノ岡より南に進んできた醍醐道を横切り、河原町を北に入ると西国札所番外の元慶寺があり、開山は桓武天皇の孫にあたる遍照僧正で、後に花山天皇がここで得度している。境内に移設された道標があるが、これに示される方向と距離から考えると、旧東海道の日ノ岡辺りにあったものと推定される。

街道に戻り、東の八幡田町の岐路を左にとり、御陵三蔵町の薬科大学南校横の道標から北に曲がり、旧東海道の五条別れの道標の所で東海道に接続する。

渋谷街道は醍醐道とも呼ばれ、途中の北花山で南に別れて進み、醍醐に通じている。この道は西国三十三ケ所巡礼の道で、番外元慶寺や１１番札所の醍醐寺などへの道でもあったのである。醍醐道は滑石道とも称され何れもよく利用されたために混用されていたようで、参宮道とは直接関係はないとも言える道である。

図104　渋谷街道

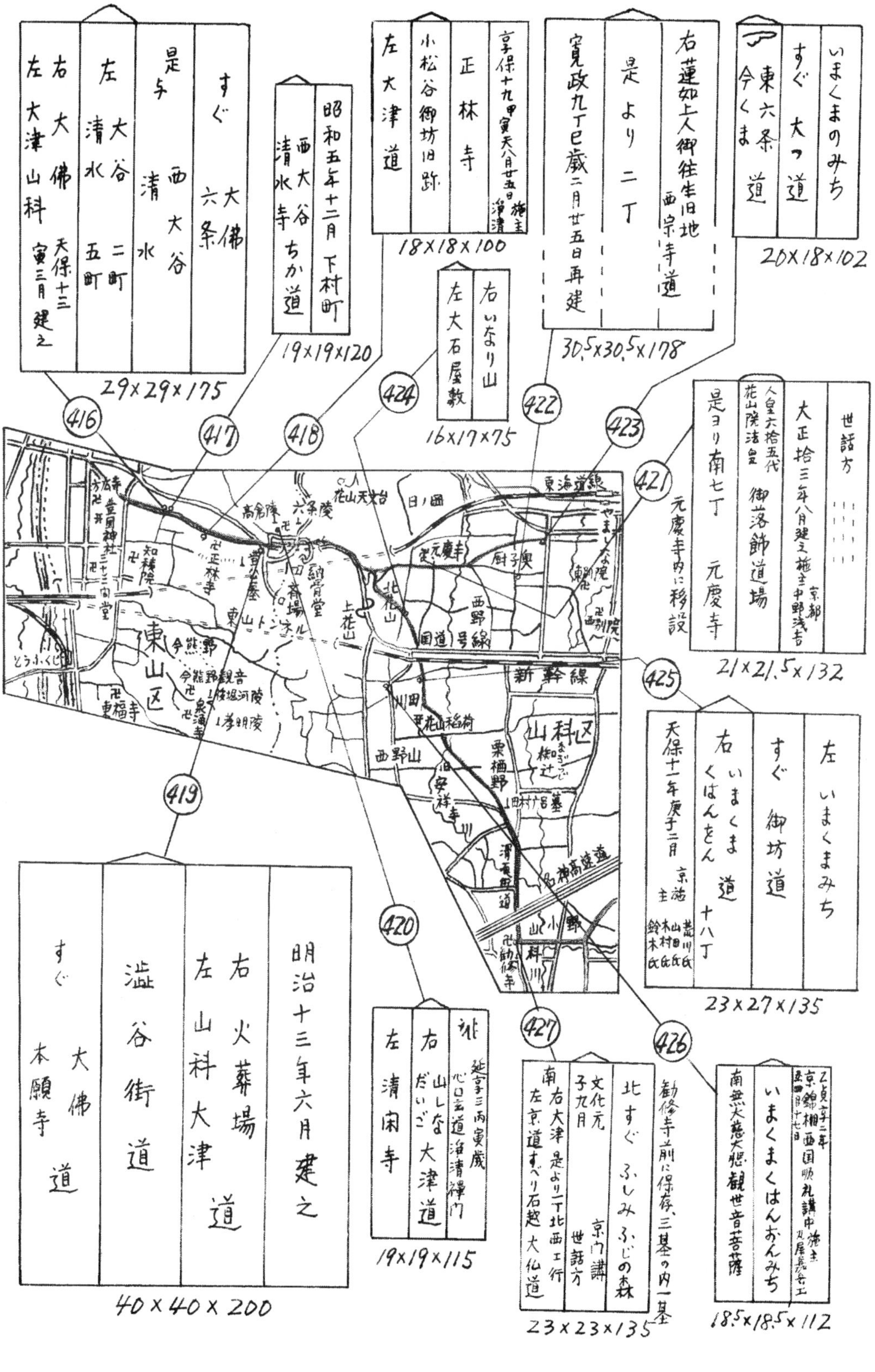
416
右 大佛
左 大津 山科
天保十三 寅三月 建之
左 大谷 清水 五町 二町
是与 清水 西大谷
すぐ 六条 大佛
29×29×175
417
昭和五年十二月 下村町
西大谷 清水寺 ちか道
19×19×120
418
左 大津道
小松谷御坊旧跡
正林寺
享保十九甲寅天八月廿五日 施主 浄清
18×18×100
424
右 いなり山
左 大石屋敷
16×17×75
422
右 蓮如上人御往生旧地 西宗寺道
是より 二丁
寛政九丁巳歳二月廿五日再建
30.5×30.5×178
423
いまくまのみち
すぐ 大つ道
東六条 今くま 道
20×18×102
421
世話方
大正拾三年八月建之 施主 京都 中野浅吉
人皇六拾五代 花山院法皇 御落飾道場
是ヨリ南七丁 元慶寺
元慶寺内に移設
21×21.5×132
425
左 いまくまみち
すぐ 御坊道
右 いまくま くはんをん道 十八丁
天保十一年庚子二月 京施主 鈴木氏 木村氏 山田氏 荒川氏
23×27×135
419
明治十三年六月建之
右 火葬場 左 山科大津 道
澁谷街道
すぐ 大佛 本願寺 道
40×40×200
420
右 山しな だいご 大津道
左 清閑寺
延享三丙寅歳 沙門玄道 浄清禅門
19×19×115
427
北 すぐ ふしみ ふじの森
文化元 子九月 京門講 世話方
南 右大津 是より一丁北西エ行 左京道 すべり石越 大仏道
勧修寺前に保存、三基の内一基
23×23×135
426
乙良享二年 京錦棚西国順礼講中 施主 丸屋長兵工
いまくまくはんおんみち
南無大慈大悲観世音菩薩
18.5×18.5×112
東海道線
東山区
山科区
新幹線
国道1号線
西野線
名神高速道路
東山トンネル
花山天文台
元慶寺
豊国神社
三十三間堂
知積院
正林寺
納骨堂
火葬場
北花山
上花山
西野山
栗栖野
勧修寺
小野
山科川
日ノ岡
厨子奥
今熊野
今熊野観音
後堀河陵
泉涌寺
東福寺
高倉陵
六条陵
とうふくじ

次に滑石街道は、伏見街道の本町８丁目より東に入り、三十三間堂南門前を通り東大路通を横切り、東瓦町より南日吉町を経て総山町に上っていくと延仁寺があり、西方に京都方面が眺められる。この道は明治２３年の陸地測量図にある道であるが、昭和７年の地図には今熊野よりの道が滑石街道となっていて、現在はこの道に御陵などの道標がある。また近年には今熊野の山手に住宅が建って、新しい道も増えてきて東へ１キロで合流する。太閤坦ゴルフ場入口の所で峠となり、これを下っていくと、山科盆地が良く眺められるようになる。

稲荷山東麓を曲がりくねった道を西野山桜ノ馬場町を通ると、稲荷山への上り口の石の鳥居の下、道の両側に小ぶりの道標が五基立っているが、この近くまで住宅が建てこんできているので、これらの道標も何時まで残れるのだろうか。

西野山の中央部に入ると、新大石道とその東の大石道に交わる所に加え、南の岩屋寺の入口にそれぞれ道標があり、何れも大石良雄旧跡関連のものである。

大石神社は、昭和１０年に設立の神社である。大石良雄が赤穂城を明け渡して、山科の縁者を頼って隠れ住んだ家は、岩屋寺につづく辺りにあり、本懐の後に寺に寄進されている。その岩屋寺には大石良雄の遺髪塚や、遺品ならびに関係者の位牌などが安置されている。

道筋から少しはなれるが、西野山北部の欠ノ山に花山稲荷神社があり、山科地区にある道標に度々出てくる稲荷社で、周囲の新しい家々の間に、ここの一角だけが忘れられたように残されている。

西野山から東に旧安祥寺川を渡ると、北に入った所に織物の神として折上神社がある。南に向きをかえて進むと勧修寺小学校があり、その手前を東に入ると石垣に囲まれた中央に、土檀が盛り上げられた坂上田村麿の墓がある。

再び旧安祥寺川を渡り、名神高速道をくぐり勧修寺の前に出ると道標が三基保存されてある。

勧修寺は１０世紀のはじめに建立の真言宗山階派の大本山であるが、旧鉄道路線の建設で敷地が削られ、路線跡地に現在の名神高速道が通じている。

勧修寺庭園は江戸時代初期の形に復元され、重文の書院や国宝の文化財がある。

勧修寺前で東に曲がって山科川を渡り、高川に沿っていくと小野町で、奈良街道に合流する。その合流点の東側に、京都市観光課の建てた道標があったが、現在はなくなっている。

勧修寺前を南に直進する道は小栗栖街道で、伏見区に入り小栗栖を経て六地蔵に至り、宇治道に合流している。明智光秀が本能寺で織田信長を討った後、山崎で豊臣秀吉に敗れて、近江坂本城に戻る途中この道を逃走中、小栗栖で刺刹されていて、北小栗栖に明智の胴塚がある。

渋谷街道と滑石街道は、上記の大石道のほか西国巡礼の道として、近江の三井寺より京の今熊野観音寺に至る道とも間道で結ばれている。

図105　滑石街道

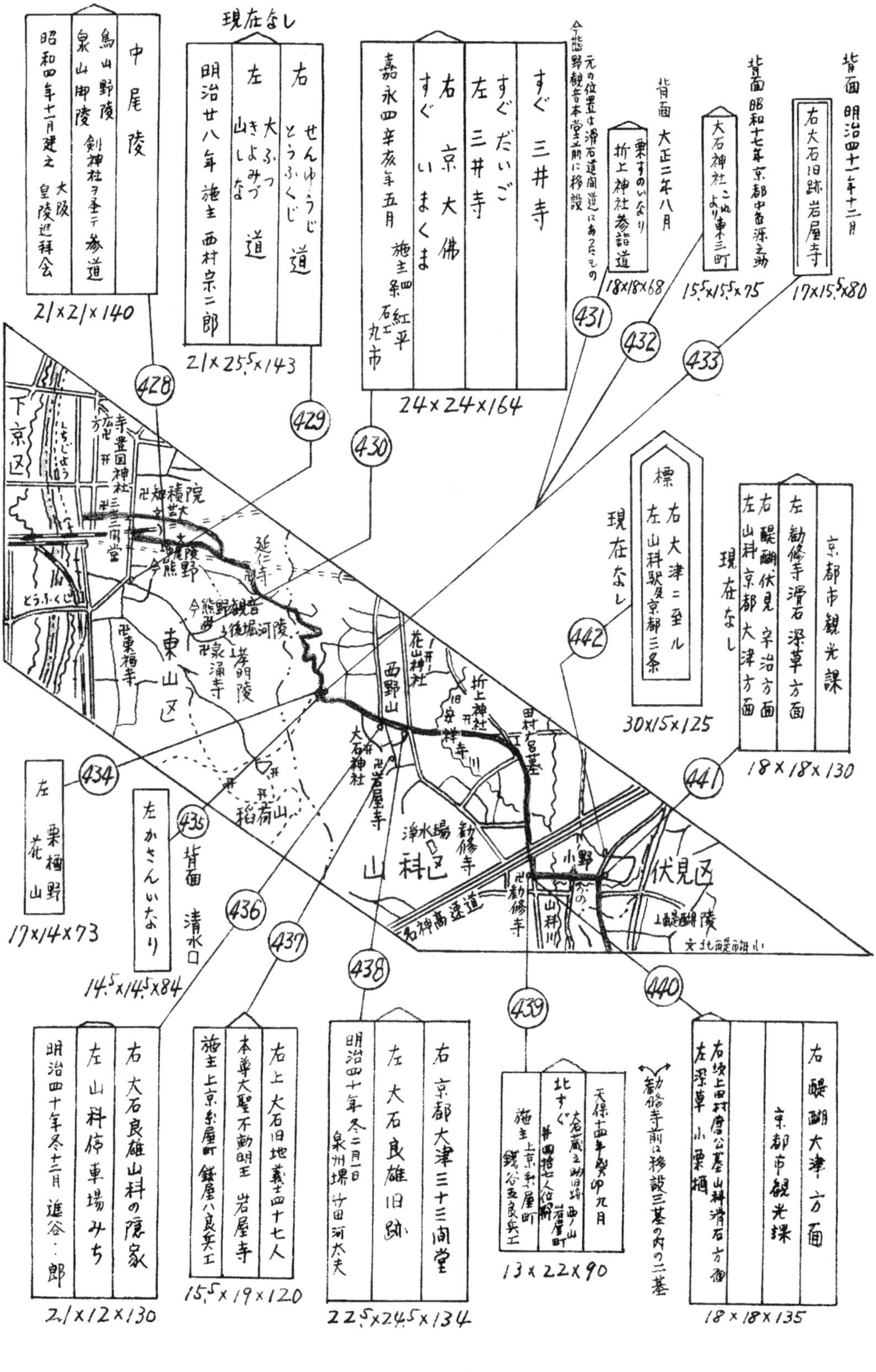

中尾陵
鳥山野陵 泉山御陵 剣神社ヲ経テ参道
昭和四年十一月建之 大阪皇陵巡拜会
21×21×140
428
現在なし
右 せんゆうじ とうふくじ 道
左 大ぶつ きよみづ 山しな 道
明治廿八年 施主 西村宗二郎
21×25.5×143
429
すぐ 三井寺
すぐだいご 左 三井寺
右 京大佛 すぐ いまくま
嘉永四辛亥年五月 施主 四条 紅平 石工 丸市
24×24×164
430
今熊野観音本堂前に移設
元の位置は滑石道道にあったもの
粟すのいなり 折上神社参詣道
背面 大正二年八月
18×18×68
431
大石神社 これより東三町
背面 昭和十七年 京都中西源之助
15.5×15.5×75
432
右大石旧跡岩屋寺
背面 明治四十一年十二月
17×15.5×80
433
下京区
東山区
山科区
伏見区
名神高速道
稲荷山
西野山
花山神社
大石神社
岩屋寺
勧修寺
浄水場
折上神社
田村麿墓
小野
山科川
泉涌寺
孝明陵
後堀河陵
今熊野観音
今熊野
東福寺
延仁寺
標 右 大津ニ至ル 左 山科駅及京都三条
現在なし
30×15×125
442
京都市観光課
左 勧修寺 滑石 深草方面
右 醍醐 伏見 宇治方面
左 山科 京都 大津方面
現在なし
18×18×130
441
左 栗栖野 花山
17×14×73
434
左 かさんいなり
背面 清水口
14.5×14.5×84
435
436
右 大石良雄山科の隠家
左 山科停車場みち
明治四十年冬十二月 進谷…郎
21×12×130
437
右上 大石旧地 義士四十七人
本尊大聖不動明王 岩屋寺
施主 上京糸屋町 銭屋八良兵エ
15.5×19×120
438
右 京都大津三十三間堂
左 大石良雄旧跡
明治四十年冬二月一日 泉州堺 竹田河大夫
22.5×24.5×134
439
天保十四年癸卯九月
北すぐ 大石蔵之助旧跡 西ノ山岩屋町
施主 上京糸屋町 銭谷五良兵エ
13×22×90
勧修寺前は移設三基の内の二基
440
右 醍醐大津方面
京都市観光課
右 坂上田村麿公墓 山科 滑石方面
左 深草 小栗栖
18×18×135

5－5　奈良街道（大津道）　東海道大津市追分より宇治市六地蔵まで

東海道の大津方面より京に入らず、伏見方面に通ずる奈良街道は、江戸城への参勤交替で、西国大名が京の朝廷に立ち寄らないための経路になっていた。

また西国巡礼の道筋として、宇治の第１０番札所の三室戸寺より、醍醐の第１１番札所の上醍醐寺に至る道として利用されていたのである。

大津市の追分で、東海道に分かれて左に奈良街道に入ると、小山から音羽にかけて牛尾山への道標があり、この牛尾山とは、現在の牛王山法厳寺のことで、音羽川の上流約４キロにあり、ハイキングコースにもなっている

新幹線をくぐり、大塚を経て大宅に達すると、名神高速道の東側にある岩屋神社の大鳥居が街道東側に立っている。大宅氏は平安朝以前にこの地の豪族で。岩屋神社はその氏神とされているが、大宅とは元々朝廷の直轄領をも意味しているのである。

名神高速道をくぐり、小野に至ると道標が続いて二基あったが、現在はなくなってしまっている。

高川を渡った所の東の隋心院は、寛仁２年（1018)仁海僧正の小庵にはじまり、後に曼荼羅寺から随心院となったが､応仁の乱で焼かれ慶長４年(1599）に再建され、重文の仏像は秘仏となっている。この辺りに小野小町の住居跡の伝説があり、小町の化粧井戸や寺の裏手の雑木林の中に文塚とよぶ五輪塔がある。

小野より南への道は醍醐道とも呼ばれ、勧修寺を経てきた滑石街道と合流し、随心院前より南に進むと伏見区となり、桜の名所醍醐寺のある醍醐に至る。

道の東側最初の建物は三宝院で、その奥が下醍醐寺で金堂と五重塔があり、西国巡礼札所の上醍醐寺は、山麓より約３キロの山道を登っていかねばならない。

三宝院は檜皮葺唐破風の美しい唐門の勅使門・宸殿・書院など桃山時代の建物とみごとな庭園や、国宝・重文の文化財を多く収めた霊宝館がある。

醍醐寺より南に１キロ行った辰巳町の道端に、一言寺観音の道標があり、東へ３００メートル入ると一言観音で知られる金剛王院がある。

一言寺の道標からさらに西南１キロの石田に、日野法界寺の道標が立っていて、東南に約１キロの日野集落の中に、日野薬師の法界寺がある。この地は親鸞上人の誕生地となっていて、また鴨長明の隠棲地であった所である。石田には一里塚の跡があり、街道そばに小さい石柱があったが、今はなくなっている。

また、日野は藤原氏の一族、日野氏の山荘があった所で、法界寺には藤原時代に造営の端正な国宝の阿弥陀堂がある。１２世紀頃には四棟の阿弥陀堂があったようで、兵火で一棟だけ残ったのが現存していると伝わっている。

石田より西南１キロ余りで六地蔵に達し、宇治道に合流する。

図106　奈良街道（大津道）

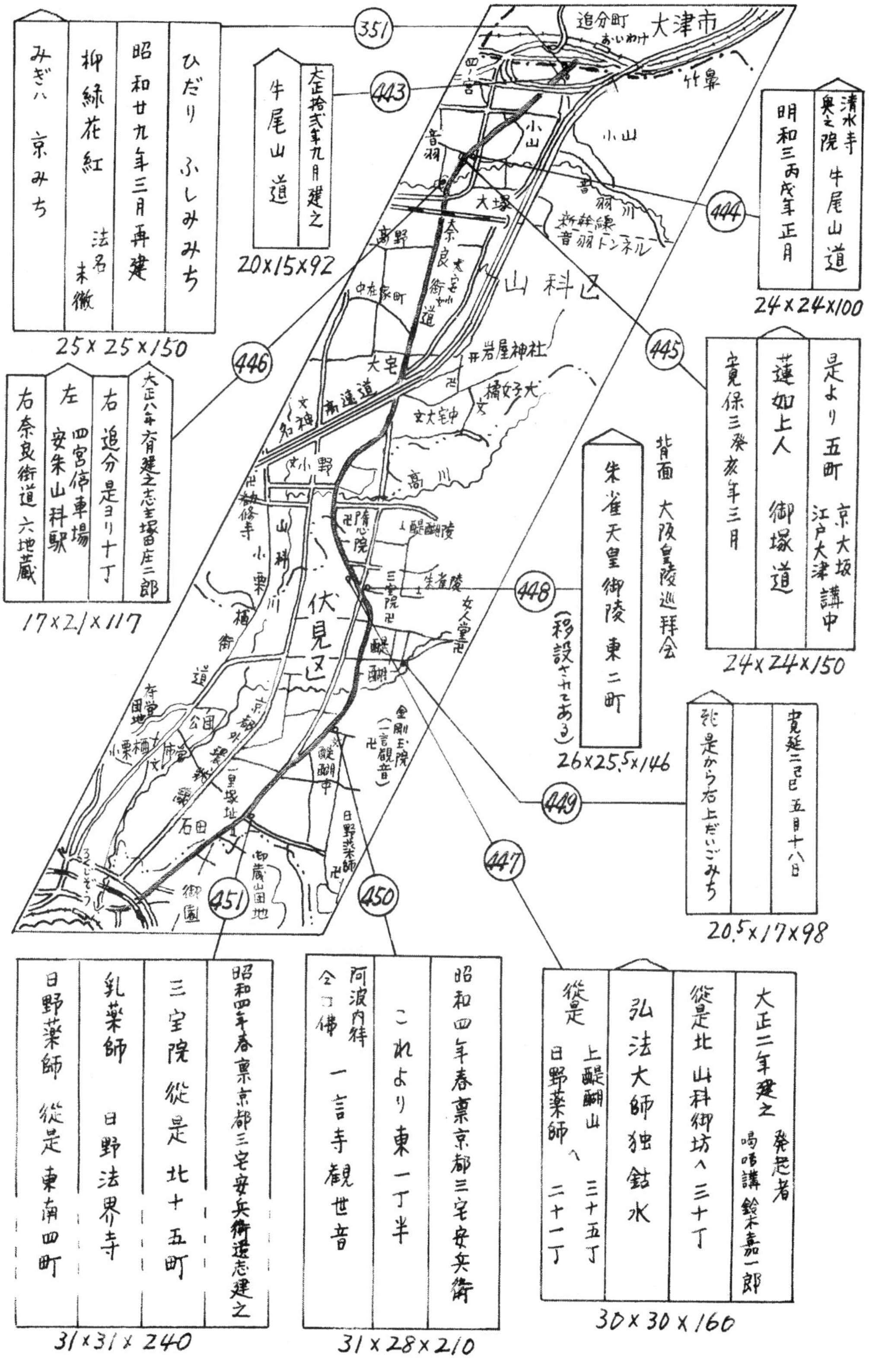

351
ひだり ふしみみち
昭和廿九年三月再建
柳緑花紅 法名 未徹
みぎハ 京みち
25×25×150
443
大正拾弐年九月建之
牛尾山道
20×15×92
444
清水寺奥之院 牛尾山道
明和三丙戌年正月
24×24×100
445
是より五町 京大坂江戸大津講中
蓮如上人御塚道
寛保三癸亥年三月
24×24×150
446
大正八年有建之志主塚田庄二郎
右追分是ヨリ十丁
左 四宮停車場 安朱山科駅
右奈良街道 六地蔵
17×21×117
448
背面 大阪皇陵巡拝会
朱雀天皇御陵 東二町
（移設されてある）
26×25.5×146
449
寛延二己巳五月十八日
是から右上だいごみち
20.5×17×98
447
大正二年建之 発起者 鳴唱講 鈴木嘉一郎
従是北 山科御坊へ三十丁
弘法大師独鈷水
従是 上醍醐山 三十五丁 日野薬師へ 二十一丁
30×30×160
450
昭和四年春 東京都三宅安兵衛
これより東一丁半
阿波内侍 一言寺観世音
31×28×210
451
昭和四年春 東京都三宅安兵衛遺志建之
三宝院 従是北十五町
乳薬師 日野法界寺
日野薬師 従是東南四町
31×31×240
追分町 おいわけ
大津市
竹鼻
四ノ宮
音羽
小山
大塚
音羽川
新幹線音羽トンネル
奈良街道
髙野
中在家町
山科区
大宅
岩屋神社
名神高速道
小野
高川
勧修寺
随心院
醍醐陵
三宝院
伏見区
女人堂
醍醐
金剛王院（一言観音）
醍醐寺
日野薬師
御蔵山団地
石田
御陵

5－6　伊賀街道古道　山城町平尾より桜峠を越える加茂町までの近道

大和街道と伊賀街道に関連して、山城町平尾綾杉より神童子の桜峠を越えて、木津川畔の加茂町との界で伊賀街道となる道筋である。

その距離は5キロほどの短い道であるが、大和街道の上狛を回っていくと、ほぼ2倍になるので、かなりの近道となり、途中に道標も残っている。

大和街道の山城町綾杉より、東に分かれた道は、集落を通りＪＲ奈良線の踏切を経て、和岐神社の裏に出ると二基の道標が少し離れて立っている。

和岐神社は正式には和岐座天乃夫岐売神社で、湧出宮と称されこの地域は弥生時代の住居跡で、土器類が多く出土し湧出宮遺跡といわれている。祭神は天乃夫岐売尊・田疑比咩尊で、天平神亀２年(766)創建とされ、貞観元年(859)正五位の神階となる延喜式内社である。

東に進むと十輪寺があり、境内に古い十三重石塔があるが相輪は欠けている。

上垣内の東側を山手に入ると竹藪の中となり、これを越えて鳴子川の北原橋を渡り、茶畑の広がる神童子地区に入る。

集落入口の岐路に「京みち」を示す道標があり、４００メートル程で神童寺に達する。

桜と早咲きのツツジの美しい神童寺は、推古天皇４年(596) 創建の古刹で、役小角が修行した所とされ、大和の吉野金峯山の山岳信仰が伝わり、この地が北吉野と呼ばれ修験者の霊場とされてきている。応永３年(1406) に建てられた蔵王堂（本堂）は重文で、平安期の仏像や伎楽面など重文が多く、鎌倉時代の十三重石塔がある。

集落の奥に天神社が鎮座し、その少し手前に北向不動尊をまつる堂があり、その横に「いがみち」の道標がある。

天神社は旧神童子村の村社で、神童寺創建の時に鎮守神として勧請したと伝えられ、本殿は室町時代の造営とされ、境内社多数がある。うっそうとした杉木立の中に重文の十三重石塔があり、台石に建治３年(1277)の銘がある。

古道は神社の右手の急なジグザグの山道を登っていくが、途中の送電線鉄塔の所でとぎれている。今は神社の左手を自動車の通れる回り道が通じ、桜峠に行くことができる。

桜峠から南東に下ると木津川方面が眺められ、途中から桜の木が植えられかなり育ってきている。

国道１６３号に合流する手前に「京みち」を示す道標がある。

木津川沿いに通る国道に入ると、すぐ加茂町域となり、東へ４００メートル進んだ所で北に国道に分かれる道が伊賀街道である。

図107　伊賀街道古道

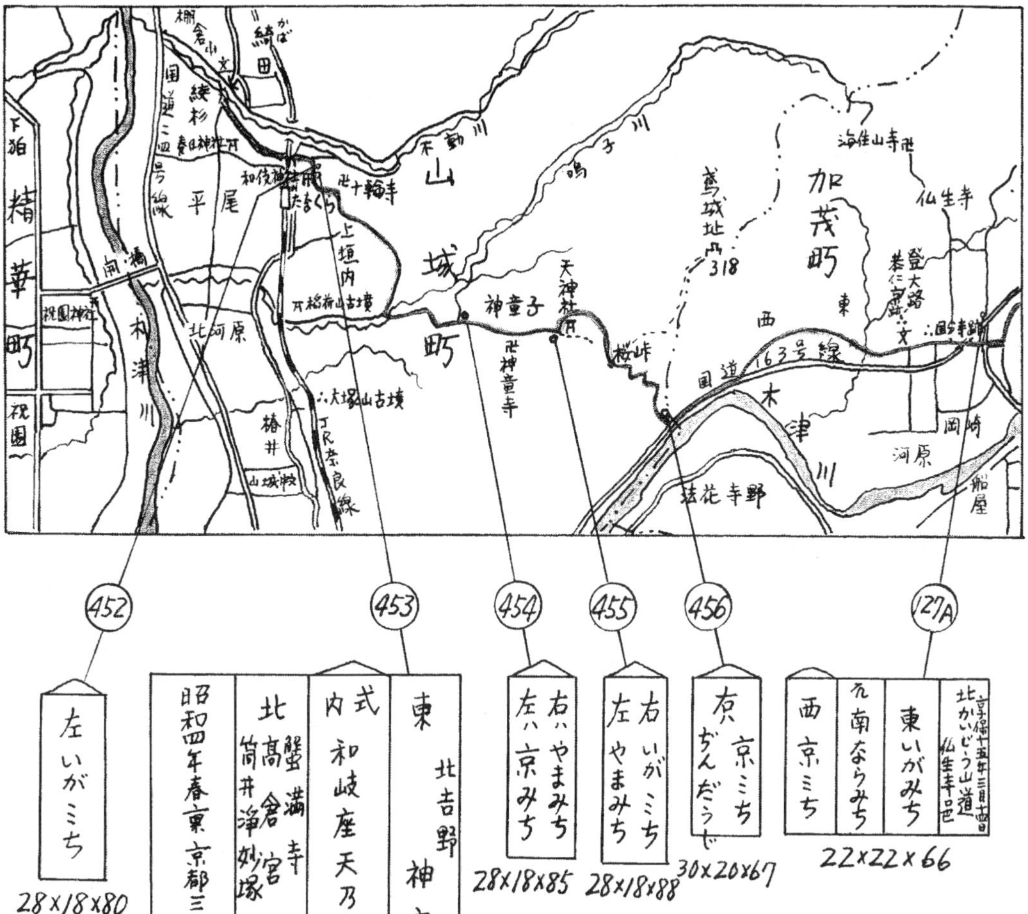

山
城
町
加茂町
神童子
桜峠
国道163号線
木津川
法花寺野
北河原
上垣内
平尾
綺田
棚倉小
祝園神社
精華町
JR奈良線
山城高校
鷲城址
318
東
西
岡崎
河原
船屋
452
453
454
455
456
127A
左いがミち
28×18×80
東　北吉野　神童寺廿町
内式　和岐座天乃夫岐売神社
北　蟹満寺　十丁
高倉宮　十五丁
筒井浄妙塚　十五丁
昭和四年春東京都三宅安兵衛依遺志建之
33×31×225
右ハやまみち
左ハ京みち
28×18×85
右いがミち
左やまみち
28×18×88
京ミち

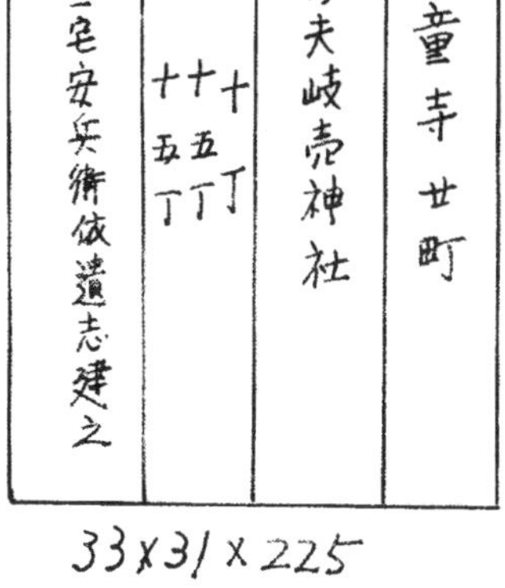

30×20×67
東いがみち
南ならみち
西京ミち
22×22×66

写真21　山城町神童子　桜峠

6　近江より伊勢への道（多賀大社参詣道を含む）

6－1　御代参街道　滋賀県五個荘町より土山町土山まで

伊勢街道に関連し、多賀大社・伊勢神宮に勅使が代参するのに通った御代参街道があり、この道が賑わったのは、徳川五代将軍綱吉時代以後、伊勢参宮の講をつくり費用を出しあい、毎年交替で、いわゆる代参が流行してからとされている。

中山道の小幡より八日市・日野を経て、東海道の土山に至る間が御代参街道で、東海道の鈴鹿峠を越えて関に至り、伊勢別街道を通って伊勢に達したのである。

6－1－1　滋賀県五個荘町より蒲生町岡本まで

五個荘町小幡の公会堂前と、中山道の御代参街道の岐路に道標がある。南に進み新幹線をくぐり、近江鉄道線を横切り、愛知川西岸に近い奥の集落を通り八日市市に入る。県道にからみ建部下野・上中町を経て、日吉町で県道に合流する。

一方、五個荘町の北町屋にも常夜燈の台石に「いせ道」が示され、その南で街道脇道が東西に分かれる。新幹線をくぐり、新堂の集落を通ると道標が二カ所にある。伊野部を経て八日市市に入り、建部日吉町で御代参街道に合流する。

八日市市の中心部を南北に、古いたたずまいを残す商家などの目立つ街道を通り、本町で八風街道に交差し、その角に火袋を載せた彫りの深い道標がある。

栄町の地蔵堂前に補修した道標があるほか、東中野町の中野神社参道に三基の道標が保存されている。中野神社は建物も整い、清掃の行き届いた神社で、祭神は大山咋命・事代主命・白山比売命で、今の社殿は天明８年のものと伝わる。

中野町から今崎町に進むと、次第に家並みはまばらとなり、蛇砂川を渡る小橋の北詰にある常夜燈の台石に「いせ山田へ２４里」を示している。

今堀町の市営団地入口に、昭和初年の道標があり、その中に飛行場を示している。これは、ここより東方の沖野に、大正年代に陸軍の飛行場が設けられ、現在は工場や住宅地になっている。この沖野の草原では、江戸時代より大凧が揚げられ、八日市の大凧として伝わり、県の民俗文化財に指定されている。

道は田畑の中の広大な全国農協連合会の試験場を左に見て行くと、松林のはずれに笠石を頂いた道標があるが、これは火袋がなくなったものと思われる。

道は上り坂となって名神高速道をくぐり、工業団地を抜けていくと蒲生町域となり緩い下りを進み佐久良川を渡る。大塚で近江鉄道の朝日大塚駅の南で路線の西側に出て岡本で、近江八幡から来た京街道と呼ばれていた県道に合流する。

岡本は延宝年間(1673~81）八日市と鎌掛に宿場が制定された際に、その中間に当たることで半宿となっていた所で、古いたたずまいを残している。

写真22　滋賀県五個荘町新堂　御代参街道

写真23　滋賀県日野町鎌掛　御代参街道旧宿場

図108　御代参街道―1

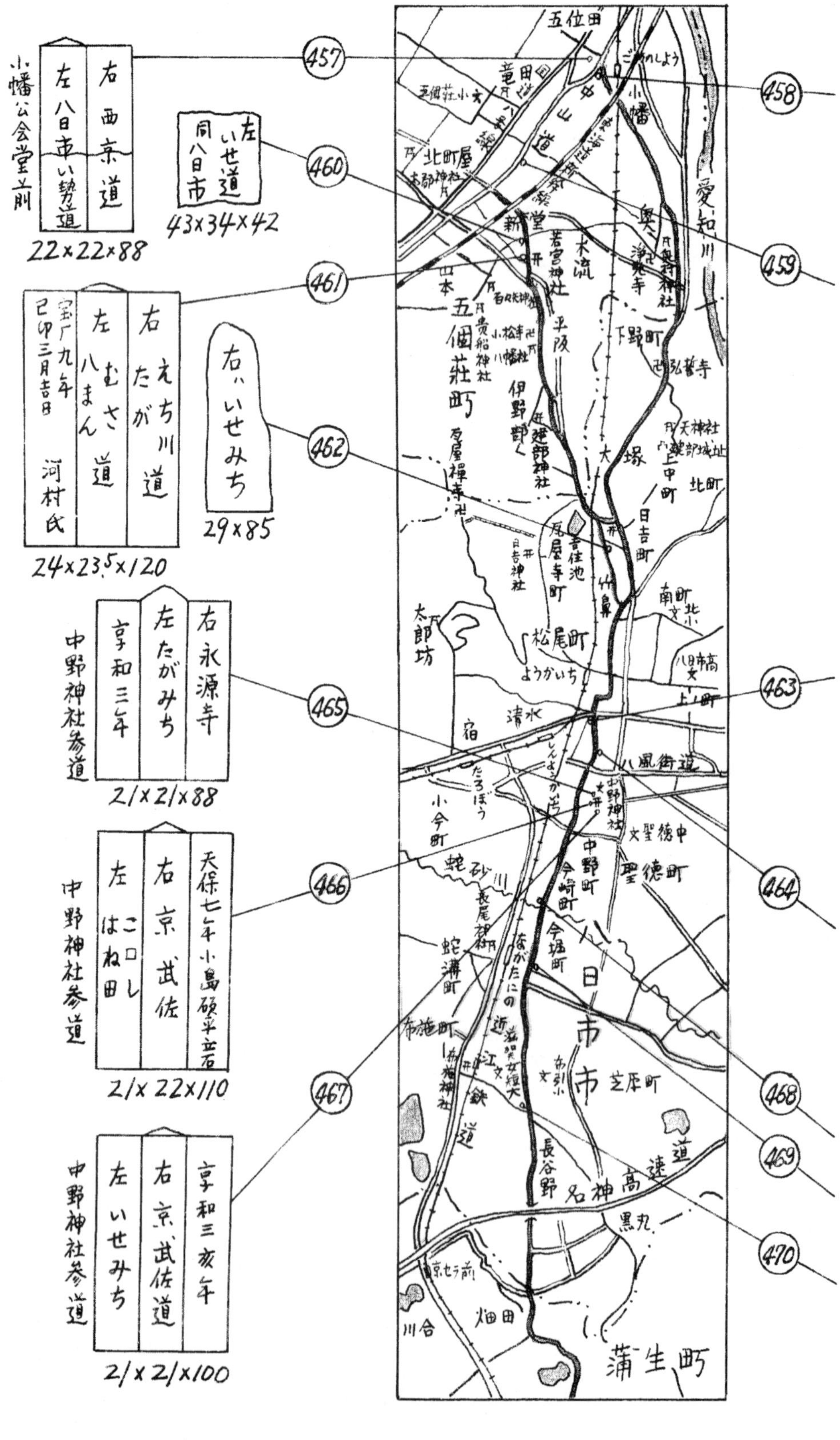

右 西京道
左 八日市 い勢道
小幡公会堂前
22×22×88
左 いせ道
同 八日市
43×34×42
右 えち川道
左 たが
八まん むさ道
宝暦九年 己卯三月吉日
河村氏
24×23.5×120
右ハいせみち
29×85
右 永源寺
左 たがみち
享和三年
中野神社参道
21×21×88
天保七年 小島硯平立石
右 京 武佐
左 はね田
中野神社参道
21×22×110
享和三亥年
右 京 武佐道
左 いせみち
中野神社参道
21×21×100
457
458
459
460
461
462
463
464
465
466
467
468
469
470
五位田
竜田
中山道
小幡
北町屋
新堂
若宮神社
木流
奥
愛知川
山本
五個荘町
平阪
下野町
弘誓寺
伊野部
建部神社
大塚
上中町
北町
日吉町
吉住池
尻屋寺町
日吉神社
南町
太郎坊
松尾町
ようかいち
清水
宿
八風街道
上之町
たろぼう
小今町
中野神社
中野町
今崎町
聖徳町
蛇砂川
長尾神社
蛇溝町
今堀町
八日市市
芝原町
布施町
近江鉄道
長谷野
名神高速道
黒丸
京セラ前
畑田
川合
蒲生町

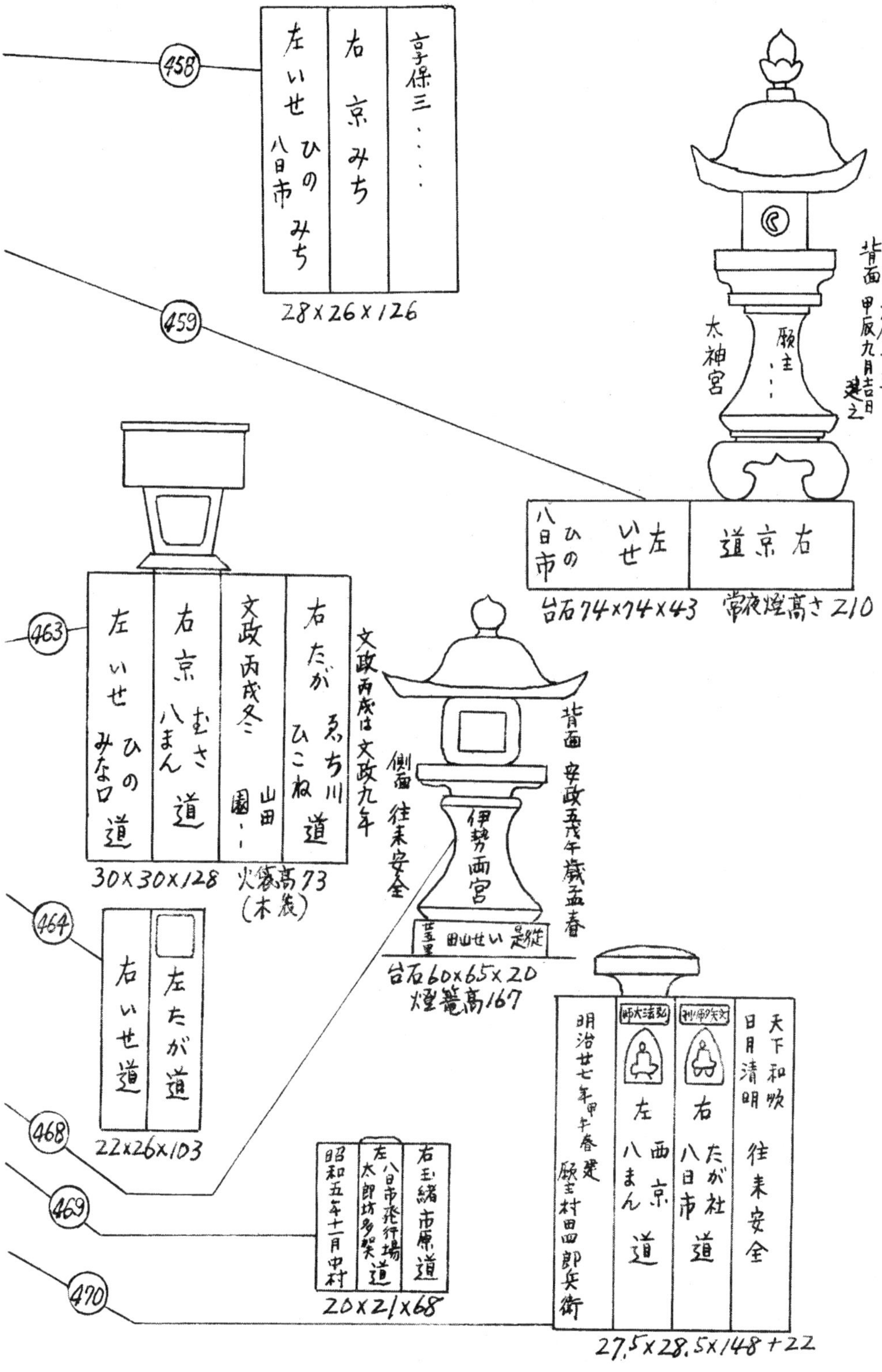
458
左いせ 八日市 ひのみち
右京みち
享保三・・・・
28×26×126
459
背面 天保十五 甲辰九月吉日 建之
太神宮
願主・・・
左いせ ひの 八日市
右京道
台石74×74×43
常夜燈高さ210
463
左いせ ひの みなロ道
右京 むさ 八まん道
文政丙戌冬 山田 園・・
右たが 愛ち川 ひこね道
文政丙戌は文政九年
30×30×128
火袋高73
(木袋)
464
右いせ道
左たが道
22×26×103
468
伊勢両宮
側面 往来安全
背面 安政五戊午歳孟春
世話人 田山せい 是從
台石60×65×20
燈籠高167
469
昭和五年十一月中村
左八日市飛行場 太郎坊多賀道
右玉緒 市原道
20×21×68
470
明治廿七年甲午春建 願主村田四郎兵衛
弘法大師 左 西京 八まん道
文殊菩薩 右 たが社 八日市道
天下和順 日月清明 往来安全
27.5×28.5×148+22

6－1－2　蒲生町岡本より土山町土山まで

蒲生町岡本の街道沿いに高木神社があり、その本殿や石灯籠は重文で、春祭のケンケト祭は県の無形民俗文化財である。

鋳物師にある湧泉寺の石造九重塔は、高さ4、5メートルの鎌倉時代後期の作とされ、完全な形で残る国の重文である。

県道に交差して、日野町に入った所が増田で、近隣の石原・小谷と共に三郷と称され、それらへの岐路に道標がある。

県道に離れ小谷を経て、三十坪《みそつ》で近江鉄道路線の東側に出て、小御門の南で出雲川を渡る。近江鉄日野駅東部の内池に至ると、県道合流点に折れた道標がある。

日野駅前商店街を東に進むと、上野田の街道岐路の所は伊勢口と呼ばれ、豪華な常夜燈の台石に「いせみち」と刻まれ、その前に二基の道標がある。

上野田より東部の大窪・松尾・村井の辺りは日野町の中心地で、かつての仁正寺藩市橋氏の陣屋跡が西大路にあり、町の公共機関が集まり商店街や寺院のほか、近江商人発祥地の本宅屋敷が残っている。

県の無形民俗文化財の綿向神社の、日野祭に巡行する曳山の倉が各所に見られる。

御代参街道は、上野田の常夜燈から南に進み、集落を抜けて耕地の中を野道となって、国道につづき日野水口グリーンバイパスを横切り、木津の集落に入る。

木津より小井口に達すると、バス道の県道に合流して南に進み、日野川に架かる橋が御代参橋で、御代参の名を残す唯一のものである。

街道東側の日野川上流の両岸には住宅地が開かれていて、南砂川東岸に広がる耕地の中を通り、御代参橋より1、5キロで鎌掛《かいがけ》に達する。

鎌掛は街道の旧宿場で、今は静かな町並みの中に古いたたずまいを残し、かやの森の前と、集落中央部の旧旅籠「角屋」（現在は岡氏宅）前などに道標があり、これらは同年会の人達により昭和になって建てられたものである。

集落から1、5キロで、県道に分かれる御代参街道は石谷林道となっていて、その分かれ道に道標がある。ここで舗装はなくなるが、幅の広い道をたどり笹尾橋・一の谷橋を渡り、岐路から0，8キロ程は、松林や雑木のある明るいなだらかな上りで、次第に谷筋から尾根に移る頃は、道も細く立木はまばらで雑草が覆ってくる。

笹尾峠の辺りは笹と雑草の中に、文化6年（1809）銘の地蔵があるだけである。

土山町側を東に進むと愛宕社があり、南に下ると西瀬音集落に入り、集落内の道に出た家の角に二基の道標がある。南に0、5 キロ程行くと山手に造成された緑ケ丘住宅地が峠近くまで広がっている。

古道は野洲川を渡って平子に出ていたようであるが、今は通れなく一度上流に溯り、青瀬橋を渡り東音瀬から平子を経て和草野に至る。途中に小さい道標があり、和草野の東部を経て北土山に下ると、道標のある国道1号に出る。

図109　御代参街道—2

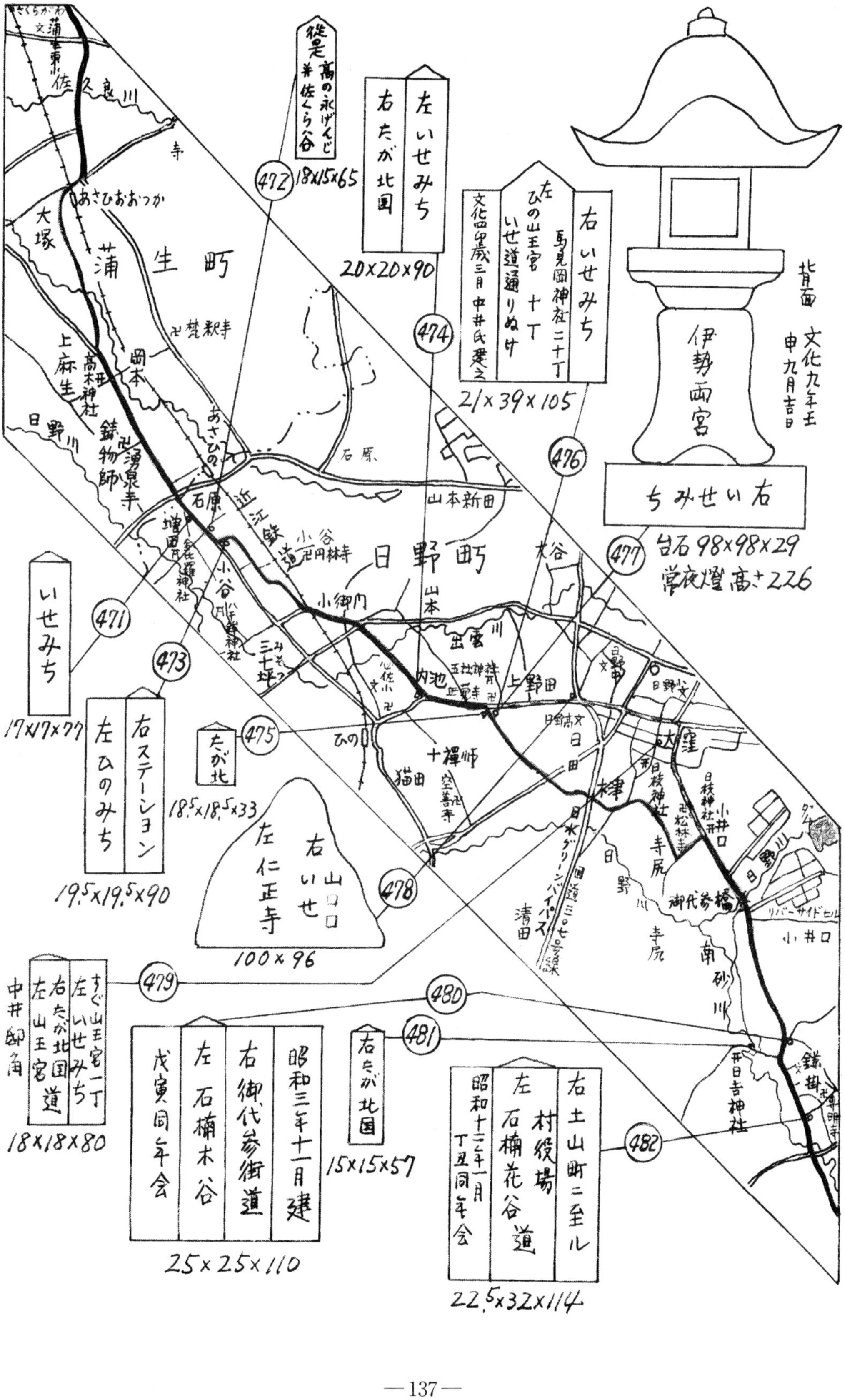
蒲生町
日野町
佐久良川
日野川
大塚
上麻生
石原
小谷
山本新田
出雲川
内池
上野田
大窪
十禅師
猫田
清田
寺尻
御代参橋
小井口
南砂川
鎌掛
近江鉄道
日野グリーンバイパス
国道三〇七号線
18×15×65
左 いせみち
右 たが北国
20×20×90
右 いせみち 馬見岡神社二十丁
左 ひの山王宮 十丁 いせ道通りぬけ
文化四卯歳三月 中井氏建之
21×39×105
伊勢両宮
背面 文化九年壬申九月吉日
ちみせい右
台石 98×98×29
常夜燈高さ226
いせみち
17×17×77
右ステーション
左ひのみち
19.5×19.5×90
たが北
18.5×18.5×33
右 いせ
左 仁正寺
100×96
すぐ山王宮一丁
左 いせみち
右 たが北国道
左 山王宮
中井邸角
18×18×80
昭和三年十一月建
右御代参街道
左 石楠木谷
戊寅同年会
25×25×110
右たが北国
15×15×57
右土山町ニ至ル
村役場
左 石楠花谷道
昭和十二年一月
丁丑同年会
22.5×32×114

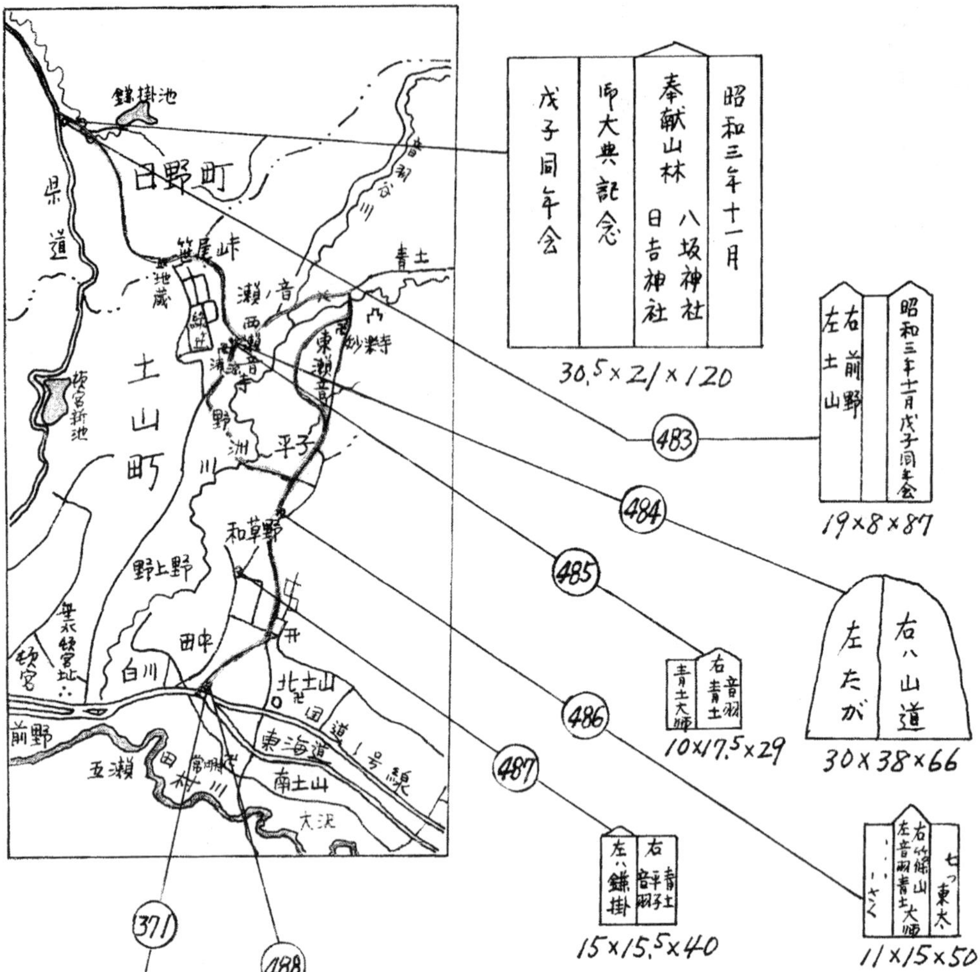
鎌掛池
日野町
県道
笹尾峠
地蔵
土山町
野洲川
平子
東瀬音
妙楽寺
青土
和草野
野上野
田中
白川
北土山
東海道１号線
前野
五瀬
田村川
南土山
大沢
昭和三年十一月
奉献山林　八坂神社　日吉神社
御大典記念
戊子同年会
30.5×21×120
483
昭和三年十一月戊子同年会
右　前野
左　土山
19×8×87
484
右ハ山道
左たが
30×38×66
485
右　音羽　青土
青土大師
10×17.5×29
486
右竹除山
左音羽青土大師
487
右　青土　平子　音羽
左ハ鎌掛
15×15.5×40
11×15×50

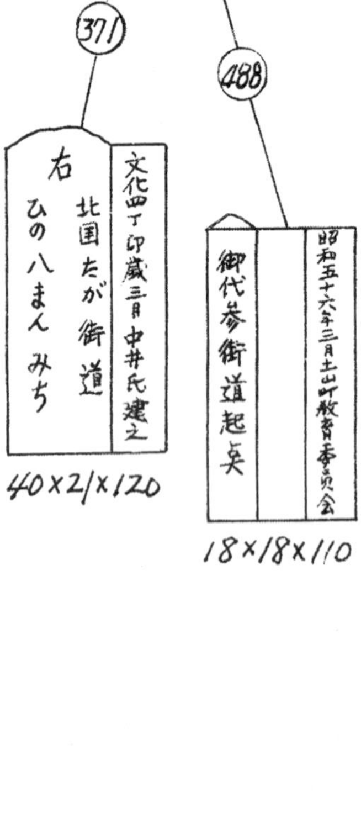
371
右
北国たが街道
ひの八まん　みち
文化四丁卯蔵三月　中井氏建之
40×21×120
488
御代参街道起点
昭和五十六年三月土山町教育委員会
18×18×110

写真24
滋賀県日野町鎌掛　御代参街道笹尾峠

6－2　杣《そま》街道・加太《かぶと》越大和街道　滋賀県甲西町より三重県関町まで

８世紀より９世紀にかけて伊勢道として、三雲より油日を経て柘植・加太越で関に通じていたが、仁和２年(886)新道が開かれ、水口・土山・鈴鹿峠を越えて関に通じた。これが伊勢大路又は参宮街道と呼ばれ、さらに整備されて東海道となっている。古道は後に杣街道または伊賀街道とか、東海道脇往還と言われた。

古来より杣川流域は甲賀杣として木材の産出多く、その搬出の道でもあった。

また、壬申の乱(672)には近江・大和両軍のいくさの道となっている。

甲西町三雲で東海道に分かれ、野洲川南岸をＪＲ線に沿って進み、水口町に入ると杣川に沿い、ＪＲ線をくぐり三本柳に達する。国道３０７号（信楽街道）に交錯していくと、三本柳の中央に飯道《ばんどう》寺と庚申道を示す道標がある。

町の西南部の信楽町との境界にある飯道山は修験道の山で、明治になってから廃寺となった飯道寺があった。山の東麓三大寺にある飯道寺は、明治２５年に旧寺の一坊を再興したものである。

庚申道は飯道山の東南に当たる庚申山にある広徳寺への道を示し、延暦年間の開基という広徳寺は一時荒廃していたが、我が国の伸銅の祖といわれる藤左衛門によって、永禄年間(1558~)に庚申堂が建てられ「山上の庚申」と言われている。

三本柳南部の国道などが交わる五叉路の脇に、庚申道の大小２基の道標があり、巨大な方は全高５メートル以上で、大正８年に横田から移されたと台石に刻まれてある。特に道標の上に、三猿の像が載せられているのは珍しい。

信楽高原鉄道線をくぐり、再び杣川に沿って甲南町に入る。市原の矢川橋で杣川を渡り甲南町の中心地である深川市場に至る。杣川に沿い桜並木が３００メートル続いていて、南部には伊賀街道の標石や、県道関係のものが三カ所にある。

東部の深川・葛木・稗谷の丘陵地域にニューポリス、希望ケ丘などの住宅地がある。街道からそれるが、野田の公民館前に、今時珍しい大正年代のものと思われる道標が保存されている。

なお杣川に沿っていくと、ＪＲ寺庄駅筋の四つ辻の中央に、町指定文化財の木造二層の六角堂があり、本尊に木造地蔵立像をまつり、お堂は天明８年(1788)建造となっている。やがて甲賀町に入り、ＪＲ線にからんで町の中心地大原市場に達すると、町筋に製薬の看板が目立つようになる。

ＪＲ線の北側に出て旧道を田緒野に入ると、小祠の前に自然石の道標がある。

ＪＲ油日駅北の金毘羅宮標石の所で、県道に分かれて左に進むと極楽寺の門前に安政３年の道標がある。青野川に沿ってやがて林の中を通り、与野の集落に入るとここにも道標がある。広い敷地のシオノギ研究所の前を過ぎると、明治３２年に三重県の立てた県界標がある。道の東側は公園になっている。

県道をくぐった旧道が伊賀町に入ると、ガラス工場前に自然石の道標がある。

ＪＲ関西線の踏切を通り、倉部の南で倉部川を渡り、旧柘植村の中心　上町で上野市より来た加太越大和街道に合流する。

柘植町は江戸時代には宿場となっていて、津から上野への領主や藩士の往来に、往路は長野越（現大山田村経由）で、復路は加太越（柘植経由）となっていた。

旧関西鉄道が国鉄になった明治４０年以後も、草津線と関西線の接点となり、周辺の発展をもたらすと期待されたが、過疎化を防ぐにとどまっている。

加太越大和街道は上野市農人町で伊賀街道に分かれ、印代・佐那具・伊賀町を経て、柘植町で杣街道に合し、加太から加太川に沿っていき、関町に入る。

柘植町より関町の西の追分までは１５キロ程あるが、道標は一つもない。

柘植の周辺には史跡が幾つかあり、中柘植南部の柘植川畔に「斎宮芝」の石柱があるが、斎宮の頓宮とは直接関係はないとも言われている。中柘植北部の野村の辻の地蔵堂の前に、供養碑の道標があり、これには櫟野道を示している。

柘植町上町に寛政4年（1792)開かれた心学道場麗沢舎の跡があり、県の史跡で民間教育の場として、上野市の有誠舎と共に県下で数少ない施設であった。

柘植町下町の柘植小学校の東に、旧東柘植村の建てた「史跡小御堂跡」の碑があり、上町に「都美恵宮遺跡」の石柱が立っている。この宮跡は垂仁天皇期に倭姫命が、天照大神の宮居を奉斎し、２年余りこの地に留まったと伝えられている。

上町より国道は加太峠への緩い登りとなり、ＪＲ線に沿っていくと道の南側に鴉山池がある。これは保水に乏しい柘植川流域の干害対策として、昭和２９年に掘られた潅漑池で、更に少し登った南側にも後に掘られた大杣池がある。

鴉山池の北側山手は採石場で、ダンプカーがしきりに往来している。国道は一つ家の標高３０８メートルに登りつめ、下ると加太川上流で関町域となる。

ほぼ加太川に沿って下って行くと、ＪＲ線をくぐり加太北在家の集落の東、川俣城址である川俣神社の杜を右に見て進む。

名阪国道に接近して、インターチェンジのある板屋を通り、梶板を経て旧加太村の中心であった加太市場に至る。

ＪＲ加太駅の西側に臨済宗の神福寺があり、このお寺はこの地の豪族関一族の鹿伏兎氏の菩提寺である。寺の横から山に登ると、県の史跡鹿伏兎城址がある。

関一族の五家は永禄年間にこの地で活躍し、後に織田信孝（信長の三男）は一族の神戸氏を継ぎ、信長の伊勢進攻に力をかしている。関氏は伊勢平氏である平資盛の子孫と伝えられている。

加太市場にはＪＲバス停市場の西に、問屋場跡の石柱があり、往時は市場を形成していた所であるが、今は静かな通りで茶畑の間に藁屋根の家が残っている。

加太よりは加太川とＪＲ線に沿って、緩やかな下りが長々と続き、八十瀬川の大和橋を渡り、関の西の追分で東海道に合流する。

図111　杣街道―1

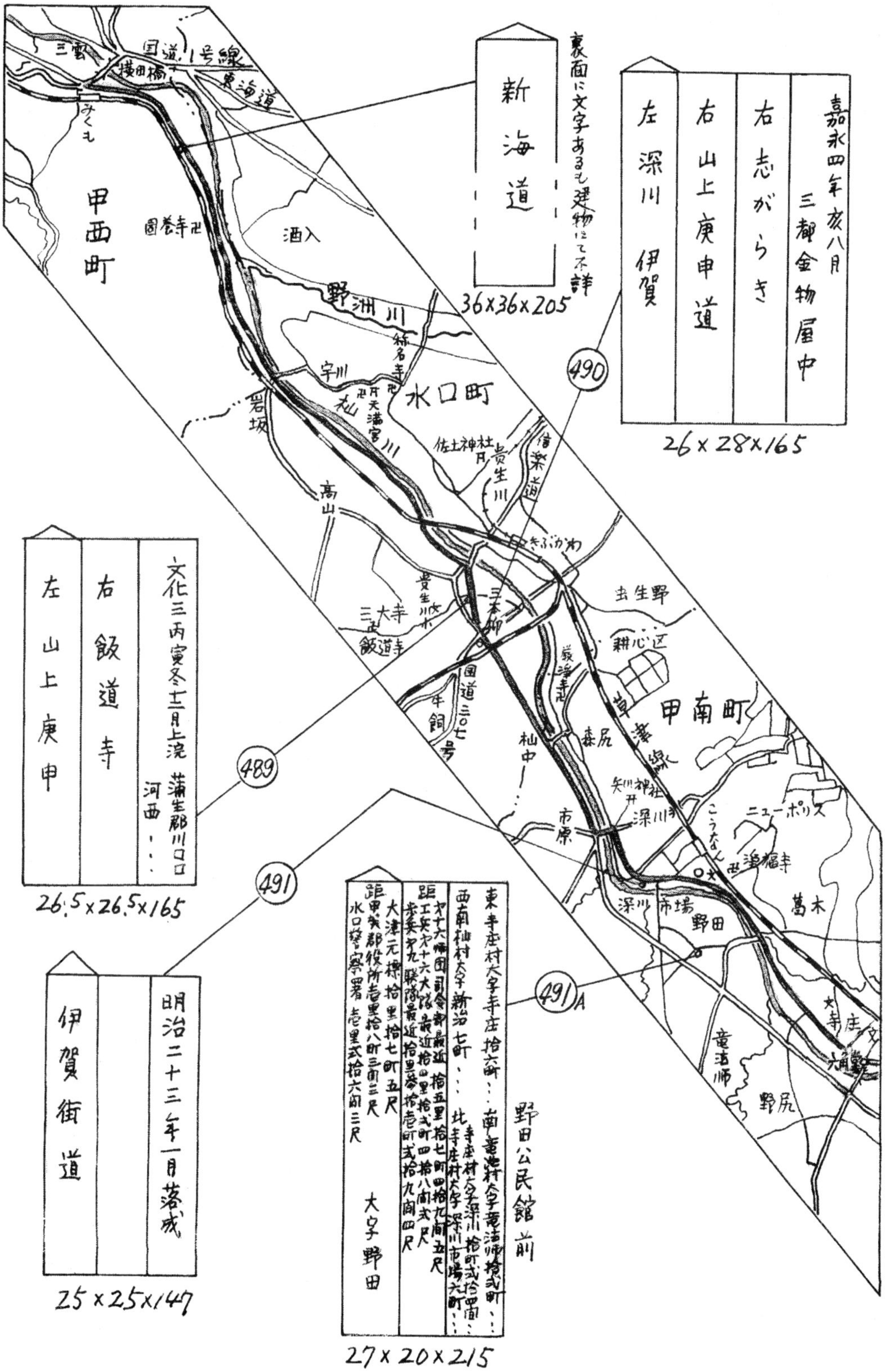

国道1号線
東海道
横田橋
三雲
みくも
甲西町
園養寺
酒入
野洲川
宇川
水口町
岩坂
杣川
高山
佐土神社
貴生川
信楽道
きぶかわ
三本柳
三大寺
飯道寺
牛飼
国道三〇七号
杣中
森尻
甲南町
草津線
耕心
市原
深川
矢川神社
ニューポリス
こうなん
深川市場
野田
葛木
竜法師
野尻
寺庄
新海道
裏面に文字あるも建物にて不詳
36×36×205
490
嘉永四年亥八月 三都金物屋中
右志がらき
右山上庚申道
左深川 伊賀
26×28×165
489
文化三丙寅冬十一月上浣 蒲生郡川口口 河西…
右飯道寺
左山上庚申
26.5×26.5×165
491
明治二十三年一月落成
伊賀街道
25×25×147
491A
野田公民館前
東寺庄村大字寺庄拾六町… 南竜池村大字竜法師拾弐町…
西南杣村大字新治七町… 北寺庄村大字深川拾町弐拾四間… 寺庄村大字深川市場六町…
距第十六師団司令部最近拾五里拾七町四拾九間五尺 工兵第十六大隊最近拾四里拾弐町四拾八間弐尺 歩兵第九聯隊最近拾四里参拾壱町弐拾九間四尺
距甲賀郡役所壱里拾八町三間三尺 大津元標拾里拾七町五尺 水口警察署壱里弐拾六間三尺
大字野田
27×20×215

図112　杣街道—２

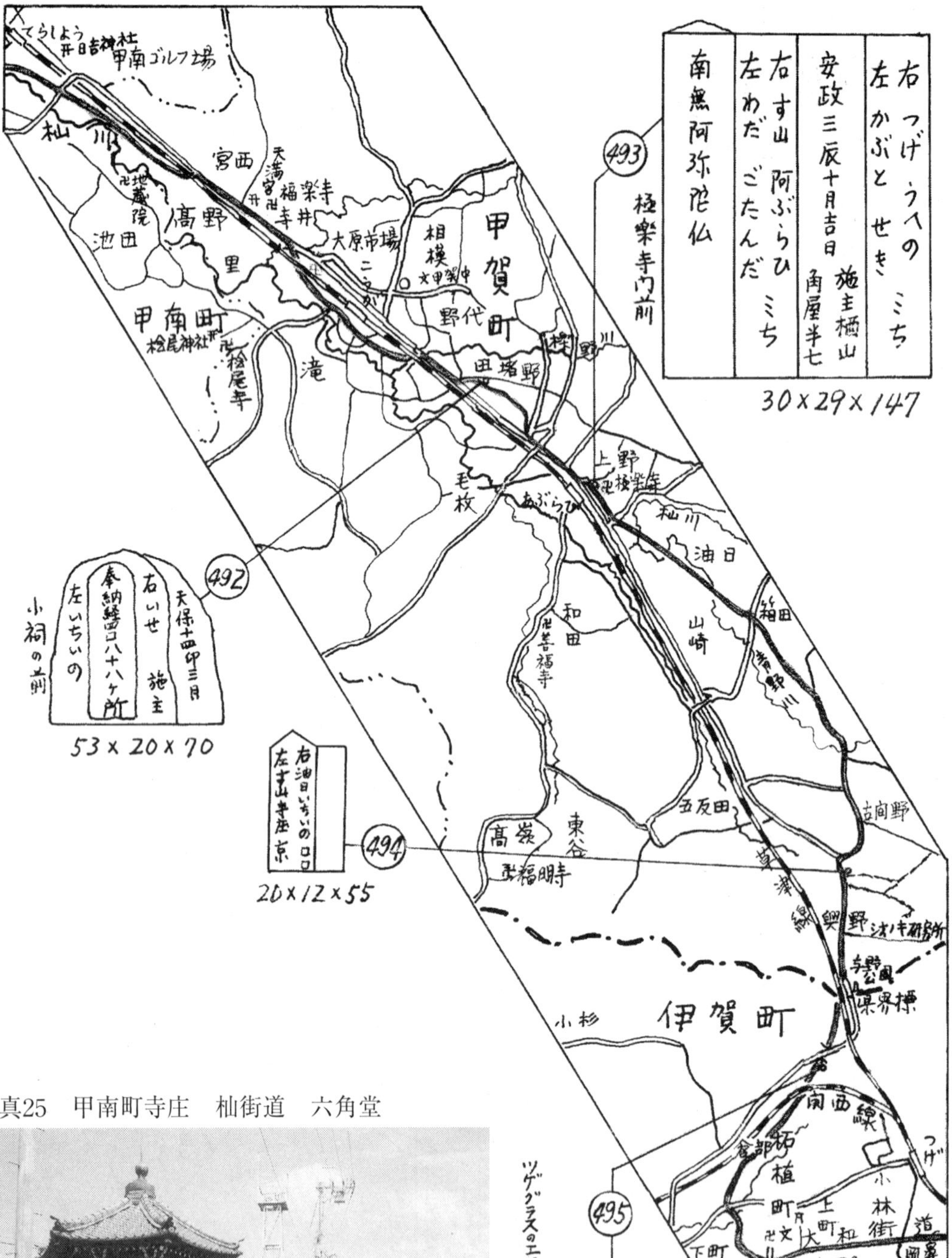

甲南ゴルフ場
杣川
宮西
池田
高野
里
甲南町
滝
甲賀町
相模
野代
田堵野
大原市場
上野
毛枚
あぶらひ
和田
油日
山崎
五反田
高嶺
東谷
小杉
伊賀町
柘植町
下町
上町
小林
山出
名阪国道
493
右 つげ うへの みち
左 かぶと せき
安政三辰十月吉日 施主 栖山 角屋半七
右す山 阿ぶらひ ミち
左わだ ごたんだ
南無阿弥陀仏
極楽寺門前
30×29×147
492
天保十四卯三月
右いせ
奉納経口八十八ケ所
施主
左いちいの
小祠の前
53×20×70
494
20×12×55
495
ツゲグラスの工場前
右山みち
30×39×42×67

写真25　甲南町寺庄　杣街道　六角堂

図113　加太越大和街道―1

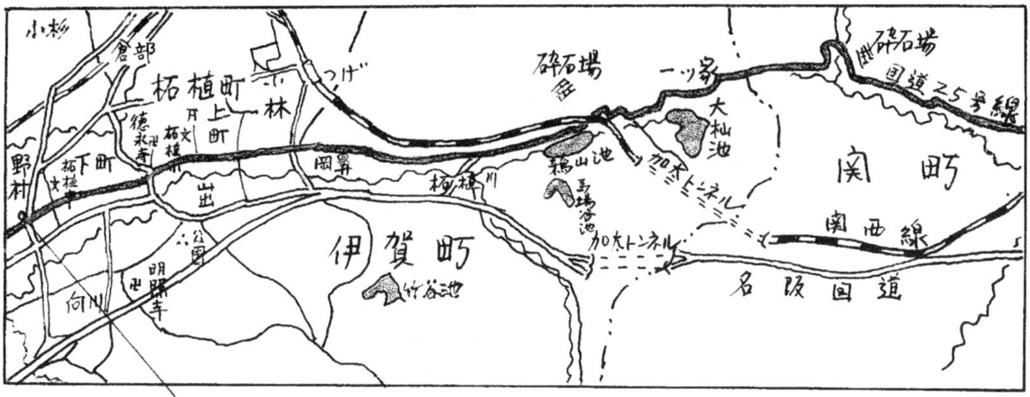

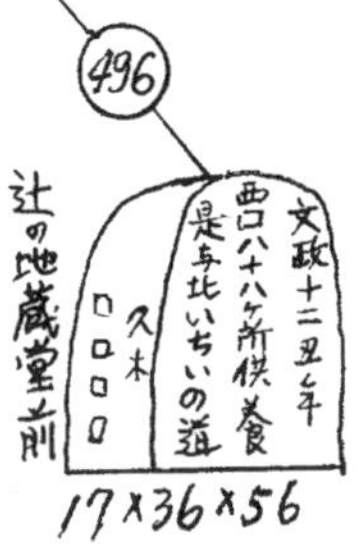

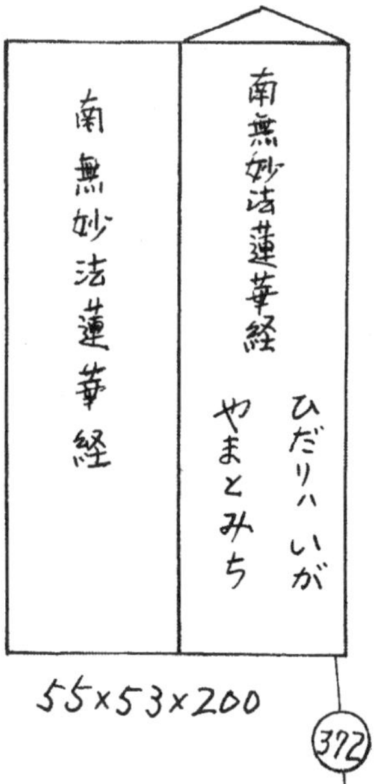

図114　加太越大和街道―2

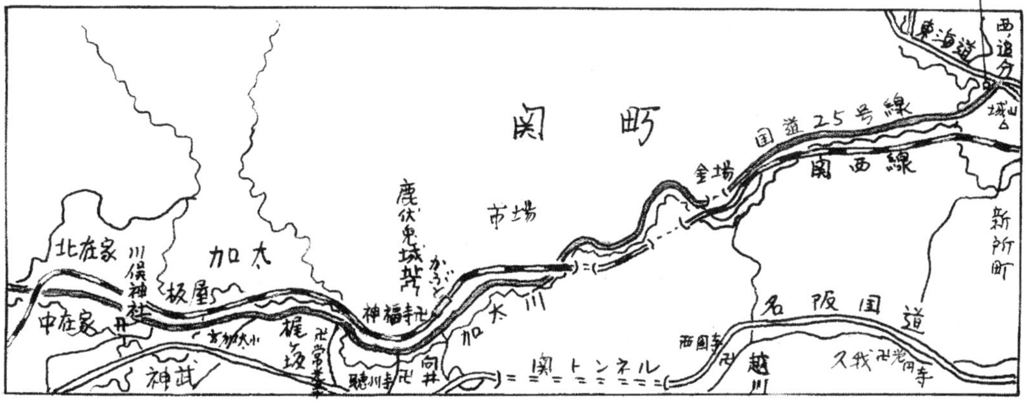

6－3　中山道・多賀道（高宮道）　草津市より多賀町まで

東海道の京都より関までについて、この章のはじめに述べ、御代参街道については前章に記したので、両街道につながる中山道と多賀道を加えることとした。

草津大路から東北へ、駅前開発された中を通り抜けて、ＪＲ線の陸橋を渡って県道に入り、ＪＲ線に沿っていくと葉山川を渡り栗東町に入る。

県道大津能登川長浜線はほぼ直線状に通じ、笠川・花園・綣を経て守山市に入り、焔魔堂町辺りにくると、古い町並みが残っている。

えんま堂十王寺に向き合って諏訪神社があり、その角に淀領の領界石がある。

今庄町の農協向かいの広場に、今庄一里塚跡の榎の木があり、滋賀県内の中山道では、唯一つ残っている一里塚跡であるが、街道の西側の塚はなくなっている。

バス停守山銀座の所で志那街道（芦浦道）が分かれ、すぐ北に比叡山守山寺東門院があり、伝教大師最澄が延暦１３年(794）に開かれたとされる古刹で、重文の仏像のほか、鎌倉時代のすぐれた石造の塔などがある。本町周辺には東門院以外にも社寺が多く、東山道・中山道の宿場と門前町として栄えたのである。

東門院から北東にいくと次の分岐点で、中山道は右にまがるが、その角に道標があり、ここは高札場のあった所だそうである。道標に示された錦織寺は、ここから７キロ近く隔たる中主《ちゅうず》町木部にあり、平安初期９世紀に開かれ、貞永元年(1232)親鸞上人が再興したという古刹である。

古いたたずまいの商家や、立派な屋敷が見受けられる通りを過ぎると、吉見町に入り、やがて工場などがつづくようになり、北側には大工場が多く見られる。

野洲町に入り野洲川を渡るが、橋の上から東方に三上山が良く眺められる。

ＪＲ線をくぐり、古い町並みを進むと行畑で、その曲がり角に蓮照寺があり、境内は狭いが、道標や領界石を保存している。

まもなく右手に行事神社入口があり、ここに町の有形文化財１号としての「あみだ如来立像」がある。

行畑の東部で朝鮮使節街道（安土街道）が左に分岐するが、この道を０、５キロ入ると、ＪＲ野洲駅前通の交差点に「錦織寺へ一り」の道標がある。

行畑の岐路を右に進む中山道は、野洲小学校の南を通り、新幹線をくぐると小篠原で、国道と新幹線の間を２キロばかり進むと、天井川の家棟川をくぐり、小堤で国道に合流する。道の南側に西池があり、池の土手に桜の並木が続いている。

道は竜王町に入り鏡に至ると、朝鮮新羅国の皇子、天日槍《あめのひぼこ》をまつる鏡神社があり、重文の本殿や少し離れて宝筐印塔などがある。鏡の地は鎌倉時代に宿駅であった所で、源頼朝・義経・足利尊氏などの宿泊地となっていて、特に源義経はこの地で元服をしたと伝わり、義経泊館跡の碑などがある。しかし、江戸時代に中山道となってからは、宿場より外されてしまったが、古い商家などは各所に残っている。また、額田王（ぬかたのおおきみ）の出身地とも伝えられている。

鏡集落を抜けて善光寺川を渡った次ぎの辻、水口道の岐路に道標がある。ここで国道に分かれて西横関を通る旧道の横関川には橋がなく、国道の横関橋を渡って近江八幡市域となる東横関を通る。

馬渕町で国道に合流した所の右側空地に、妙感寺へ八丁の石標がある。その妙感寺は、ここより東へ１キロの瓶割山西麓の岩倉にある。そばの山手には重文の木造観音立像のある黄檗宗福寿寺や、諏訪神社などがある。

国道の千僧供《せんぞく》町東部の二ケ所に「安楽房・住蓮房墓」を示す道標があり、文化２年刊の近江名所図会によれば、法然上人の弟子　住蓮房・安楽房が、後鳥羽院にかかわる故あって死罪にあい、その墓が南の耕地内の古墳の上にある。また二つの道標の中間北側に、小さい涸池の端に住蓮房首洗池の碑がある。

千僧供町の集落内に道標があるほか、バス停六枚橋の南に妙経寺へ七丁と刻まれた法華塔がある。南に４００メートルいくと、工業団地の端に大きな妙経寺の標柱が立ち、これを東に入った長福寺町の南部にその妙経寺がある。

工業団地の東、西宿町で道は三つに分かれ、国道は左に進むが中央の旧道をとっていくと、近江鉄道武佐《むさ》駅の西踏切を通る。武佐の町並みに入った所に「長光寺」の道標があり、聖徳太子ゆかりの武佐寺に比定される真言宗の長光寺は、近江鉄道南側の東洋カーボン工場の南にある。市の天然記念物「花の木」が本堂前にあり、隣に十二神社がある。

武佐は応仁の乱の後に、近江源氏佐々木氏により文明１１年(1479)関所が設けられ、江戸時代には中山道の宿場として栄えた所である。

八風街道に交差する角に道標や浄厳院道の標柱があり、武佐の本陣跡は下川氏宅の門構が残っていて、道に面した部分は武佐郵便局に改築されている。

八坂神社の西、国道近くの角に八幡道などを示す道標がある。

武佐の町並みのとぎれる辺りで、広済寺につづき牟佐神社を経て、西生来町を過ぎると安土町に入り、いわゆる蒲生野となるのである。

西老蘇から道は左に曲がり、太神宮常夜燈のある所から古い町並みとなり、東老蘇の史跡「老蘇の森」に至る。森の中に式内社の奥石《おいそ》神社があり、天児屋根命を祀る本殿は重文に指定されている。

北へ国道の地下道と新幹線をくぐって進むと石寺に至り、観音寺山を登ると西国３２番札所や、佐々木氏が南北朝時代に築いた山城の観音寺城址がある。

城址は昭和４４～４５年に発掘調査され、規模の大きい城址が確認された。

街道は石寺に入らず、国道８号を進み一時新幹線に沿ってからこれをくぐり、五個荘町域に入り、清水鼻で国道から右に離れて行く。

北町屋と小幡には「いせ・ひの」などを示す道標や常夜燈がある。

図115　中山道―1

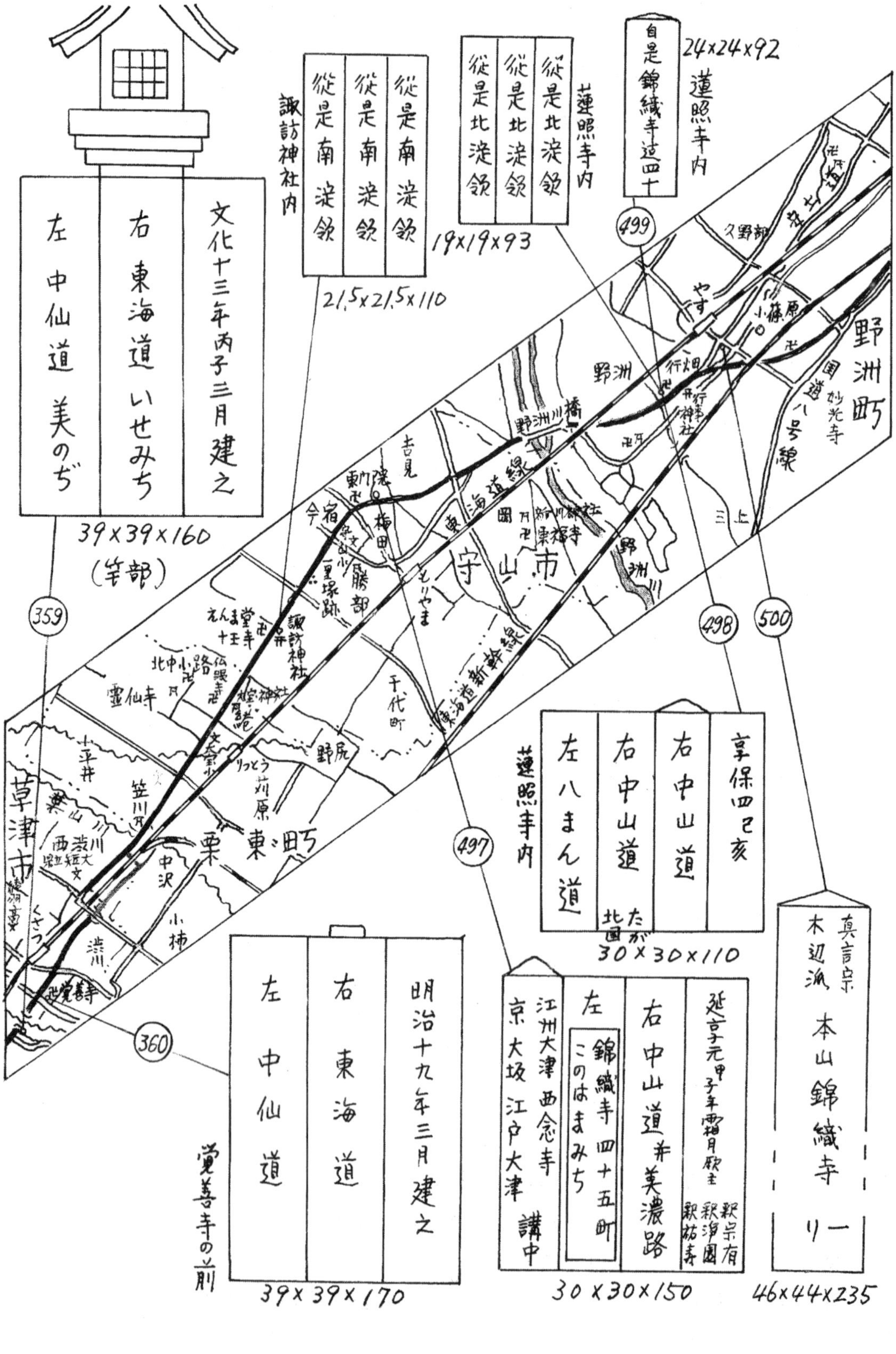

文化十三年丙子三月建之
右 東海道 いせみち
左 中仙道 美のぢ
39×39×160
(笠部)
359
諏訪神社内
従是南淀領
従是南淀領
従是南淀領
21.5×21.5×110
蓮照寺内
従是北淀領
従是北淀領
従是北淀領
19×19×93
自是錦織寺道四十
24×24×92
蓮照寺内
499
享保四己亥
右 中山道
右 中山道
左 八まん道
北たが
30×30×110
蓮照寺内
498
500
真言宗
木辺派 本山錦織寺
り一
46×44×235
497
延享元甲子年霜月 願主
釈宗有
釈浄圓
右中山道并美濃路
左 錦織寺四十五町
このはまみち
江州大津西念寺
京大坂江戸大津 講中
30×30×150
360
明治十九年三月建之
右 東海道
左 中仙道
39×39×170
覚善寺の前
野洲町
守山市
栗東町
草津市
東海道線
東海道新幹線
国道八号線
野洲川
野洲川橋
野洲
やす
小篠原
久野部
三上
妙光寺
吉見
今宿
梅田
もりやま
勝部
一里塚跡
諏訪神社
えんま堂
十王寺
霊仙寺
北中小路
千代町
野尻
りっとう
苅原
笠川
小平井
中沢
小柿
渋川
くさつ
覚善寺

図116　中山道－2

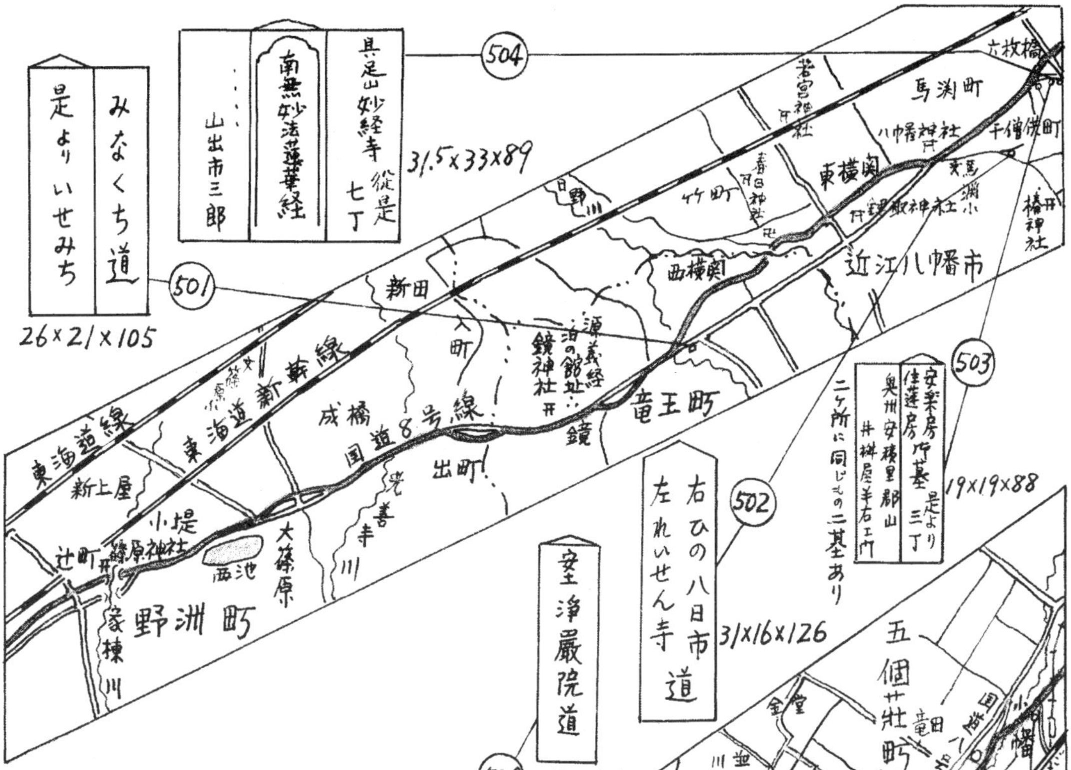

図117　中山道－3

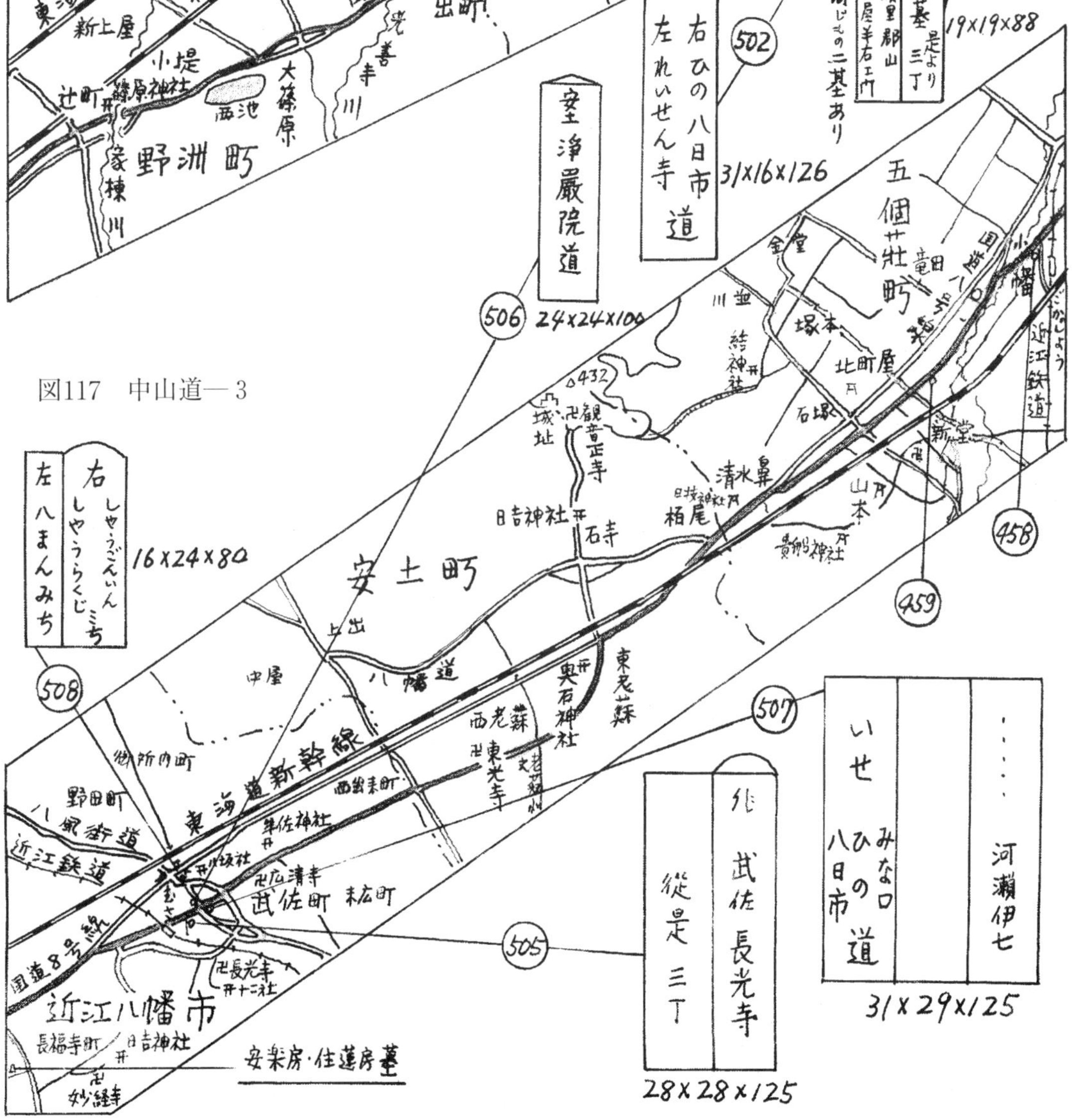

近江鉄道路線にからみながら進むと愛知川畔で国道に合し、愛知川を渡ると愛知川町で、この橋は新しい御幸橋となっているが、東詰に祇園神社がありその前に、無賃橋の由来記がある。いわゆる公儀橋と称する公費で造られた場合は別として、地元によって架けられた橋は、一般には通行料を取っていた所が多かったが、この橋は通行料を徴収しなかったので、無賃橋と呼ばれていたのである。

御幸橋で国道に分かれ、右の旧道を進むと古いたたずまいの家並みから商店街となり、その途中の竹平楼横に、東郷平八郎書の明治天皇聖蹟碑が立っている。

商店街を抜けた沓掛の分岐点に、旗神豊満神社への道標があり、その神社はここから南に約2キロの豊満にあって、重文の四脚門のある古社で、旗神とは神功皇后の軍旗を祀り創建されたという由緒があり、祭神は大国主命ほか三神である。

石橋集落の南部に式内社石部神社があり、宇曾川を渡ると豊郷町に入る。

下枝の千樹禅寺前に江州音頭発祥地の碑があり、この千樹寺はこの地出身の豪商、藤野四郎兵衛が再建したとの事で、お寺の少し北にある藤野家の屋敷は、豊会館という民俗資料館になっている。会館前に中山道一里塚跡の石柱があるが、元はここより東北へ1キロの石畑にあったものを移したそうである。

近江鉄道豊郷駅筋の角に紅公園があり、この地の出身者　伊藤忠兵衛の肖像をはめ込んだ石碑がある。周辺には近江商人の大きな家々が残っている。

石畑北部に豊郷小学校があり、ここの出身者　古川鉄治郎の寄附で建てたものであるが、その建替に関して町長と住民の間で紛糾し裁判で係争中である。

行基が49番目に建てたという唯念寺のある地は、四十九院の地名が残っている。興国化学工場の前を通って甲良町と彦根市の境界線に沿っていくと、ケヤキの並木がつづいていて、街道の面影をよく残している。

四ノ井川を渡り法士町を経て犬上川を渡る高宮橋の前身は、既述の愛知川の御幸橋と同じく無賃橋で、天保3年（1832)浄財を得て架けられたものである。

高宮宿は中山道の中でも、多賀参りのため特に賑わったそうで、今もその面影が残っている部分もあるが、西側を通る国道の交通のはげしさに比べ静かである。

北本町の円照寺の門前に、明治天皇行在所聖蹟の石碑があり。この寺には徳川家康も立ち寄っていて、境内に家康の腰掛石というのがある。

町の中程東側にある巨大な石の鳥居は、寛永11年建立の多賀大社一の鳥居で、横に道標がある。中山道は鳥居を右に見て直進するが、多賀道は鳥居をくぐり東へ1、7キロで多賀町に入る。尼子の誓還寺前によく似た二基の道標がある。

尼子の集落を抜けて高速道をくぐり、近江鉄道の終点多賀駅の南に出て、土産物店などが並ぶ通りを多賀大社に至るが、途中の二ケ所に道標がある。

「お伊勢へ参らばお多賀へ参れ　お伊勢お多賀の子でござる」といわれ、伊邪那岐・伊邪那美の二神を祀っている。全国に200ケ所以上の分岐社があり、社殿は昭和7年に再建され、奥書院の庭は国の名勝になっている。

図118　中山道—4

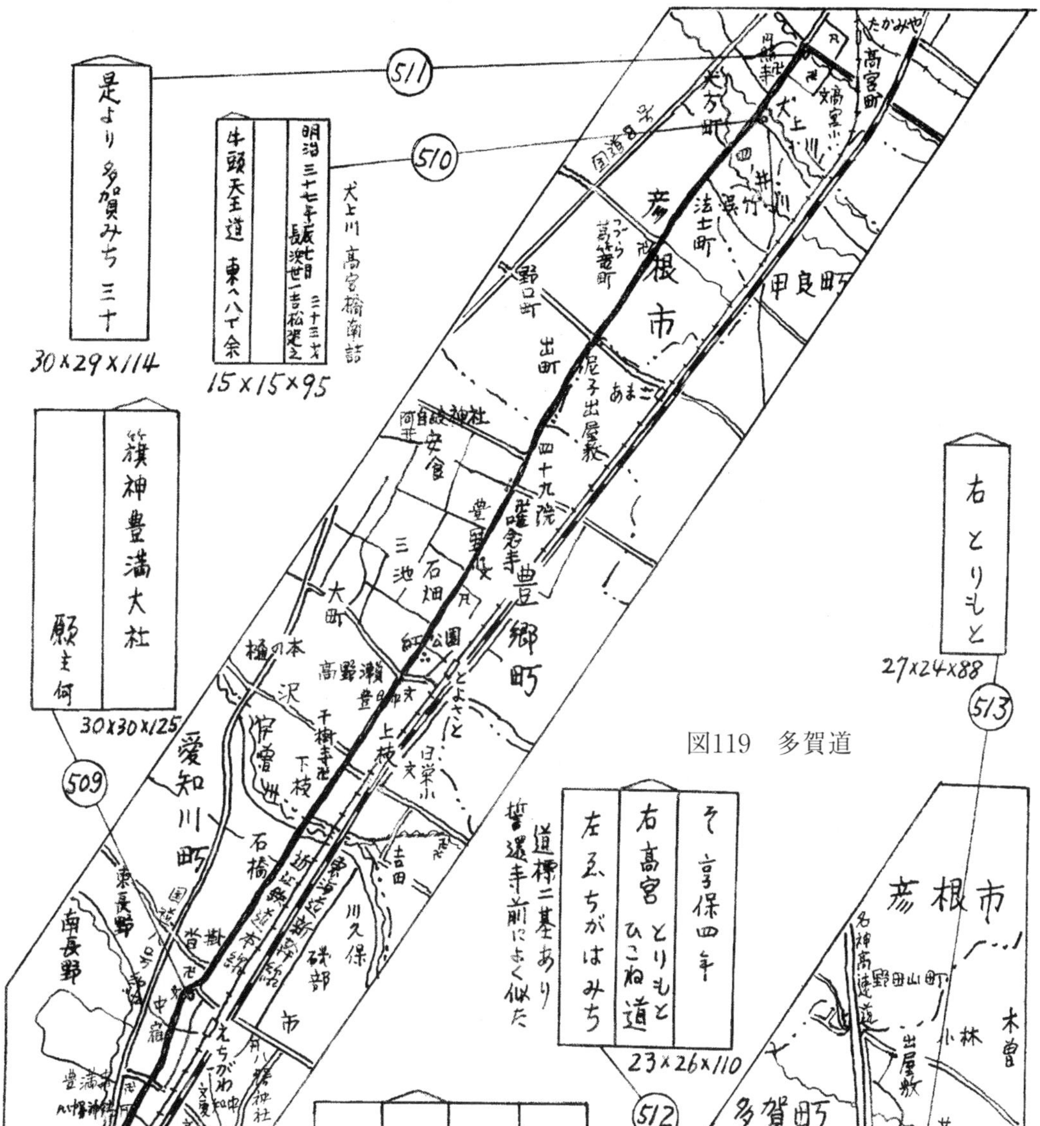
511
是より多賀みち 三十
30×29×114
510
牛頭天王道 東へ八丁余
犬上川 高宮橋南詰
15×15×95
509
旗神豊満大社
願主 何
30×30×125
彦根市
甲良町
豊郷町
愛知川町
犬上川
高宮町
国道8号
愛知川

図119　多賀道

513
右 とりもと
27×24×88
512
享保四年
右 高宮 とりもと ひこね道
左 ゑちがはみち
23×26×110
道標二基あり
誓還寺前によく似た
514
明治十八年
左 京道
右 本社道
有志中
31×31×180
彦根市
多賀町
甲良町
近江鉄道多賀線
高宮道
尼子
多賀
青竜山

６－４　近江から御斎《おとぎ》峠を越える伊勢への道　信楽街道
大津市瀬田より上野市鍵屋の辻まで

古代近江国勢多の国府より古東山道は、瀬田川東部を大石関を経て田原道となり、あるいは大石で西に分かれて曽束道が通じていた。また天平１４年(742) 聖武天皇の紫香楽宮造営の時、恭仁京から野殿越の恭仁東北道が開かれている。

平安期には伊賀国新家（三重県上野市）より於土岐《おとぎ》（現在は御斉）峠を越えて、朝宮・大石・瀬田を通り京への道順をとる参宮街道が開通している。

和銅４年(711)山城国岡田駅（現代の木津町または加茂町の二説あり）より、笠置・大河原を経て木津川北方の丘陵地を伊賀国（島ケ原村）に入り、中矢を通り上野市新居《にい》（中世までは新家、現在は東高倉）に至り、さらに東に向かう第二次の東海道が開かれ、上野市の地元では和銅の道と呼ばれている。

これらにかかわる近江より御斎峠を越え、伊賀を経て伊勢に達する道筋について、上野市の伊賀街道鍵屋の辻までについてまとめる。

大津市瀬田は、現在ではＪＲ瀬田駅周辺が賑やかで、一里山は石山より一里に当たり、一里塚があった所であるが、元来は瀬田川の唐橋の東側　瀬田一・二丁目より神領の辺りが中心で、近江國府跡は大江六丁目西端の地とされていて、伊勢神宮斎王群行の勢多頓宮の地と伝わっている。

旧東海道の神領三丁目西部から南に入り、東海道新幹線と名神高速道をくぐって、瀬田橋本町の京滋バイパスに至る間は、新しい住宅地となり、ゴルフ場の道を通り旧道は消滅しているので、一旦バイパスに沿って瀬田川畔に出る。

黒津町の瀬田川対岸の南郷との間に南郷洗堰があり、洗堰は琵琶湖流水調節の為に、明治３７年に設けられた。もっとも現在の堰は昭和３７年に、初代の堰より１００メートル下流に改良設置され、初代の堰は両岸に一部づつ残されている。

住宅地の広がる田上稲津町を経て大戸《だいど》川に沿い、石居《いしずえ》一丁目の旧道に入ると道標があり、「左　せた道」を示しているが、この道は北側奥にゴルフ場ができて中断している。集落内の東部に白鳳後期と推定される石居廃寺跡があり、ふどう道の道標が地内にある。不動道とは里町から天神川の上流約６キロの太神山（599メートル）の山頂にある成就院不動寺への道で、瀬田唐橋東詰に二里二十丁を示す道標が初見である。

里町の山麓地帯は田上小学校周辺に住宅が広がり、小山川を渡ると関津町で、工場や事業所がつづいている。関津とは、昔に関所のあったことと、瀬田川水運の港であった所からきた名である。

関津町南部の諏訪神社前で県道大石東瀬田線に合流し、関津峠を越えるが、峠には義民碑が立っていて、大石郷の彦治・源吾兄弟が慶長１９年、幕府の巡検役に訴願した功績を称えて、大正８年に建てられたものである。近くに、東村と関津村の領界石も立っている。

大石東町沢野に岩屋不動尊の道標があり、その不動尊は富川町北部の明王寺跡に、耳不動と呼ばれるほか、三尊を刻んだ応安２年(1369)彫像の磨崖仏がある。

石柱の所で信楽川の橋を渡り急坂を登っていくと、見事な磨崖仏の大岩がある。

沢野から信楽川に沿って溯るのであるが、西に下ると法楽寺があり、さらにその西に浄土寺がある。ここは大石家の屋敷跡とされ、大石内蔵助祖先五代の墓が浄土寺墓地の上手にある。

両寺への道標が、浄土寺より西３００メートルの鹿跳橋東詰に立っている。

大石地区は宇治街道（田原道）や曽束道などの、新旧道の分岐する要地である。

沢野から国道４２２号が信楽川にからんで通じ、参宮街道とも信楽街道とも言われた道である。

倉骨を過ぎると大滝という滝があるが、表示は何もなく水泳禁止の立札のある所より、細い踏み跡を下ると、滝の前に出られる。近江輿地志略には「高二丈四尺」とあるが、上流にかけて何段も滝がつづき滝の上流は有料の釣場である。

国道を進むと富川町で、大滝より約１キロに上記の岩屋不動の石柱が立ち、国道から北方の山腹にその大岩が望まれる。

富川町は南北に集落が分かれていて、北には春日神社、南に琴平神社がある。

大津市域から信楽町域に入ると宮尻で、大宮神社前を通って本覚寺への参道入口に、天保年間の小さい道標がある。朝宮地区では新しい道ができているが、下朝宮の石倉橋で、京都府宇治田原町から来た国道３０７号に合流して進む。

石倉橋からも新道が開通していて、バスは旧道の集落の中を通っている。

上朝宮に三所神社があり、本殿前の両側に宮座七座の神事の座が設けられ、藁葺の宮座の建物が現存し町の文化財に、本殿は県の文化財に指定されている。

岩谷川を渡る手前に岩谷観音の道標があり、北に１キロ入ると観音寺がある。

朝宮は古くより朝宮茶の産地で知られ、各所に茶畑や集荷所・作業所を見ることができる。

上朝宮の上出で国道に分かれ、信楽スポーツセンター前を通り杉山に出る。

信楽川を渡った旧道の常夜燈そばに「すぐ　多ら尾　いが」の道標があり、その南部に高岸寺や杉尾神社がある。

自動車や人通りの少ない道を小川上出に至り、県道１３８号を南に進む。

ビックワンカントリーゴルフ場のある名ばかりの大峠を越え、１キロ南の小峠を経て茶屋出に至る。駐在所前の茶屋出橋のたもとに、嘉永７年(1854)に建てられた京や伊賀・伊勢道を示している道標がある。

道筋からそれるが、茶屋出南部の中野は、高原鉄道信楽駅より多羅尾行のＪＲバスの終点で、里宮神社・多羅尾小学校や浄岸寺などがあり、浄岸寺本堂前に二基の自然石の道標が保存されている。さらに５００ルートル南の上出には、多羅尾代官屋敷跡があるが、私有地のため立入禁止になっていて、入口の橋から石垣が望まれる。

六呂川から御斉峠への道となり、３キロ程で多羅尾カントリーゴルフ場入口があり、右側に弘法井戸と示される水溜がある。その少し手前を北に下りると多羅尾の仕置場跡があり、二基の供養碑の立つ一角がある。

街道の峠の標示板からの旧道は、直接に上野市西山へ下れるが、潅木が茂り平成１０年の台風で倒木などで荒れているものの、この山道は高旗山の登山道として利用されている。

滋賀県と三重県の県境に、山口誓子の句碑が立っていて、舗装された高旗山林道は、昭和４８年に完成したもので旧道の分岐点より１００メートルにその記念碑が建ててある。林道は東方へ大回りして高倉で旧道と合流する。

峠の辺りからの眺めは良く、旧道の急な曲折した山道を下っていくと、西山簡易水道配水所のある前から舗装されている。

ゆるい斜面に広がる畑地から、家の点在する中を通り西山公民館の横に出ると、バス停の中出で、高旗山登山道の表示があり、ここを南に入ると果号寺がある。

果号寺境内のシブナシカヤは、西高倉の高倉神社にもあり天然記念物である。

バス道を東に進むと広出の旧道に文政年間の「右京道左いせ道」の道標がある。

道は山裾を縫うように曲折して通じ、宮谷川を渡ると西高倉である。

バス停畠山の所で北への岐路があり、この道は鳥居出集落を通り高倉神社を経て補陀落寺への建長５年（1253)の銘がある町石が残っていて、国の重要文化財に指定されている。

現存する年号の明らかな町石では、日本最古のものとされているが、道路そのものは改修され広くなって、町石も全部は揃っていない。

補陀落寺は早くに廃寺となって、その跡地は数基の墓碑を残すだけである。

道は南に向きをかえ西高倉の南部にある伊賀西国札所、徳楽寺への入口に道標があり、その南でＪＲ線を横切り、和銅の道は鉄道路線に沿って東に通じている。

西山・西高倉・東高倉の辺りは平安期の新居郷の地で、明治２２年より昭和１６年まで新居村があったが、同１６年に上野市域となり新居の名は消え、小学校と近鉄伊賀線の駅名に残しているだけとなった。

伊勢への道は、バス亭西高倉の所で和銅の道に分かれて、南に進む。

元のバス停出城の所に道標があるが、バスの経路が変更になりここを通らない。

道は木津川と柘植川の合流点に至り、柘植川の四村橋を渡り、間もなく国道１６３号を横切り上野市の中心部に達する。

鍵屋の辻は伊賀街道との合流点で、ここから東に伊勢への道となるが、鍵屋の辻からは伊賀街道の項で述べているので、ここには省略することとする。

図121　信楽街道―2　　　　図120　信楽街道―1

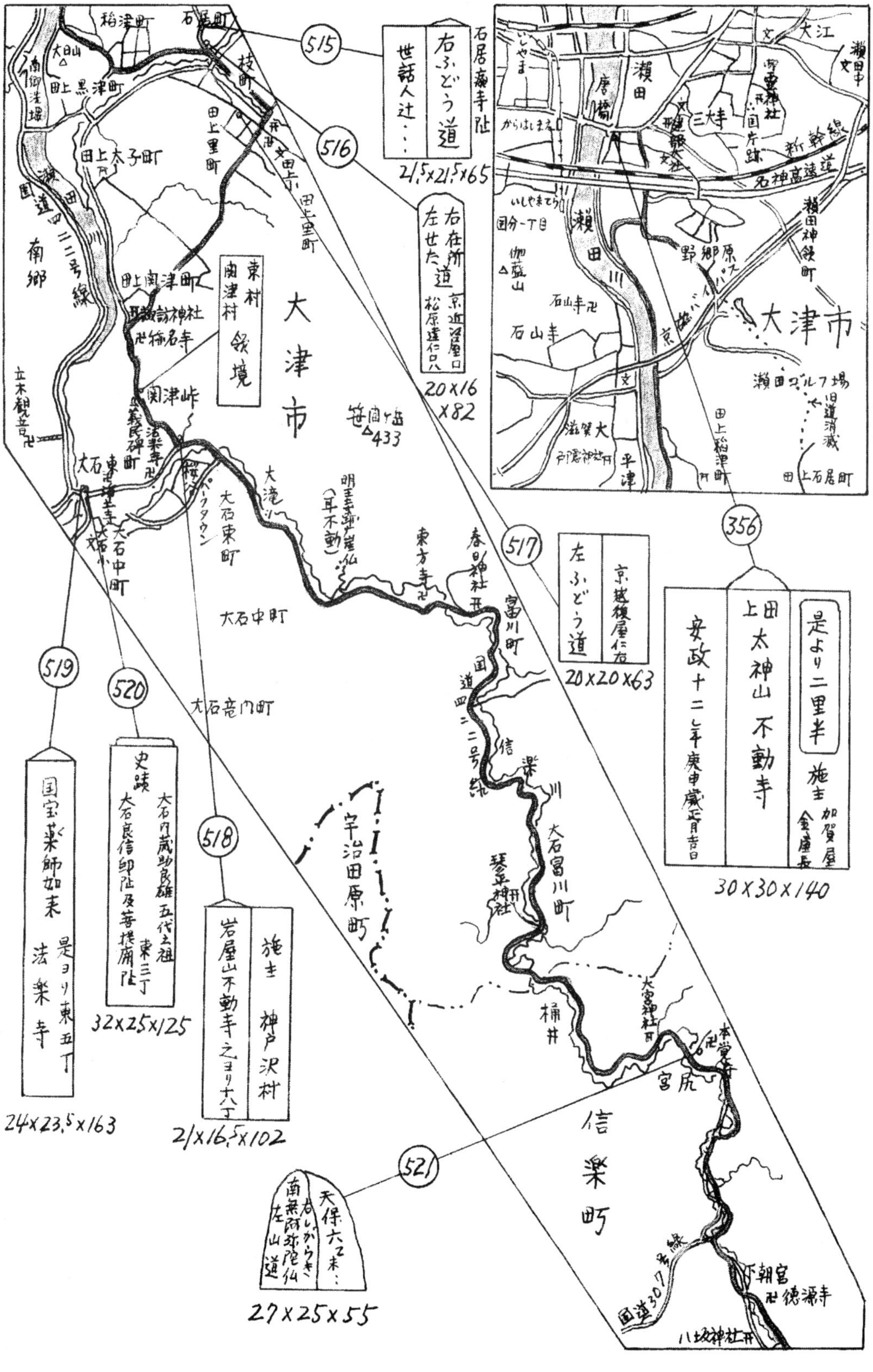

図122　信楽街道—3

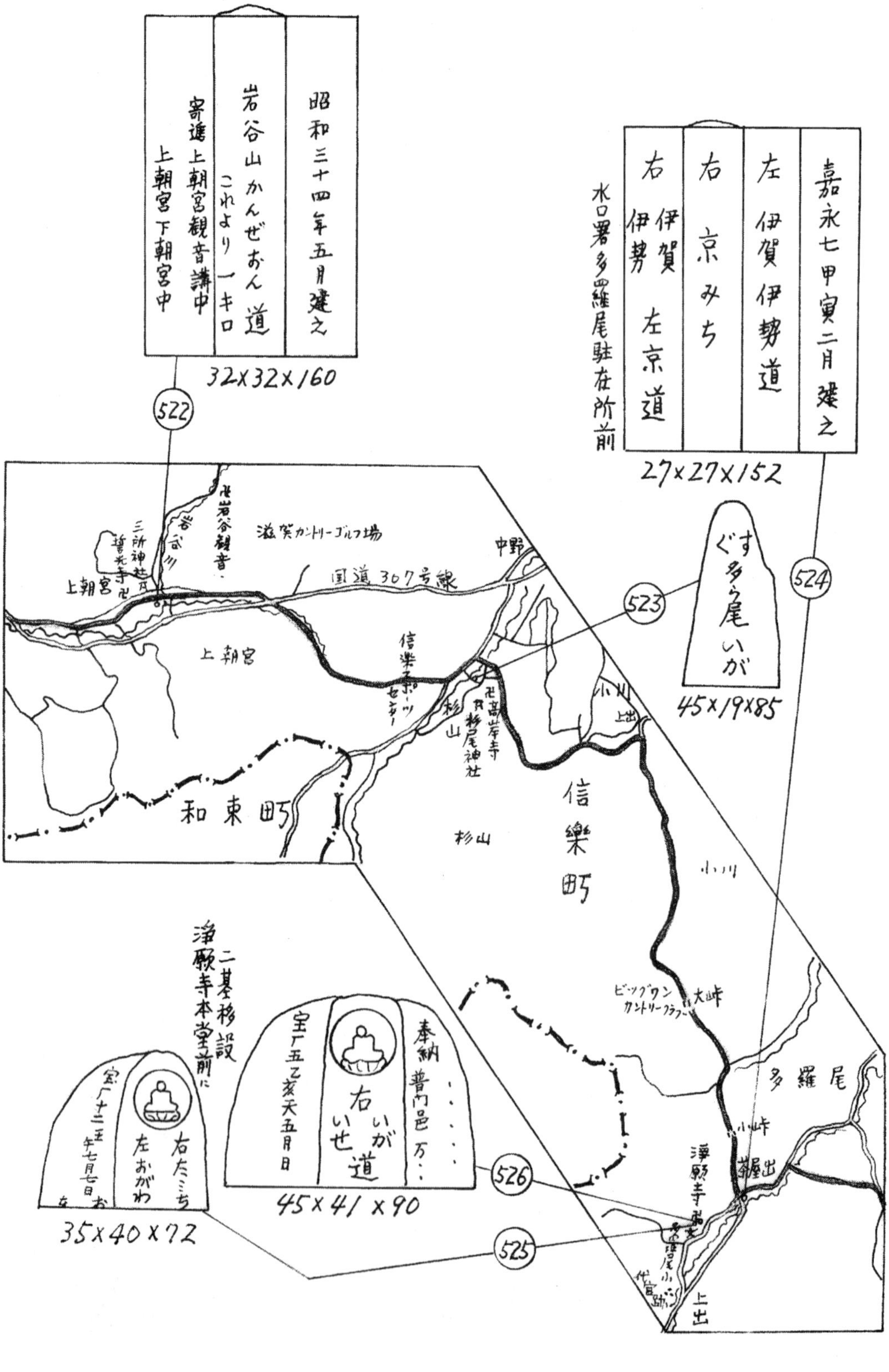

昭和三十四年五月建之
岩谷山かんぜおん道
これより一キロ
寄進上朝宮観音講中
上朝宮下朝宮中
32×32×160
522
嘉永七甲寅二月建之
左 伊賀伊勢道
右 京みち
右 伊賀 伊勢 左京道
水口署多羅尾駐在所前
27×27×152
524
すぐ多ら尾 いが
45×19×85
523
二基移設
浄顯寺本堂前に
奉納
右 いが いせ道
45×41×90
526
右たミち
左おがわ
35×40×72
525
滋賀カントリーゴルフ場
国道307号線
中野
岩谷観音
岩谷川
三所神社
善光寺
上朝宮
信楽スポーツセンター
高岸寺
杉尾神社
杉山
和東町
信樂町
小川
上出
ビッグワンカントリークラブ
大峠
多羅尾
小峠
茶屋出
浄顯寺

図123　信楽街道— 4

文政十一子年
左上野いせ道
右たら尾 京道
30×30×133
527
信楽町
多羅尾
六呂川
高旗山
701
おとぎ峠
高旗林道
五峠跡碑
旧道
高倉神社
西山
春日神社
広出
鳥居出
東高倉
徳楽寺の東
すぐしがらき大津京道
塩田山薬師院
文化九壬申三月
23×23×77
528
西高倉
徳楽寺
湯蓋
関西線
西出
上野市
岩倉
柘植川
近鉄伊賀線
小田町
国道163号線
木津川
長田
木根神社
市場
伊賀街道
鍵屋の辻
射手神社
529
右たらお 京みち
南無阿弥陀仏
左 しまヶ原 くわんをん 道
24×24×98
バス停出城の南の旧道
ひだり ならみち
みぎ いせみち
43×33×98
530
135
136

写真26　上野市西山　信楽街道御斎峠越旧道

６－５　信楽街道和束道　滋賀県信楽町より京都府和束町経由加茂町まで

聖武天皇の時代に、恭仁京より紫香楽宮に通ずる恭仁京東北道が開かれているが、ついに紫香楽宮は都として機能することなく、恭仁京も天平１２年（740)よりわづか４年の短い間の都であった。

しかしこの道は、近江の国甲賀より山城・大和への交易路として利用され、古道らしい部分も残っている。

古くは和束杣と呼ばれ、現在の和束町域から多くの木材が運び出されようで、それに関連して木材積み出しの津として、木津川の木屋浜が利用されていた。そのため杣田から木屋峠を越えて、木津川畔の木屋に至る道が開かれている。

もっとも、木津川は昔は泉川と呼ばれていて、この地方は泉路と言われていた。

和束茶も古くより産出されていて、山手には茶畑が広がっている。

近世には信楽街道と呼ばれる道が多くあり、紛らわしいのでここには和束道としている。この道は直接の伊勢街道ではないが、甲賀と伊賀の間のつなぎ道の一つとなっているものである。

東海道の水口宿より貴生川に出て杣川を渡り、三本柳で杣街道に接し国道３０７号にからみ、牛飼・山上の集落を通っていくが、これは山上の庚申さんで知られる広徳寺への参道ともなっているので、途中に三猿をのせた庚申の石柱や道標がある。

現在の国道は庚申山の東部から南部へと、高原鉄道に沿って通じているが、旧国道は山の北側から西側を通り、小野峠をこえていた。今もヘアピンカーブの多いこの旧国道が利用され、小野峠から広徳寺への参道も整備されている。

小野峠を下っていくと、小野地蔵尊の所で国道に合流し、１．５キロで国道に分かれる。

黄瀬の森の中に紫香楽宮跡があり、残っている多くの礎石は宮跡に建てられた甲可寺の遺構とみられている。

雲井の旧道に入り高原鉄道の東側を進んでいくと、牧の公民館前に円柱の道標があり、崇神天皇期に創建の日雲神社は、高原鉄道で参道が削られ社殿は鉄道路線の東側にある。

日雲神社には平安時代より太鼓踊が伝わり、県の無形文化財に指定されている。

道は高原鉄道の東側に出て、大戸川に沿っていくと玉桂寺があり、この道はその参詣道で、街道は勅旨から国道筋に出ていたものと思われる。

東出と北山にある道標に「弘法大師」とあるのは、大師にゆかりの深い玉桂寺を示しているのである。

信楽山地の土は花崗岩質で良い陶土となるので、長野地区を中心に窯業が盛んである。

信楽高原鉄道は、ＪＲ草津線の貴生川駅より昭和８年国鉄信楽線として信楽駅まで開通し、計画では関西線加茂駅につながる筈であったが中断し、第三セクターとして転換され、平成３年５月の衝突事故は記憶に残っている。

信楽町の中心地の長野から南西に、国道と信楽川にからんで進み、中野の南で国道に分かれる。杉山で多羅尾道に分かれ柞《ほそ》峠で京都府和束町に入る。和束川上流の小杉の集落山手に大智寺があり、貞治２年（1362）創建の臨済宗永源寺派の古刹である。

和束川に沿って下ると湯船で、府道５号に合流する。

バス停五ノ瀬の山手に大師堂があり、その敷地の一角に熊野神社跡地の表示の前に、鎌倉時代の宝筐印塔に弘安１０年(1287)の銘がある。

府道の鷲翠洞トンネルの手前で山道に入り、山手に広がる原山の集落に上ると、谷之坊の前などに鷲峰山《じゅぶせん》の道標がある。

原山より２､5キロ登った鷲峰山の山頂近くにある金胎寺《こんだいじ》は、修験道の行場として、大和の大峰山に対し「北の大峰」とも「北山上」とも称されている。

原山から鷲峰山への道は急坂であり、今は和束川下流の釜塚の和束大橋から別所を通り、宇治田原町に通ずる府道宇治木屋線を、犬打峠で分かれる鷲峰山林道ができたので、遠回りながら自動車で金胎寺近くまで登れる道も利用されている。

原山を下り府道に合流する所に、鷲峰山の大きい石柱と道標が立っている。

園の旧道を進むと、重文に指定されている室町期の本殿をもつ園天満宮横に、廃校になった小学校の建物が残っている。中集落にも鷲峰山の道標がある。

府道を横切った旧道は、別所南部から茶畑の中の丘を登り、木立の中に聖武天皇の皇子安積《あさか》親王の墓がある。茶畑を下ると活道《いくじ》ケ丘運動公園ができていて、広い道が府道に向かって下っている。

道は西に白栖《しろす》・石寺・仏生寺を経て通り、この道に和束町営バスが和束河原より、ＪＲ加茂駅まで運行されている。ＪＲバスは府道５号を加茂駅より信楽に通じている。白栖の公民館北に自然石の道標がある。

和束道の古道は、原山で和束川東岸に移り、釜塚・南・杣田・撰原《えりはら》・小島へと川沿いより山手を通り、石寺で旧道と合流している。

古道側には撰原峠の石がん内の石仏に、文永４年(1267)の銘があるとのことであるが、肉眼では読みとれない。

旧道側を加茂町域に入り、茶畑の広がる奥畑から口畑に進んでいくと、集落には旧家の建物が多く見られる。

仏生寺を経て岡崎に至り、伊賀街道に接するが、仏生寺・岡崎には海住山寺などへの道標が立っている。近くの西側に恭仁《くに》京跡・国分寺跡がある。

図124　和束道—１

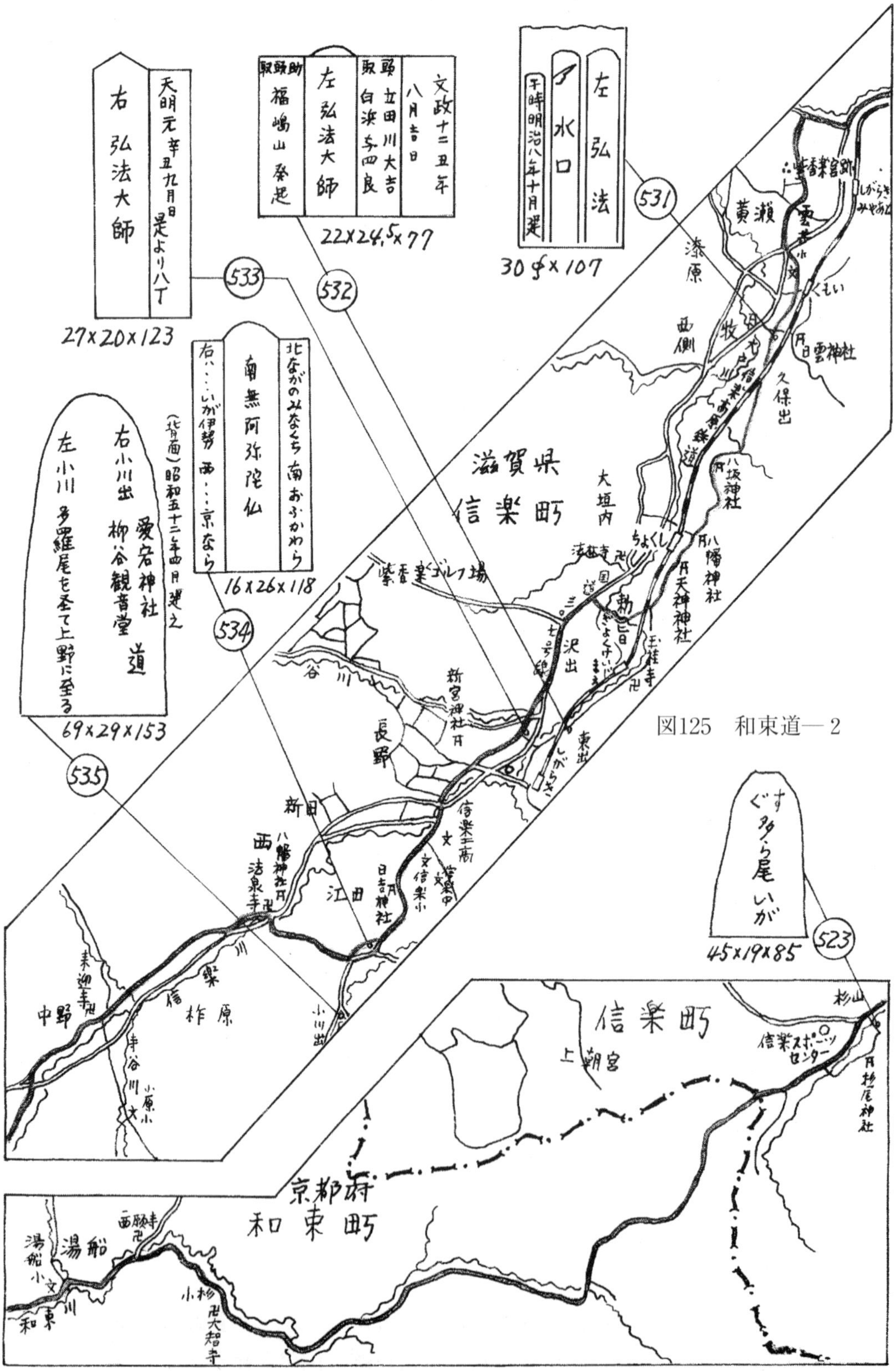

531
左 弘法
水口
于時明治八年十月建
30φ×107
532
文政十二丑年 八月吉日
立田川大吉
白浜与四良
左 弘法大師
福嶋山 発起
22×24.5×77
533
右 弘法大師
天明元辛丑九月日 是より八丁
27×20×123
534
北ながのみなくち 南おふかわら
南無阿弥陀仏
右ハ…いが伊勢 西…京なら
16×26×118
535
(北面)昭和五十二年四月建之
右小川出 愛宕神社 柳谷観音堂 道
左小川 多羅尾を経て上野に至る
69×29×153
523
すぐ 多ら尾 いが
45×19×85
滋賀県
信楽町
黄瀬
漆原
牧
西側
久保出
大垣内
勅旨
沢出
長野
新田
西
江田
中野
東出
小川出
新宮神社
日雲神社
八坂神社
八幡神社
天神神社
玉桂寺
法泉寺
来迎寺
日吉神社
信楽高
信楽中
信楽小
小原小
谷川
寺谷川
信楽高原鉄道
紫香楽ゴルフ場
信楽町
上朝宮
信楽スポーツセンター
杉山
杉尾神社
京都府
和束町
湯船
湯船小
西願寺
和束川
小杉
大智寺

図125　和束道—２

図126　和東道—3

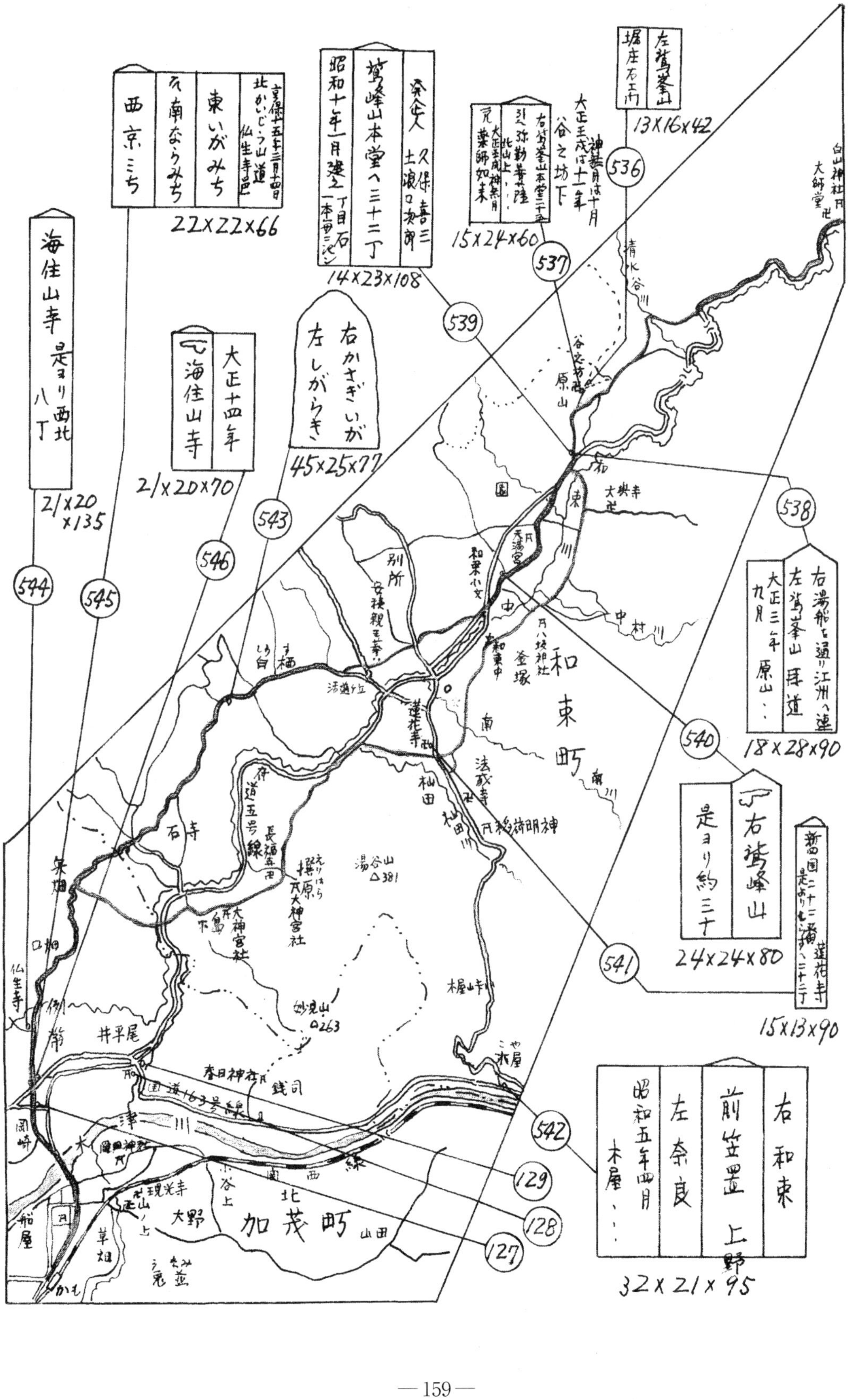

海住山寺 是ヨリ西北八丁
21x20x135
西京ミち
東いがみち
南ならみち
享保十五年三月十四日
北かいじう山道
仏生寺邑
22x22x66
海住山寺
大正十四年
21x20x70
右かさぎいが
左しがらき
45x25x77
鷲峯山本堂へ三十二丁
昭和十年一月建之
久保喜三
14x23x108
15x24x60
左鷲峯山
13x16x42
右湯船を通り江州へ連
左鷲峯山拝道
大正三年九月
原山
18x28x90
右鷲峯山
是ヨリ約三十
24x24x80
15x13x90
右和束
前笠置 上野
左奈良
昭和五年四月
木屋
32x21x95
536
537
538
539
540
541
542
543
544
545
546
127
128
129
和束町
加茂町
湯谷山 △381
妙見山 △263
国道163号線
津川
木屋
銭司
春日神社
井平尾
岡崎
船屋
草畑
大野
山田
現光寺
石寺
白栖
蓮花寺
別所
安積親王墓
和束小
天満宮
原山
大興寺
中村川
釜塚
法蔵寺
杣田
稲荷明神
大神宮社
長福寺
府道五号線
下島
木屋峠
白山神社
大師堂
谷之坊
仏生寺
口畑

7　東国より伊勢参宮の道は海寄りをたどる

7－1　東海道　桑名市七里の渡跡より四日市市追分まで

参宮街道は、四日市市の追分から南の部分であるが、東海道の桑名から追分までを入れないと道がつながらないので、桑名よりの道を含めることとした。

桑名市川口町揖斐川畔に、旧東海道七里の渡跡があり、昔は名古屋の熱田まで船で渡ったのである。しかし、昭和３４年の伊勢湾台風で様子が変わっている。

渡跡を南に行くと春日神社があり、表参道の大鳥居横に「しるべ石」がある。これは迷子石とも言われ、人探しに利用され神社などに設けられていた。

神社の西の通りの桑名市博物館の前に、江戸道を示す道標が保存されている。

東方に松平氏の桑名城跡があり、九華公園として市民憩いの場となっている。

新町の泡洲崎神社の前に、移設された道標がある。お寺の多く立ち並ぶ中を通り、日新小学校の角を西に曲がり、鍋屋町に入ると一目蓮神社前にも道標がある。

国道１号を横切り、日立金属工場の東側を南に進み、国道２５８号の新道をくぐり、員弁川の旧町家橋跡近くに出ると、安永の常夜燈と里程標がある。

一旦、東の国道１号に回り、町家橋を渡ってから旧道に戻り、縄尾より近鉄朝日駅の北から東芝工場の東を通る。家並みを抜けた先の桜並木の道から、朝明川を渡ると四日市市である。松寺から蒔田を通り三岐鉄道をくぐり、ＪＲ線の踏切を過ぎると西富田町となる。四辻を左に折れて毛糸工場の前を経て、再び三岐鉄道と近鉄をくぐると富田三丁目で、富田一里塚跡の碑が立っている。

ＪＲ富田駅西の商店街の中に、小さい道標と里程標があり、さらに富田四丁目の区民センター前にも道標が保存されている。南富田町を経て八田町・羽津町を過ぎ城山町で国道１号に合流すると、その角に道標がある。国道を三ツ谷町に進むと旧道が分かれるが、海蔵川でとぎれるので、国道に回り再び旧道に戻る。

瀧川を渡り中部に出ると、新しい道標があるが、これは古い道標の痛みがひどくなったために再建されたものである。

諏訪神社の前を通り、浜田町から近鉄線をくぐり南浜田町に入ると、北方５００メートルに鵜森神社があり、この地は戦国時代浜田氏の浜田城跡である。

赤堀から日永の町筋を通り、日永の不動尊や興正寺の東を進み、天白川を渡っていくと、日永神社の境内に道標が保存されている。神社南の日永四丁目にある医院宅の庭に、二つ割りされた神戸領を示す領界石がある。

日永五丁目の住宅の前に、日永一里塚跡の碑が立っている。

泊町を経て追分一丁目に至ると、東海道と参宮街道が分岐する日永の追分で、三角地内に、神宮遥拝の大鳥居と常夜燈や道標などがある。

図127　東海道・参宮街道—１

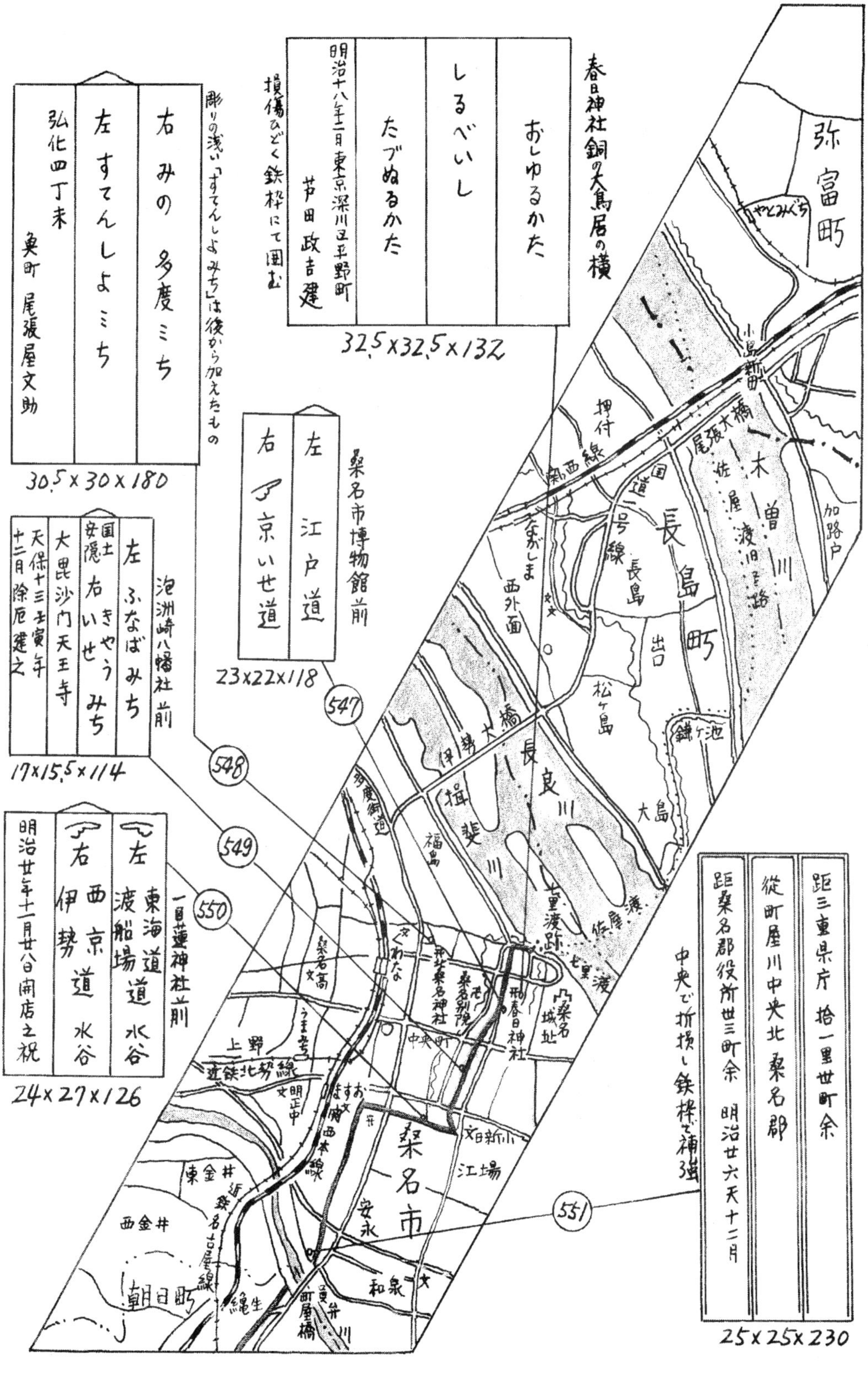

右 みの 多度ミち
左 すてんしよミち
弘化四丁未
奥町 尾張屋文助
30.5×30×180
彫りの浅い「すてんしよみち」は後から加えたもの
おしゆるかた
しるべいし
たづぬるかた
明治十八年二月 東京深川区平野町
芦田政吉建
損傷ひどく鉄枠にて囲む
32.5×32.5×132
春日神社銅の大鳥居の横
左 江戸道
右 京いせ道
桑名市博物館前
23×22×118
左 ふなばみち
国土安隠 右 きやう いせ みち
大毘沙門天王寺
天保十三壬寅年 十二月除厄建之
泡洲崎八幡社前
17×15.5×114
左 東海道 渡船場道 水谷
右 西京 伊勢道 水谷
明治廿年十一月廿日開店之祝
一目連神社前
24×27×126
距三重県庁 拾一里廿町余
従町屋川中央北桑名郡
距桑名郡役所廿三町余 明治廿六年十二月
中央で折損し鉄枠で補強
25×25×230
547
548
549
550
551
弥富町
やとみぐち
小島新田
押付
関西線
尾張大橋
木曽川
国道一号線
長島町
加路戸
ながしま
西外面
長島
出口
松ケ島
鎌ケ池
大島
伊勢大橋
長良川
揖斐川
多度街道
福島
七里渡跡
七里渡
桑名城址
春日神社
桑名別院
桑名神社
くわな
上野
近鉄北勢線
中央町
日新小
桑名市
江場
安永
東金井
西金井
朝日町
縄生
和泉
町屋橋
員弁川

図128　東海道・参宮街道—２

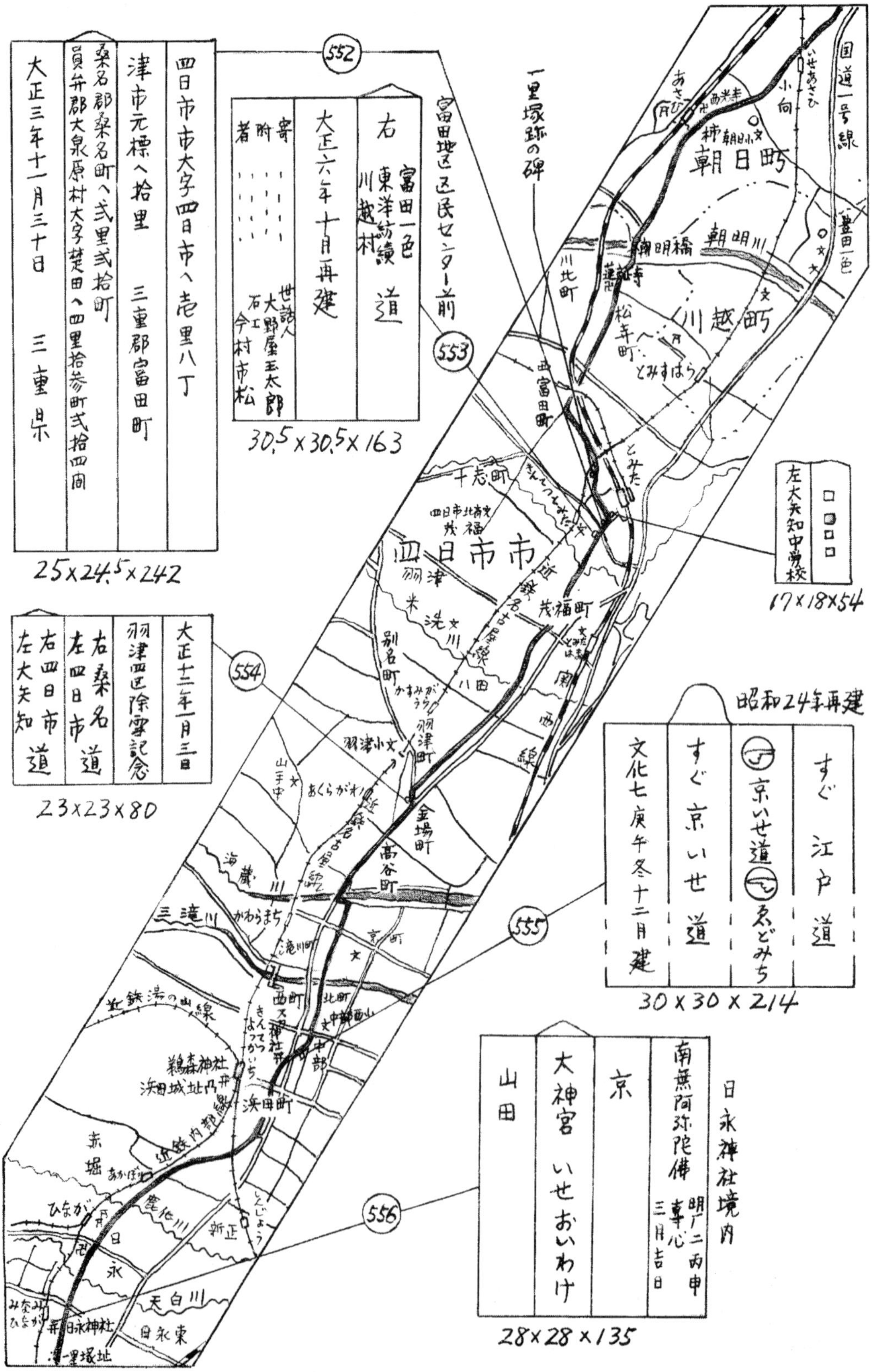
552
四日市市大字四日市へ壱里八丁
津市元標へ拾里　三重郡富田町
桑名郡桑名町へ弐里弐拾町
員弁郡大泉原村大字楚田へ四里拾参町弐拾四間
大正三年十一月三十日　三重県
25×24.5×242
富田地区市民センター前
右　富田一色　東洋紡績　川越村　道
大正六年十月再建
寄附者
世話人　大野屋玉太郎
石工　今村市松
30.5×30.5×163
553
554
大正十二年一月三日
羽津四区除雪記念
右桑名　左四日市　道
右四日市　左大矢知　道
23×23×80
左大矢知中学校
17×18×54
555
昭和24年再建
すぐ　江戸　道
京いせ道　ゑどみち
すぐ　京いせ　道
文化七庚午冬十二月建
30×30×214
556
日永神社境内
南無阿弥陀佛　明暦二丙申　専心　三月吉日
京
大神宮　いせおいわけ
山田
28×28×135
一里塚跡の碑
国道一号線
朝日町
川越町
朝明川
四日市市
海蔵川
三滝川
近鉄湯の山線
鵜森神社
浜田城址
近鉄内部線
天白川
日永神社
一里塚址

7－2　参宮街道　四日市市追分より伊勢市まで

7－2－1　四日市市追分より津市阿漕まで

四日市市日永の追分で、左に旧国道の参宮街道に入り、大治田で国道２５号をくぐり大治田２丁目に至ると、地蔵院の案内道標がかたまってある。

大治田３丁目で国道に分かれて旧道に入り、内部川を渡ると、北河原田町の中央東部の駐在所前に道標がある。河原田神社の東を通って鈴鹿市に入り、国道を斜めに横切り、高岡橋で鈴鹿川を渡ると旧道に常夜燈が立っている。

田畑のつづく中を進み、十宮より神戸萱町を経て近鉄線を横切り、神戸小学校の東を通って行くと、古い商店が立ち並ぶ角に里程標があり、さらに神戸北新町の観音寺に、元禄２年(1689)の道標が保存されている。

街道の西南０、５キロの本多町には神戸城跡があり、戦国時代神戸氏が拠った所で、後に織田信孝が入城し、江戸時代には本多氏が城主となっている。今は石垣と堀が残るだけで、城地は神戸高校の敷地となり、内堀は神戸公園である。

街道は地子町で東に曲がり、ＪＲ鈴鹿駅の南から東に出て肥田町に至る。

若松道の岐路に道標があり、金沢川を渡り国道２３号を斜めに横切り、北玉垣町に入る。西信寺西の駐在所前に、自然石の「さんぐうみち」の道標がある。

西玉垣町で国道に接するが、すぐ東に離れて東玉垣町に進み、藤倉電線工場の西側を通り、愛宕下から近鉄線を横切って、海岸近くの江島町を経て白子に至る。

白子の市街地を通っていくと、久留真神社南の辻に新しい道標がある。

寺家三丁目を西に入ると子安地蔵尊があり、境内の不断桜が有名である。

三和神社南部の二カ所に、参宮道の道標がある。

国道２３号を横切りその西側に出て、磯山の集落を経て河芸《かわげ》町に入り、中ノ川橋で国道に一時合流し　０、５キロ程で分かれる。東千里を通り近鉄千里駅の北で国道を横切り、上野の旧道を進む。上野は街道の宿場で古い構えの家が見られるほか、本城山は分部光嘉の拠った上野城跡で、内堀内は公園である。

上野集落の中頃に、三重県が大正２年に建てた木製の里程標がある。

津市に入り、国道にからみながら行くと、栗真町屋町の分岐点に、下部の欠けた道標が電柱にくくりつけて立ててある。

国道に合流し三重大学付属病院前を通り江戸橋に達すると、旧道はその北詰で南に分かれ、旧江戸橋西詰で伊勢別街道に合する。その角に常夜燈と道標がある。

国道に離れ栄町を経て大門・東丸之内に進むが、街道の西０、７キロに藤堂氏の津城跡があり、石垣と再建の三層櫓があって、偕楽園は公園となっている。

本町を経て、斜めに東寄りに進むと閻魔《えんま》堂に達し、伊賀街道や久居を経て来た伊勢北街道が合流し、東北方の柳山平治町に阿漕塚がある。

図129　東海道・参宮街道―3

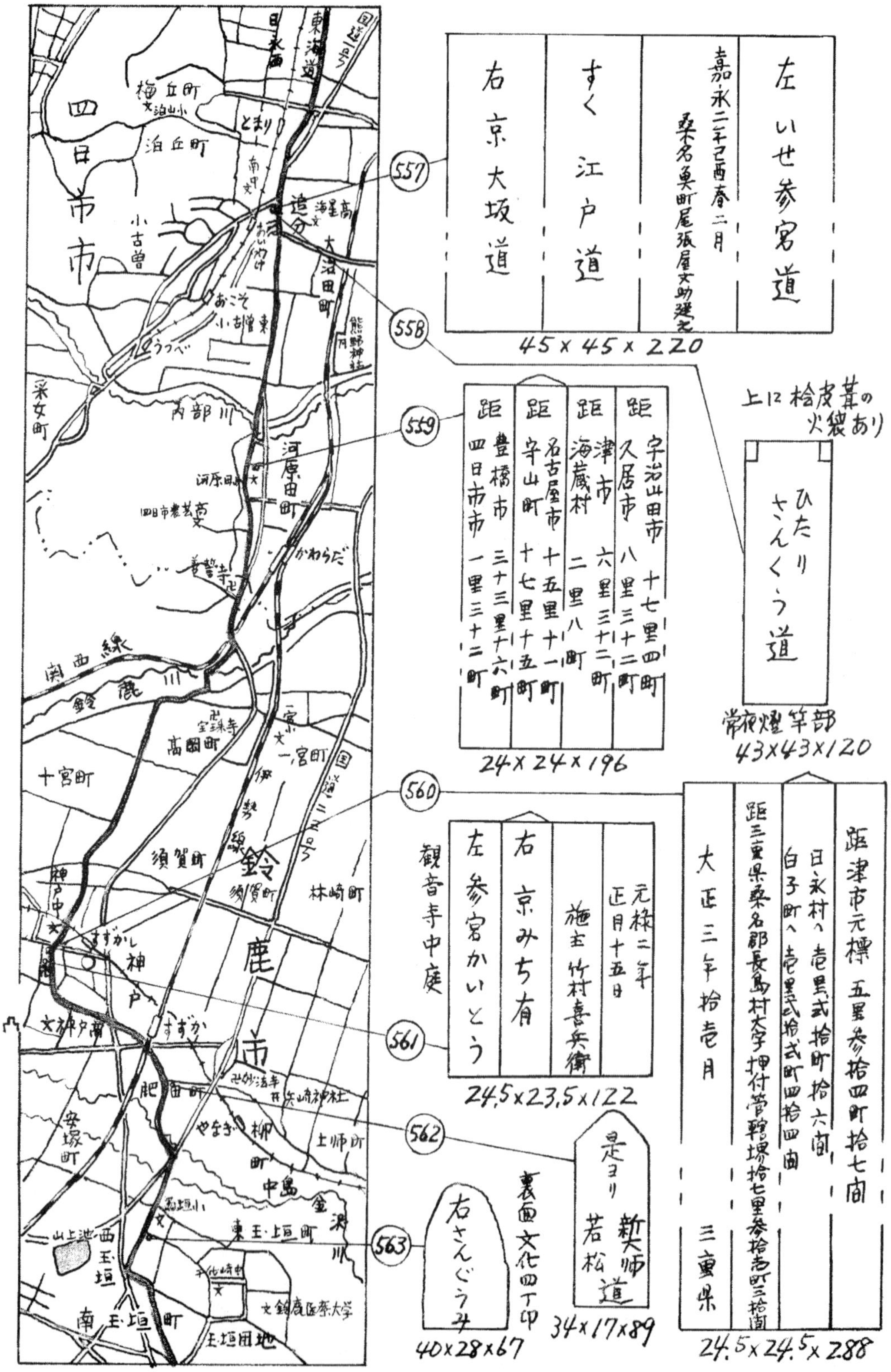

国道一号
東海道
日永西
梅丘町
文 泊山小
四日市市
泊丘町
とまり
南中 文
小古曽
追分
海星高 文
おいわけ
大治田町
熊野神社
あこそ
小古曽東
うつべ
采女町
内部川
河原田町
河原田小 文
四日市農芸高 文
かわらだ
善誓寺
関西線
鈴鹿川
宝珠寺
高岡町
一宮町
十宮町
伊勢線
国道二三号
須賀町
鈴鹿市
林崎町
神戸中 文
すずかし
神戸
文 神戸高
すずか
妙法寺
肥田町
矢崎神社
安塚町
やなぎ
柳町
上帰町
中島
金沢川
玉垣小
東玉垣町
山上池
西玉垣
南玉垣町
文 鈴鹿医療大学
玉垣団地
557
左 いせ参宮道
嘉永二年己酉春二月
桑名魚町尾張屋文助建之
すく 江戸道
右 京大坂道
45×45×220
558
上に桧皮葺の火袋あり
ひたり さんくう道
常夜燈竿部
43×43×120
559
距 宇治山田市 十七里四町 久居市 八里三十二町
距 津市 六里三十二町 海蔵村 二里八町
距 名古屋市 十五里十一町 守山町 十七里十五町
距 豊橋市 三十三里十六町 四日市市 一里三十二町
24×24×196
560
距津市元標 五里参拾四町拾七間
日永村へ 壱里弐拾町拾六間
白子町へ 壱里弐拾弐町四拾四間
距三重県桑名郡長島村大字押付管轄境拾七里参拾壱町三拾間
大正三年拾壱月
三重県
24.5×24.5×288
561
元禄二年 正月十五日
施主 竹村喜兵衛
右 京みち有
左 参宮かいとう
観音寺中庭
24.5×23.5×122
562
是ヨリ
新師
若松道
34×17×89
563
右さんぐうみち
裏面 文化四丁卯
40×28×67

図130　参宮街道―4

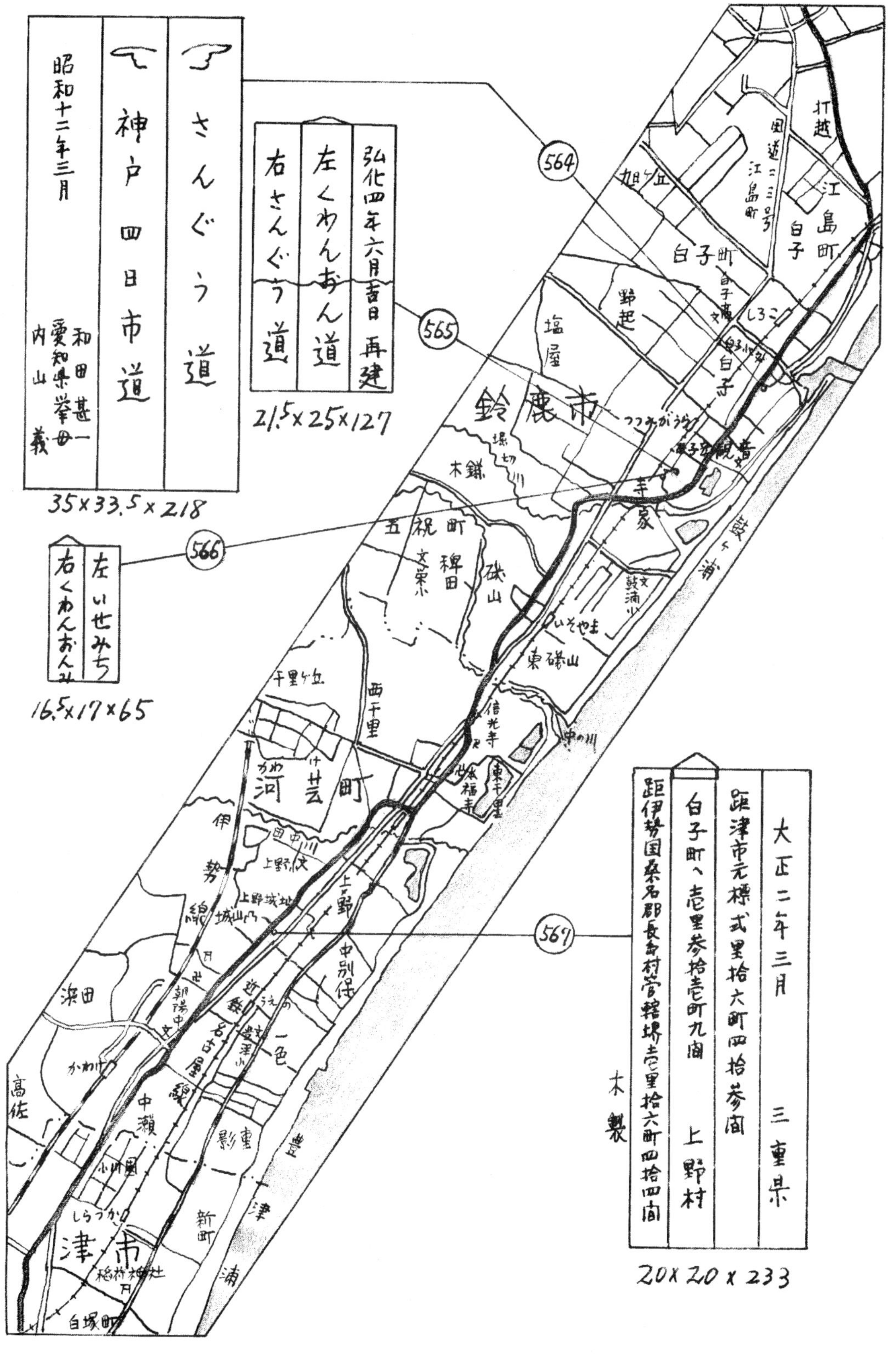

さんぐう道
神戸四日市道
昭和十二年三月
和田甚一
愛知県挙母
35×33.5×218
564
弘化四年六月吉日再建
左くわんおん道
右さんぐう道
21.5×25×127
565
566
左いせみち
右くわんおん
16.5×17×65
567
大正二年三月　三重県
距津市元標弐里拾六町四拾参間
白子町へ壱里参拾壱町九間　上野村
距伊勢国桑名郡長島村管轄境壱里拾六町四拾四間
20×20×233
木製
打越
江島町
白子
白子町
旭ケ丘
鈴鹿市
寺家
鼓ヶ浦
五祝町
稗田
磯山
東磯山
いそやま
千里ケ丘
西千里
信光寺
河芸町
伊勢線
上野
中別保
一色
近鉄名古屋線
中瀬
高佐
津市
白塚町

7－2－2　津市阿漕より松坂市櫛田町まで

津市阿漕の海岸は、往古室町時代までは安濃津と呼ばれ、天然の港を形成し重要な港であったが、明応７年(1498)伊勢湾大地震で港は潰れ、北の岩田川河口の津港に移った。古道が阿漕に集まっているのは、こうした背景によっている。

えんま堂から八幡町・藤枝町を経てお寺の多い垂水に進み、相川を渡ると昔は茶屋などのあった高茶屋で、ＪＲ線の東側に出て田畑の中を進む。

雲出川の雲出橋を渡ると三雲町で、西小野江の街道に面して、松浦武四郎誕生地の碑がある。蝦夷《えぞ》地に渡って踏査地図をつくり、北海道の地名をつけた功績者の生地である。

小村縄手は嬉野町域が東に突き出た所で、街道は嬉野町をかすめて三雲町中村に至る。今は中村となっているが、以前は月本と呼び、奈良街道との分岐点で月本の追分といわれ、常夜燈と道標二基がこの追分に立っている。

曽原茶屋は、東方に通じる香良洲《からす》道との分岐点で、その角に道標がある。

中道を経て小津に達すると、ＪＲ六軒駅に通じる岐路の反対側に、常夜燈と道標がある。三津川を渡ると三雲町の六軒で、橋の南詰西側に大型の道標がある。

街道の町筋のつづく市場庄に走井の道標があり、東へ１００メートル入った所に史跡走井がある。この走井は嬉野町の宮古にもある。

近鉄線を南に横切っていくと、久米の道の曲がり角に「いおち(岩内)観音」の道標があり、「さんぐう道」の丸い道標が長らく横たわっていたが、後にそばに立てられた。これは常夜燈の棹部で、火袋部は無くなっている。

久米集落の中央東側に、黒塀のつづく屋敷の舟木邸は、長屋門が有名である。

松坂市に入りＪＲ線をくぐり、船戸町から西町を経て内川を渡り、松阪の繁華街に入る。三井家発祥地の前を西に折れていくと、松阪城跡や本居神社がある。

商店街を通っていくと日野町の角に道標があり、参宮道と和歌山道の分岐点を示している。参宮街道は商店街を通り抜け、国道１６６号を横切り垣鼻町より名古須川に続き、神戸神社の南を通り金剛川を渡る。

道は西南に田畑の中を進み、一里塚や高札場があったという下村町四つ又に至り、紀勢線の徳和駅の北の踏切を斜めに横切っていくと、万人講の常夜燈と高田の大日寺への道標がある。

街道は上川町に入り八柱神社の前を進むと、公民館前に外宮四里の道標がある。

伊賀町には街道らしい家並みが続き、豊原町に入ると新道を横切り、古い集落内を曲がった道が通る。豊原稲荷社の狭い祠の横に郡界標があり、伊勢街道を示している。同じ場所に櫛田大市の碑があり、明治３２年に露天市が創設され、街道筋に近郊の露天商が参加して盛況であったとのことである。

東に進むと、中央が折れたのを継いである「さんぐうみち」の道標がある。

図131　参宮街道―5

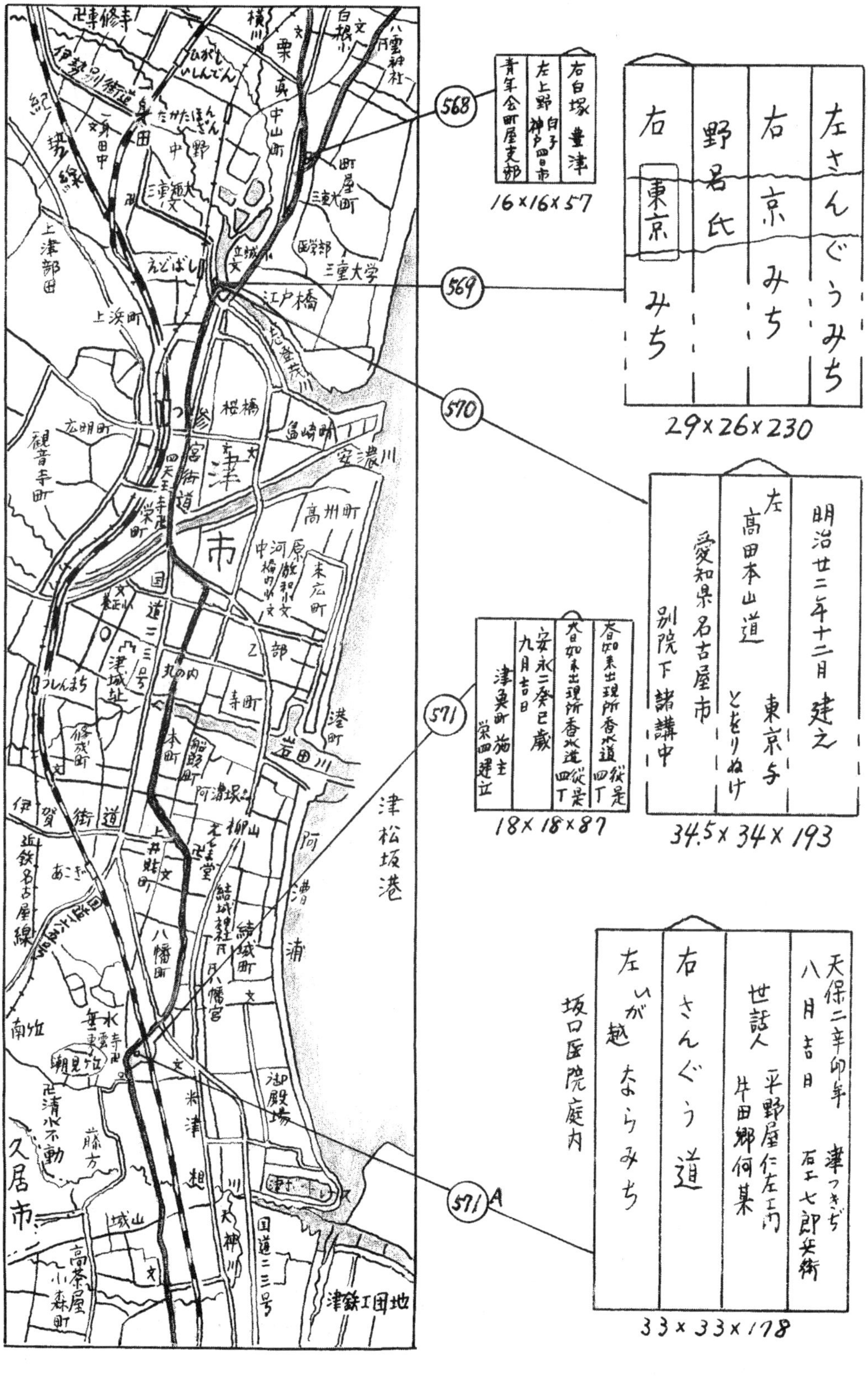

伊勢別街道
紀勢線
上津部田
上浜町
えどばし
江戸橋
三重大学
志登茂川
桜橋
広明町
観音寺町
参宮街道
津
市
安濃川
高州町
中河原
末広町
国道二三号
丸の内
乙部
寺町
津城址
岩田川
船頭町
本町
阿漕塚
柳山
伊賀街道
近鉄名古屋線
八幡町
結城神社
阿漕浦
津松坂港
南丘
潮見丘
清水不動
御殿場
藤方
久居市
城山
高茶屋小森町
国道二三号
天神川
津鉄工団地
568
右白塚 豊津
左上野 白子 神戸 四日市
青年会町屋支部
16×16×57
569
左さんぐうみち
右京みち
野呂氏
右 東京 みち
29×26×230
570
明治廿二年十二月建之
左 高田本山道 東京与 とをりぬけ
愛知県名古屋市
別院下諸講中
34.5×34×193
571
奉如来出現所香水道 従是 四丁
奉如来出現所香水道 従是 四丁
安永二癸巳歳 九月吉日
津奥町 施主 栄田建立
18×18×87
571A
天保二辛卯年 八月吉日 津つきぢ 石工七郎兵衛
世話人 平野屋仁左エ門 片田郷何某
右さんぐう道
左いが越ならみち
坂口医院庭内
33×33×178

図132　参宮街道―6

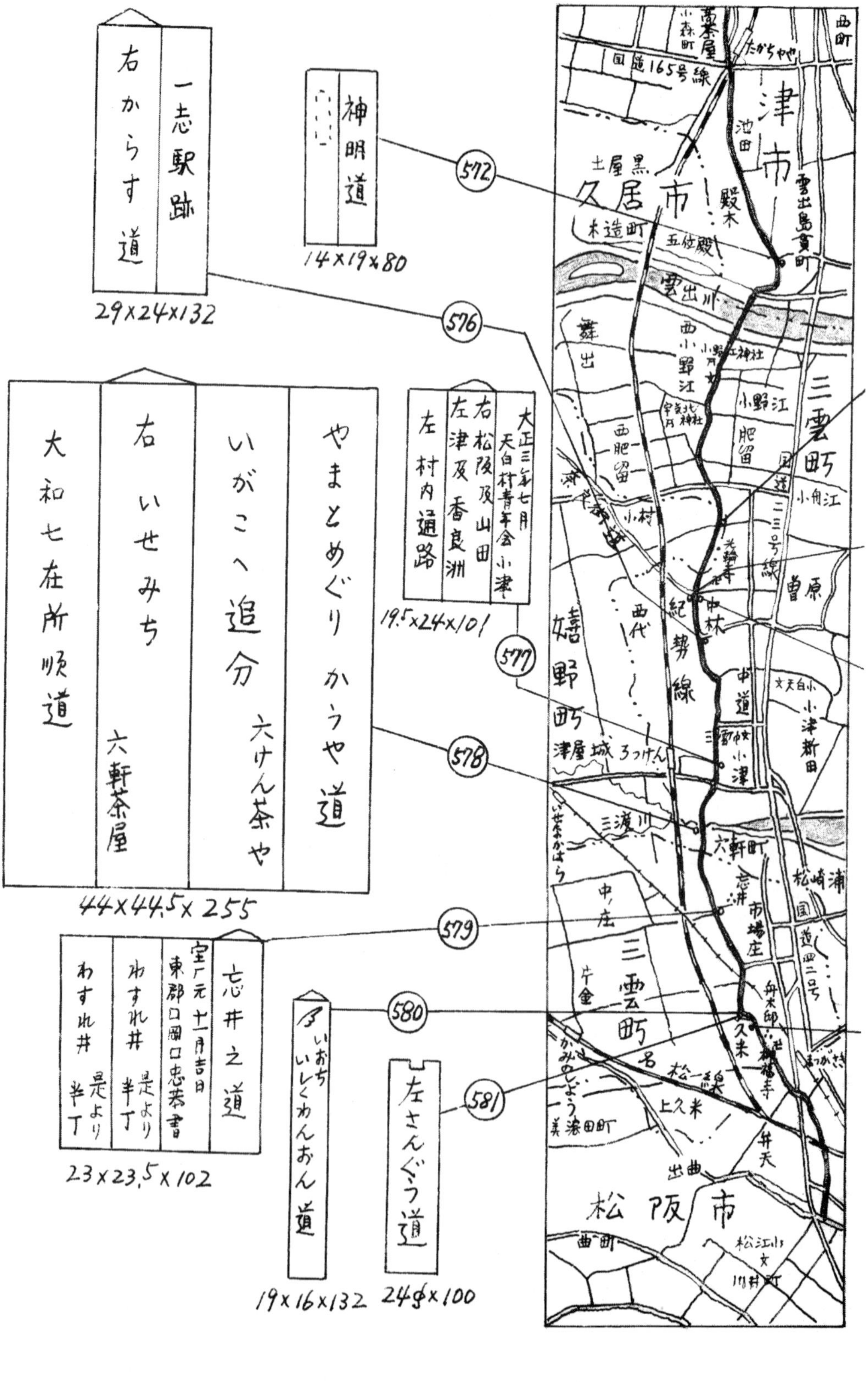
572
神明道
14×19×80
576
一志駅跡
右からす道
29×24×132
577
大正三年七月 天白村青年会 小津
右松阪及山田
左津及香良洲
左村内道路
19.5×24×101
578
やまとめぐり かうや道
いがこへ追分 六けん茶や
右いせみち 六軒茶屋
大和七在所順道
44×44.5×255
579
忘井之道
わすれ井 是より半丁
23×23.5×102
580
いしくわんおん道
19×16×132
581
左さんぐう道
24φ×100
津市
久居市
松阪市
三雲町
嬉野町
国道165号線
雲出川
紀勢線
名松線
高茶屋
たかちゃや
木造町
五位殿
雲出島貫町
小野江
肥留
曽原
中林
小津
六軒町
三渡川
松崎浦
市場庄
久米
上久米
美濃田町
出曲
曲町
川井町

573

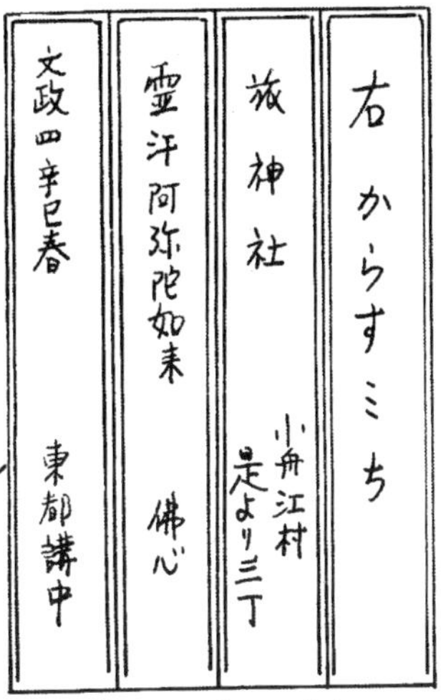

右　からすミち
旅神社　小舟江村　是より三丁
霊汗阿弥陀如来　佛心
文政四辛巳春　東都講中

30×29×191

574

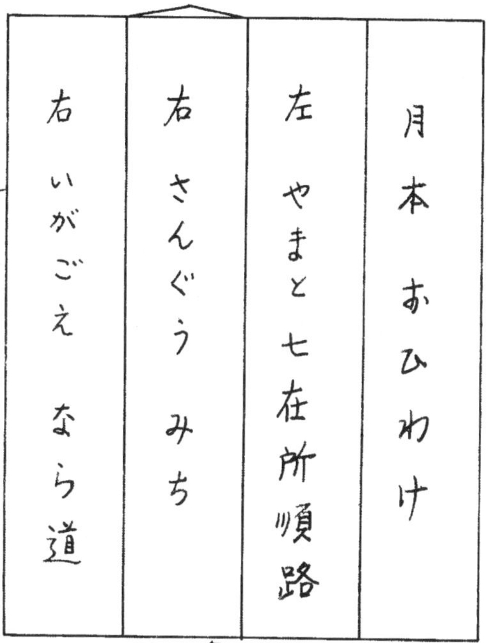

月本　おひわけ
左　やまと七在所順路
右　さんぐう　みち
右　いがごえ　なら道

49.5×49×253

575

全安内家
右大和七在所道　ならはせかうや道　いがごえ本道
永代常夜燈
右大和七在所道　ならはせかうや道　いがごえ本道
日月三年六廿治明

全高180
桿部
30×30×71
台石54×54×17

582

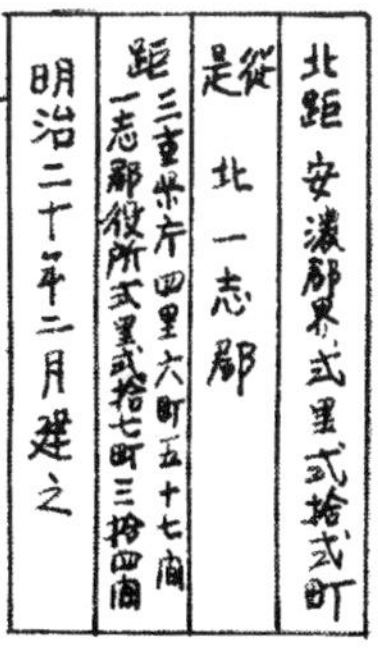

北距　安濃郡界弐里弐拾弐町
従是　北　一志郡
距　三重県庁四里六町五十七間　一志郡役所弐里弐拾七町三拾四間
明治二十年二月建之

17×17×130

図133　参宮街道—7

松阪市
近鉄山田線
櫛田川
櫛田町
早馬瀬神社
583
右 わかやま道
左 さんぐう道
36×36×210
584
守山宿
小間物屋利兵エ 金勝屋清兵エ 畠屋平三郎
従是外宮四里
江州玉造講 講元世話方 田中庄兵衛
弘化三年丙午十一月 発起・・・ 守善寺
30.5×31.5×180
585
伊勢街道所屋櫛田村大字・・・
明治廿九年四月一日 郡制施行・・・
櫛田大市
大市発起人
従是東伊勢国飯野郡
30×28×181
586
片岡山大日如来
是ヨリ三丁 施主千人講
豊養稲荷社内
27×16×129
587
文政二己卯年 三月吉日
左 さんぐうみち
右 けかうみち
30.5×31×185
588
大正三年三月 三重県
距松坂元標 一里二十九町三十四間
距宇治山田元標 三里二十町四十一間 距津元標 六里十三町十八間
30×29.5×234
589
左さんぐうみ
右けかうみ
逝く水の・・・川・・・
丙子八朔天
文化十三 櫛田川 越場・・
丙子春建 同志・・
30×30×134
（早馬瀬神社内）
タテ二ツ割リ二ケ所にあり

7－2－3　松坂市櫛田町より伊勢市まで

松坂市櫛田町東部の櫛田川の土手下に、三重県の建てた里程標がある。

以前櫛田川の渡しのあった所より南に新道が通り、櫛田橋で川を渡る。

新道より分かれた県道を早馬瀬町から稲木町へ進むと、早馬瀬神社境内に道標が保存されているが、これは櫛田川の渡し場辺りにあったそうで、二つに割られ二カ所に立てられてある。

近鉄漕代駅の南から、祓川を渡り明和町に入ると、外宮三里の道標がある。

竹川の集落を経て斎宮に達し、近鉄斎宮駅の北に斉王祓所跡や森の中に宮跡がある。その東方も発掘調査され、周辺には斉王に関する遺跡が多くある。

街道の通る町並みも古い構えの家が多く、竹神社の前に斉王城跡と記された碑が立っている。中町の北側に天満宮や、勝見に斉王隆子王女墓の道標があり、王女の墓はここから北へ２キロの馬之上算所にある。

上野に安養寺、明星には転輪寺があり、町の文化財となっている。

新茶屋の中程に、外宮一里の道標があってから、しばらく道標は見当たらない。

小俣町に入り、明野の近鉄明野駅近くを南に折れて進むと、道の東側に名物の「へんば餅」の店がある。

明野は以前に飛行場のあった所で、今は陸上自衛隊明野航空学校となっている。

外城田川を渡ると住宅の密集地となり、小俣小学校の南で東に曲がるが、真っすぐにいくとＪＲ宮川駅近くに出て、ＪＲ線南側の官舎神社の前に、高宮院跡の碑が立つ一角がある。

汁谷川の宮古橋西詰に「参宮人見附」の碑があり、参宮する人の検問所がこの辺りにあったのであるが、今は碑もなくなりその跡は定かでない。

宮川堤に出て宮川橋を渡り伊勢市にはいるが、この橋は明治になって架けられたもので、以前は桜の渡し又は小俣の渡しと呼ばれた渡し場があったのである。

ＪＲ線の南側を進むと浦口一丁目に道標があり、県道を横切って外宮に向かっていく途中の、常盤二丁目の筋向橋跡は、田丸より来た伊勢街道と合流する所である。外宮を参拝し北側から東に回り、近鉄線につづき勢田川の小田橋を渡ると尾上町で、尾上町から緩いのぼりとなり、倭町を経て南に向かい古市を通る。

古市町は、かつて伊勢参宮客で賑わった町筋であるが、今は静かな通りである。

古くから営業を続けている旅館「麻吉」の前に道標があり、中之町南部からゆるい坂道となる。道の両側は住宅団地で、三条前バス停横に道標がある。

しばらくして牛谷坂となり、下りきった所に猿田彦神社があり、ここを東にいくと内宮周辺駐車場となり、年中参宮客で賑わう所である。

内宮北側の神宮司庁の上に当たる朝熊山旧登山口に、三重県で一番古い寛永３年と刻まれた、大きな自然石の道標があるほか、周辺にも幾つかの道標がある。

図134　参宮街道—8

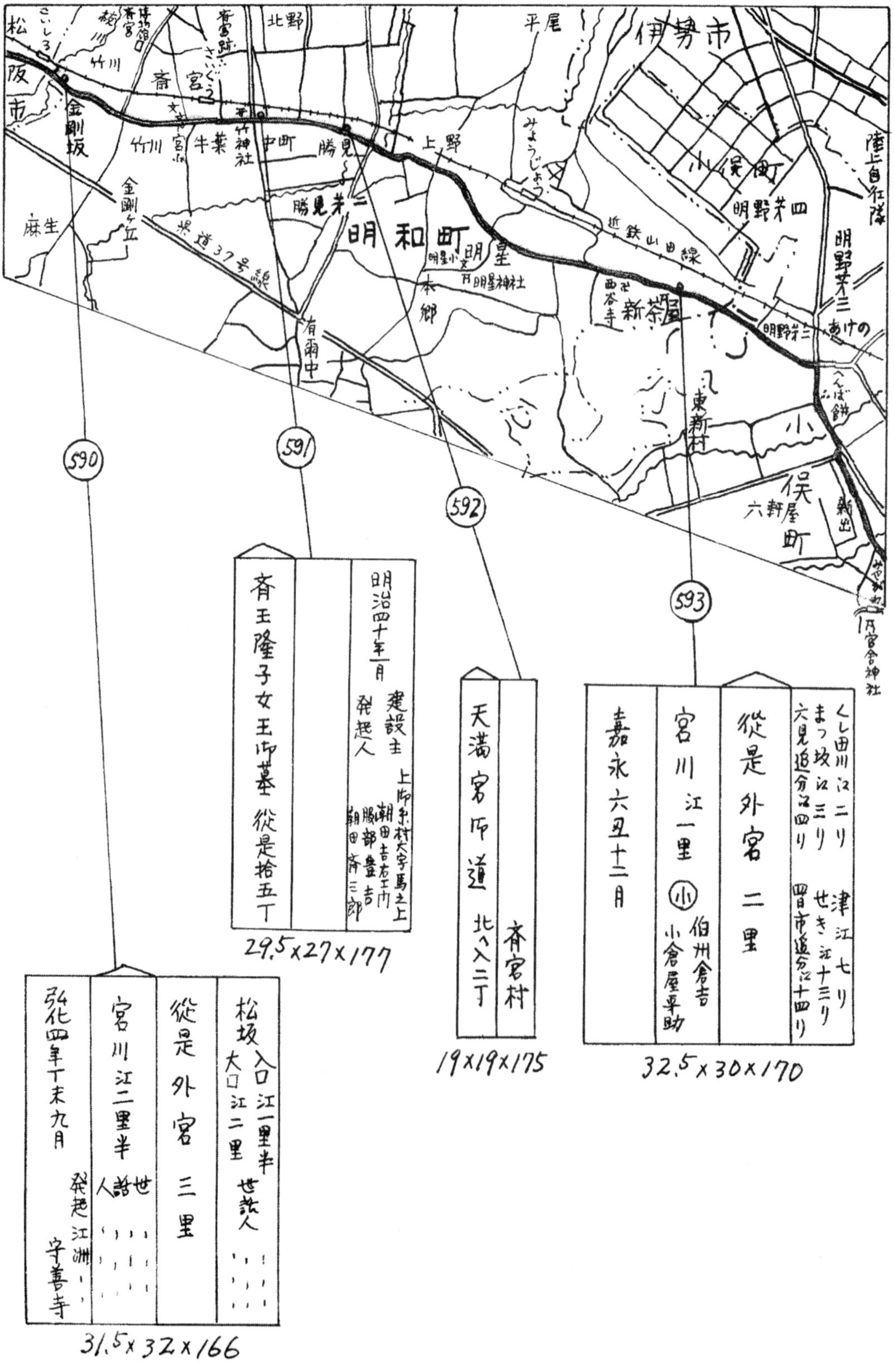

松阪市
伊勢市
明和町
斎宮
竹川
金剛坂
金剛ヶ丘
麻生
北野
平尾
上野
勝見
中町
牛葉
竹神社
近鉄山田線
県道37号線
明星
本郷
有爾中
新茶屋
東新村
小俣町
六軒屋
明野
590
591
592
593
松坂入口江一里半
大口江二里
世話人
従是外宮　三里
宮川江二里半
世話人
弘化四年丁未九月
発起　江洲
守善寺
31.5×32×166
斉王隆子女王御墓　従是拾五丁
明治四十年一月
建設主　上御糸村大字馬之上　朝田吉右エ門
発起人　服部豊吉　朝田斉三郎
29.5×27×177
天満宮御道　北へ入二丁
斉宮村
19×19×175
くし田川江二り　津江七り
まつ坂江三り　せき江十三り
六見追分江四り　四日市追分江十四り
従是外宮　二里
宮川江一里
小
伯州倉吉
小倉屋平助
嘉永六丑十二月
32.5×30×170

図135

図135　参宮街道—9

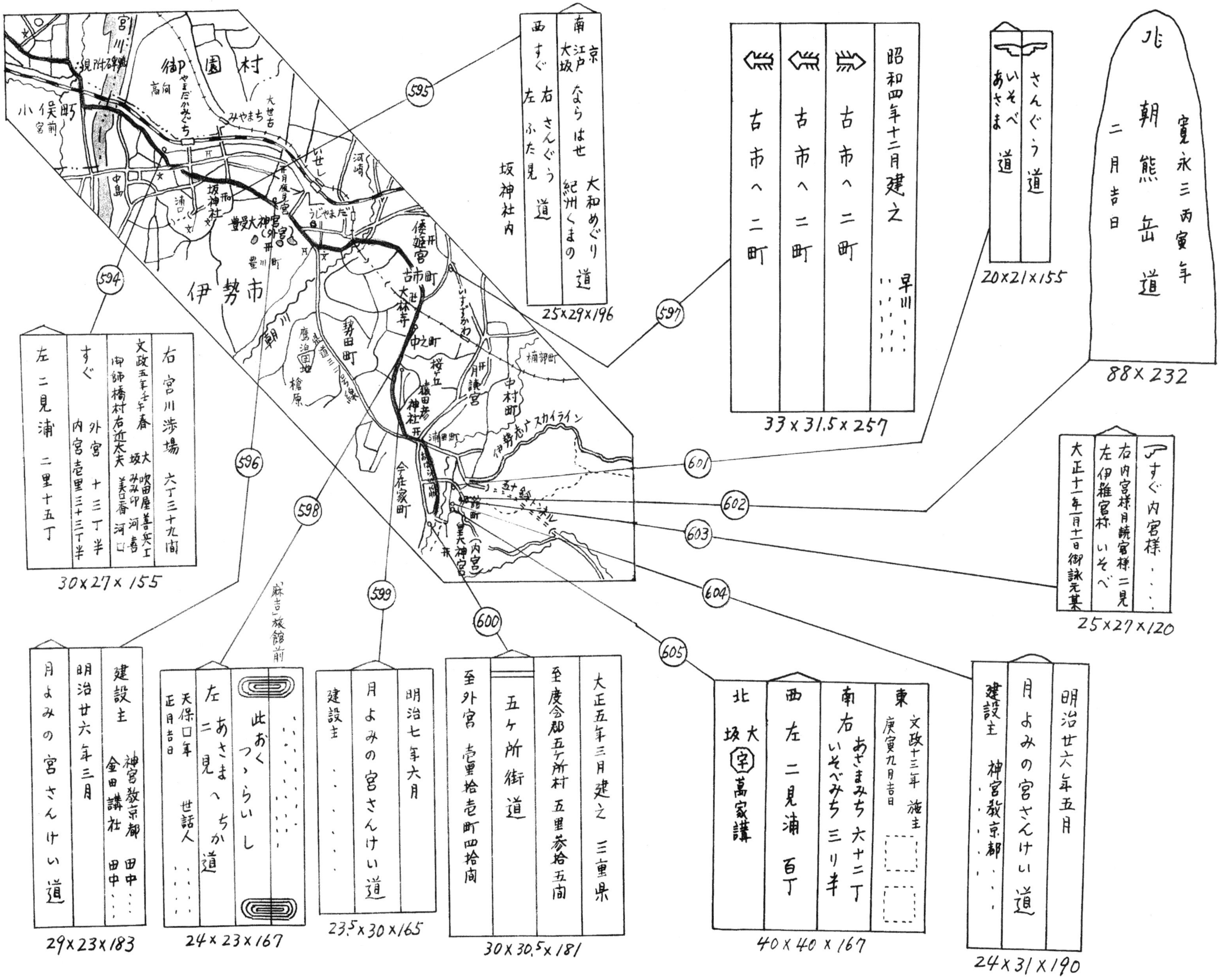

御園村
小俣町
伊勢市
宮川
594
南 京 江戸 大坂 ならはせ 大和めぐり 紀州くまの 道
西 すぐ 右 さんぐう 左 ふた見 道
坂神社内
25×29×196
595
昭和四年十二月建之 早川
古市へ二町
古市へ二町
古市へ二町
33×31.5×257
597
さんぐう道
いそべ あさま 道
20×21×155
北 朝熊岳道 寛永三丙寅年 二月吉日
88×232
右 宮川渉場 六丁三十九間
文政五年壬午春 大坂 吹田屋善兵エ
御師橋村右近太夫
すぐ 外宮 十三丁半 内宮壱里三十三丁半
左 二見浦 二里十五丁
30×27×155
596
598
すぐ内宮様
右内宮様月読宮様二見
左伊雑宮様 いそべ
25×27×120
601
602
603
604
605
599
600
月よみの宮さんけい道
明治廿六年三月
建設主 神宮教京都 金田講社 田中 田中
29×23×183
「麻吉」旅館前
此おくつゝらいし
左 二見へ あさまへ ちか道
天保□年 正月吉日 世話人
24×23×167
明治七年六月
月よみの宮さんけい道
建設主
23.5×30×165
大正五年三月建之 三重県
至度会郡五ケ所村 五里参拾五間
五ケ所街道
至外宮 壱里拾壱町四拾間
30×30.5×181
東 文政十三年 庚寅九月吉日 施主
南 右 あさまみち 六十二丁 いそべみち 三り半
西 左 二見浦 百丁
北 大坂 萬家講
40×40×167
明治廿六年五月
月よみの宮さんけい道
建設主 神宮教京都
24×31×190

７－３　香良洲道　津市藤方町より三雲町曽原まで

参宮街道は津市より三雲町を経て、松坂に通じているが、香良洲道は少し東側に迂回している。

香良洲は伊勢神宮の支配地であったことや、漁港あるいは伊勢湾岸公易港として、また、中世以降は製塩も行われていたなど、大いに栄えていたことで、伊勢参宮の道の一つになっていたと考えられる。

香良洲の地は、もと矢野村と称されていて、この地の土豪矢野氏が本拠地にしていた所で、惣氏神の大同２年(807)の創建と伝わる古社の香良洲神社があり､現在の町名の起源となっている。

ここ、雲出川と古川の三角州にある低地帯は、たび重なる水害にあっていて、大防潮堤が築かれ、昭和３６年に完成している。

三角州の全周にわたり、高い防潮堤をめぐらす光景は異様でもあるが、自然の攻勢をかわすには、このような対策もやむを得ないことである。

津市藤方町で参宮街道に分かれた香良州道は、国道２３号に入り相川を渡り、雲出本郷町で一旦国道に分かれる。

旧道を通り雲出神社の東側を進むと、本郷町南部で道路整備された道に入り、雲出川古川を香良州橋で渡り香良州町に入る。

香良州町地家の南部の川に沿うと、間もなく香良州大橋があり、その北詰に大型の常夜燈と三基の道標がある。その内の一基は津市藤方の岐路にあったそうであるが、一番大きい文政６年のものが、それではないかと考えられる。

町の惣社の香良州神社はここより東へ１、５キロにあり、その途中の東山の農協前に、下部の欠けた道標がある。香良州神社の宮踊りは、県の無形民俗文化財に指定されている。

香良州大橋に戻り、雲出川を渡ると三雲町岡田で、田畑の広がる中を南に進むと星合に至る。星合地区は現在は耕地の中心であるが、往古は伊勢の海に臨む白砂青松の浜で、歌に詠まれる名所であった所とされている。

道は笠松を経て曽原を通るが、以前星合と笠松にそれぞれ道標があったとのことであるが、今は見当たらない。

曽原には東部と西部に一基づつの道標があり、何れも「さんぐう道　からす道」を示したものである。

国道２３号を横切り、参宮街道に出ると、合流点の角に道標があり、からす道と一志駅跡を示している。

伊勢参宮に向かう斎王が宿泊した一志頓宮は、この一志駅近くであると伝わっているが、諸説があるそうで確定されていない。

図136　香良洲道

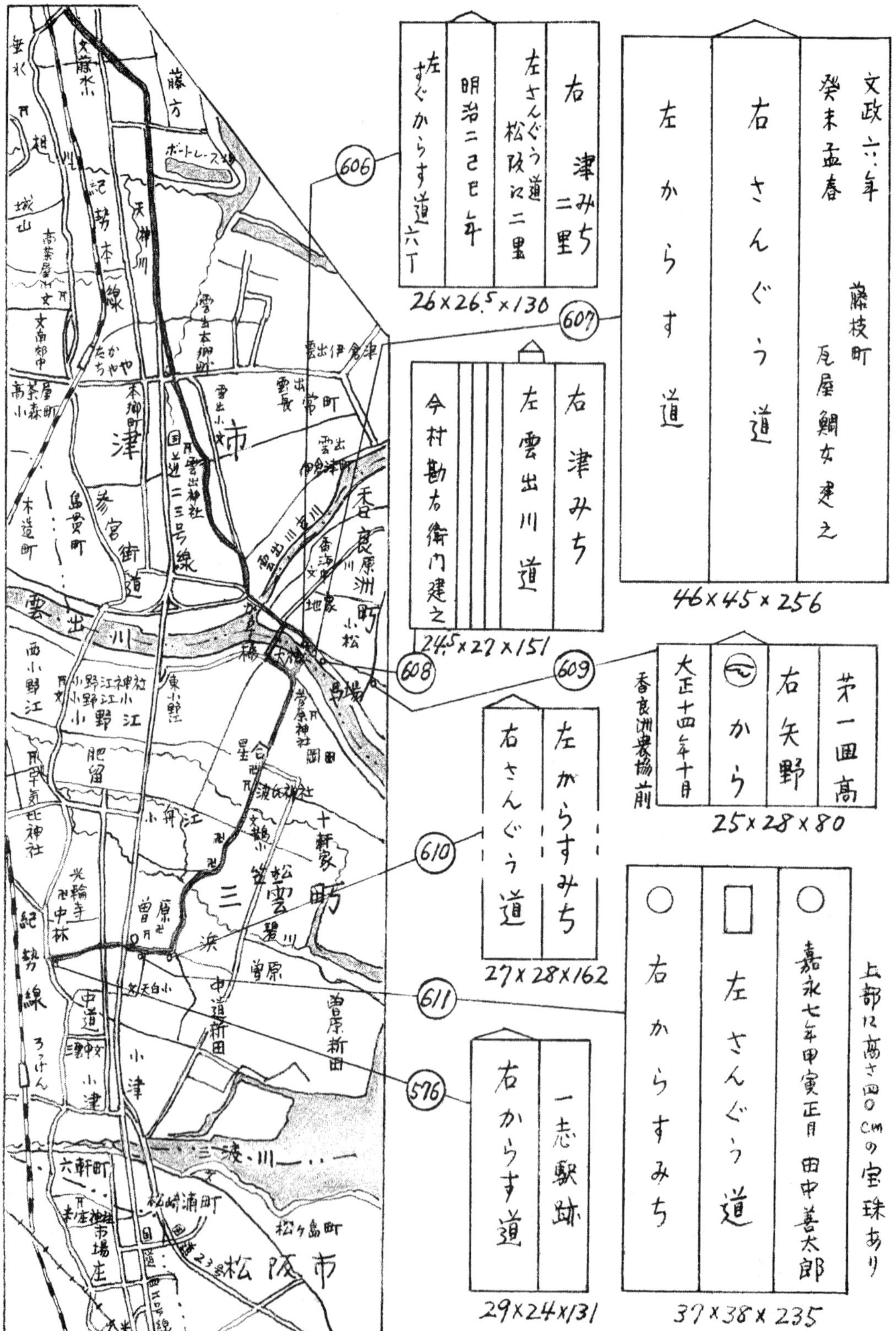
606
右 津みち 二里
左 さんぐう道 松阪江二里
明治二己巳年
左 すぐからす道 六丁
26×26.5×130
607
文政六年 癸未孟春
藤枝町 瓦屋鯛女 建之
右 さんぐう道
左 からす道
46×45×256
608
右 津みち
左 雲出川道
今村勘右衛門建之
24.5×27×151
609
弟一田高
右 矢野
から
大正十四年十月
香良洲農協前
25×28×80
610
左 からすみち
右 さんぐう道
27×28×162
611
嘉永七年甲寅正月 田中善太郎
左 さんぐう道
右 からすみち
上部に高さ四〇cmの宝珠あり
37×38×235
576
一志駅跡
右 からす道
29×24×131
津
市
藤方
ボートレース場
天神川
紀勢本線
参宮街道
国道二三号線
雲出川
香良洲町
小野江
三雲町
曽原
曽原新田
中道新田
小津
三渡川
六軒町
松崎浦町
松ヶ島町
松阪市

8　伊勢周辺の道は神宮につながる

8－1　伊勢別街道　東海道三重県関町より津市江戸橋まで

東海道の関と参宮街道の津を結ぶ伊勢別街道は、平安時代以来の主要道で、多くの人々に利用された道で、別街道の名は明治以後の命名である。

関町東の追分で東海道に分かれ、南にＪＲ線と鈴鹿川を渡り、古厩に至ると大井神社の境内に「おうまやの松」がある。古代駅制が設けられた時の鈴鹿駅家跡とされ、樹齢４７０年の松は昭和５８年に枯れ、現在のは二代目である。

名阪国道をくぐり芸濃町に入り、楠原東部に鈴鹿ゴルフ場があり、その入口岐路に石山観音への道標があり、観音はここより１､5キロのゴルフ場西側にある。

別街道の他に県道１０号が津市に通じているが、主要集落からは離れて通る。

さらに、離れた所を伊勢自動車道が通っている。

林町南部で県道を横切る所に、常夜燈の道標があって参宮道を示している。

椋本南部に大椋の案内があり、団地に通ずる道の左手にその椋の大木がある。

また、椋本集落の中央に自然石の道標と、三重県独特の木製の里程標がある。

新町には町役場があり、街道は奥歯へ出るまでに東に曲がり、新屋敷で県道に合流し、豊久野で北に分かれる道の地蔵堂の前に、自然石の道標がある。

伊勢自動車道をくぐり津市に入り、新出で県道に離れる。高野尾町の集落を通り、再び県道に合流する少し手前に、銭掛松の史跡があり、その一角に常夜燈やお堂の他、松の由来を説明した立札がある。松は小野篁の妻の命姫が伊勢参宮を途中で諦めここで伊勢を拝し、松に銭を掛けて帰ったと伝わる。現在の松は四代目になるそうであるが、他の樹木が大きくなってどれかよく判らない。

睦合町より窪田町にかけては県道に合流して進むが、窪田町には中央馬場に明治天皇小休所の石柱があり、整った家々が続いている。六大のはずれの仲福寺前からの県道はＪＲ線を越すが、旧道はその手前で南に分かれ、巨大な常夜燈を左に見て、ＪＲ線の踏切から桜町に入る。

高田本山専修寺のある一身田町に、円形の本山参詣道の道標があり、左手には広大な専修寺の唐門などの奥に、伽藍の数々が並んでいる。

門前町の商店のつづく角を曲がると、銀行の角に道標がある。門前町を抜けてＪＲ線の東に進み次いで南に向きを変えて、一身田中野のまばらになった家並みを通る。近鉄線を江戸橋駅の北から東に向かい、志登茂川の西岸を進むと江戸橋で、旧江戸橋の西で参宮街道に合流し、その角に二基の道標があり、その一基は常夜燈の横に折れたものが並べられている。

折れた道標の一面に示す東京の文字は、石面を削った中にあるので、以前は江戸となっていたものを、彫り直したものであろうか。

図137　伊勢別街道—１

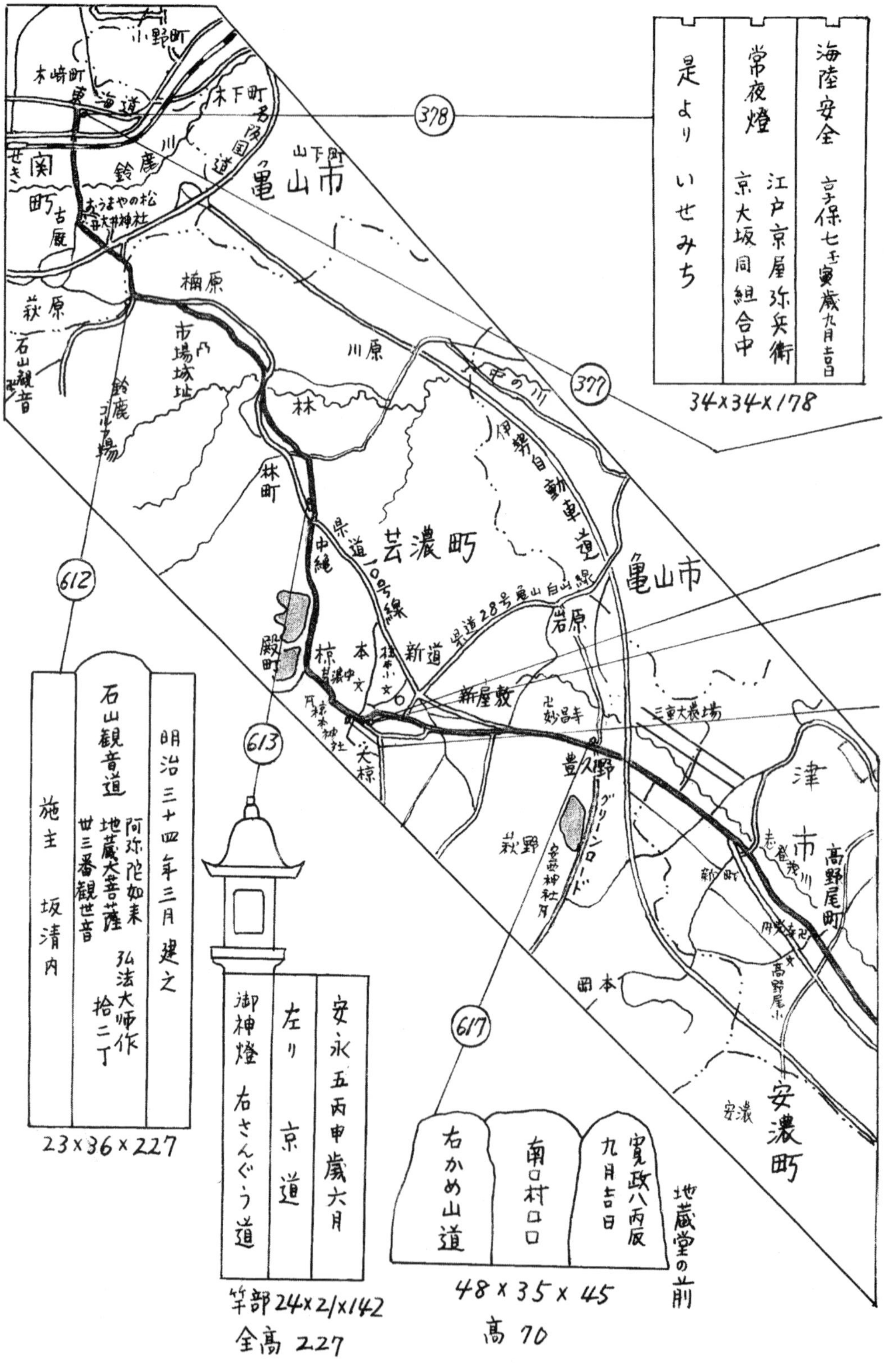

小野町
木崎町
東海道
木下町
名阪国道
山下町
亀山市
関町
せき
鈴鹿川
古厩
おうまやの松
大井神社
楠原
萩原
石山観音
市場城址
鈴鹿ゴルフ場
川原
林
林町
中縄
県道10号線
芸濃町
伊勢自動車道
県道28号亀山白山線
亀山市
岩原
殿町
椋本
新道
新屋敷
妙昌寺
三重大農場
椋本神社
大椋
豊久野
グリーンロード
萩野
津市
志登茂川
新町
高野尾町
岡本
安濃町
安濃
378
海陸安全
享保七壬寅歳九月吉日
常夜燈
江戸京屋弥兵衛
京大坂同組合中
是より　いせみち
34×34×178
377
612
明治三十四年三月建之
石山観音道
阿弥陀如来
地蔵大菩薩
卅三番観世音
弘法大師作
拾二丁
施主　坂清内
23×36×227
613
安永五丙申歳六月
左り　京道
御神燈　右さんぐう道
竿部24×21×142
全高227
617
寛政八丙辰
九月吉日
南口村口口
右かめ山道
地蔵堂の前
48×35×45
高70

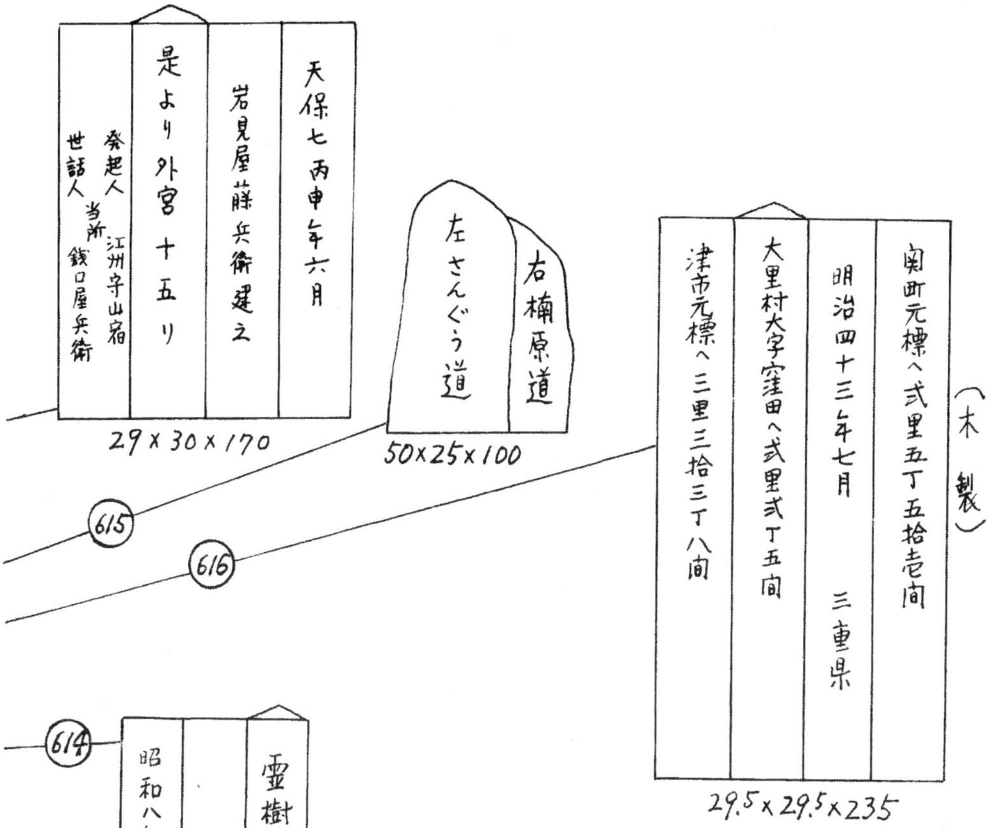
天保七丙申年六月
岩見屋藤兵衛建之
是より外宮十五り
発起人 江州守山宿
世話人 当所 銭口屋兵衛
29×30×170
右楠原道
左さんぐう道
50×25×100
615
616
（木製）
奥町元標へ弐里五丁五拾壱間
明治四十三年七月
三重県
大里村大字窪田へ弐里弐丁五間
津市元標へ三里三拾三丁八間
29.5×29.5×235

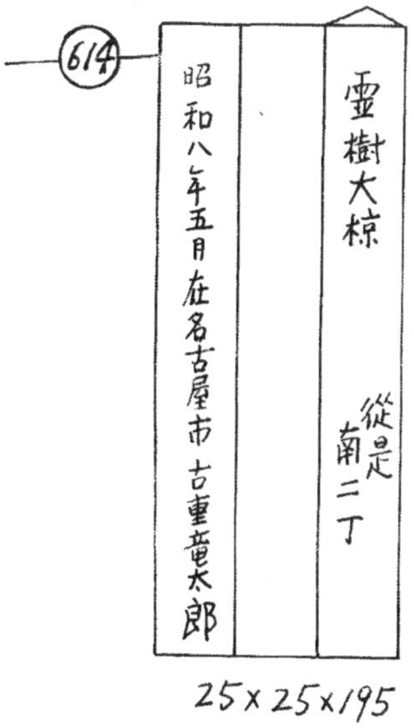
614
霊樹大椋
従是南二丁
昭和八年五月在名古屋市古重竜太郎
25×25×195

写真27　芸濃町椋本　伊勢別街道

図138　伊勢別街道―2

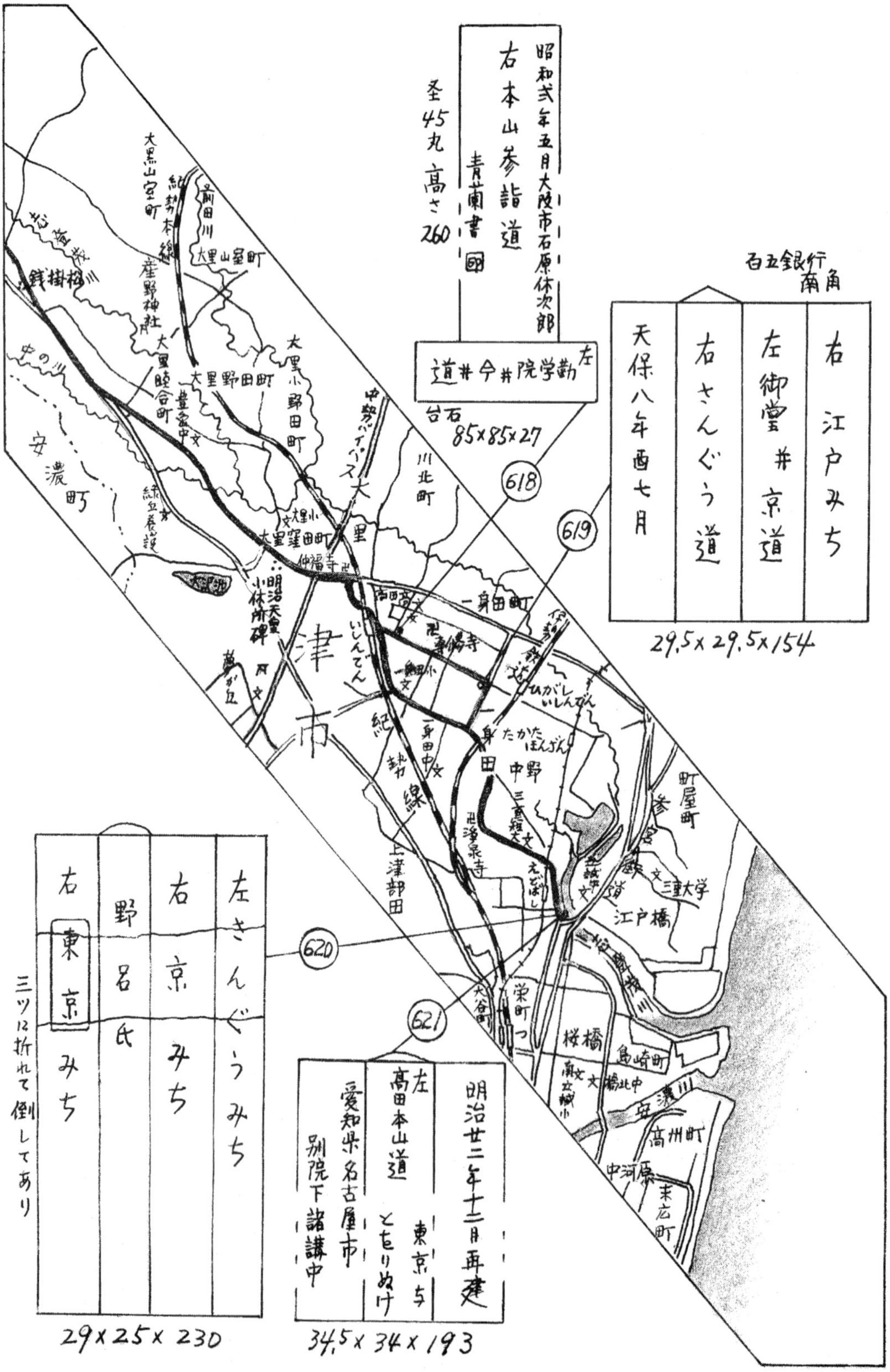

昭和弐年五月大阪市石原休次郎
右本山参詣道
青蘭書
左勧学院并今井道
台石 85×85×27
618
百五銀行南角
右 江戸みち
左御堂并京道
右さんぐう道
天保八年酉七月
29.5×29.5×154
619
左さんぐうみち
右京みち
野呂氏
右東京みち
三ツに折れて倒してあり
29×25×230
620
明治廿二年十二月再建
東京与
左高田本山道
愛知県名古屋市
別院下諸講中
34.5×34×193
621
銭掛松
紀勢本線
産野神社
大里睦合町
大里野田町
大里小野田町
大里窪田町
中勢バイパス
川北町
一身田町
専修寺
津市
紀勢線
安濃町
明治天皇小休所碑
浄泉寺
上津部田
中野
三重大学
江戸橋
町屋町
栄町
桜橋
島崎町
安濃川
高洲町
中河原
末広町

8－2　新初瀬街道　三重県一志町大仰《おおのき》より美杉村奥津《おきつ》まで

新初瀬街道は、伊勢北街道の一志町大仰と、伊勢本街道の美杉村奥津を結ぶ道として、明治27年に整備された道である。

今は県道として更に改修され、雲出《くもず》川に沿うＪＲ名松線にからんで通じている。

途中には道標は少ししかないが、太一とか両宮と刻まれた神宮常夜燈が多く、川口(天保3年)・関ノ宮(文政元年)・家城《いえき》(寛政10年)・竹原(天明3年)・瀬木(天保3年)・小西(文化元年)・八知《やち》(寛政11年)・比津(文化12年)・谷口(文久2年)などあり、伊勢参宮の道標代わりになっているとも言える。

一志町大仰より雲出川の大仰橋を渡ると県道15号線で、左に進む伊勢北街道(青山越伊勢街道)に分かれ、右に雲出川に沿っていくと、ＪＲ名松線にも沿って0、5キロで井生《いう》の集落の中を通る。井生は昭和30年までは大井村だったので、名松線の駅名は伊勢大井となっている。

白山町に入り弁天川に沿い、川口の馬場から旧道が集落の中に通じ、御城《おんじょ》の辻にある医王寺の標柱から、200メートル東に上がった高台は、天平12年(740)聖武天皇の伊勢巡幸に際した行宮址とされ、ここに行宮址の碑と、巡幸に随行した大伴家持の万葉歌碑がある。この地は斎王の河口頓宮跡とも伝わり、後に北畠氏の家臣加々爪氏の川口城の跡となり、今は医王寺が所在している。

川口は古代には河口、鎌倉期には河口荘として関所も置かれていた所で、周辺に縄文・弥生期の遺跡が散在している。

家城に入ると、ＪＲ線を横切り雲出川畔の道となり、両岸に岩の切り立つ流れは瀬戸ケ渕と呼ばれる景勝で、家城ラインとして幾つもの渕がある。

東町の外れに家城神社があり、神社の奥へ進み桧林の中の細い道を雲出川岸におりると、岩間に「こぶ湯」とよばれる湧水がある。白い湯の花が見える霊水は、皮膚病によく効くと伝わっている。

ＪＲ線の南側に出て家城駅前を通り、家城の中心地で山田野・藤から来た道に合し南西に進むと、東側に三重県独特の里程標が立っている。

県道に出て、雲出川東岸を通り美杉村に入ると、ＪＲ竹原駅北の岐路に太神宮常夜燈と、二基の道標がある。ここを右に進み、ＪＲ線を横切り雲出川を西岸に渡り、中野・瀬木・掛ノ脇を経て大野に至る。

県道に分かれ、ＪＲ線のトンネルの上を越す道を立花に下って県道に合する。

八知の南部に道標があり、直進する老ケ野を経由する道と分かれ、東に曲がり奥津まで雲出川とＪＲ線に沿っていく。奥津で旧国道368号線の伊勢本街道に交差する。途中比津駅北から、比津峠への県道を少し登ると、霊符神の道標があり、小道を上った所に霊符院のお堂と、その上のシイノキ樹叢の中に東平寺がある。

図139　新初瀬街道—1

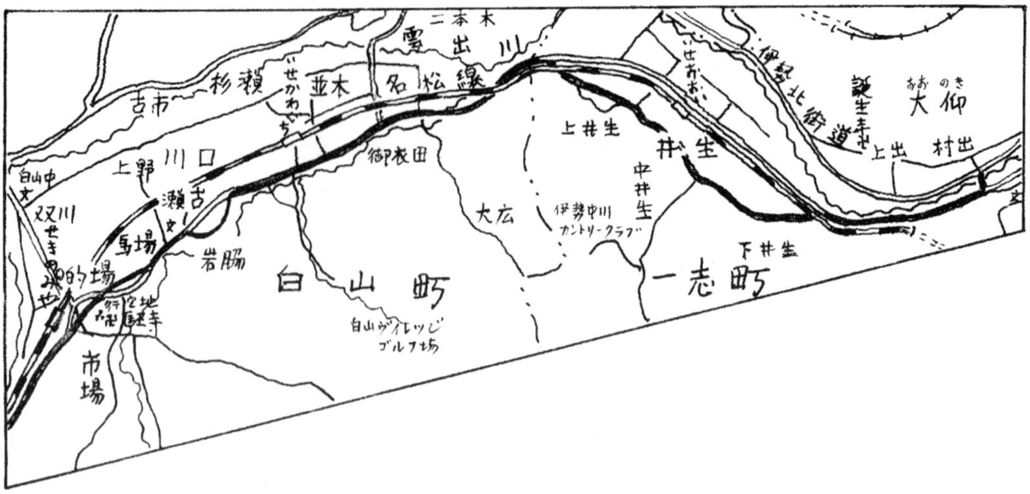

図140　新初瀬街道—2

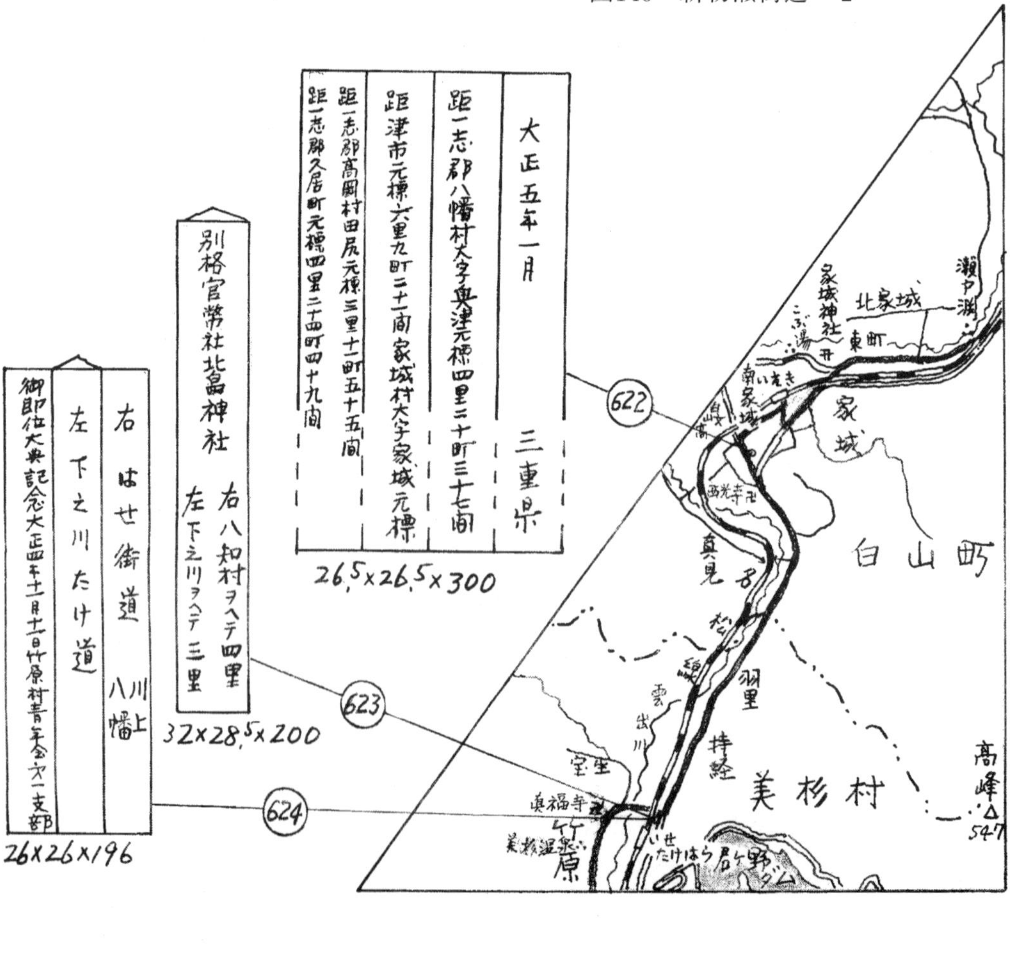

図141　新初瀬街道―3

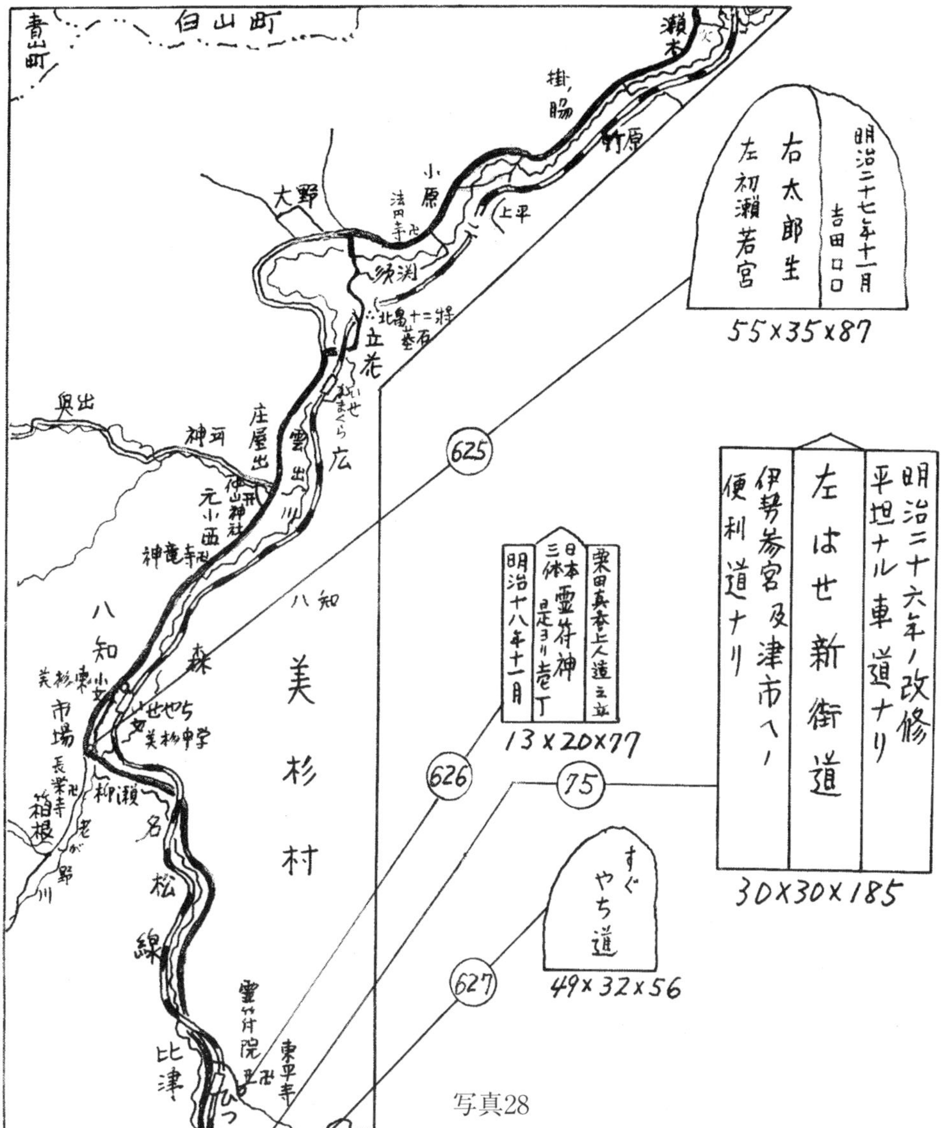
白山町
青山町
瀬戸
掛ノ脇
竹原
小原
法田寺
上平
大野
須渕
北畠十二将墓石
立花
奥出
神河
庄屋出
雲出川
元小西
神竜寺
八知
美杉東小
せせらぎ
美杉中学
市場
長楽寺
箱根
柳瀬
名松線
美杉村
霊符院
東平寺
比津
ひつ
波瀬
奥津
八幡神社
いせおきつ
美杉南小
上殿
谷口
国道368号
西広
川上
625
626
627
75
右太郎生
左初瀬若宮
明治二十七年十一月
吉田□□
55×35×87
明治二十六年ノ改修
平坦ナル車道ナリ
左はせ新街道
伊勢参宮及津市ヘノ
便利道ナリ
30×30×185
栗田真季上人道立立
日本三体霊符神是ヨリ壱丁
明治十八年十一月
13×20×77
すぐやち道
49×32×56

写真28
三重県白山町家城　曇出川家城ライン

8－3　多《た》気《げ》道　美杉村竹原より上多気まで

新初瀬街道は、美杉村竹原で直進する下之川・多気道に分かれて、雲出《くもず》川西岸に移って通じている。

ここに述べる多気道は、やはり伊勢北街道と本街道を結ぶ道の一つである。

雲出川支流の八手俣川に、君ケ野ダムが出来てからは、一部の道は消滅した代りに県道として整備され、バスが運行されている。

竹原で八知道に分かれ、県道２９号となって梅ケ広から急坂を上がり、君ケ野ダムの北岸を通る。バス停寺広に至ると、寺広への岐路に道標がある。

八手俣川に沿って点在する集落の脇ケ野・篠ケ広を経て山口に至る。山口では矢頭峠越えの県道４３号が分岐し、その角に自然石の道標がある。

下之川地区は比較的に開けた地域で耕地や茶畑が多い。旧下之川村は昭和３０年に近隣の村々が合併して美杉村となり、現在にいたっている。

中町のバス停下中村に清水峠道への岐路があり、自然石の道標が立っている。

中村の辺りは旧下之川村の中心で、町役場出張所・小学校・診療所・農協・公民館などの公共施設がある。

不動ノ口から、旧宇気郷村（嬉野町）小川への岐路に、昭和２年の道標がある。

上村に仲山神社があり、式内社ではないが創建は古く、正慶２年(1333)などの棟札がある古社で、奇祭の「ごぼう祭」は県の無形文化財となっている。

県道はなおも八手俣川に沿っているが、古道は上村から山手に入り、下多気の野登瀬に通じていたようで、野登瀬の旧道に地蔵を彫った道標がある。

下多気では、比津より比津峠を越えて来た県道６６６号が合流し、上多気谷町のバス停北畠神社前に、伊勢国司北畠氏三代の親房・顕家・顕能を祀る北畠神社がある。神社の境内には北畠館跡として、室町期細川高国の作という林泉庭園と枯山水を配した庭園が整備され、国の史跡名勝に指定されている。

神社裏山約１キロ東の山頂（標高６００メートル）に、北畠氏の居城　霧山城跡があり、城は興国３年(1342)頃築城され、天正４年(1576) 織田信長に攻められ落城している。下多気の天台宗西向寺は、北畠氏の菩提所である。

城跡は国の史跡名勝に指定され、中世山城の形をよく残し、堀切跡・矢倉跡・鐘撞堂跡・本丸跡などが残っている。麓の眺めはないが、周辺の山々がよく見渡すことができる。北畠神社からも、比津峠からも険しい山道ながら、よく手入れされてあるので登りやすくなっている。

神社前を南に約１キロで上多気に至り、伊勢本街道の旧道に接し、バス停上多気の横に自然石の道標がある。バスは県道を更に南へ、丹生俣まで運行している。

国道３６８号は改修され、伊勢本街道に離れ奥津より荷坂トンネルで上多気に通じている。

図142　多気道

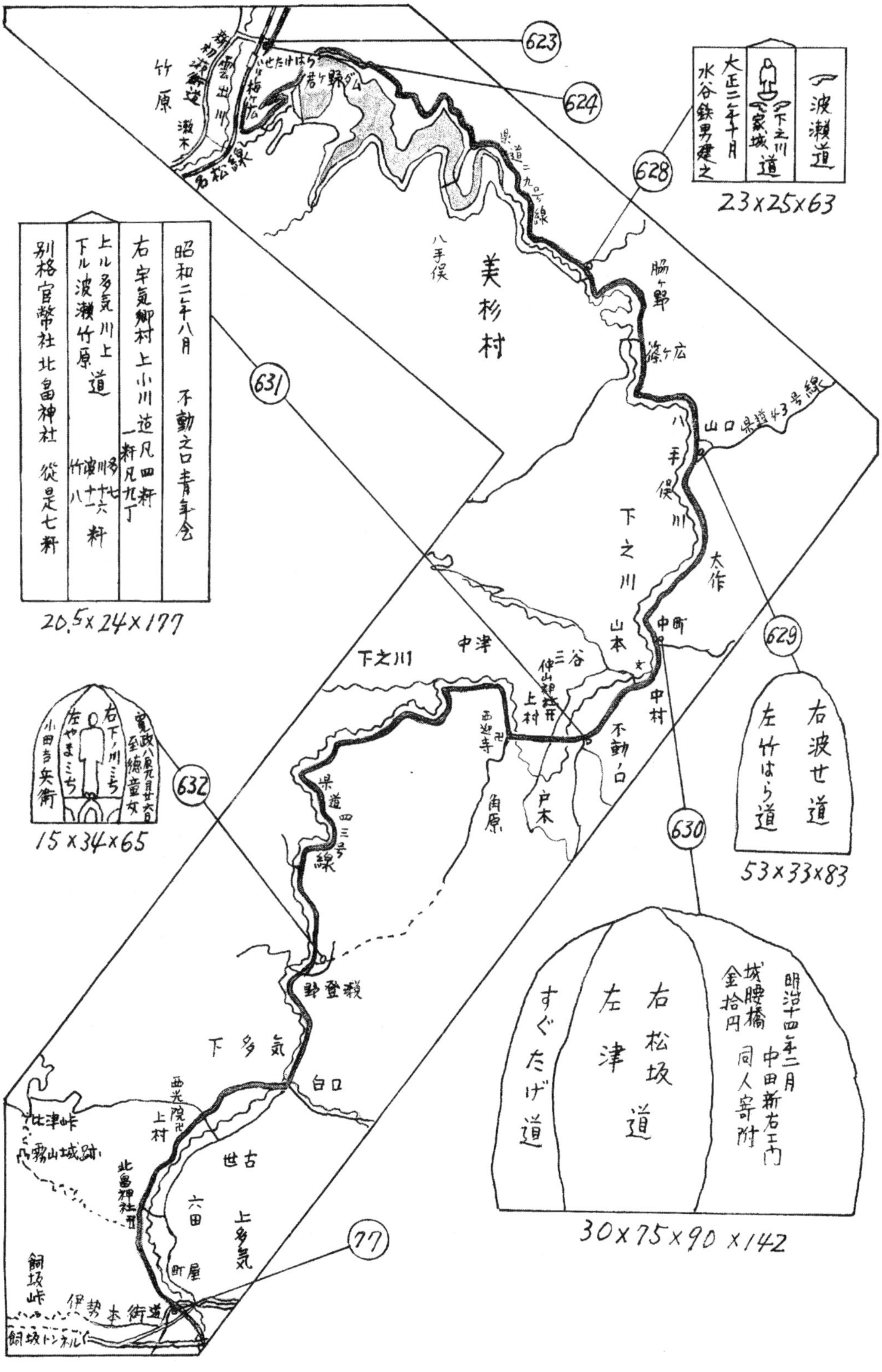
623
624
628
629
630
631
632
77
竹原
瀬木
雲出川
初瀬街道
名松線
梅ヶ広
君ヶ野ダム
県道二九号線
八手俣
美杉村
脇ヶ野
篠ヶ広
山口県道43号線
八手俣川
下之川
太作
山本
中町
中村
三谷
仲山神社
上村
西迎寺
不動口
戸木
角原
中津
下之川
県道四三号線
野登瀬
下多気
白口
西光院
上村
北津峠
霧山城跡
北畠神社
世古
六田
上多気
町屋
飼坂峠
伊勢本街道
飼坂トンネル
一　波瀬道
下之川　家城道
大正二年十月　水谷鉄男建之
23×25×63
昭和二年八月　不動之口青年会
右宇気郷村上小川迄凡四粁　一粁凡九丁
上ル多気川上　下ル波瀬竹原　道
多十七　川十六　波十一　竹八　粁
別格官幣社北畠神社　従是七粁
20.5×24×177
右波せ道
左竹はら道
53×33×83
寛政八辰年
至線童女
右下ノ川みち
左やまみち
小田吉兵衛
15×34×65
明治十四年二月
城腰橋　金拾円
中田新右エ門　同人寄附
右松坂道
左津道
すぐたげ道
30×75×90×142

８－４　多気街道　一志町井関より美杉村山口まで

初瀬と波瀬は、どちらも「はせ」と読めるので紛らわしいが、初瀬を「はつせ」と読むとか、波瀬を昔流に「はぜ」と読めば判りやすい。

ここに述べる多気街道は、伊勢北街道と伊勢本街道を結ぶ道の一つで、前項の関連街道である。

一志町井関で伊勢北街道から分かれ、波瀬川に沿ってさかのぼり、波瀬を経て矢頭峠を越えて美杉村に入り、八手俣川中流の山口に至り、多気道に合流する。

途中、下ノ世古・野口・井ノ口・室ノ口などに、太一の神宮常夜燈がある。

県道１５号は一志町井関で、県道４３号が波瀬川沿いに分岐し、平岩の落ち着いた集落を通って行くと、西部に住吉神社がある。神社の境内に道標が保存されていて「はせみち」を示している。

県道４３号は川に沿って、ＪＲ名松線の南側を通り、井関駅前を過ぎると大きく湾曲する波瀬川につれて南に曲がっていく。

平地が広がり、田畑が耕作されている中を進んでいくと、下ノ世古の東部で県道５８０号が分かれる。その角に地蔵を刻んだ道標が、松坂と津への分岐点であることを示している。

波瀬は波瀬川中流の古くよりの集落で、太神宮波出御厨の地であると伝わり、伊勢神宮とのかかわりがあったようである。

南北朝時代、多気に本拠を置いた北畠氏は、矢頭峠に関所を設け、波瀬その他に出城を構え、物資の輸送と地域の確保を図ったが、度重なる戦乱を経て消滅してしまった。波瀬の中央部、波瀬小学校の西側に、式内社波氐《はて》神社と隣り合わせて安楽寺がある。背後の森の辺りは、北畠氏一族の波瀬氏が拠った波瀬城址で、波瀬南部の野口にも野口城址の森がある。

井ノ口・室ノ口の集落を経て山手に入り、杉・桧の植林の中を、波瀬川源流にさかのぼっていくと、林道が県道から幾つも分かれている。

室ノ口より約3キロに、一きわ大きい杉木立の中に波瀬神社があり、県の天然記念物「矢頭の大杉」はここにある。神社に社殿はなく、小さい石室の祠がある。

神社より０、８キロ程の登りで矢頭峠となり、小さい地蔵がある。峠から矢頭山の頂上に道が通じ、上り口に道標があり「御峰道」を示し、１キロ余りの頂上に蔵王権現の祠がある。

矢頭山は文武天皇期に役小角が開いた山で、御峰と呼ばれ峠には昔仁王門があったので、仁王峠とも呼ばれていたそうである。

峠から西は美杉村となり、峠より２キロで山口の集落に出て、県道２９号に合流し、県道４３号として多気に至る。

図143　多気街道—1

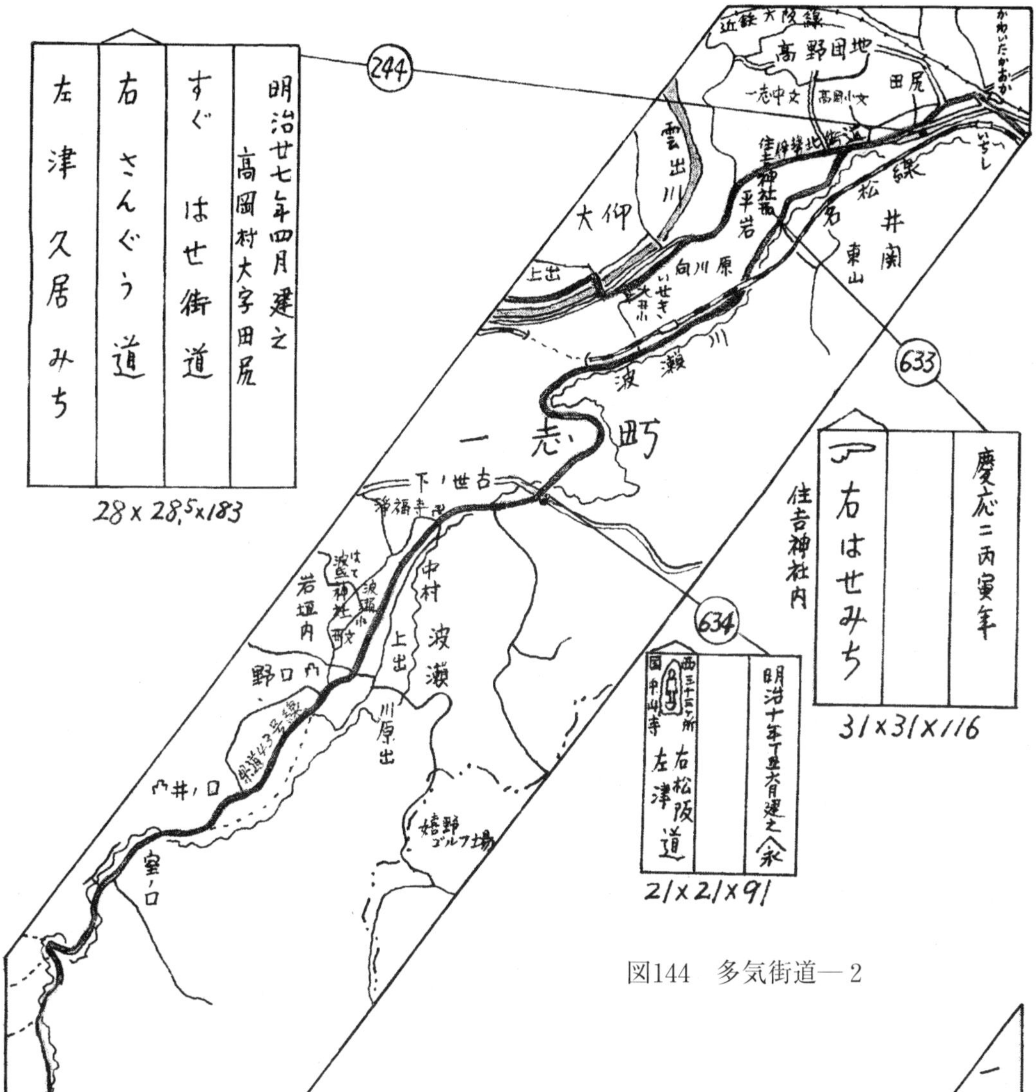

明治廿七年四月建之
高岡村大字田尻
すぐ　はせ街道
右　さんぐう道
左　津　久居　みち
28×28.5×183
244
近鉄大阪線
高野団地
一志中文
高岡小文
田尻
いちし
雲出川
大仰
住吉神社
平岩
名松線
井関
東山
向川原
上出
633
慶応二丙寅年
右はせみち
31×31×116
住吉神社内
波瀬川
一志町
下ノ世古
常福寺
波瀬神社
岩垣内
中村
波瀬
上出
野口
川原出
県道43号線
634
明治十年丁丑六月建之
永
右松阪道
左津道
西三十五ヶ所
国中山寺
21×21×91
内井ノ口
室ノ口
嬉野ゴルフ場
矢頭の大杉
波瀬神社（矢頭八幡社）

図144　多気街道—2

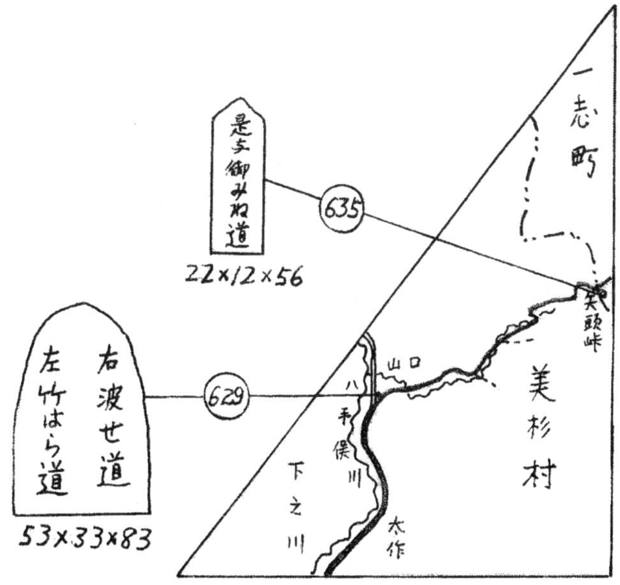

御みね道
22×12×56
635
一志町
矢頭峠
美杉村
山口
629
右波せ道
左竹はら道
53×33×83
八手俣川
下之川

8－5　伊勢北街道関連　久居道　白山町二本木より津市阿漕まで

国道１６５号は、白山町二本木の近鉄大三《おおみつ》駅の東から伊勢北街道に分かれて、久居道となって進むが、この久居道は、寛文年間に久居藩が成立した以後に開かれたとされている。

三ケ野の大三神社の前で国道に分かれた旧道は、大井谷より上広の丘陵地を経て、茶屋の前で国道に合流する。久居市域に入った山手に清掃センターの焼却場を右に見ていくと、入田《にゅうだ》の旧道と国道の間に石灯籠があり、その竿部に京・奈良道を示している。すぐ東の七栗神社につづいて、入田橋を渡り庄田町の旧道を進むと、庄田工業団地が雲出川との間にできている。

庄田町東部の旧道に、榊原から来た道が合流し、その角に自然石の道標があり、榊原と長谷をしめしている。

津方面より久居を経て、榊原温泉に至る道は盛んに利用され、庄田町より榊原町に至る新道もできている。

羽野西部で、伊賀街道の美里村五百野より来た、伊勢道の間道が合流する。

国道の北部には戸木工業団地が広がり、周辺に住宅団地もできて、羽野や戸木の旧道沿いの家並みも、新しく立て替わった家が多くなっている。

戸木町の南部にある戸木小学校内には、街道筋の松阪屋酒店前にあった道標が移設されてある。道は伊勢自動車道をくぐっていくと、久居市の中心部に入る。

西鷹跡町の南に久居城跡があったが、久居藩は津の藤堂高次の次男、高通が分家し、野辺野の地に５万石で支藩を起こし、野辺野の地名を久居と改めている。

寛文１０年(1670) 塀と土塁をめぐらす館を建てたが、櫓はなかったので陣屋形式であったようである。しかし、支藩といっても津の32万石を背景とし、城下町の形成に力が注がれた。

現在は、城跡の塀や土塁は完全に埋め立てられ、学校や体育館・公園などになっていて、何の遺構も残されていない。ただ、初代藩主藤堂高通の名をとった高通児童公園として、その名をとどめているだけである。

武家屋敷のあった東鷹跡町の辺りも市街化し、僅かに屋敷跡らしい構えを留めている家もあるが、多くの建物は建て替わっている。

旅籠町はその名のとおり、宿場の旅籠があった町並みである。

幸町の一角に子午《とき》の鐘が保存されていて、これは太平洋戦争で金属類の供出のため一時姿を消したが、地元の人達の努力で戻ってきたもので、場所は元の位置より少し移動しているようである。

本町より二ノ町に出て奈良街道に接し、近鉄の久居駅前を通り、国道１６５号を新町・持川町を経て、相川町から津市に入り阿漕に達する。久居駅の近鉄線東部にある陸上自衛隊久居駐屯地は、旧陸軍歩兵聯隊の跡地である。

図145　久居道—１

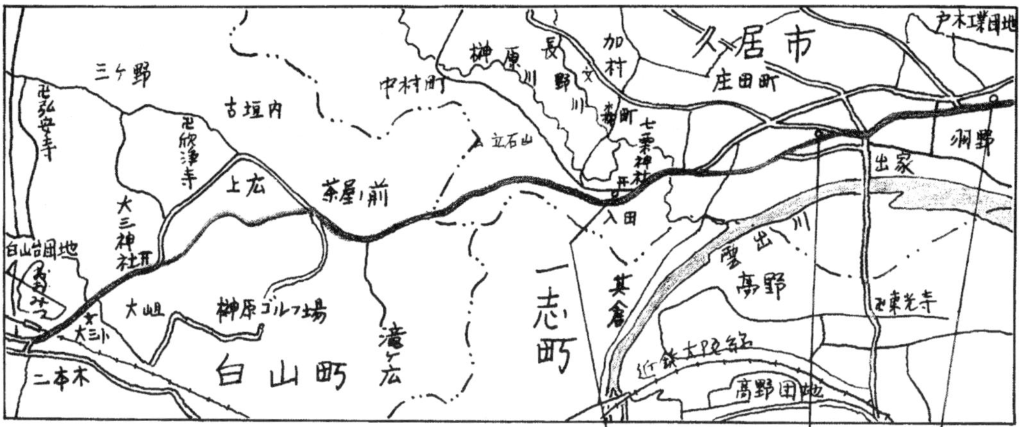

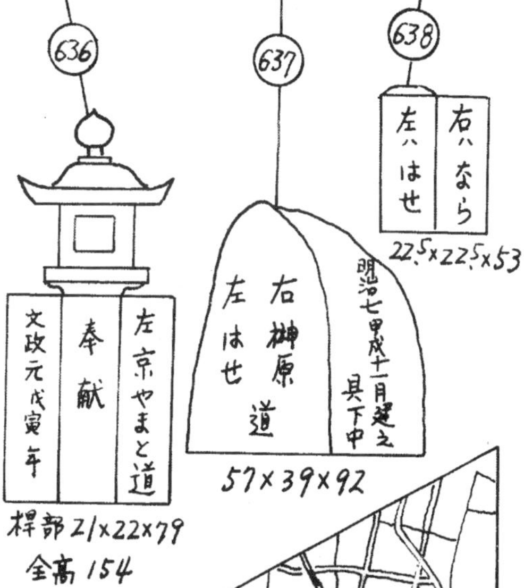

写真29　久居市旅篭町　伊勢北街道

図146　久居道—２

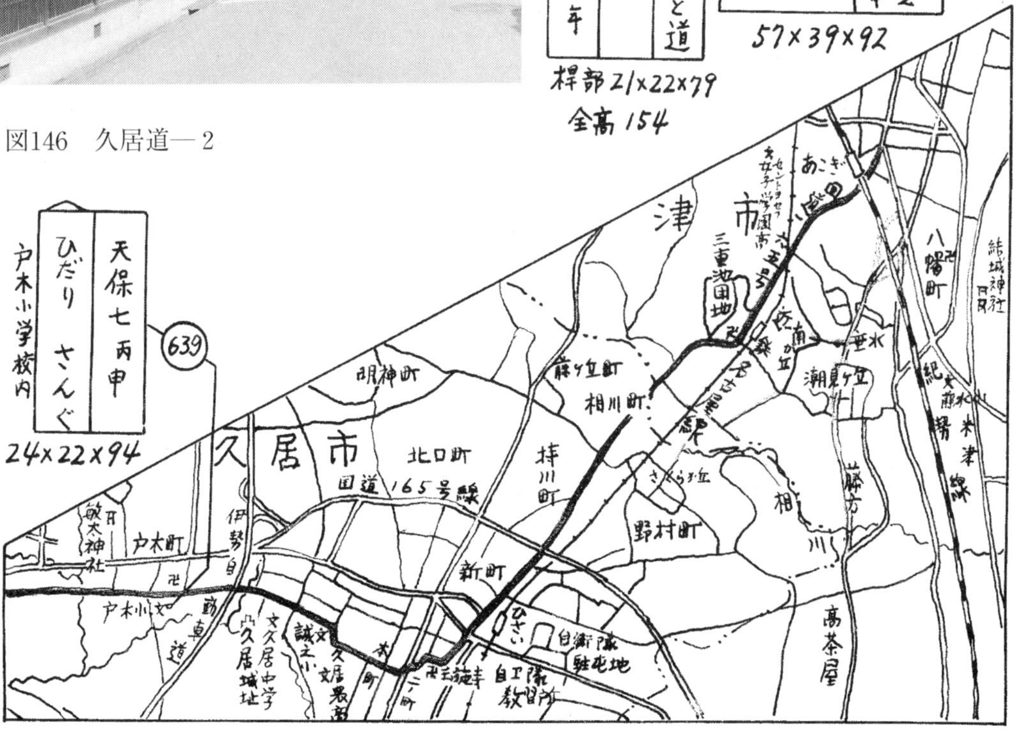

８－６　伊賀越奈良道・久居道　久居市より三雲町中林まで

奈良道と呼ばれる道は多くあって紛らわしいが、久居市より南に進み、雲出川畔に出て川を渡り、嬉野町に入り町の東部を経て、三雲町の中林（旧月本の追分）で参宮街道に合流する道がある。

もっとも、前項の久居道も含めて、白山町二本木よりの道を総称して、やまと道又は奈良道と呼んでいたようであるが、参宮道の一つである。

久居市本町南部で、県道１５号から東に分かれ、県道２４号を横切っていくと元町から川方町に入る。

川方町南部の天満宮前を進むと、近鉄名古屋線の桃園駅方向にいく道の分岐点に「ならみち　さんぐう道」の道標がある。ここは牧町となるが、道の西側は牧町の古い集落で、集落内の道に入ると八柱神社近くにも「ならみち　さんぐうみち」を示す道標がある。

牧町南部で雲出川に沿っていくと近鉄線をくぐり、大正橋を渡り嬉野町域となる。大正橋は名のごとく、大正２年に架橋されていて、それ以前は川原木造の八雲神社裏の岸に渡船で渡っていた。大正橋はその後度々大水で流されるので、橋が出来てからも渡しは併用されていたそうで、現在の橋は昭和４９年に架け替えられたものである。

渡し場跡は近年の河川工事で、跡形もなくなってしまっている。

川原木造は雲出川を利用した水運の船泊まりとして栄えていたが、時移り川の上流に橋ができ、集落から離れた所の道が整備され、通りから外れてしまい、今は静かな農業地帯となっている。また久居市側の新家は、川原木造の対岸に集落があったが、水害を度々受けたため、北の高台地区へと集団移動し、あとは田畑となっていて、近鉄名古屋線の東側に、式内社物部神社だけが取り残されたようになっている。

新屋庄《にわのしょう》は条里制の残っていた鎌倉期の荘園名の名残で、この集落を通っていくと、集落のはずれの岐路に、庚申や山の神の石造品のならぶ一角に、自然石の道標が「ならみち」を示している。

筋違を経て小村に至ると、権現前から来た伊勢道と合流し、新装の正福寺本堂を左に見て、ＪＲ紀勢線をくぐり三雲町域に入る。

三雲町中林は旧月本の追分で、６メートルの高さの常夜燈と、大型の道標などが立つ参宮街道と、大和・伊賀への道の分岐点である。

東方５００メートルに国道２３号が通り、かつては賑やかだった旧参宮街道も、今は静かな道筋で南に進むことになるが、この辺りの近くにも新しい住宅が建てこんできている。

図147　久居道―3

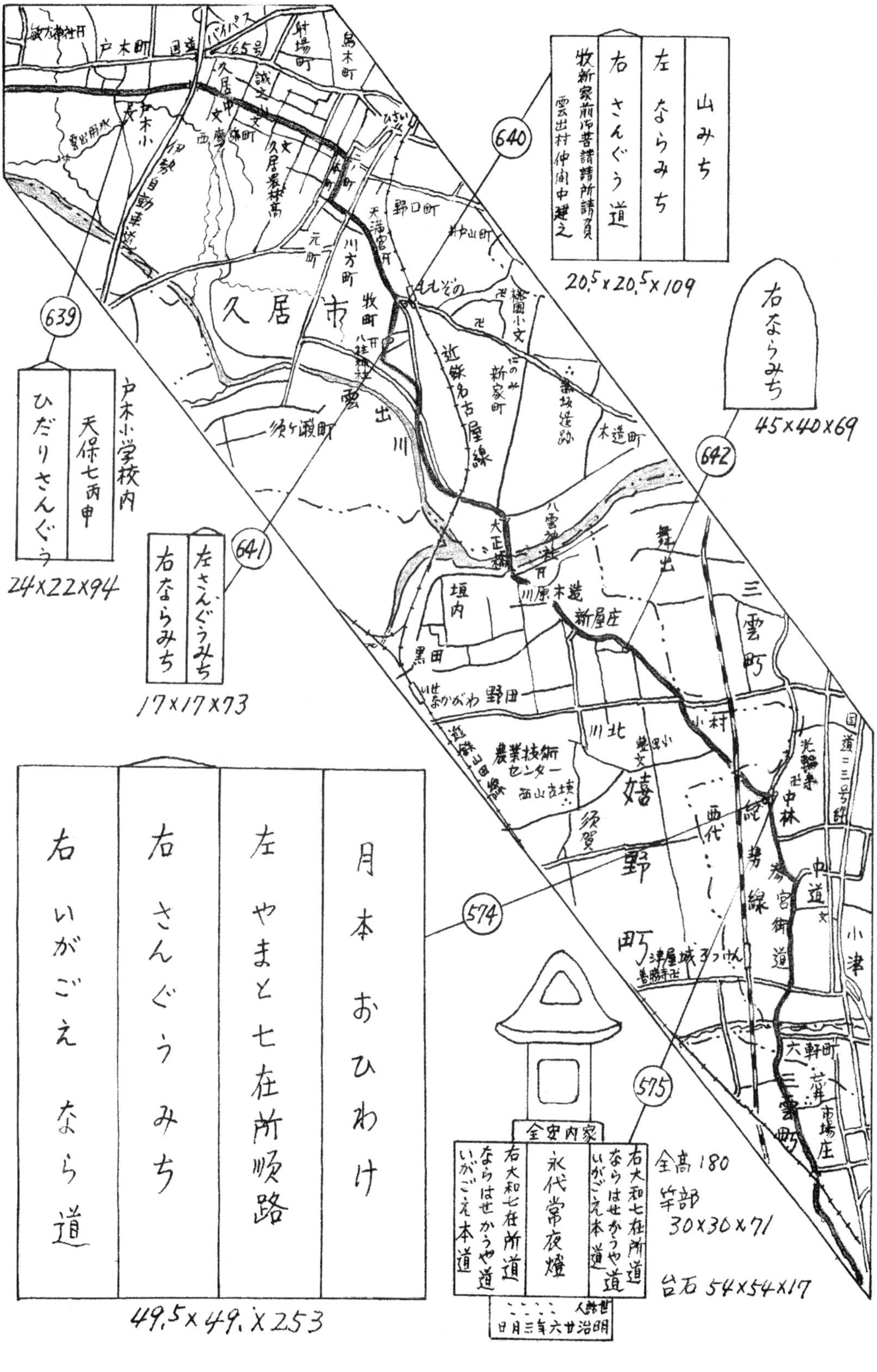

久居市
近鉄名古屋線
雲出川
三雲町
嬉野町
伊勢自動車道
戸木町
国道165号
バイパス
射場町
烏木町
野口町
新家町
須ヶ瀬町
大正橋
木造町
新屋庄
小村
中林
伊勢街道
中道
六軒町
市場庄
近鉄山田線
農業技術センター
野田
黒田
垣内
川北
須賀
西代
紀勢線
国道二三号線
小津
639
戸木小学校内
天保七丙申
ひだりさんぐう
24×22×94
640
山みち
左ならみち
右さんぐう道
20.5×20.5×109
641
左さんぐうみち
右ならみち
17×17×73
642
右ならみち
45×40×69
574
月本おひわけ
左やまと七在所順路
右さんぐうみち
右いがごえ　なら道
49.5×49.×253
575
全安内家
右大和七在所道　ならはせかうや道　いがごえ本道
永代常夜燈
右大和七在所道　ならはせかうや道　いがごえ本道
明治廿六年三月日
全高180
竿部　30×30×71
台石　54×54×17

8－7　清流と峠地蔵をつなぐ八知街道　青山町より美杉村まで

青山越伊勢表街道や太郎生街道ならびに新初瀬街道に関連し、名張・阿保地区より奥津方面に通ずる道として八知街道がある。

青山越伊勢街道の青山西町にある太神宮常夜燈や、如来道・兼好法師塚への道標の所で、県道２９号阿保街道が南に分かれる。

阿保には親王塚とよばれる円墳があり、５～６世紀のものとされ、垂仁天皇の皇子阿保親王（息速別命）の墓に比定されているが、少し年代が合わない。

親王塚の道の反対側にある頓宮跡の碑のある丘は、筒井定次の家臣岸田伯耆が居城とした阿保城跡で、土塁にかこまれた城地がよく残されている。

県道２９号は前深瀬川に沿っていき、川上川との合流点にある西之沢橋を渡ると、県道３９号青山美杉線となる。伊賀四国八十八ケ所第２４番大円寺のある川上を経て、前深瀬川中流の小川内《おごち》で種生《たなを》道に合流する。

種生には種生神社に隣り合わせて伊賀四国第３４番の常楽寺や、山手１、５キロの国見に兼好法師塚がある。歌人で「徒然草」の著者吉田兼好は晩年この地で過ごし、ここで亡くなったとつたえられているが、事実は不明である。

小川内より１、５キロの出合で、滝之原より東進してきた街道に合流する。

出合には常夜燈や道標のほか、文政８年永代寄進橋の碑などの立つ一角がある。

名張市の名張川に沿う太郎生街道、国道３６８号の下比奈知で分かれてきた八知街道は、県道６９１号となり、明治３０年代に整備されたものである。

桔梗ケ丘南部より山手に通ずる新道を横切り、名張駅よりのバスの終点手前、滝之原を経て小波田川に沿って上ると、青山町との界となる高座峠に至る。この道は明治以後に整備されたもので、旧道は南に寄った高所を通っていたが、滝之原側は途中までで消滅してしまっている。

今は新峠から尾根に通じる道を南に４００メートルたどると、二つの高座地蔵をまつる石祠と、二基の寛延２年(1752)の常夜燈が立つ旧峠に出る。滝之原側と出合側夫々に分かれ、日を変えて毎年地蔵祭りが行われ、峠にはそのための広場がある。旧峠から出合側に直接下る道があり、途中で新峠の道に合流し出合で県道２９号につながっている。

前深瀬川の出合大橋を渡り、狭い谷間に耕地がつづく中を、原池を経て中出に至ると、観音寺につづき天保３年の太一常夜燈のある若宮八幡宮前を通る。

やがて高尾小学校があり、その南に明治３０年の道路竣功碑と藤原千方窟の案内石碑がある。藤原千方は平安時代、時の藤原政権に反抗し高尾の地にこもったが敗れ、山中の岩屋に隠れて助かったとも伝えられている伝承の地である。

高尾は近鉄青山駅よりのバスの終点で、前深瀬川の最上流の集落は上出である。

谷間の耕地がとぎれる所に岐路があり、東海自然歩道が南の方向に分かれる。

八知街道は東に桧の植林の中を上って行くが、舗装された比較的ゆるやかで、この桜峠の道は江戸時代末期に開かれたとされている。

標高５８０メートルの桜峠は、県道青山美杉線と県道老ケ野古田青山線が交差し、青山町より美杉村に入る。東海自然歩道は青山高原から古田を経てここで合流し、青山町側に下ってから分かれるが、峠から町村界に沿って尾根道の県道をたどり、直接尼ケ岳に達することも出来る。

桜峠から美杉村側の下りも植林の中の道で、眺望はきかず曲折をつづけて神河川の源流沿いにいくと、南方に尼ケ岳が望まれる所がある。最奥の集落であった谷中は無人となり、廃屋や墓地が集落の跡を残している。

青山町側にくらべて美杉村側は急坂となり、道路は県道として整備されているが、やはり急坂が人々を住みにくくし、林業のみでの生活は難しいのだろうか。

奥出の集落が見えてくると、神河川を渡り奥出の集落に下っていく。橋から川に沿って２００メートル溯ると、桜の木の多い不動寺がある。不動寺は南北朝時代の創建とされ、お寺の東側から裏山に登ると北畠氏の支城矢鉢城跡がある。

矢鉢城は室町期に北畠氏が１５０年間支えた城で、信長軍の羽柴秀吉に攻められて落城している。

もっとも、矢鉢城は城といっても南方の北畠の本城、霞山城の見張所として存在し、勤番屋敷を不動寺近くに置いて、交替で見張所に詰めて監視に当たっていたようで、お寺の上に屋敷跡の石垣が残っているが、地内は植林されてある。

矢鉢城跡から北へ山を下ると、青山への間道があり現在は県道が青山高原より川上川に沿い、霧生を経て阿保に通じている。

神河川は落差が大きく道も急で、それだけに大小の滝がつづき、渓谷美を味わうことが出来る。

ようやく道がゆるやかとなり、雲出川との合流点近くの八知の元小西で、県道１５号久居美杉線に出るが、その手前で神河川を渡ると仲山神社があり、本殿改築の時に石造の舟が発掘されている。神社横に文化元年の太一常夜燈があり、道を隔てて、村の文化財である二基の六地蔵六角石幢などを収めた小祠がある。

旧八知村の八知は美杉村でも面積が広く、ＪＲ名松線の駅も鎌倉・八知・比津の三駅があり、村の中心となっていた所である。室町期は八智郷として北畠領、江戸期には津藩領となっていた。

八知街道は度々改修が加えられ、途中には道標は見当たらない。今は林道や農道が分岐しているが、以前は一本道で道標の必要もなかったのかもしれない。

今は桜峠と青山町側の東海自然歩道の岐路の二カ所に、自然歩道の案内表示が設けられている。

図148　八知街道―1

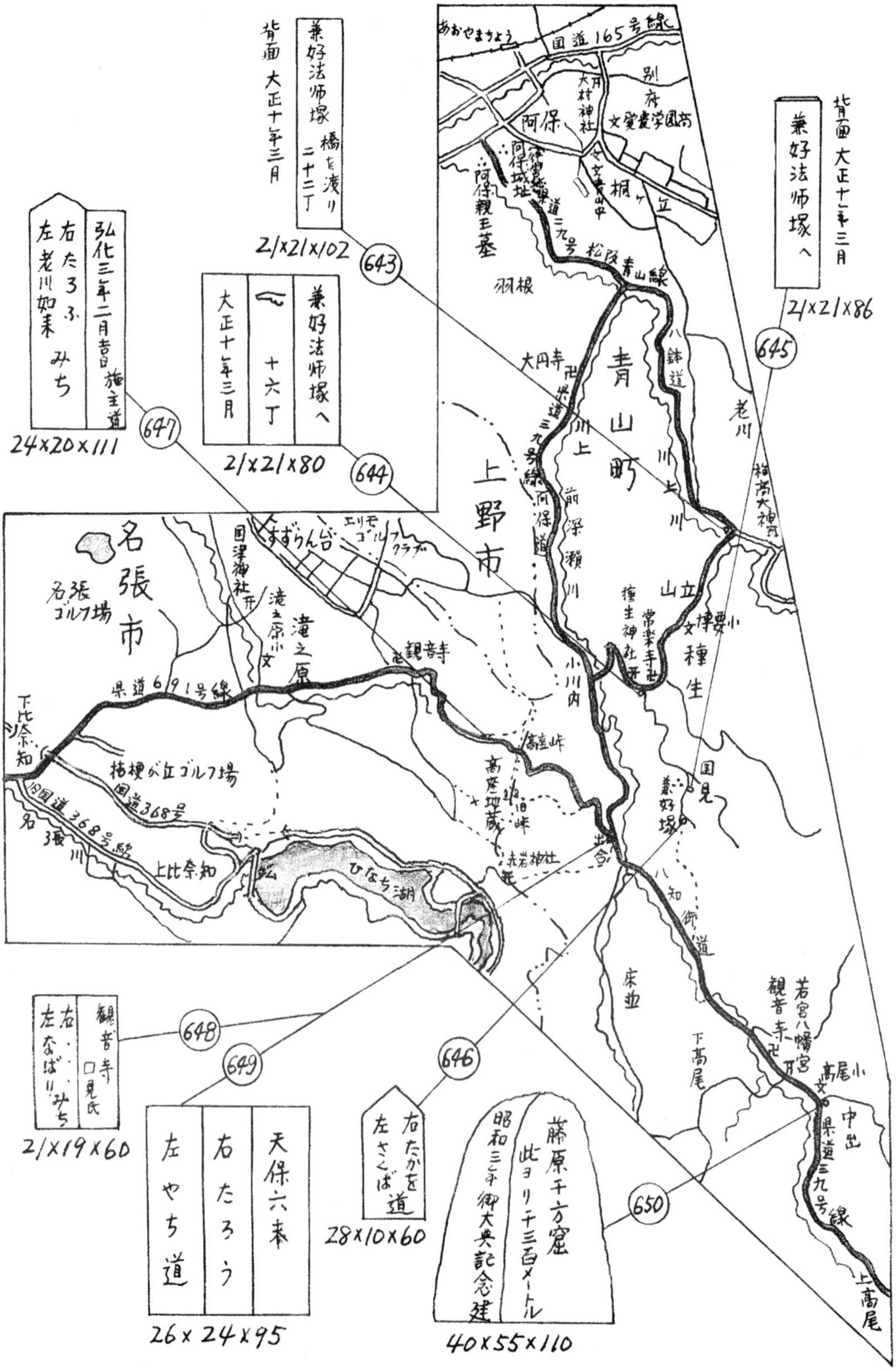
背面 大正十年三月
兼好法师塚 橋を渡り 二十二丁
21×21×102
643
兼好法师塚へ
十六丁
大正十年三月
21×21×80
644
兼好法师塚へ
背面 大正十二年三月
21×21×86
645
弘化三年二月吉日 施主道
右たろふ
左老川如来 みち
24×20×111
647
観音寺 口見氏
左なばりみち
21×19×60
648
天保六本
右たろう
左やち道
26×24×95
649
右たかを
左さくば
道
28×10×60
646
藤原千方窟
此ヨリ千三百メートル
昭和三年御大典記念建
40×55×110
650
あおやまちょう
国道165号線
阿保
大村神社
阿保城址
阿保親王墓
県道二九号松阪青山線
羽根
青山町
大円寺
川上
前深瀬川
川上川
老川
上野市
名張市
名張ゴルフ場
すずらん台
国津神社
滝之原
観音寺
県道691号線
下比奈知
桔梗が丘ゴルフ場
国道368号
旧国道368号線
名張川
上比奈知
ひなち湖
高座峠
高座地蔵
旧峠
赤岩神社
出合
兼好塚
国見
種生
常楽寺
種生神社
小川内
八知街道
床並
下高尾
若宮八幡宮
観音寺
高尾小
中出
県道三九号線
上高尾

図149　八知街道—2

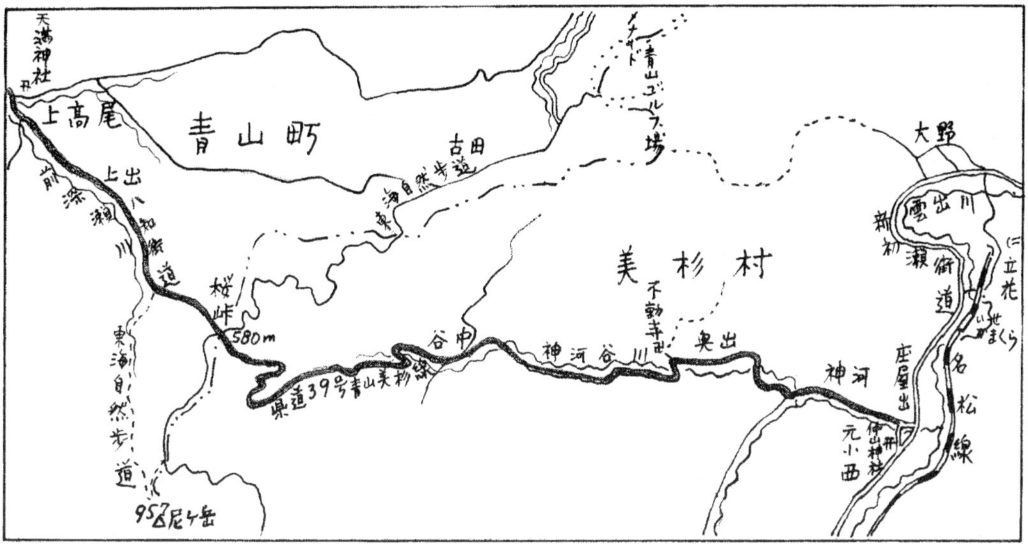

写真30
名張市と青山町の界　八知街道旧道の高座峠

写真31　青山町と美杉村の界　桜峠の案内標

8－8　古代斎王群行の伊勢路　青山町阿保より嬉野町権現前まで

斎王は天皇が即位すると未婚の皇女が選ばれ、神嘗祭《しんじょうさい》の例幣使（勅使）と共に９月１１日伊勢に向かうのを斎王群行と呼ばれていた。

この制度は壬申の乱の後、天武天皇３年(674)に大来皇女にはじまっているが、伝説ではそれ以前に９代の斎王がいるとも言われている。

南北朝時代の元弘３年(1333)６７代斎王に祥子内親王が決まったが、伊勢に至ることなく、約６６０年続いた斎王の制は絶えている。

斎王は多気郡内、現在の明和町の斎宮に住み、神宮の三節祭すなわち６月の月次祭、９月の神嘗祭、１２月の月次祭に、両宮へ参向奉仕したのである。そして天皇崩御や譲位の際に解任されるのである。

斎宮より内宮までは１４キロあり、神宮よりは遠いので後に中間地点の、現在の伊勢市宮川町に、斎王離宮が延暦１６年(797）設けられ、その離宮跡は官舎神社前に国の史跡に指定され公園となっている。

斎王群行の道筋はあまり明らかではないが、飛鳥時代より奈良時代には、霊亀元年（715）都祁《つげ》山の道が開かれ、聖武天皇が伊勢・美濃に御幸された天平１２年（740)に、都祁村堀越頓宮や青山町阿保頓宮、白山町川口の河口頓宮が利用されたと伝えられていて、斎王もこの道筋を使用されたと推定される。

河口頓宮は白山町川口の医王寺の地が頓宮跡と伝わっている。

平安京（京都）に遷都されたのは延暦１３年(794）であるから、その後は群行路も変わり、京より近江・甲賀・鈴鹿を経て伊勢に至っている。

上ツ道の古市より古市街道を都祁に至り、都祁山の道の名張を経る青山町阿保への伊勢道については、既に述べたので、ここには阿保より嬉野町一志までの経路、すなわち奈良時代の斎王群行路について記すことにする。

阿保より前深瀬川に沿う県道２９号は、大正年代に開かれた道で、旧道は東側山手の中腹を山立に通じている。下出で県道７６７号が北に分かれ、その岐路に老川如来への道標があり、老川如来の極楽寺は東へ約１キロの所にある。

近鉄青山町駅前よりのバスは、老川川に沿う集落を縫って通り、腰山で県道２９号に合流し、霧生上出まで通っている。

霧生のバス停横と、バスの終点霧生上出に道標があり、上出の明治５年の道標には「津　松坂」が示され、明治時代まではこの道が、津・松坂に通じていたことが判るが、古代の道と推定される塩見峠への道は途中で途絶え、完全に荒廃し足の踏み入れようがないまでになっている。しかし、国土地理院の地図には点線路で示され、峠の名前も記入されてある。

塩見峠は青山町から白山町へ越える峠の一つであったが、かなり前から廃道となり、太平洋戦争後に引揚者が入植した天王開拓団地跡に、昭和４７年航空自衛隊白山基地が出来て、その区域内に入った古道は消滅している。

現在は霧生の南に通ずる旧元取越と称された道が整備され、県道２９号となり、メナード青山ゴルフ場北の布引峠から白山町に入り、福田山を経て城立に至るか、北回りは青山町諸木より青見峠を越えて白山町に入り、大原・小杉を通り城立に達する。

青見峠から白山町の山腹を布引峠まで、南北に東海自然歩道が通じている。

布引峠の南部は、青山ゴルフ場やテニスコート、さらには霧生温泉が開かれ、周辺は高原リゾート地となっている。

布引峠から４００メートルで県道２９号に分かれ、北に県道７５５号老ケ野古田青山線となり、これが東海自然歩道で、舗装された道が通じている。約3キロで十字路があり、西に山道を入ると基地の金網の柵に沿うのが塩見峠への道の痕跡であるが、基地からの道が通りこちらからも峠には出られない。

十字路に戻り県道を横切り、広い谷筋に沿う道を下って０、７キロに分岐点があり、右に福田山地区に出る道はあまり利用されぬようで下草が茂り、直進すると舗装道となり、この道は小杉を通るもので、植林手入れの道としてよく利用されているようである。

藤川支流の渓谷に沿って小杉を経て藤川本流に沿うと、基地への広い道となって、０、９キロで城立に達し県道２９号に合流する。

城立は元城立村、旧境村の中心地であった所で、城立の地名は反乱を起こして敗れた藤原千方の城址があったことによるとのことである。明治１３年に川野医師により敲勃《こうぼつ》学校が開設され、後に境小学校から元取小学校となったが廃校になり、昭和５６年に青少年野外活動施設「わかすぎの里」となっている。

現在の藤川沿いの県道は新しい道で、旧道はもっと山手を通り城立からは離れていたそうであるが、塩見街道とよばれていた塩見峠の道も消滅し、旧道の所在は確認できなかった。

藤を経て雲出川を渡ると家城に達し、県道１５号にからみ、河口頓宮跡のある丘を背景にした川口に至る。川口頓宮跡は後に、北畠氏家臣の加々爪玄蕃允の川口城となり、現在は曹洞宗の医王寺が所在している。

川口から東に進むと、白山町より一志町にかけての丘陵地には、ゴルフ場が多く見られ、そのための道路が整備されている。

一志町に入り、川口より約5キロで波瀬に至り、町並を北東に波瀬川に沿い、１、５キロの下ノ世古の道標で県道５８０号に入り、１、８キロで嬉野町に至る。

西日本セブンスリーゴルフ場の南を通っていくと、島田から一志の山手には古墳が多く、数々の埋蔵文化財が発見され、古代よりの住居跡が認められている。

島田の真性寺は元弘4年（１３３４）、西方寺は寛保元年（１７４１）の創建とされている。

一志には一志頓宮のあった所とされているが、川口の頓宮からは近すぎるので、一志の地名からの仮定であろう。

島田と一志の間に伊勢自動車道が南北に通っている。

一志の薬師寺は元は東福寺と称された市師君の氏寺といわれ、奈良時代創建の古刹であったらしいが、今は薬師寺として重文の平安期の作といわれる３３年毎に開眼の秘仏、木造薬師如来像を安置する小さい本堂があるだけで、境内に大きな礎石が残っている。

一志の頓宮としては久居市新家町に所在の、物部神社の地が雄略天皇２２年に勅使が参宮の途中に泊まった壱志頓宮または山辺の行宮とされているほか、三雲町曽原との説があり定かではないが、位置的には三雲町の方が妥当な気がする。

嬉野町域には４世紀より５世紀にかけての古墳や古代住居跡が多数確認され、古いお寺の跡もあり、早くより開けていた所とされ、幾つもの城跡が残っている。

一志西部の古墳群は、この地の豪族市師君一族の墓とされているが、盗掘されているものの、多くの埋蔵品も発見されている。その内でも北側の壱師君塚と南側の筒野古墳（郡塚）は集落に近い所にある。集落東部に君塚や薬師寺を示す道標がある。

一志からの斎王群行が、どの道をとったか諸説あり、一つは北へ天花寺を経て宮古に至り、初瀬街道に合して南行したか、二つ目は中村川を渡り下之庄を東に進み、権現前で初瀬街道に合流するか、三つ目は下之庄より南に進み算所から参宮街道松坂の六軒町に出るなどのルートが唱えられている。

一つ目のルートの宮古は、一志郡家跡の地といわれ、忘井跡の伝承地もあるが川口からの道筋としては大きく回り道となるので、天皇の東国へのルートであったと考えられる。とすると、二か三となるが、いづれも関連する遺跡もなく決め手に欠けるので、一応二つ目のルートをたどってみることとした。

下之庄には豊地神社と信行寺があり、集落東部に両宮常夜燈が立っている。

県道５８０号は嬉野中学の前を通るが、学校の門を入った所に伊勢自動車道の工事中に除かれた古墳が復元され保存されている。

道の北側に農業技術センターがあり、センター内の資料館は東畑記念館と呼ばれ、地元出身の東畑精一（東大名誉教授）・謙三（建築設計家）・四郎（全国食糧事業協同組合連合会長）の三兄弟を記念して、蔵書や資料が収められている。

東に進みＪＲ名松線の踏切を渡ると権現前で、初瀬街道に合流する。ここは旧権現前村で、権現とは延喜式内社須賀神社のことで、旧豊田村の神社を集めて合祀しているので、多くの神々をまつっている。

権現前で初瀬街道を横切り、須賀を経て小村に至り奈良街道に合流し、三雲町に入り中村の旧月本追分で参宮街道に接続している。

図150　斎王の道―1

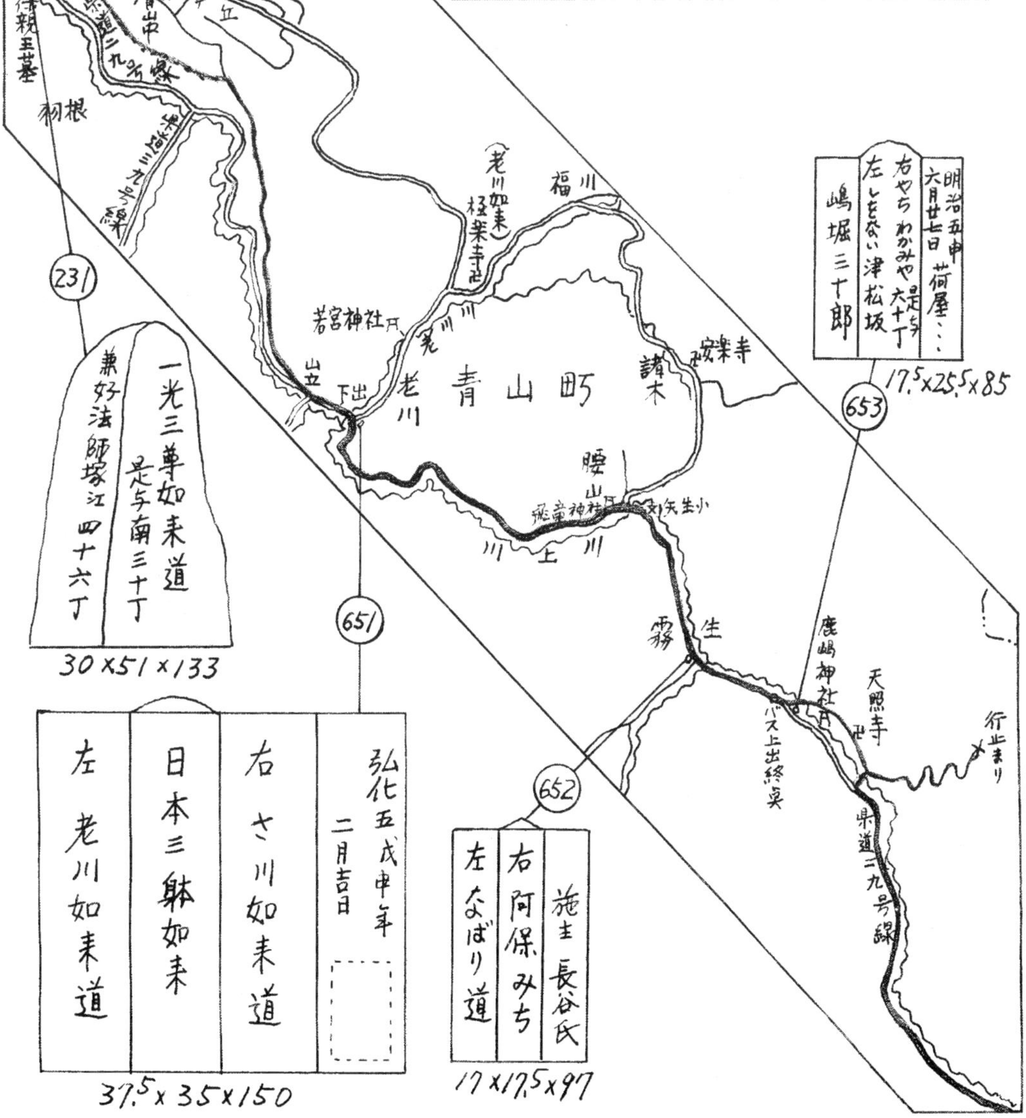
上野市
あおやまちょう
別府
大村神社
阿保
愛農学園高
阿保小
青山中
桐ヶ丘
阿保親王墓
羽根
県道二九号線
(老川如来)極楽寺
福川
若宮神社
老川
青山町
諸木
安楽寺
下出
腰山
川上川
霧生
鹿嶋神社
天照寺
バス上出終点
行止まり
231
一光三尊如来道
是与南三十丁
兼好法師塚江 四十六丁
30×51×133
651
弘化五戊申年
二月吉日
右 さ川如来道
日本三躰如来
左 老川如来道
37.5×35×150
652
施主 長谷氏
右 阿保みち
左 なばり道
17×17.5×97
653
明治五申
六月廿七日
左しをない津松坂
嶋堀三十郎
17.5×25.5×85

写真32
三重県青山町阿保　阿保頓宮跡　後に阿保城跡

図151　斎王の道—2

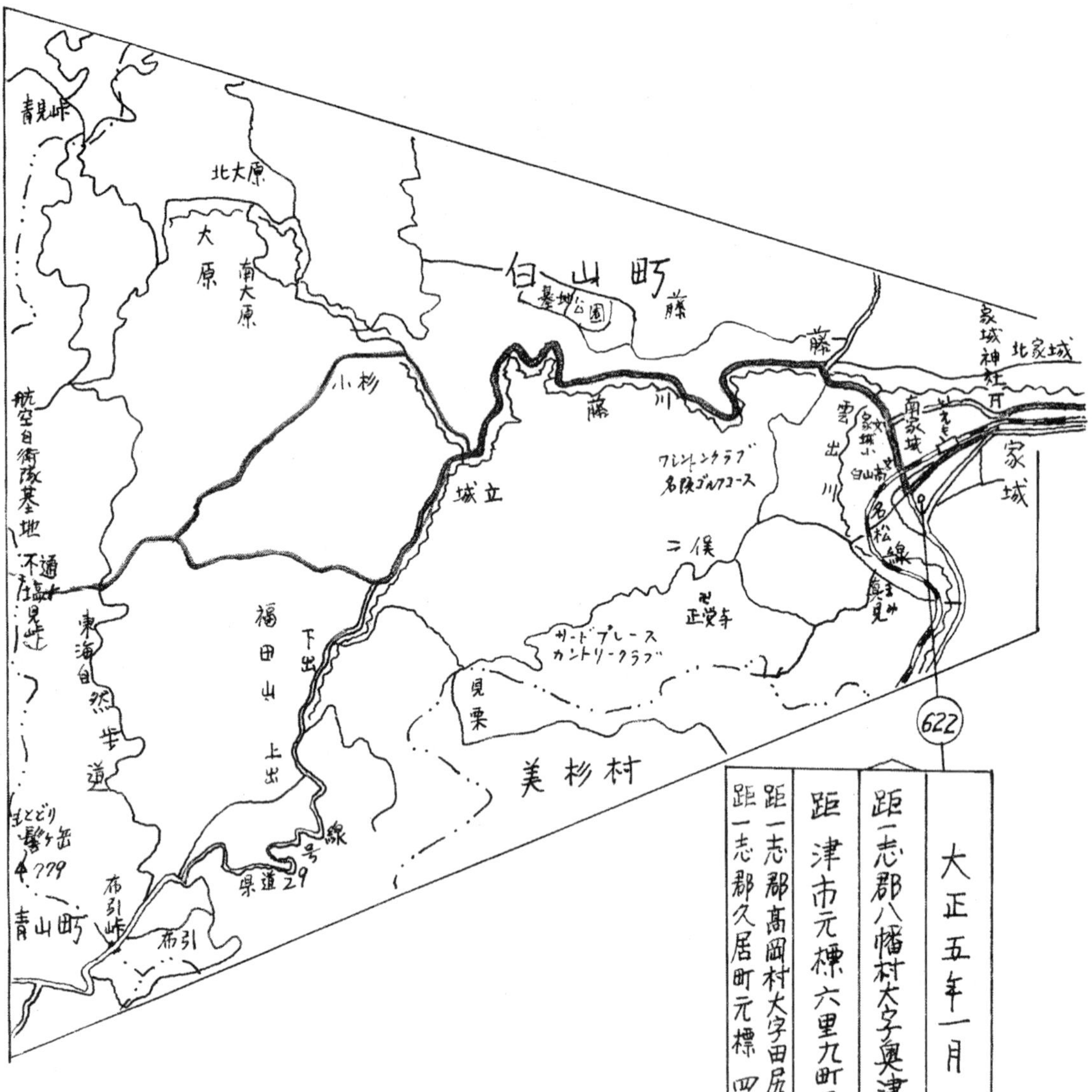

写真33　青山町と白山町の界　布引峠

図152　斎王の道―3

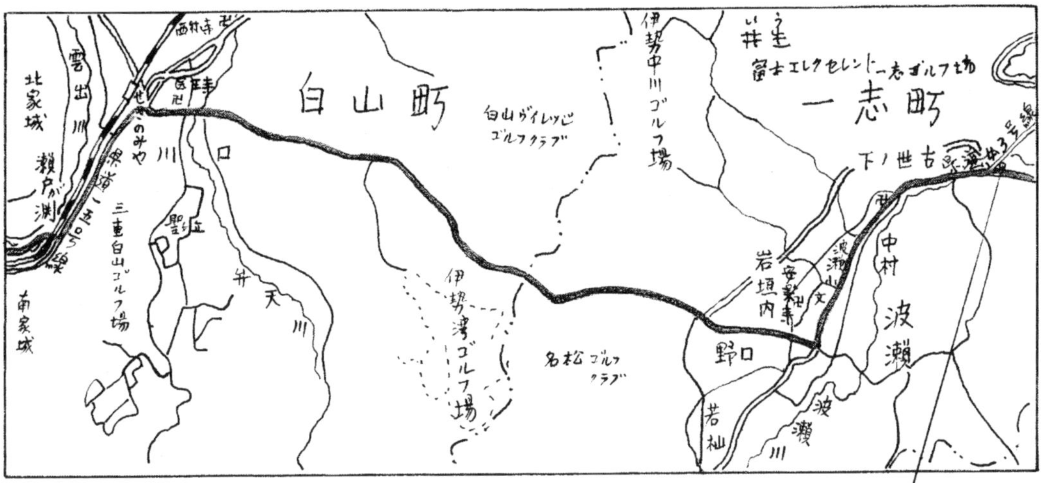

白山町
一志町
川口
野口
雲出川
北家城
南家城
瀬戸が淵
伊勢中川ゴルフ場
伊勢湾ゴルフ場
名松ゴルフクラブ
白山ヴィレッジゴルフクラブ
三重白山ゴルフ場
富士エレクセレント一志ゴルフ場
下ノ世古
中村
波瀬
波瀬川
岩垣内
若山

写真34
白山町川口　河口頓宮跡　後に川口城跡
　現在は医王寺が所在

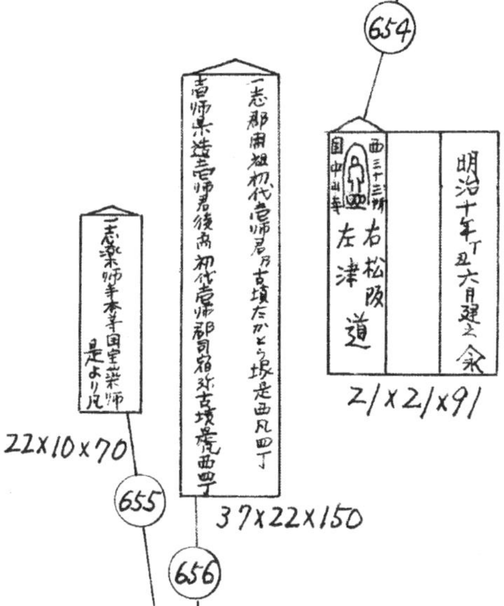

654
右松阪道
左津道
21×21×91
655
22×10×70
656
37×22×150

図153　斎王の道―4

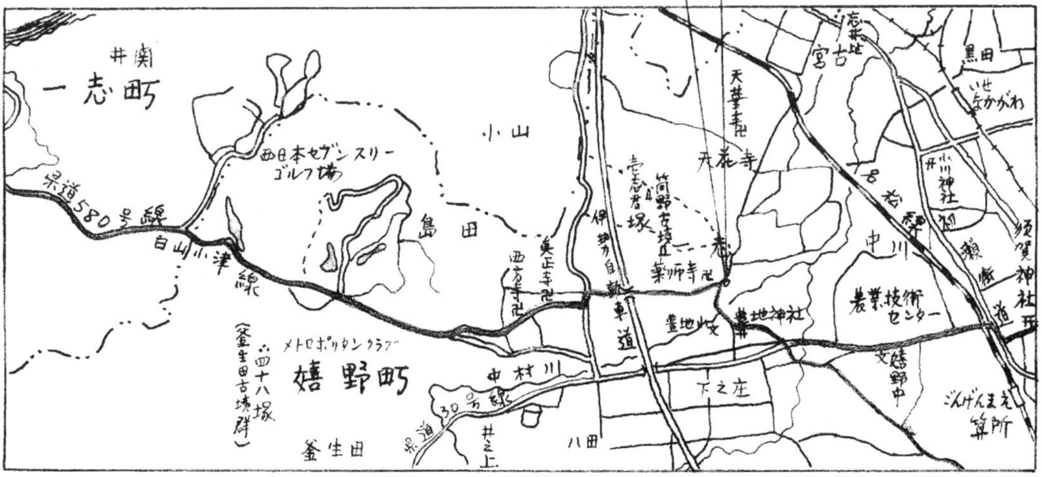

一志町
嬉野町
小山
島田
西日本セブンスリーゴルフ場
県道580号線
白山小津線
メトロポリタンクラブ
中村川
下之庄
八田
釜生田
天花寺
宮古
中川
農業技術センター
須賀神社
伊勢自動車道

８－９　室生火山群を分ける太郎生《たろお》街道　名張市より御杖村敷津まで

伊賀より伊勢への道の一つとして、室生火山群を東西に分けた名張川に沿う太郎生街道がある。途中に平安期に伊勢神宮の支配地であった名張郡六箇山の内、比奈知郷があり、滝之原からは直接美杉村八知に至る八知街道が分岐している。

この道は大部分が名張市内で、美杉村を経て奈良県御杖村に達している。

名張川には大正１１年出力８００Ｋｗの水力発電所ができているが、新たに上比奈知ダムができていて、新しい国道３６８号がダムの上手に通じ、バスは上比奈知上出のバス停より新国道を通っている。太郎生街道の一部はダムに沈んでしまい、代わりの道はダムの南側に沿って通じている。

名張市中心部を斜めに通る国道１６５号から夏見で分かれ富貴ケ丘の住宅地内を通り、下比奈知で名張川に沿う。下比奈知に江戸時代に国津大明神と称され、国津神社の総社となっていた式内社名居神社がある。

名張川中流の南岸一帯に、つつじが丘住宅地が青蓮寺湖東部に、青蓮寺湖を挟んで西部に百合が丘団地が広がっている。

旧国津村に通じる道が、つつじが丘住宅地の入口となっていて、その岐路に蓮福寺（室生八十八ケ所第二番霊場）への道標がある。

ひなち湖の中間に新道と国道をつなぐ赤岩大橋があり、長瀬地区に入ると道は合流する。名張川に沿い点在する長瀬の集落を通ると、下り松と呼ぶ下枝が垂れ下がる松の木があり、そのそばに風化した道標がある。

上長瀬の観音堂内に、西国三十三所の観音を浮彫りした石碑などがある。

飯垣内《はがいと》で美杉村に入り、なおも名張川の清流をさかのぼり下太郎生から上太郎生に進むと、この周辺に多い国津神社があり、境内に移設された十三重の石塔は、鎌倉時代の完全な形を保ちやや小型ながら国の重文に指定されている。

上太郎生を過ぎると三重県より奈良県御杖村となり、盆地になっている神末の敷津に達し、伊勢本街道新道の国道３６８号の延長となり東に進む。

バス停敷津のそばに自然石の「いが　いせ」の道標があり、村の中心地菅野方面に国道３６９号が分かれる。

今は伊勢参宮の道として利用することは少ないが、曽爾高原や大洞山のハイキング、さらには三多気の観桜にとこのバス道が使用されている。

ただ乗客が平均すると少ないために、運行回数が少ないのはやむを得ないことであろう。

元々ＪＲ名松線は国鉄時代に、松坂より名張に鉄道を通す計画が、色々の事情で松坂から奥津まででストップされてしまい、その代わりとして名張と奥津間にバスが運行されてこんにちに至っているのである。

図154　太郎生街道―1

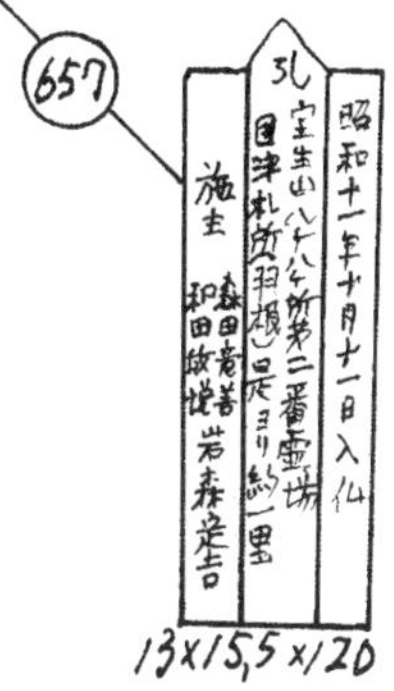

図155　太郎生街道―2

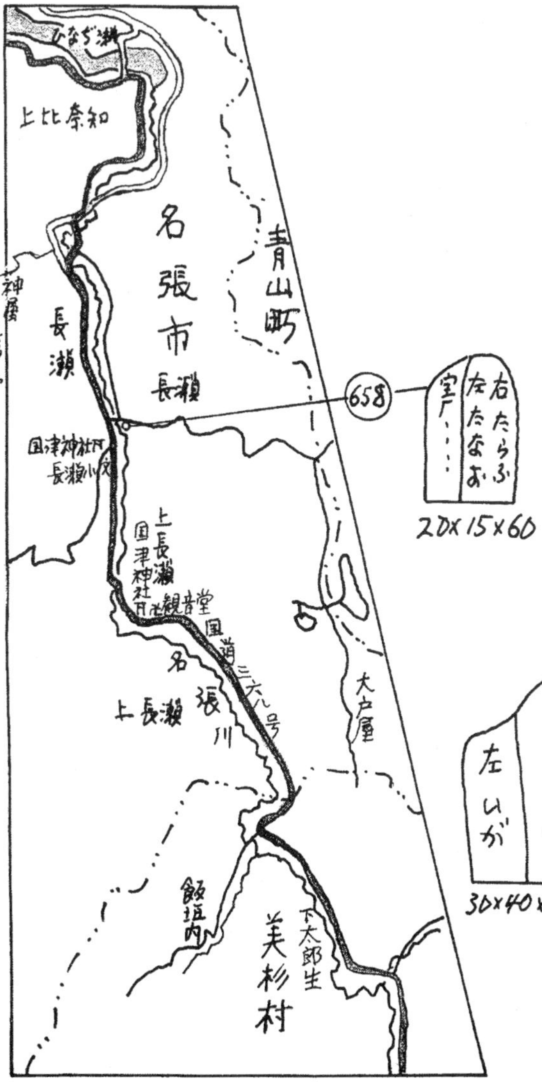

図156　太郎生街道―3

8－10　古代の東海道は平成によみがえる

名張市美旗より上野市西明寺を経て佐那具へ

律令制下の官道として伝えられる古代の東海道は、壬申の乱（６７２）に後の天武天皇となる大海人皇子が通行したと推定されている。

名張市東部より古郡・丸山・市部から依那具の山手を通り、友生より西明寺地区の国分寺跡近くを経て、荒木・寺田・一ノ宮から佐那具に至る道筋である。

のちに、市部より四十九町・車坂・印代への道が、青山街道または名張街道として利用されている。

天武天皇８年(679)印代に伊賀国府、古郡に伊賀郡家が置かれていたといわれ、今は丸山の地名はなくなったが、中世には丸山に関所が置かれていた。

平城京（奈良）遷都にともない、東海道は和銅４年(711）に山城国木津より笠置・大河原・島ケ原を通る第二次の道筋となり、上野市印代より佐那具・柘植を経て関に通じた。さらに、平安京（京都）に遷都があった延暦１３年(794）より１００年近く経た仁和３年(887）阿須波道として、鈴鹿越えをして関に至る第三次の東海道となったのである。

この道も直接伊勢への道ではないが、青山越伊勢表街道・伊賀街道・東海道などを結んでいるので、関連街道として加えることとした。

名張市美旗地区の小波田を通る伊勢道は、江戸時代に藤堂藩が新田開発後、一般の通行は新田回りを強制したことや、近世には軽便鉄道線（今は廃線）やゴルフ場のために、小波田より比土への道は、上庄田の天保３年の太神宮常夜燈の所から畠道となり、それも途中から消えていて、北に回るか上小波田より伊賀ゴルフ場の南側を通って青山町羽根に出ることとなる。

また、新田の美旗小学校西側の道が改修されて、古墳群のある植林の中を上野市域に入り、近鉄線をくぐり伊賀神戸駅の北側に出て比土に達する。伊賀神戸駅東の路線の南、ゴルフ場入口の高瀬への岐路に、小さい名号碑の道標がある。

比土より木津川に沿って国道４２２号を進むと、古郡に三重四国・伊賀四国札所の常福寺があり、不動明王を中心とした五明王像は重文である。

神戸小学校西の暗崎橋を渡った上神戸北部に、穴穂宮神戸神社があり、祭神は天照大神・倭姫命ほかで、伊勢神宮のできる前に４年間、この地に止まったと伝えられる。神戸神社の北１キロの下神戸の寿福寺の下に、新田越はせ道の道標があり、神戸の道も江戸時代に伊勢への道となっていたことが解る。

近鉄伊賀線の丸山駅の東に見える山は、織田信長の次男信雄が田丸城主の時に、天正６年に丸山城を築城したが、伊賀の土豪達の反撃で落城したことで、信長の天正伊賀の乱を引き起こす発端となっている。

山頂にある城跡へは南北両方より登れるが、道は山頂近くで荒れたままである。

城跡本丸址に丸山城址の碑が立てられてあり、南麓の集落内に道標があって、古城跡と穴穂宮を示しているが、穴穂宮とは上神戸の神戸神社のことである。

国道は比自岐川を渡り、近鉄伊賀線の丸山駅西側を通り才良に至る。

国道横の木津川にかかる依那古橋東詰に猪田神社西三丁の標石があるが、猪田神社は周辺の三カ所にあり、重文本殿の延喜式内社は北西2キロの山出にある。

才良で国道に分かれ、沖の集落を経て耕地の中を北に進むが、沖の東部山際に智証大師を開基とする真言律宗不動寺がある。沖より農道を経て市部に入ると、その北部の集落はずれに正興寺がある。

市部は鎌倉期に「一部郷」の名があり、中世の市商人の住んだことで市部となったと言われている。近鉄市部駅の北東に市の史跡、紀貫之や寂蓮法師らによって詠まれた垂園《たれその》森があり、大物主命をまつる小社がある。

また垂園森の北方３００メートルにも哀園《あわれその》森があるが、この方は狭く「史跡哀園森」の石柱が立っているだけである。

市部よりの古代よりの道は、北側の山手を通っていたようであるが、道筋は宅地造成や竹藪の繁茂で消滅しているが、友生地区にニュウタウン造成に関連して、新道が通じたので少し回り道になるがこれを利用して、これも新設の上野森林公園を通りぬけると、ほぼ古代の道筋を通ることができるようになった。

近くの四十九町は行基が聖武天皇の勅命で、全国に４９院を建てた内の一つ、弥勒寺があるので四十九院村と呼ばれた所で、南西部に無住ながら弥勒堂があり、青山街道の岐路に「みろく道」の道標と地蔵道標の二基が立っている。

下友生の道も改修され、丘陵地に登ると西明寺地区に上野文化会館や、市の葬斉場があり、斎場前の道を隔てた東側に、伊賀国分尼寺跡（長楽山廃寺跡）がある。

また、斎場の西側には伊賀国分寺跡があり、一旦名阪国道側に回って片山鉄工所の門を入ると、国分寺跡の石柱と説明碑がある。

国分寺跡は発掘調査されてから整地され、諸建物の礎石跡などが確認されている。

街道に戻り工業団地の中を通り抜けて、住宅団地の西側を通り伊賀街道に接し、バス停荒木に至ると、荒木又右衛門生誕地の大きな石碑のある一角の前に道標がある。これには名張や上友生を経て青山町伊勢路への道を示している。

服部川を渡ると寺田で、その北部には延喜式内大社の敢国《あえくに》神社がある一之宮で、伊賀国一の宮の敢国神社は、孝元天皇長子の大彦命ほか少彦名命・金山比咩命をまつっている。

一之宮より名神高速道をくぐり、千歳で国道２５号を横切り旧宿場の佐那具町に入り、大和街道に合流するが、府中神社参道脇に昭和になって、距離をメートルに直して復元した木製里程標があったが、今はなくなっている。

図157　古代の東海道―1

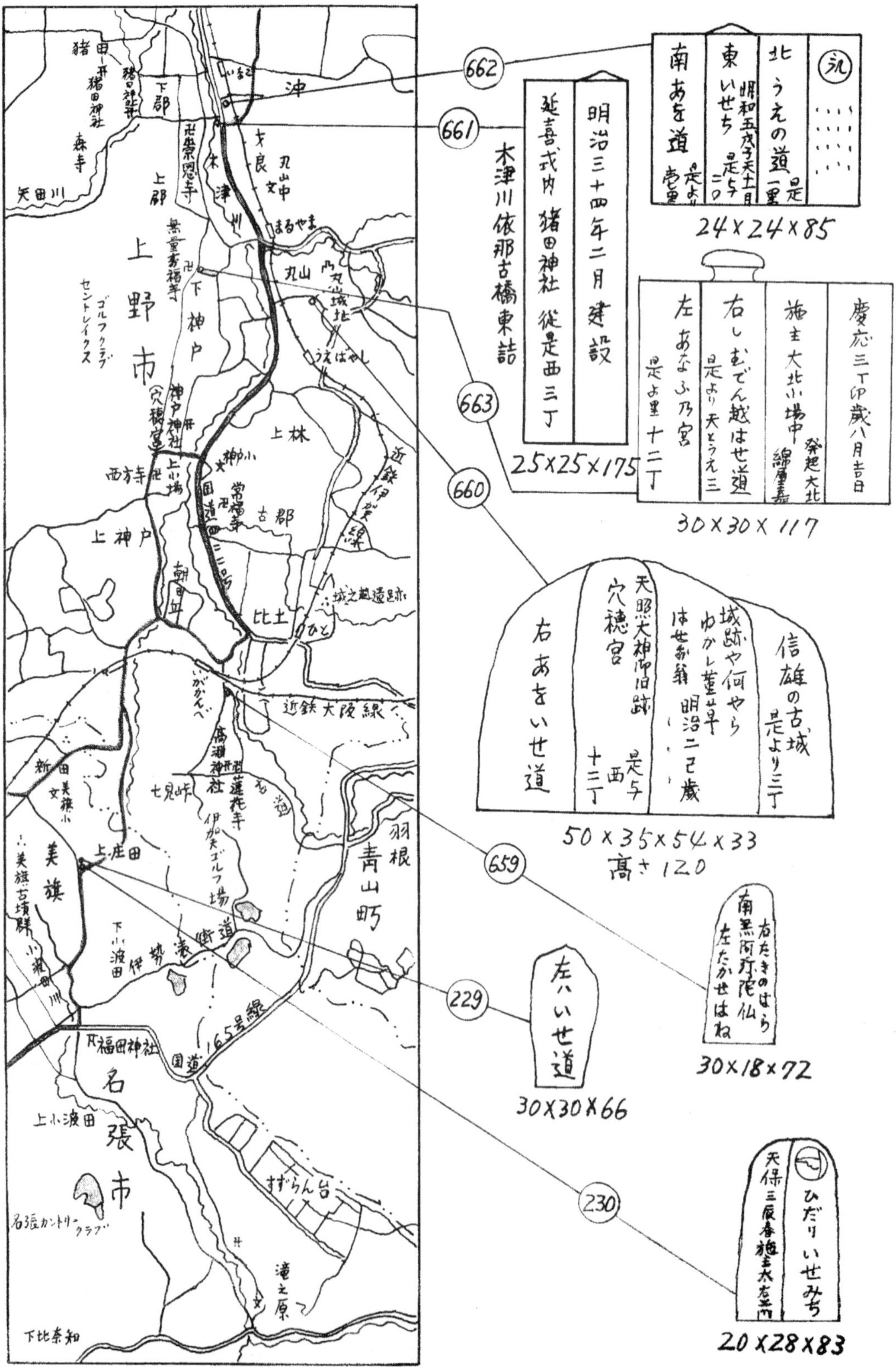

図158　古代の東海道—２

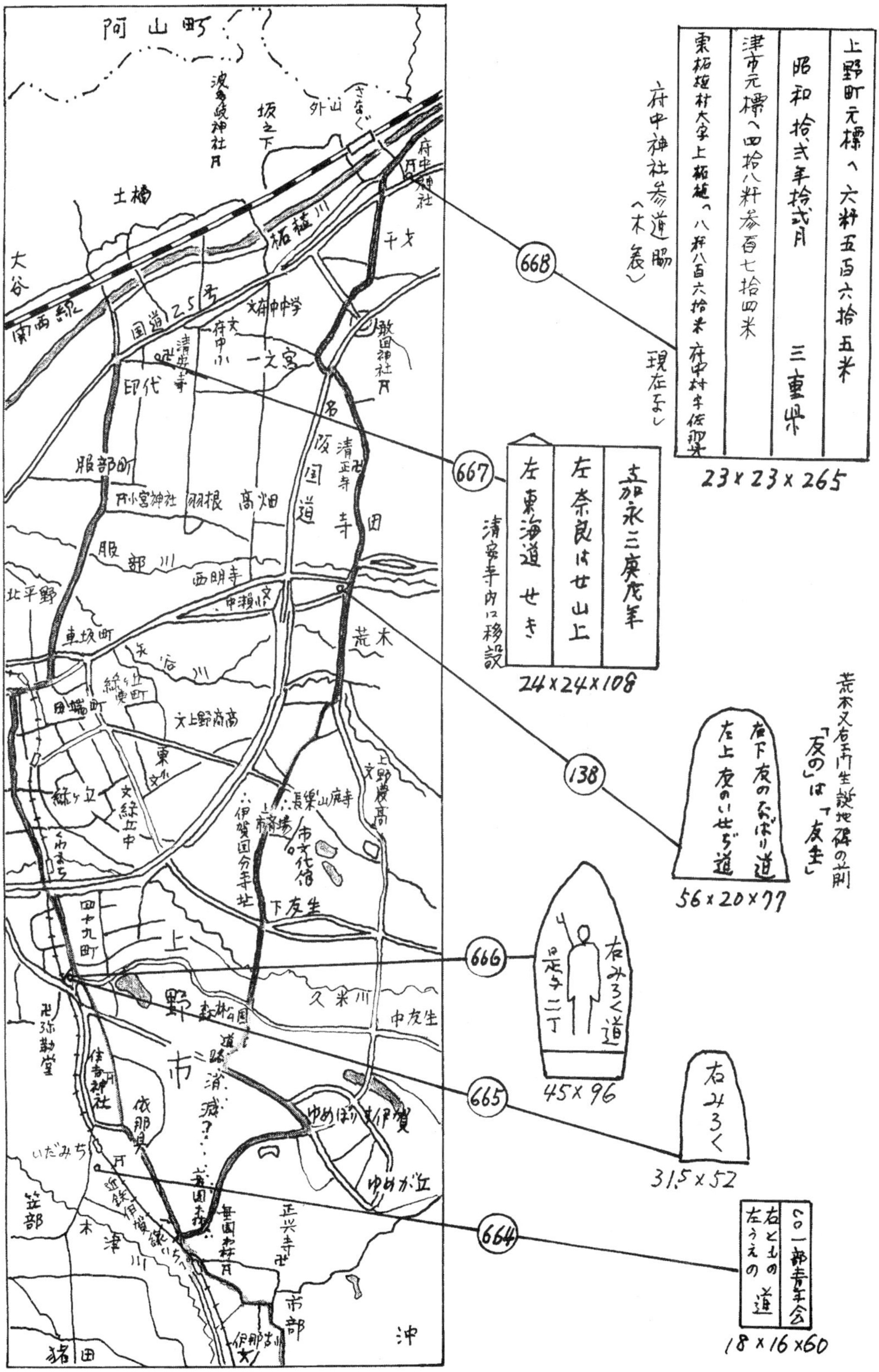

8－11　朝熊《あさま》岳の岳道・磯部道　伊勢内宮・朝熊岳・伊雑《いざわ》ノ宮を結ぶ道

伊勢街道に関連して、朝熊岳への岳道と、伊雑ノ宮の道を加える。それは、朝熊岳の金剛証寺（金剛證寺）に至る岳道と呼ばれるものと、内宮・外宮と共に伊勢三宮の一つになっている内宮別宮、磯部町の伊雑宮への道である。

「伊勢に参らば朝熊をかけよ　朝熊かけねば片参り」と言われてきた朝熊参りも、昭和３９年伊勢志摩スカイラインの開通で、道筋の様子は変わってしまった。

朝熊岳道の内、今でも利用される朝熊町からの道以外は、余り人が通らなくなり荒廃気味である。岳道は朝熊町からの道以外、宇治館町からの道、鳥羽市側の堅神町を経る鳥羽岳道、岩倉町から丸山の庫蔵寺を経る丸山道、更に、磯部町側から五知を経る磯部岳道などあるが、時折ハイキングの人が通る程度である。

8－11－1　朝熊岳道

宇治館町を北へ、県営グラウンドのある五十鈴公園を通り抜けて中村町に入ると、北部にある月読宮や、二見・鳥羽などへの道標がある。

近鉄線をくぐり、楠部町に入り五十鈴川を渡って鳥羽道を東に進むと、南側に四郷小学校につづいて神宮神田がある。一宇田町北部の山地を経て朝熊町に入り、近鉄朝熊駅の東で高架をくぐり、朝熊川に沿うと道標がある。ここは、朝熊岳道と鳥羽道の分岐点で、この辺りは、かって朝熊参りで賑わった所であるが、今は静寂そのものの集落となっている。

集落南部に朱塗りのお堂があり、千体仏と呼ばれ堂内に小さい仏像が無数に並べられている。すぐその南に大きな「朝熊岳登山口」の表示があり、その手前に安永８年(1779)の朝熊峠まで２２丁の道標や石仏などがある。

間もなく一町からはじまる町石が続き、角柱と地蔵光背型の町石は一部欠けているが、朝熊峠の二十二町まで良く残されている。途中十五町より十六町辺りは木が伐採されていて眺めが良いが、それ以外の所は立木で眺望のきく所はなく、かつては朝熊峠の辺りは眺めがよかったそうである。

朝熊峠は宇治館町より来た道との合流点で、舗装道は峠の南で朝熊岳北峯の竜王社や無線中継所に通じ、岐路の角に竜王社の大きな石柱が立っている。

岐路より右に舗装はないが良く踏まれた道に入り、スカイラインの上手に沿っていき、鳥羽市との境界近くでスカイラインに下りると、南側の磯部道の岐路に道標がある。この辺りに朝熊岳の野間閟彦による売薬「万金丹」の店があり、伊勢参宮名所図会に描かれているが、以前「万金丹本舗跡」の表示があったが、今はその跡形もなくなっている。現在の本舗は伊勢市尾上町に所在している。

金剛証寺の参道から仁王門に出ると、道標があるほか各所に数基の道標がある。

金剛証寺は弘法大師の開山と伝えられるが、今は臨済宗の古刹で、本尊の虚空蔵菩薩は日本三体虚空蔵の一つである。また近くの、朝熊岳南峯である經ケ峯の経塚遺跡から発掘された国宝の経筒などの寺宝が、宝物館に展示されている。

8－11－2　宇治岳道

内宮の裏山に当たる宇治館町より登る岳道は、神宮司庁の東上手にある三重県で最古の、寛永３年(1626)の道標から左にとり、下草の生えた山道を登る。

朝熊岳より西にのびる雑木林の尾根にとりつき、約２キロで楠部峠に達する。

峠には茶屋跡に石積が残っていて、その前から北へ下る楠部町への道が分かれ、神宮の境界石が立っているだけで、見晴らしはきかない。

尾根の南側を通る山道は、所々崩れたり倒木があったりするが、道はわかり易い。しかし尾根道といっても、明るいが木立の間から南方をかいま見る程度で、眺望はあまりきかないし、一時期この道にバスが通ったとは想像もできない。

峠より１キロ程に上部が欠けた句碑があり、スカイラインがすぐ北側の下に通っているのを見ながら進むと、二十五丁の町石から、地蔵光背型の町石が断続する。

三十町の町石は角柱のもので寄進者の名が刻まれ、これには年号はないが、同じ寄進者の町石で、金剛証寺の山門内にある六十町のものに、延享３年(1746)の銘があるので、同じ時期のものと判る。

ここの道の町石はなぜか不規則で、二・三基かたまってあったり、丁目が前後したりしている。

三十六丁の東でスカイラインを陸橋で渡り。四十丁より四十七丁まで地蔵が続き、それからは途絶えているが、かためて立つ地蔵の中に町石が混ざっているものと思われる。

スカイラインに接続する道の岐路を過ぎて間もない所に、東大地震研究所の伊勢観測所の小さい建物がある。道は平坦となり舗装され、朝熊峠で朝熊町より登って来た岳道に合流して、舗装道は竜王社や無線中継所への道となるが、竜王社の標柱の所で旧道は直進して下っていく。舗装道は左に上りとなって竜王社下に進み、北へ一登りすると竜王社やテレビ中継塔に達する。

竜王社下に戻り、東南に２００メートル程下ると、經塚群への入口があり、これから２００メートル登ると草原で、五輪塔や供養碑が多数立ち並ぶ一角があり、平治元年(1159)銘の銅製經筒などが発掘され、明治２７年には承安３年(1173)銘の陶製經筒も発見されていて、何れも国宝となっている。

經塚群入口に戻り、一しきり下っていくと、金剛証寺奥ノ院道の卒塔婆群を下に見ながら、奥ノ院入口の極楽門の前に出る。本堂の横から仁王門を経て山門の外に出ると、東方に程近く改装された山頂レストランがある。

写真35　伊勢市宇治館町　朝熊岳道道標

写真36　伊勢市朝熊岳　金剛証寺

図159　朝熊岳道・宇治岳道

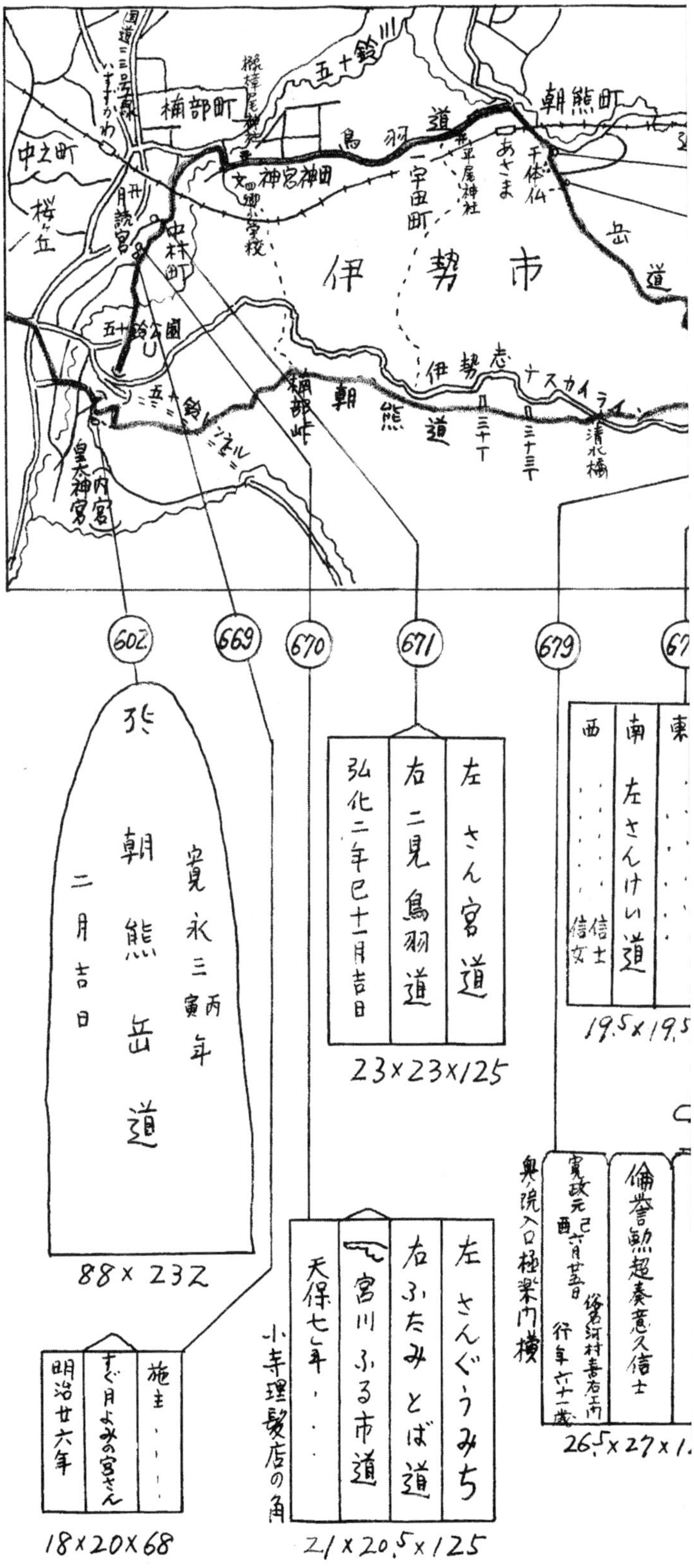

国道二三号線
いすずがわ
五十鈴川
楠部町
朝熊町
中之町
桜ヶ丘
神宮神田
鳥羽道
宇田町
平尾神社
あさま
千体仏
岳道
伊勢市
月読宮
中村町
五十鈴公園
楠部峠
朝熊道
伊勢志摩スカイライン
三十丁
三十三丁
清水橋
皇大神宮内宮
602
669
670
671
679
寛永三丙寅年
朝熊岳道
二月吉日
88×232
施主・・・
すぐ月よみの宮さん
明治廿六年
18×20×68
左さんぐうみち
右ふたみとば道
宮川ふる市道
天保七年・・・
小寺理髪店の角
21×20.5×125
左さん宮道
右二見鳥羽道
弘化二年巳十一月吉日
23×23×125
東
南　左さんけい道
西
信士
信女
奥ノ院入口極楽門横

８－１１－３ 鳥羽岳道と丸山道

鳥羽市側よりの朝熊山岳道は、北西部の堅神町を経て朝熊山の東尾根を登る鳥羽岳道と、鳥羽市南部の岩倉町・河内町より丸山に登り庫蔵寺を経て、朝熊山の東尾根の谷道から入る丸山道のルートがある。朝熊山金剛証寺は、伊勢側からは内宮の鬼門の方角になり、鬼門よけの意味があるとされるが、本来は山岳信仰として朝熊山が対象で、鳥羽・志摩方面からもお参りする人が多かったようである。

鳥羽岳道

鳥羽街道の鳥羽市堅神町の紙漉川に架かる西辻橋東詰で、街道に分かれ南に進むと川端に道標がある。近鉄池ノ浦駅前に堅神神社があり、その西側角にも道標がある。

紙漉川を渡り耕地に沿って進むと、九丁の町石地蔵と横に道標が倒れている。

この辺りからは岩の露出する山道に入り、潅木の茂る石コロ道の急坂を登り、三丁毎にある町石を追って次第に高度を上げる。ただ、十五丁から上の道は傷みがひどく、十八丁の町石はなくなっている。

朝熊山東の尾根に登りつめると、三十六丁地蔵の南から伊勢志摩スカイラインに出て、再び潅木帯の中に残る旧道を３００メートル程でスカイラインに出る。

ようやく展望が開け、レストハウスの下を通り金剛証寺の山門前に達する。

丸山道

丸山道は鳥羽市岩倉町、三交バス停杉ケ瀬にある道標で国道１６７号から分かれていき、加茂川支流の河内川に沿って南に進む。

河内町中央の河内神社の前から分かれるのは、大霊園に通ずる道なので通り過ぎ、３００メートル行った中河内の地蔵と道標のある所から右に分かれて進む。

谷川に沿っていくと岐路から４００メートルに彦滝神社があり、さらに進み５００メートル辺りで巨岩が累々とした谷を渡り、不規則につづく石段から最後の急な石段の上に、庫蔵寺の山門がある。

庫蔵寺は本堂と鎮守堂が重文に指定されていて、辺りにはイスの木やカヤの木の樹叢があり、弘法大師を開基とする如何にも古寺らしいたたずまいである。

境内を通り抜け、大霊園（鳥羽レストパーク）の舗装された道を経て、霊園西側の道の途中から新しく拡幅された道に入ると、あたりの眺めが良くなる。

新しい道は１キロ程で終わり山道となり、石がんの中に収められた地蔵がある。

沢を渡りジグザグの石コロ道を登りつめると下りとなり、沢を渡りついでいくと、少し平地になった所に供養碑や地蔵のほか小さい墓碑などがある。

谷の源流をつめて急坂を登ると、磯部岳道との合流点でスカイラインに出る。

図160　鳥羽岳道・丸山道

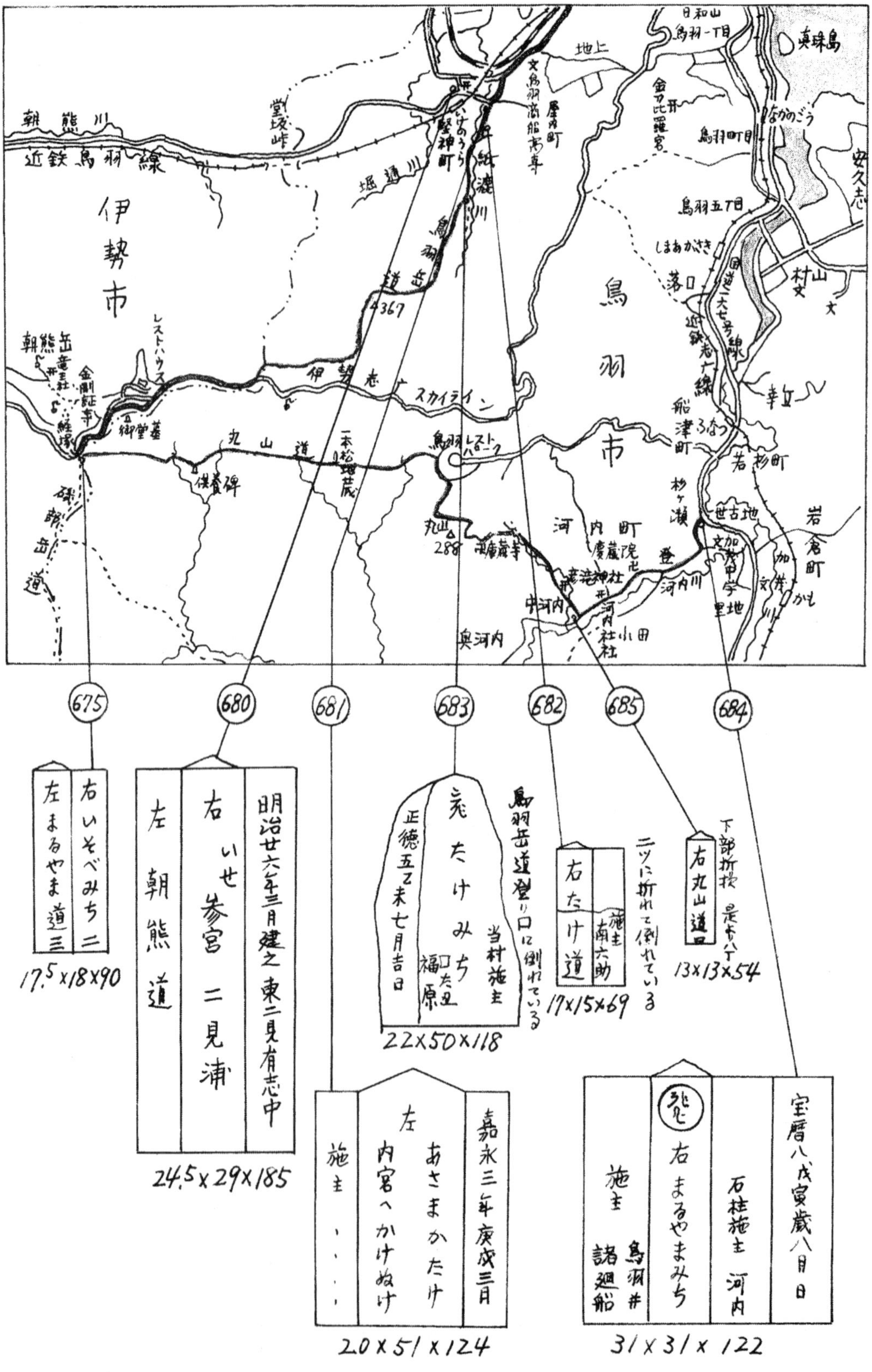

朝熊川
近鉄鳥羽線
堂坂峠
伊勢市
鳥羽市
鳥羽岳道
伊勢志摩スカイライン
丸山道
丸山
288
鳥羽パールロード
河内町
答志島
鳥羽一丁目
鳥羽町目
鳥羽五丁目
若杉町
岩倉町
675
680
681
683
682
685
684
右いそべみち二
左まるやま道三
17.5×18×90
明治廿六年三月建之東二見有志中
右いせ参宮二見浦
左朝熊道
24.5×29×185
嘉永三年庚戌三月
左あさまかたけ
内宮へかけぬけ
施主
20×51×124
たけみち
正徳五乙未七月吉日
当村施主
福原
鳥羽岳道登り口に倒れている
22×50×118
右たけ道
施主南六助
二ツに折れて倒れている
17×15×69
右丸山道
下部折損
13×13×54
宝暦八戊寅歳八月日
石柱施主河内
右まるやまみち
施主鳥羽諸廻船
31×31×122

8－11－4　磯部岳道

磯部岳道は志摩郡磯部町より朝熊ケ岳の金剛証寺に至る道であるが、磯部町には伊雑宮があり、伊雑宮から鳥羽道を五知に至り、五知より磯部岳道となる。

近鉄志摩線の上之郷駅より国道１６７号を横切り、西の旧道に入るとすぐ伊勢内宮の別宮である伊雑宮がある。

北へ上之郷集落内を進むと、二ケ所に「いせ　とば」を示す道標がある。

やがて国道に合流し、近鉄五知駅の北で国道に分かれて下五知の集落に入り、福寿寺の下を通っていくと、下部の折れた四丁の町石地蔵がある。三丁毎にあるという町石も、集落内では十丁があるほかは欠けている。

延命地蔵の所で前田橋を渡り、上五知の集落に入る。

上五知を抜けていくと耕地から蜜柑畑となり、広い道から細い山道が右に分かれるが表示はない。岩の露出した所を数歩登ると、草むらのかげになって折れた道標があり、さらにその上手に地蔵道標と十九丁の地蔵がある。

狭い尾根の急坂を登っていくと、また二十二丁から三丁毎に地蔵がつづく。

杉や桧の樹林の中をただひたすら登りつづけると、三十四丁の地蔵と「従是神宮宮域」の石柱が立っていて、ここは磯部町と伊勢市の界である。

ようやく坂道が緩やかになって、尾根の起伏に沿う鳥羽市と伊勢市の境界線をたどることになる。

三十七丁の地蔵の北に博打岩とよばれる大岩があり、尾根から東につき出たように平らな岩の上から、鳥羽側の眺めが良く、休むには恰好の場所である。

磯部岳道はよく尾根筋を通るが、樹木であまり見晴らしはよくなく、ここの岩からが唯一展望のきく所である。

四十三丁の地蔵を過ぎると、ひときわ急坂を登りきり、少し平らになった所が山伏峠で、ここから比較的になだらかになる。

三丁毎の町石地蔵を確かめながら進んでいくと、六十一丁の地蔵の北に案内板があり、河内岳道の岐路を示している。この道は河内川の上流に下り、河内町で丸山岳道に合して岩倉町の国道１６７号に合流するのである。

雑木林の茂みがトンネル状になった下をくぐって、六十七丁の地蔵を過ぎると急にひらけて、伊勢志摩スカイラインに出る。ここに道標と、イセ愛山会の案内板が丸山道と磯部道を示している。スカイラインを横切り金剛証寺の裏参道に入ると、２００メートル程で山門の内側に達する。

この磯部岳道は、磯部町域は比較的に登りがきつく、岩がゴロゴロした所や雨水で路面が洗われて溝になった部分もあるが、よく踏まれていて全体的には歩きやすく、途中の町石地蔵も殆ど三丁毎に保たれている。

図161　磯部岳道

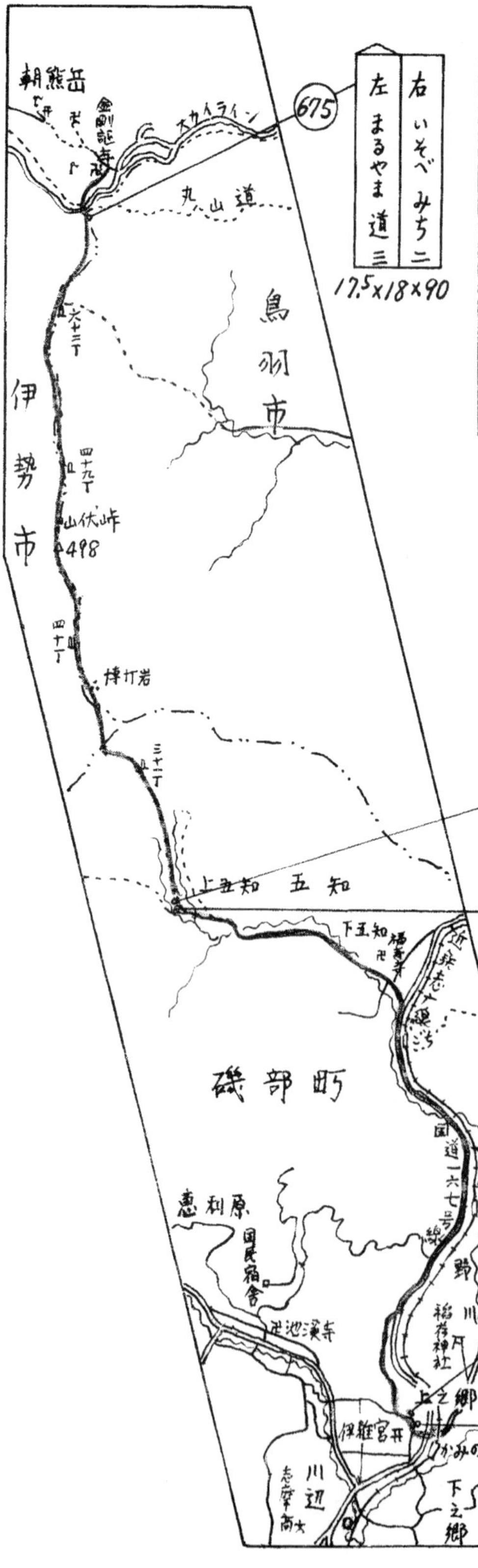
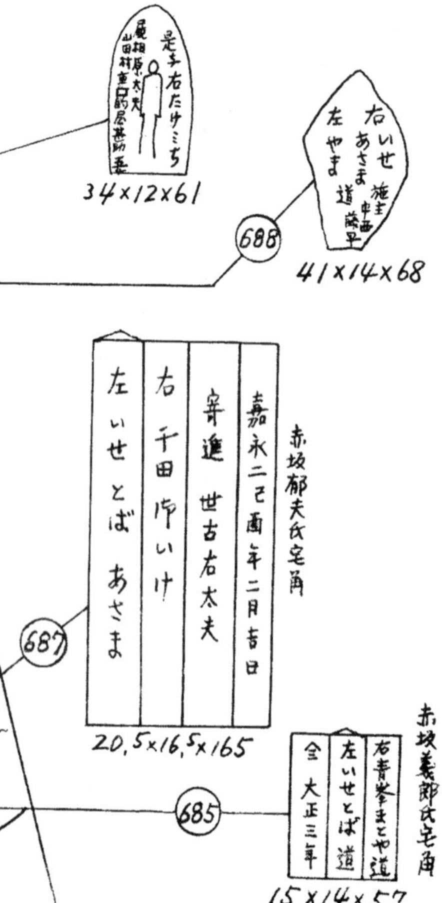
朝熊岳
金剛證寺
スカイライン
丸山道
鳥羽市
伊勢市
六十二丁
四十九丁
山伏峠
498
四十丁
三十一丁
上五知
五知
下五知
近鉄志摩線
磯部町
国道一六七号線
沓掛
くつかけ
恵利原
国民宿舎
野川
稲荷神社
上之郷
伊雑宮
かみのごう
川辺
下之郷
675
右 いそべみち 二
左 まるやま道 三
17.5×18×90
689
是ヨリ右たけミち
34×12×61
688
右いせ あさま
左やま道
施主 中西 藤平
41×14×68
687
嘉永二己酉年二月吉日
世古右太夫
右 千田作いけ
左 いせとば あさま
赤坂郁夫氏宅角
20.5×16.5×165
685
右青峯まとや道
左いせとば道
仝 大正三年
赤坂義郎氏宅角
15×14×57

写真37　伊勢市朝熊岳　磯部岳道
四十丁町石の辺り

8－11－5　磯部道

磯部道は金剛証寺への岳道とは直接関係はないが、伊勢三宮の内で内宮とその別宮、伊雑宮を結ぶ道として、また昔は伊勢と志摩の間の最短路として、あえて山越えのこの道が利用されていたのである。

伊勢市宇治館町内宮の神宮司庁裏手にある、旧朝熊岳道の寛永３年の道標の所で、岳道に分かれて神宮神域内を通る道は、古くは何度か川を渡りついでいたが、明治２６年に改修され、別に昭和４０年宇治浦田町より伊勢道路が有料で開通し、今は無料となっている。この道筋は二つのトンネルで、山地を抜けている。

島路川に沿ってさかのぼり、五十鈴トンネルの東口で伊勢道路に合流し、志摩路トンネルの入口手前から右に分かれ、七曲がりして逢坂峠に向かって登る。

登りつめた所は切り通しになり、やや広くなっていて以前は茶屋があったとされるが、今は「従是神宮神域」の石柱が立ち、ここより磯部町域となる。

峠を越えた南側は左右に林道が通っていて、交差してからの道は古道のままの姿を残し、急坂が下っている。

倒木や岩崩れ、時には草で踏み跡も隠れる深い木立の中を下って行くと、杉の巨大な古木が多い。杉の根元に祠がまつられ磯部側からこの辺りまで人が来ている。道は踏み跡ははっきりしているが、度々倒木を避けて通らねばならない。

下りがやや緩やかになると、小さい木の鳥居と灯籠が二基立っていて、天の岩戸から風穴に通じる道と交差する。しかし南への道は消えてしまっているので、右に曲がり天の岩戸への道をたどる。

天の岩戸に下りた所に、自然石の「いせ道」の道標がある。

天の岩戸は神話にでてくる岩戸ということであるが、今はここの水が以前名水百選に選ばれたことで、その水を汲みにくる人が多いようである。

岩戸より少し下った所まで、自動車が入れるように道が改修され、その広い道を下っていくと石の鳥居があり、その東側の耕地のそばに「天の岩戸案内所・磯部名所家建茶屋」と彫られた安政３年の石柱がある。ここが、古道途中の家建茶屋の跡であるが、岩戸に通ずる古道は通れなくなっている。

神路貯水池畔で伊勢道路に合流する所に、大きな石の鳥居が立ち、バス停の天の岩戸口がある。神路ダムの下流になる神路川に沿って、恵利原の集落を通るが、集落までの古道は貯水池の底に沈んでしまった。また恵利原入口にあった道標は川向かいの農協前に移され、ソテツの葉に隠れてしまっている。

恵利原の南で、東方の伊雑宮の森を眺めながら耕地の中を進み、上之郷の旧国道に入ると、二ケ所に道標がある。伊雑宮を拝し東に進むと国道１６７号で、すぐ南に近鉄志摩線の上之郷駅があり、近鉄線は国道に沿って通じている。

図162　磯部道—１

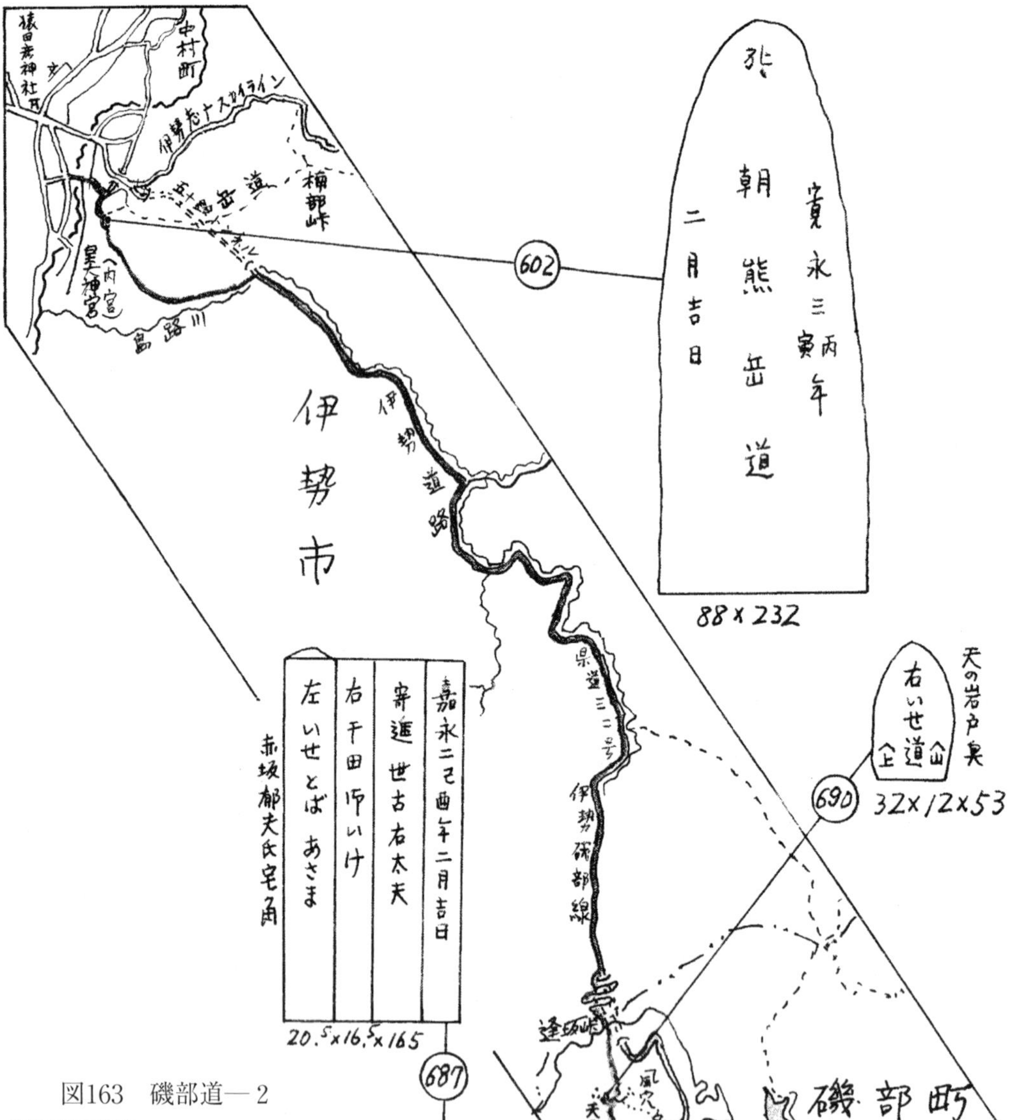
猿田彦神社
中村町
伊勢志摩スカイライン
朝熊岳道
楠部峠
皇大神宮（内宮）
島路川
602
寛永三丙寅年
朝熊岳道
二月吉日
88×232
伊勢市
伊勢道路
県道三二号
伊勢磯部線
逢坂峠
風穴
天の岩戸
690
右いせ道
天の岩戸奥
32×12×53
磯部町
神路ダム
恵利原
神路
神路川

図163　磯部道—２

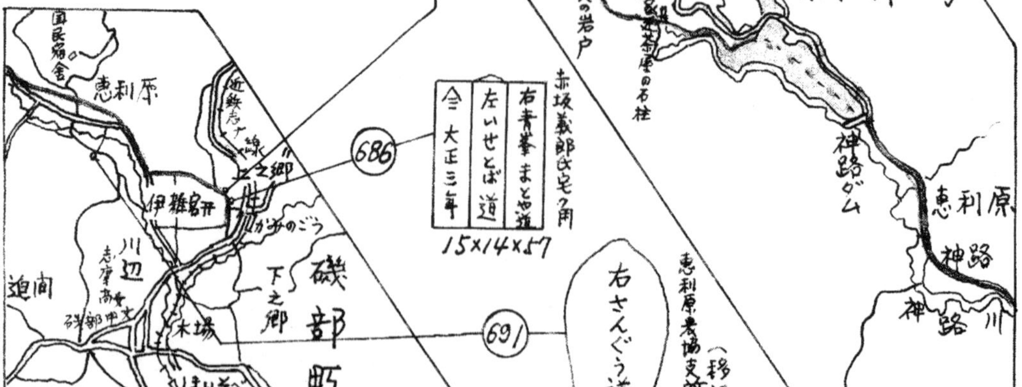
687
嘉永二己酉年二月吉日
寄進　世古右太夫
左いせとば　あさま
赤坂郁夫氏宅角
20.5×16.5×165
国民宿舎
恵利原
近鉄志摩線
上之郷
伊雑宮
かみのごう
川辺
志摩高校
磯部中
迫間
下之郷
木場
しまいそべ
磯部町
686
右青峯まとや道
左いせとば道
大正三年
赤坂義郎氏宅角
15×14×57
691
右さんぐう道
45×30×70
恵利原農協支所前（移設）

伊勢路

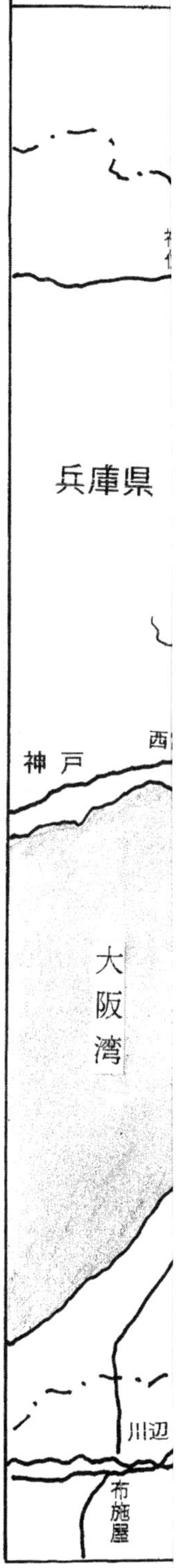

此の図は本

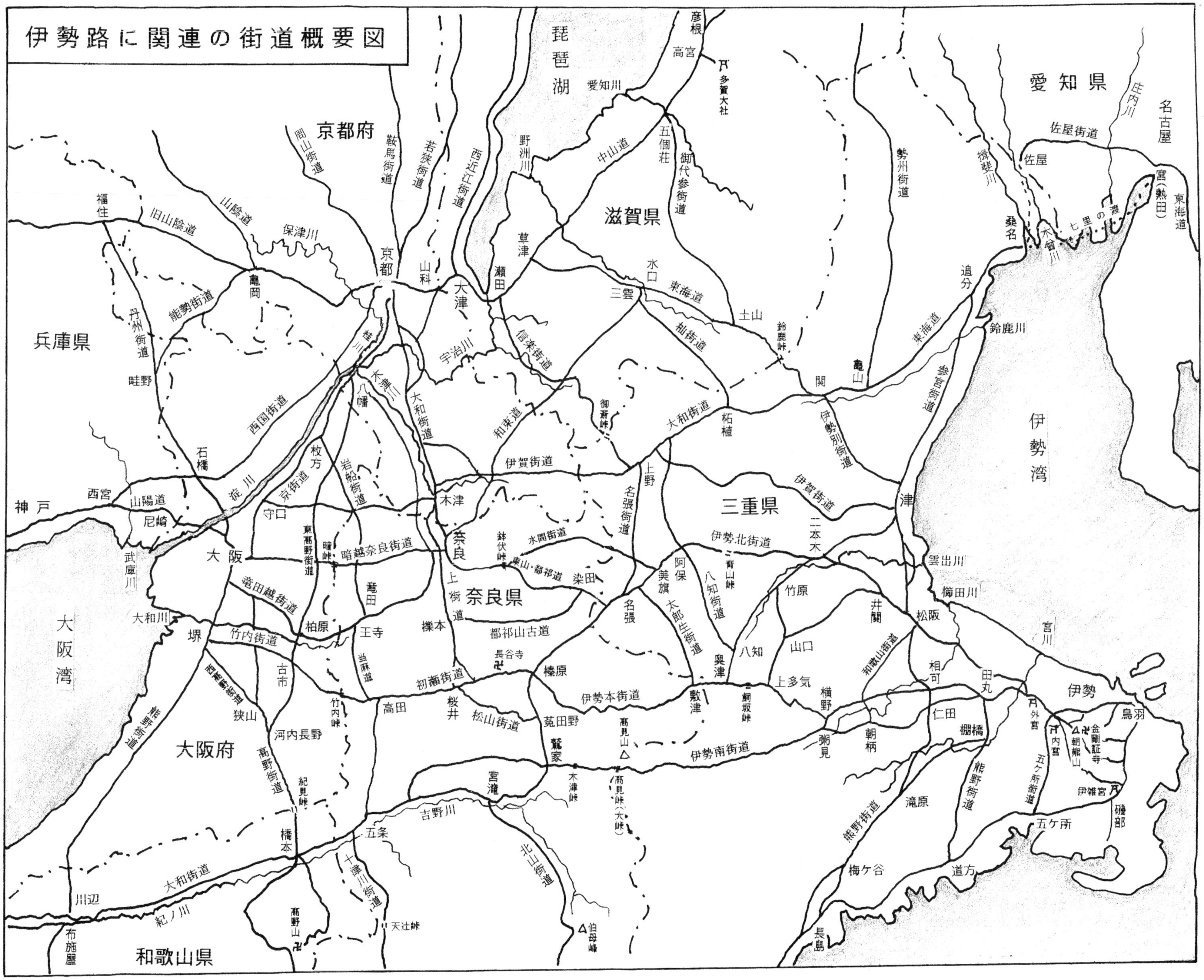

伊勢路に関連の街道概要図

此の図は本文に記載のない街道も記入してあるので巻末に参考として挿入したものである

あとがき

交通網の整備で近年は新しい道路や、旧道の改修・拡張・経路の変更など、目まぐるしいものがある中で、長年旧街道を中心に歩いて道標の調査をしてきたが、ここにまとめた伊勢街道も、着手してから十数年を経過している。

他の街道をも調べて回ったため、伊勢街道についてその後の変化を確認できない部分もあることを承知の上で、ここに発刊の運びとしたのは、馬令を加えて体力の低下を覚え、山深い所まで全域までの確認調査する見込みが立たないためで、その点不充分な部分があるとも考えられ、若しお気づきの点がありましたら、ご教示賜りますれば幸に存じます。

ただ今日まで体力的に恵まれて、ある程度の範囲で歩行がつづけられ、独り歩きの気安さから気ままに歩き回ることが出来たことは、幸いなことと喜びとする所で、歩行中に接していただいた各地の地元の方々のお力も得たことに深く感謝する次第です。

挿入の地図は国土地理院の5万分の1の市販地図を、土台にしていることをご了解いただきたく存じます。

最後になりましたが、伊勢参宮の行事として筆者地元に近い大阪市中央区から、歩いて毎年年末に実施されている玉造稲荷神社をスタートして、3泊5日で伊勢神宮まで踏破していることは、すばらしいことで相当な強歩でもあり、敬服している次第でここにその偉業をご紹介させていただきます。

玉造稲荷神社境内の
「伊勢迄歩講起点」(大阪ユース　ホステル協会)
などの石柱(是れより神宮まで百七十キロ)と刻む

武藤　善一郎　略歴

大正７年（1918）１月　千葉県二宮村滝台（現在は船橋市滝台町）にて生まれる
同14年７才のとき大阪に移る
昭和11年３月　大阪市立都島工業学校機械科卒業
同年４月　住友金属工業kkに入社　後に住友アルミニウムkkに従事
同25年　財閥名使用禁止により　東洋アルミニウムkkと社名変更
同63年３月　同社を退職
同年「大阪の街道と道標」　平成３年「熊野古道を訪ねる」
同４年「高野街道を歩く」　同11年「大阪の街道と道標＜改訂版＞」
などを自費出版して今日にいたる

伊勢路に道しるべを訪ねて

平成16年10月31日

著作兼発行者　武藤　善一郎
〒543-0015
大阪市天王寺区真田山町5-36-701
TEL&FAX 06-6765-0723

発　　売　サンライズ出版株式会社
〒522-0004
滋賀県彦根市鳥居本町655-1
TEL0749-22-0627 FAX0749-23-7720

ISBN4-88325-264-7